무역학개론

양의동 | 조민건 공저

도서출판 두남

머리말

최근 세계경제는 WTO 체제하에서 경제통합이 가속화되고 있으며 우리나라 역시 2004년 한·칠레 FTA를 필두로 한·EU FTA 등 세계 주요 경제대국들과의 FTA가 활발하게 진행되고 있는 상황이다.

세계경제 통합이 급속하게 진행되어 오면서 각국의 무역관행과 정책은 복잡해지고 전문화되고 있으며 따라서 무역 전반에 세분화된 전문가가 절실히 필요한 시점이다.

더욱이 제3의 산업혁명이라고 할 수 있는 인터넷의 발달은 온라인시장 (e-market place)을 전 세계적으로 급속히 확산시켜 세계시장의 경계를 허물고 있으며 이러한 세계시장의 흐름은 무역환경에도 큰 변화를 가져왔다. 따라서 보다 현실적이고 체계적인 무역학개론 정리의 필요성을 느끼게 되었으며 20여 년을 대학에서 강의한 강의자료와 전자무역과 관련한 최근자료, 그리고 그 동안의 경험과 지식을 바탕으로 이 책을 집필하게 되었다.

이 책은 대학에서 무역학과나 국제통상학과 등에서 처음 국제무역 분야를 배우는 학생들이 전공분야를 입문하기 전 예비지식으로 또는 여타 다른 전공의 학생들이 무역의 기초적 개념을 배우는 데 도움을 주기 위하여 무역의 전반적 분야의 개념을 소개하는 차원으로 구성하였으며 보다 쉽게 접근할 수 있도록 용어 선택 등에 배려를 하였다. 또한 이론적 내용과 더불어 이론을 제기한 당사자의 개인적 배경이나 시사적인 내용 등을 책의 중간에 삽입하여 쉬어가는 페이지를 마련하기도 하였다.

전체적 구성은 제1편 무역실무에서는 무역의 개념 및 역사와 무역거래의 형태와 특성을 설명하고 무역의 관리제도, 수출입절차, 무역계약, 국제무역의 정형거래조건, 무역대금의 결제, 국제물품운송, 해상보험, 국제거래의 분쟁해결에 대하여 정리함으로써 무역실무를 수행하는데 따른 기본지식을 전달하고자 하였다.

제2편 국제경영에서는 국제경영의 개념 및 국제경영 환경, 다국적기업, 국제경영 전략, 국제마케팅에 대하여 설명하여 기업의 국제화에 따른 국제경영의 기본지식을 알아보고 해외시장진출 등 기업의 현실과 연관성을 설명하였다.

또한 제3편 전자상거래와 무역에서는 전자상거래의 개념과 인터넷무역, 주요 선진국에서의 정책방향, 앞으로의 전망과 대응방안 등으로 정리하여 사이버 무역시대의 도래와 함께 컴퓨터와 인터넷이 무역에 어떻게 사용되고 개념화되어 있는지를 설명하였다.

책을 완성하고 보니 본인의 부족한 지식을 새삼 실감하고 특히 전문적인 내용을 쉽게 표현하기가 쉽지 않았다. 완벽함을 기대할 수는 없지만 많은 노력과 연구를 바탕으로 이 책을 완성하게 되었음을 밝혀 두고 싶다. 앞으로도 지속적으로 수정·보완하여 보다 알찬 내용을 제시할 것을 독자 여러분께 약속드린다.

2015년 1월

저자 씀

차례

제1편 무역실무

제3편 전자상거래와 무역

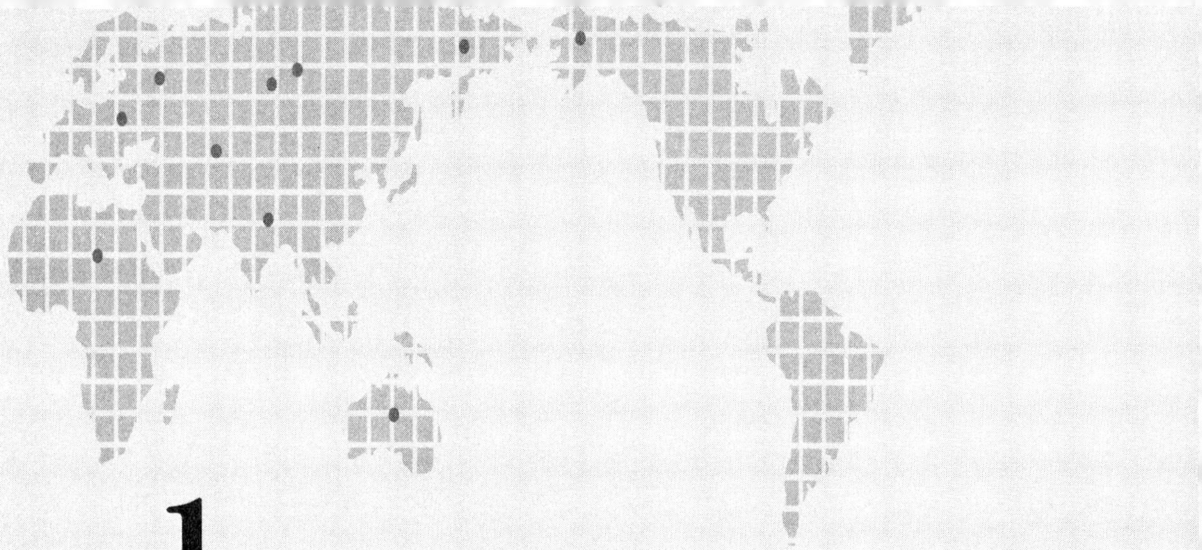

제 1 편

무역실무

제 1 장 무역의 개념

제 1 절 무역의 역사

인류 역사의 시작과 함께 무역의 역사도 시작되었다고 볼 수 있다. 원시시대의 수렵과 채집생활은 가족중심의 자급자족제도(autarky system)였으나 농업시대를 지나면서 분업(division of labor)과 교환(exchange)이라는 형태가 생겨나기 시작했고, 이는 공업과 상업위주의 상호의존제도(interdependent system)로의 전환을 가져왔다. 이러한 변화는 분업이 더 심화되고 교환의 영역이 더 넓어짐에 따라 보다 넓은 시장의 확보를 필요로 하게 되었다. 시장의 확보는 곧 자원의 확보를 의미하는 것이고 자원은 국가 경제를 지탱하기 위한 힘의 원천이 된다. 자원은 지구 전체적으로 균등하게 분포되어 있지 않고 특정한 지역에 집중되는 불합리성을 지니고 있다. 자원이 풍부한 국가와 자원이 부족한 국가는 서로간의 이해관계가 일치한다. 전자는 자국이 다 쓸 수 없는 양의 자원을 팔고 싶고, 후자는 필요하면서도 갖고 있지 않은 자원을 사고 싶다. 이렇게 공급과 수요를 향해 움직이는 전 세계의 자원들은 무역이라는 이름의 형태로 교환되는 것이다.

기록에 의하면 이미 기원전 1000년경에 이집트와 레바논 간에는 곡물, 파피루스(Papyrus) 및 목재 등의 교역이 성행했었으며, 또 기원전 800년경에는 지중해의 로드스(Rhodes)섬을 중심으로 한 페니키안(Phoenician)들에 의한 무역이 활발히 이루어져 일부 상인들의 자본축적이 형성되기 시작하였다고 전해진다. 이러한 자본축적이 신대륙의 발견과 또 많은 과학의 발전을 촉진시켜 결국은 무역을 일찍이 서두른 서양문화권이 세계를 제패하게 된 것이다. 영어의 Trade란 단어는 지나간 자국 항로 등을 뜻하는 Track이란 단어와 걷다, 밟다의 뜻을 가진 Tread에서 유래한 것으로 볼 때, 무역이란 어떤 길이나 항로를 따라가서 물건을 교환하는 행위(truck & barter)라 정의할 수 있겠다.

무역의 시작과 역사는 서양의 독점물은 아니다. 우리가 오늘날 사용하고 있는 무역이란 용어는 고대중국의 고전인 「史記」에 기록된 '以物相貿易' 및 「十八史略」의 '貿易衣服回轉數周'라는 표현에서 비롯한 것으로, 무(貿)와 역(易)은 다 같이 매매 또는 교환을 뜻한다.

우리나라에서는 통일신라시대에 당나라나 왜국(倭國)에 사신을 보내 조공을 바치거나 예물을 교환한 사실이 기록되어 있으며, 신라 홍덕왕 때에 장보고가 신라해안에 자주 침범하는 중국해적들을 소탕하고 청해진을 거점으로 중국의 적산포와 초주, 연수, 양주 등지와 연결, 교역 사절단인 경당 매물사와 무역선인 교관선을 이용하여 나·당 간의 무역을 독점하였다. 한편, 그는 일본에 회역사를 파견하고 교역 활동을 전개하여 당시 회역사들은 하카타에 무역소까지 두는 실정이었다. 이렇듯 장보고의 해상 무역 활동은 신라·당·일본을 연결하는 국제 무역을 독점, 우리의 역사상 전무후무한 해상 왕국을 형성하였다. 당시 무역항으로서 번성한 곳은 청해진(완도), 영암, 당성진(남양만)과 경주에 가까운 울산항이 크게 번영하여 아라비아 상인까지 왕래하였다는 기록이 있다. 또한 후삼국시대에 이르러 강주(진주)의 왕봉규와 금주(김해) 지방의 이언모 역시 대 중국 무역을 통하여 부를 축척한 호족 세력이었고, 개성 지방의 대표적 세력인 왕건 역시 그의 5대조로부터 예성강 연안 지대를 무대로 해상 무역에 종사, 패강진과 혈구진 지역에서 세력을 떨쳤다고 한다.

그러나 동양에서는 교역상대국이 서양에 비해서 상대적으로 제한되어 있었고, 또 유교사상의 영향으로 조선시대부터는 교역의 관건이 되는 해상운송에 종사하는 자나 어부들은 천민으로 취급받아 상류층이나 다른 생계의 수단을 가진 자들은 이 분야에 진출하지 않아 우리의 대외무역은 위축되어 왔고, 결국은 대원군의 쇄국주의로 현대문명으로의 개화가 그만큼 늦어졌다 할 수 있다.

이와 같이 우리 인류의 발전사는 제한된 자국의 영토와 자원만으로는 자국경제의 발전을 가져올 수 없음을 보여주고 있다. 또한 자국의 한계를 벗어나서 다른 나라와 서로 교역하며 살아온 나라들이 더 부강해져 왔던 것을 증명해 주고 있다. 이는 자국의 부존자원이 빈곤한 나라에 있어서 외국과의 교역은 곧 생존을 의미한다.

초기의 무역은 서로의 생산물을 교환하는 것에 국한되어 있었으나, 현재에 이르러서는 단순한 상품의 교환뿐만 아니라 기술 및 용역, 서비스 및 자본(capital)의 이동까지도 포함시키는 광의의 개념으로 확대되었다.

제 2 절 무역의 의의

오늘날 우리의 생활은 물자의 세계적 교류에 의해 영위되고 있다. 즉 우리들이 만든 많은 물자가 해외로 수출되어 그 나라 국민의 생활에 제공되고 있으며 우리들도 그들이 제공하는 물자를 수입하여 생활에서 사용하고 있다. 이는 우리 생활에 필요한 물자가 국내에서 조달하기에는 부족하거나 생산 경쟁력에서 뒤지기 때문에 물자를 외국에서 수입하여 사용하며 수출의 경우 그 반대의 입장에 있기 때문일 것이다. 세계 어느 나라든 수출입은 반드시 필요하며 스스로 완전 자급자족 할 수는 없을 것이다. 이러한 국제간의 물자교류는 국제간에 행해지는 국제교역의 한 형태이며 물자의 왕래, 자본의 이동 등 여러 측면에서 무역거래가 발생하고 있다.

무역거래는 국제 분업의 원리에 의해 발생하는 이국간의 경제거래를 의미한다. 즉 물품의 매매에 관한 상품거래를 포함하여 운송, 보험, 통신, 금융 등의 용역거래와, 단순한 자본거래를 포괄하는 개념으로 규정할 수 있다. 즉, 특정 상품의 효용가치가 적은 곳에서 효용가치가 높은 곳으로 이양시킴으로써 그 재화의 효용 및 경제 가치를 증가시키는 것뿐만이 아니라 모든 재화의 생산요소, 즉 원료, 노동 및 자본의 이동까지도 포함시키는 것으로 이해되어야 한다.

그러나 그 의미를 좁혀서 일국의 거래주체와 다른 외국의 거래주체 사이에 이루어지는 물품의 매도 및 매입에 관한 국제거래를 협의의 개념으로 정의할 수도 있다. 우리는 이를 일반적으로 무역 또는 외국무역이라고 한다.

무역에 관련된 동일 또는 유사용어로서 국제무역(international trade)이라는 개념은 일정지역 내에서 여러 국가들과 무역이 행해질 때를 지칭하며, 외국무역(foreign trade)은 자국을 중심으로 외국 또는 타국과 무역이 행해진다는 의미로 해석할 수 있으며, 세계무역(world trade)은 무역을 범세계적 대상으로 확대하여 해석한 용어로 볼 수 있다.

제3절 무역거래의 제 형태

국제무역거래는 일정한 기준을 근거로 여러 가지 형태로 구분할 수 있으며 관점에 따라 다양한 종류로 나누어 규정할 수 있다.

1. 거래주체에 따른 구분

(1) 담당주체에 따른 분류

1) 민간무역

일반적으로 이국간의 상거래는 그 거래가 기업 또는 사적단체를 포함하는 민간업자에 의해 수행되는데, 이를 민간무역(民間貿易 : private trade)이라 한다.

역사적으로 보면 무역의 주류를 이룬 것은 민간무역이며, 오늘날 자유경제체제 하에서 무역의 대부분은 민간무역의 형태를 취하고 있다.

2) 국영무역

국영무역(國營貿易 : state trade)이란 국가가 무역의 주체가 되어 일정한 계획 하에 통제나 혹은 무역협정에 의해서 이루어지는 형태를 말한다. 국영무역에는 공무역, 정부무역, 정부베이스무역 등의 형태가 있다.

공무역(公貿易 : public trade)은 무역의 주체가 공공기관이 되는 경우로서 정부가 출자하거나 또는 직접 무역공사를 설립하여 상거래활동을 하는 경우를 말하며, 사회주의국가에서 이용되는 해외무역공사(FTO)와 같은 것이 이에 해당된다.

정부무역(政府貿易 : government trade)이란 정부가 그 주체가 되어 행하는 무역으로, 비영리의 목적으로 정부가 무역거래의 당사자가 되는 무역형태를 말한다. 그러나 정부무역은 일반적으로 민간업자를 개입시켜 영위되는 것이 보통이다.

정부베이스무역(government basis trade)이란 정부가 출자하거나 중역을 임명하는 정부대행기관을 설치하여 무역을 수행하는 형태를 말한다. 그러나 그 대행기관이 공적인 국영기관이 아니고 순수한 민간업자나 무역회사 조직체의 성질을 보유하고 있는 기관일 경우에는, 그 수출입대상이 정부관리물자(예를 들면 담배, 인삼, 무기류 등)이건 또는 비축물자이건 간에 그 무역거래행위는 엄밀한 뜻에서 순수한 민간무역이라고 할 수 있다.

(2) 국가의 간섭정도에 의한 분류

1) 자유무역

자유무역(自由貿易 : free trade)이란 국가가 무역에 관하여 간섭과 통제를 하지 않고 재화 및 용역의 자유로운 이동을 보장하는 무역정책상의 거래를 말한다. 그러나 오늘날 완전한 자유무역정책을 취하는 나라는 없으며, GATT의 기본정신에 따라 관세문제를 중심으로 한 관세장벽의 경감이나 폐지 등의 실질적인 무역의 자유화가 구현되어 왔다. 자유무역은 후생수준의 향상, 자원의 최적배분, 경영능률의 개선, 기술혁신의 촉진, 규모의 경제를 실현할 수 있다는 장점이 있으나, 국내산업이 위축되고 국제수지가 악화되며 소비패턴이 왜곡될 수 있다는 단점도 있다.

2) 보호무역

보호무역(保護貿易 : protective trade)이란 일국이 자국의 전반적인 산업이나 일부 유치산업(幼稚産業)을 보호할 목적으로 국가가 주로 관세정책을 통해서 무역에 간접적으로 간섭·통제하는 형태의 무역을 말한다. 이것은 18세기 후반부터 19세가 전반에 걸쳐 그 당시의 신흥후진국인 미국과 독일에서 취하여진 이래 현재 세계 대부분의 국가들이 보호주의적 무역형태를 견지하고 있다. 이러한 무역의 이론적 근거로는 유치산업보호, 국제수지개선, 고용증대, 소득분배, 교역조건개선, 사치품소비억제, 관세수입, 특정산업의 진흥과 자급자족 등을 들 수 있다.

3) 관리무역

관리무역(管理貿易 : controlled trade)이란 국가가 수출입허가제(輸出入許可制), 수출입할당제(輸出入割當制), 수출입링크제 등의 방법으로 무역거래에 직접적으로 간섭하여 그 통제 하에 관리하는 무역 형태이다. 즉, 무역의 전부 또는 일부에 대하여 국가가 행정적인 관리를 통하여 그 금액이나 내용, 품목, 결제시기 및 방법 등을 국가의 직접적인 통제 하에 두는 것을 말한다. 1980년대에 수출입물품의 가격관리와 수량통제 하에 정부가 개입하고 무역제도면에서 정부의 기능을 강화하는 국제무역조류가 있었는데, 이와 같은 형태의 무역을 관리무역이라 할 수 있다.

4) 협정무역

협정무역(協定貿易 : trade by agreement)이란 국가 간에 협정이나 조약을 체결하여 일정 기간 동안 무역량이나 국제수지를 조정하는 무역이다. 원래 국가 간의 통상관계를 재개 또는 존속시키기 위하여 쌍무적인 무역협정을 체결하는 것을 말했으나 오늘날에는 자국무역의 증진이나 균형적인 수출입무역에 중점을 두는 적극적인 형태를 취하고 있다.

협정의 방식은 수출입물품의 수량이나 종류에 따라 협정하는 무역협정(貿易協定 : trade agreement), 수출입결제방식을 협정하는 지급협정(支給協定 : payment agreement), 거래하는 각국이 상호간에 관세율의 혜택을 주는 호혜통상협정(互惠通商協定 : reciprocal trade agreement), 주요한 국제적인 상품의 공급국과 수요국 상호간의 관계를 더 원활히 하기 위한 상품협정(商品協定 : commodity agreement)등이 있다.

(3) 당사국간의 관계에 따른 분류

1) 남북무역

남북무역(南北貿易 : south-north trade)이란 선진국과 저개발국간의 국제무역을 말한다. 본래 남북문제(南北問題)란 지리적으로 선진국이나 중진국이 주로 지구의 북반구에 위치하고 있는 반면 동남아, 중동, 아프리카, 중남미 등의 저개발국들은 대체로 남반구에 위치하고 있다는 점을 고려하여 붙여진 이름이다. 1959년 영국의 로이즈(Lloyd's) 은행장이었던 프랑크스(O. Franks)가 선후진국간의 경제적・정치적 관계일반을 남북문제라고 부른데서 유래하였다. 오늘날 이러한 남북무역의 문제는 선・후진국간의 경제적 격차의 확대에 따른 남북문제 전반의 테두리 속에서 하나의 중요한 문제가 되고 있다.

2) 동서무역

동서무역(東西貿易 : east-west trade)이란 자본주의경제 국가와 사회주의경제 국가들 간의 무역을 의미하는 것이다. 즉 유럽을 중심으로 동쪽에 공산권국가들이 위치하고 있고 서쪽에 자본주의 국가들이 위치하고 있음에서 비롯된 것으로 이들 간의 전반적인 정치・경제문제를 동서문제라고 한다. 이러한 무역형태는 그 이념적인 대립을 상호간의 물자교류를 통하여 다소나마 해결해 보려는 것이 초기의 목적이었다. 그런데 1954년에 평화공존노선이 제기되고, 1970년대 이후 미국의 대중공 접근, 중・소관계의 변화, 1989년 미・소 몰타회담에 따라 각종 규제조치가 완화되어 동서무역은 점차 확대되고 있다. 그 이유는, 첫째, 양 진영 간의 정치적인 접근이 이루어지고 있으며, 둘째, 양 진영 간의 상품구조의 이질성이 존재하고 있고, 셋째로는 양 진영 간의 공업기술의 불균형이 존재하고 있기 때문이다. 21C에는 남북한을 제외한 지역에서는 이념적 대립에 의한 경제규제조치가 드물게 보이며 따라서 동서무역이란 용어의 사용도 거의 사라져 가게 되었다.

2. 거래대상에 따른 구분

(1) 상품의 형태에 따른 분류

1) 유형무역

유형무역(有形貿易 : visible trade)이란 우리의 눈으로 볼 수 있는 가시적 무역(可視的 貿易)이라는 뜻으로 협의의 무역인 상품거래만을 의미한다. 이러한 상품거래는 수출입통관절차가 행하여지고 또한 그 수지가 무역통계에 나타나게 된다. 다만, 견본이나 기증품 그리고 이삿짐 등은 세관통관절차를 거치더라도 무환수출입(無換輸出入)으로서 무역수지에 포함되지 않는다.

2) 무형무역

무형무역(無形貿易 : invisible trade)이란 상품의 수출입과 같은 유형무역의 제 형태 외에 운임, 보험료, Plant 수출입, 기술수출입에 따른 Royalty, 통신비, 광고선전비, 저작권사용 등에 따른 각종 비용 등 용역(service)에 의한 무역과 또 자본 및 이에 따른 투자수익 등 자본거래 등이 이에 포함이 된다. 이는 경제가 발전하고 관련기술이 발전하면서 점차 거래량이 증가하고 있으며, 이러한 무형무역은 수출입 통관절차를 거치지 않기 때문에 무역통계상에 기록되지 않으나 국제수지지표상에는 나타나게 된다.

(2) 상품의 생산단계에 따른 분류

1) 수평무역

수평무역(水平貿易 : horizontal trade)이란 국가 간의 생산단계가 같거나 유사한 상품간의 무역을 말한다. 예컨대 공산품 상호간의 무역 또는 1차 상품간의 무역형태로서 주로 선진국 상호간의 무역거래를 말하며 이를 경쟁적 무역 또는 수평적 국제분업이라고 한다.

2) 수직무역

수직무역(垂直貿易 : vertical trade)이란 원래 생산단계가 서로 상이한 상품, 즉 공산품과 1차 상품간의 무역형태를 말하였으나, 오늘날은 공산품과 1차 상품간의 무역만을 국한하지 않고 경제발전단계상 산업구조 차이에서 발생한 국가 간의 무역거래형태를 모두 포괄적으로 수직무역이라고 한다. 따라서 이를 가리켜 보완적 무역, 수직적 국제분업 또는 선・후진국 무역이라고 한다.

3. 거래방향에 따른 구분

(1) 상품의 이동방향에 따른 분류

1) 수출무역

수출무역(輸出貿易 : export trade)은 단순히 수출이라고 한다. 재화나 용역을 관세영역으로부터 국외로 반출하는 것으로서 국제수지상으로는 외화나 화폐용 금을 국내로 유입시켜 결국 외환보유고를 증가시키게 된다.

2) 수입무역

수입무역(輸入貿易 : import trade)이란 단순히 수입이라고 하며, 재화나 용역을 관세영역으로부터 국내로 유입하는 것으로 외화나 화폐용 금이 국외로 유출됨으로써, 결국 외환보유고의 감소 현상을 초래하게 되어 수출무역과는 정반대의 효과가 나타난다.

(2) 매매형태에 따른 분류

1) 직접무역

직접무역(直接貿易 : direct trade)이란 재화의 수출입이 수출업자와 수입업자간에 직접 이루어지고 제 3자가 동 거래에 개입하지 않는 무역거래를 말한다. 수출업자가 자사의 판매조직을 통하여 외국의 무역상사와 직접적으로 상담하여 상품을 판매하는 무역이다.

직접무역의 이점은 시장정보의 정확성, 무역업무의 직접 통제와 서비스 그리고 이로 이한 신용의 유지, 수수료 배제에 따른 경비절약, 수출마케팅의 적극화 등을 들 수 있다. 단점으로는 광대한 조직의 유지에 따른 인적·물적 비용의 과대성과 클레임 및 거래위험의 부담, 판촉비의 과다지출이나 전문지식의 부재, 정보수집의 곤란성 등이 있다.

2) 간접무역

간접무역(間接貿易 : indirect trade)이란 직접무역과는 달리 양 당사자가 자국의 무역조직을 이용할 수 없을 때 제 3자, 즉 제 3국의 상인을 통하여 무역거래가 이루어지는 경우를 말하며 크게 2가지의 형태가 있다. 하나는 상품이 수출당사국에서 수입당사국으로 직접 이동하지 않고 제 3국을 통해 무역거래가 이루어지는 경우로 중계무역과 통과무역을 들 수 있으며, 또 다른 하나는 상품은 수출입당사국간에 이동하나 결제가 제3국을 통해서 이루어지는 경우로 중개무역과 스위치무역을 들 수 있다.

① 중계무역

중계무역(中繼貿易 : intermediary trade)은 수출상품이 수출국으로부터 수입국으로 직접 송달되지 않고 제3국에 양륙되어 약간의 가공을 하거나 원형그대로 수입지국으로 재수출되는 거래를 의미한다. 중계무역은 중계무역항을 통하여 이루어지며, 이러한 중계무역항은 물품에 대하여 관세를 부과하지 아니하며, 물품의 집산지인 동시에 외환의 통제가 없고 교통이 편리하여야 한다. 대표적인 중계항은 홍콩, 싱가포르, 마카오 등을 들 수 있다. 이러한 중계항은 일반적인 수출절차보다 시간, 노동 그리고 경비를 절감하면서 중계료만 취득할 수 있으며, 자국상품의 공급능력에 한계가 있는 경우에도 제3국의 상품을 수입하여 수출하는 경우에는 수출시장을 상실하지 않고 계속 확보할 수 있다.

② 중개무역

중개무역(仲介貿易 : merchandising trade)이란 수출국과 수입국 중간에서 제3국 상인이 중개하여 이루어지는 거래를 말한다. 예컨대, A국(수출자)과 B국(수입자)사이에 제3국인 C국이 수출입을 중개(알선)하는 경우 C국의 입장에서 볼 때에는 중개무역이다. 중계무역과 다른 점은 중계무역에는 반드시 제 3국을 통하여 상품이 이동되지만 중개무역에서는 매매당사국간에 직접 이동된다. 따라서 중개무역은 대부분 상품의 매매계약이 제 3국에서 이루어지며, 거래방법이 없거나 조직이 미비한 경우에 이용된다. 이러한 계약에서의 대금결제는 첫째, A(수출자)가 B(수입자)에게서 직접결제를 받되 C(중개자)에게 수수료를 지급하는 방법과 둘째, A가 C에게 지급하고 C가 다시 B에게 지급하는 방법이 있다.

③ 스위치무역

스위치무역(switch trade)에서 switch란 말은 원래 '바꿔치기 하다'라는 뜻이다. 그러므로 switch trade라고 하면 바꿔치는 형태의 무역을 의미한다. 이 switch 무역에서 무역계약이나 상품운송은 수출입업자간에 직접 이루어지나 그 상품대금의 결제는 제3국 또는 제4국의 업자가 개재되는 경우가 된다. 이와 같은 거래를 알선해 주는 전문업자를 switcher라고 하고, 거래를 성사시키는 switcher는 switch commission을 받는다.

예를 들면 서독의 제조업자가 루마니아 수입상에게 일정액 상당의 상품을 인도하고 루마니아 정부가 갖고 있는 대(對) 모로코 청산불(淸算拂)로 동 금액을 지불할 것을 약속하는 동시에 switch 업자를 통해 모로코의 야자열매기름을 같은 액수만큼 수입하고자 하는 네덜란드 수입업자를 구하면, 결국 서독의 대루마니아 수출대금을 제4국인 네덜란드의 수입업자가 지불하게 되는 4국간 switch 무역이 된다.

이러한 무역이 성행하는 이유는 수입국이 특정 거래에서 특정 외화로 지급해야 할 때 당해 특정 외화의 여유는 없으나 청산계정(淸算計定)상에 당해 특정 외화를 가지고 있고 또 자국(수입국)과 청산계정을 갖고 있는 경우 제 3국을 개입시켜 무역대금의 결제를 할 수 있기 때문이다.

④ **통과무역**

통과무역(通過貿易 : transit trade)이란 수출품이 수입국으로 운송되는 과정에서 제3국을 통과하게 되는 경우, 제3국의 입장에서 본 무역의 형태를 통과무역이라 한다. 그러므로, 제3국을 통과함에 따라서 노임, 수수료, 운임, 보험료 등의 이익을 얻게 된다. 통과무역은 형식적으로는 중계무역과 유사하지만 제3국의 업자는 동 거래에 자의적인 개입이 없다는 점에서 중계무역과는 다르며, 독일과 이태리가 무역을 하는 경우에는 프랑스를 통하여 이동하는 경우와 같이 주로 지리적인 이유로 이용한다.

(3) 무역의 균형 및 연계방식에 따른 분류

1) 구상무역

구상무역(求償貿易 : conpensation trade)이란 두 나라 사이에서 수출입이 균형을 이루도록 하기 위하여 수출입물품의 대금을 그에 상응하는 수입 또는 수출로 상계하는 방식의 수출입을 말하며, 대금결제시 환(換)의 개재 여부에 따라 무환구상무역과 유환구상무역으로 구분된다.

무환구상무역(無換求償貿易)이란 국가 간의 화폐의 흐름이 없는 순수한 의미의 물물교환방식의 무역으로서 선수입(先輸入)에 대한 물품대금을 지급하지 않고 이에 상응하는 물품을 후수출하거나 또는 선수출에 상응하는 물품을 후수입하는 방식이다.

유환구상무역(有換求償貿易)이란 수출입국가간의 수출입대금 결제시 선수출입시에 상응하는 대금을 외화로 수취 또는 지급하고, 후수출입에 따른 물품대금을 외화로 지급 또는 수취하는 거래방식이다. 이 경우 특정의 수출과 수입을 서로 이행조건으로 함으로써 결과적으로 동액의 무역이 이루어지도록 하는 방식이다.

이러한 구상무역은 2국간에 그 거래의 내용이 조약이나 협정에 의하여 결정되는 전술한 협정무역에 의하게 되나, 이것과 관련되는 구상무역의 하나로 각서무역(memorandum trade)이 있다.

2) 삼각무역

삼각무역(三角貿易 : triangular trade)이란 2국간의 무역이 상호간에 균형을 이루지 못하고, 일방적인 수출 또는 수입에 편중되어 출초 또는 입초 관계에 놓이게 되어 양국 간의 물자교류가 난처한 경우에, 특수관계에 있는 제3국을 개입시켜 3국간의 협정에 의하여 이루어지는 무역의 형태를 말한다. 예컨대, A국과 B국이 상호간 편무역이 되어 있는 경우에 C국을 개입시켜 A국은 B국에 100만 달러를 수출하고 B국은 C국에 또한 C국은 A국에 동액을 각각 수출하면 결국 3국은 수출입이 균형을 유지하게 되어, 결국은 2국간의 편무역에 의한 무역마찰이 원활하게 해소된다.

3) 연계무역

연계무역(counter-trade)이라 함은 수출입물품의 대금을 그에 상응하는 수입 또는 수출로 상계하는 무역거래형태이다. 이는 일종의 구상무역이나 물물교환의 변형적인 복합무역형태로서 수출과 수입을 연결시켜 수출입의 균형을 유지하기 위한 정책적 제도이다.

연계무역은 1970년대 초까지만 해도 동서간의 교역에 주로 이용되는 단순한 물물교환 및 청산거래의 형태로 인식되어 왔으나, 최근에 와서는 공산권과의 교역뿐만 아니라 선진국과 개도국, 개도국간, 선진국간에도 활발하게 이루어지고 있다. 교역형태 역시 단순한 물물교환에서 벗어나 복잡한 기술이전 및 합작투자 형태로 발전되고 있으며 대상품목도 점차 다양해지고 있다.

연계무역의 대표적 형태로는 ① 물물교환방식의 바터 교역(barter trade), ② 판매자가 판매계약가격의 일정비율만큼 구매자의 제품을 직접 또는 제3자를 통해서 구매하는 대응구매(counter purchase), ③ 기술・장비・플랜트 등을 수출하고 그것으로 인해 생산되거나 획득되는 일정량의 물품을 수입하는 제품환매(product buy-back deal), ④ 수출대가로 수출상품의 부품 일부를 수입국에서 공급하도록 하거나 수출국이 수입국에 동제품의 생산기술을 이전하는 상계(쇄) 무역(offset deal)등이 있다.

(4) 가공 판매방식에 따른 분류

1) 가공무역

가공무역(加工貿易 : improvement trade, processing trade)은 가득액(稼得額)을 가득하기 위하여 원료의 일부 또는 전부를 외국에서 수입하여 이를 가공한 후 다시 외국에 수출하는 무역거래형태를 말한다. 여기서 가공이란 수입 당시에 비하여 경제적으로 가치가 향상된 상태를 말한다. 이러한 가공무역은 거래상대방의 위탁을 받고 이를 수입・가공하여 수출하는 수탁가공무역과 자발적으로 원료를 수입하여 수출하는 가공무역으로 구분된다.

2) 수탁가공무역

수탁가공무역(受託加工貿易)이란 거래상대방의 위탁을 받아 원료의 일부 또는 전부를 수입하여 이를 가공한 후 그 거래당사자 또는 그가 지정하는 자에게 수출하고 계약조건에 따라 임가공・운임・보험료・창고료・이자 등의 가득액을 수취하는 거래이다. 이러한 수탁가공무역은 다시 그 원료를 수입할 때 유상으로 들여와서 가공한 후 대금을 수취하는 유환수탁가공무역(有換受託加工貿易)과 수입시 대금의 지불 없이 원료를 들여와서 가공・수출하고 가득액에 해당되는 가공임만을 받는 무환수탁가공무역(無換受託加工貿易)이 있다.

한편 이러한 수탁가공무역과는 반대로 외국에 원료를 수출하여 가공시킨 후 계약조건에 따라 이를 수입하는 위탁가공무역방식이 있다.

3) 수탁판매무역

수탁판매무역(受託販賣貿易 : trade on consignee)은 당해 물품이 판매된 범위 내에서 대금을 결제하는 계약에 의한 수입을 뜻하므로 위탁판매수출을 수탁자의 입장에서 보는 거래이다.

수탁판매수입(import on consignment)에서 자금부담의 위험(금리 및 판매에 따른 위험)은 물품의 소유권을 가진 위탁자가 부담하므로 수탁자는 판매대리인으로서 위탁자가 지정한 조건에 따라 상품을 매각하고 남은 상품은 위탁자에게 반환하며, 그 판매대금에서 제 경비 및 판매수수료 등을 공제한 잔액을 위탁자에게 송금하면 된다. 그러므로 수입업자는 판매에 대한 위험이 없는 것 외에도 수입에 따른 자기자금이 전혀 소요되지 않는다는 장점이 있다.

4) 위탁판매무역

위탁판매무역(委託販賣貿易 : trade on consignment)[1]은 일종의 위탁판매 수출로서, 물품을 무환으로 수출하여 판매된 범위 안에서 대금결제가 이루어지는 무역을 의미한다. 이러한 무역은 수출 초기에 안전하고 편리하게 수출시장을 개척할 수 있으며, 수출가격이 가장 유리한 때를 포착하여 판매 할 수 있다는 장점이 있으나, 대금회수에 장시간이 소요된다는 단점이 있다.

(5) 상품의 수송경로에 따른 분류

1) 해상무역

해상무역(海上貿易 : ocean or marine trade)이란 바다를 주요 통상루트로 하며, 주로 선박을 수송수단으로 한 무역형태를 말한다. 이 무역은 주로 영국을 중심으로 발달하였으나, 대량수송과 원거리수송에 가장 적합하기 때문에 오늘날 모든 국가가 해상무역의 형태를 취하고 있다.

2) 육상무역

육상무역(陸上貿易 : overland trade)이란 육로를 통하여 철도, 트럭 등으로

---

1) 수탁판매무역과 역방향의 관계에 있으므로 위탁자의 입장에서 수탁자의 신용과 당해 시장의 여건에 세심한 주의를 기울여야 한다. 위탁무역의 승인 조건은 다음과 같다.
① 수출계약내용에 위탁자가 수탁자에게 지급할 비용, 판매가격, 판매기간, 대금회수방법, 판매기간내에 판매되지 아니한 경우의 물품의 반환 등에 관한 사항이 포함되어야 하며, 수・위탁자간의 책임한계가 명백하여야 한다.
② 수탁자는 한국은행총재로부터 설치허가를 받은 위탁자의 해외지점이어야 하며, 다만 거래 상대방과의 거래실적 등의 신용관계를 참작하여 대금회수가 보장된다고 인정되는 경우에는 예외로 한다.
③ 위탁자가 자유무역지대나 보세창고를 통하여 위탁판매 할 경우에는 해당지역에 지점 또는 사무소를 설치하여야 한다.
④ 판매기간 내에 판매되지 아니한 물품은 그 기간이 만료된 날로부터 3월 이내에 해당품을 재반입하는 조건이어야 한다.

운송하는 형태의 무역이며, 주로 교역환경이 육상인접국 사이의 육상운송에 국한되는 국제매매거래에 자주 보게 된다. 그러나 근래에는 해륙통과운송(海陸通過運送) 또는 복합운송(複合運送 : multimodal transport)에서 결합방법으로 많이 이용된다.

3) 연안무역

연안무역(coasting trade)이란 상품의 이동이 해양(ocean)을 통하지 않고 연안, 하천 등을 통하여 이루어지는 무역으로 최근에 와서는 연안무역도 그 본래의 의미를 떠나서 일국의 본토와 식민지 또는 속국간의 무역형태를 연안무역으로 보는 경향이 있다.

4. 기타 특수형태의 무역

(1) 플랜트수출

산업설비수출(産業設備輸出 : plant exporting)이란 각종 상품을 제조하기 위한 기계, 장치 등의 하드웨어와 그 설치에 필요한 엔지니어링, 노하우, 건설시공 등의 소프트웨어가 결합된 생산단위체의 종합수출을 말하며, 일반적으로 플랜트수출이라 불린다.

(2) 기술수출

기술수출(技術輸出 : export of techniques)이란 무역거래의 대상이 상품이 아니고 기술의 국제적인 이전을 수출이라는 관점에서 본 개념이다. 외국기업과 기술제휴계약을 체결하고 특허권(特許權 : patent license), 상표권(商標權 : brand license), 의장권(意匠權 : design license), 또는 실용신안권(實用新案權 : utility model license)과 같은 공업소유권(工業所有權)이나 노하우(know-how)를 공급하고 로열티(royalty)등의 기술료를 받는다.

이러한 기술수출은 최근 기술이나 노하우 등이 하나의 독립된 상품으로서의 독자적인 거래대상이 됨에 따라 점차 중요한 의미를 가지게 되었다.

(3) 녹다운 방식의 수출

녹다운(knock-down)방식 수출이란 완제품을 수출하는 것이 아니라 조립할 수 있는 설비와 능력을 가지고 있는 거래처에 대하여 상품을 부품이나 반제품으로 수출하고, 실수요지에서 제품으로 완성시키도록 하는 현지 조립방식의 수출을 말한다. 따라서 부품의 조달정도에 따라 완전 녹다운방식(complete knock-down method : CKD)와 부분녹다운방식(semi knock-down method : SKD)으로 분류할 수 있다. 이 방식은 선진국의 자동차 등 주로 기계류수출에서 흔히 볼 수 있는데 주로 수출국이 수입국의 수입제한이나 고율의 관세를 피해 수출하기 위한 전략으로 이용하고 있다.

(4) OEM 방식의 수출

OEM(original equipment manufacturing) 방식의 수출은 외국의 수입업자로부터 제품의 생산을 의뢰 받아 생산되는 제품에 주문자의 상표를 부착하여 인도하는 주문자 상표부착방식의 수출을 말한다. OEM 방식의 수출은 수출확대와 기술축적의 계기는 될 수 있지만 자사상표의 제품을 수출하는 경우보다 저가로 수출되어 수출채산성이 불리하다. 그리고 새 모델의 개발, 자사 상품에 대한 이미지의 제고, 독자적인 개척 등이 어렵다.

제2장 무역의 성격

제1절 무역의 성격

무역은 일반적 기후·토질 등이 다른 자연적 조건과 언어·제도·관습 등의 사회적 조건이 상이한 이질적인 국가 간의 물품교류현상이기 때문에 그 성격도 여러 가지 관점에서 고찰할 수 있다.

그러나 무역의 성격은 국민경제를 기반으로 하는 단독경제적인 면과 세계경제적인 면에서 상호간의 불균형을 조절하고 보완하며 거래하는 상행위로 보는 것이 타당하다.

왜냐하면 무역은 국민경제에 기반을 두고 있다. 또한 개개의 국민경제는 복합적인 여러 가지 이해관계가 얽혀 있는 세계경제를 형성하고 있어서, 무역기능을 담당하는 개별(단독)경제는 이와 같은 세계경제의 면에서 각자가 속하는 국민경제와 직접 관련성을 갖고 있기 때문이다.

따라서 무역은 개별경제적 성격, 국민경제적 성격, 세계경제적 성격 등의 복합경제적 성격을 나타내고 있다.

1. 개별경제적 성격

수출입행위는 일종의 국제적 상거래이기 때문에 국내상거래와 같이 개인 간의 자유의사에 의하여 이루어지는 사적 물품매매활동(private merchandising activity)의 성질을 갖는다.

따라서 여기서 말하는 사적 물품매매활동은 그 자체가 개별적인 무역산업의 수출입행위라는 상거래를 말하는 것이며 또한 그것이 무역을 형성하게 된다. 이러한 의미에서 무역은 하나의 개별경제적 성격을 갖고 있다고 할 수 있다.

오늘날 개방경제체제하에서 개별기업들은 실제 무역거래에 있어서 사적 개인간의 계약의 자유 및 통상의 자유가 이루어지는 가운데 무역의 효과를 극대화할 수 있다.

따라서 각국은 이러한 점을 고려하여 개별적인 무역산업간의 통상문제를 정치문제화 시키지 않고 또한 타국에 대한 외적 자극을 주지 않으려고 노력하고 있다. 또한 가능한 한 무역에 대한 국가간섭을 배후로 돌리고 무역산업의 개별경제적 활동을 전면에 내세웠던 것이다.

2. 국민경제적 성격

일반적으로 무역은 국가 간의 물품교류현상이므로 행위주체는 개별기업이지만 무역의 기본주체는 오히려 국민경제라고 할 수 있다. 이런 의미에서 무역은 개별기업적 성격뿐만 아니라 국민경제적 성격도 지니는 것이다.

무역의 상대방이 외국인이라 하더라도 양자 간의 물자교류가 같은 국가에서 이루어지거나 국가와 국가 사이의 수출입현상을 일으키지 않는다면 그 거래는 무역의 범주에 속하지 않는다.

이에 반하여 당사자가 동일국민이거나 또는 본·지점과 같이 동일기업이라 하더라도 상대방이 다른 국가에 있을 때에는 양자 간에서 취급하는 물자가 국경을 넘어서 이동된다면 무역으로 보아야 한다.

무역이 이같이 개별기업에 의하여 이루어진다고 하더라도 기본적으로는 국가를 단위로 하는 국가 간의 국경을 넘는 경제거래인 만큼 무역이란 개별기업의 이익 이전에 국가의 기본이익이 우선하는 국민경제적 성격을 지닌다.

따라서 개별기업이 사적 매매에 의한 이윤추구와 자유거래는 그 개별기업이 소속하는 국가의 산업정책이나 무역정책 등의 국민경제적 차원에서 공익이라는 범위 내에서 제약을 받게 되는 것이다.

3. 세계경제적 성격

오늘날 지구상의 어떤 나라도 완전히 자급자족경제체제(autarky economic system)를 영위하고 있지 못한 실정이다. 물자가 풍부하고 자급자족이 가능하리라고 생각되는 미국이나, 폐쇄적인 자급자족을 고수하던 사회주의 제국들도 무역확대를 통한 경제발전을 꾀하고 있다. 따라서 일국의 무역은 세계경제의 일부를 형성하고 있으며 타국가의 경제와 상호의존성을 갖게 된다.

특히 19세기 후반부터 세계교류의 발달과 산업혁명의 결과 나타난 물자의 국제적 수급은 각국의 생산 및 교통관계를 연결하게 되었다. 이와 같은 국민경제간의 상호의존성의 심화 속에서 무역은 각 국민경제를 중개하는 중요한 역할을 담당하고 또한 유기적 결합도를 더욱 심화시킴으로써 세계경제라는 하나의 유기적인 구성체로 발전하게 되었다. 이러한 의미에서 무역은 당연히 세계경제적 성격을 내포하고 있으며 최근 세계무역의 확대를 위한 국제관습의 통일화 및 절차의 간소화 노력이나 관세 등의 무역정책을 세계적으로 조정하려는 일련의 집단적 노력들이 이러한 무역의 세계경제적 성격을 반영하고 있는 것이다.

제 2 절 무역거래의 특성

일반적으로 국제 상거래가 이루어지기 위해서는 반드시 거래 상대국이 존재해야 가능할 것이며 이는 교역상대국가에 직접적인 영향을 미치게 된다. 즉 어느 한 국가가 상대방국가에 수출을 이행하면 자국은 산업이 발달하게 되고 고용이 증대되며 따라서 국제수지개선 및 경제발전을 가져오게 되지만 상대방국가에서는 수입이 증가하게 되어 산업이 위축되고 실업이 증가하여 국제수지 적자를 가져오게 됨으로써 여러 가지 경제적인 부작용이 따르게 된다. 따라서 각국은 국내거래와는 달리 무역거래에 대한 직·간접적인 간섭이나 경제정책을 시행하여 최대의 경제발전을 도모하고 악영향을 최소화하고자 한다.

무역거래는 국내거래와는 달리 다음과 같은 특성을 갖고 있다.

1. 해상의존성

무역은 해상을 통하여 이루어지는 경우가 대부분이며 최근에 항공운송이 증가하고 있으나 그 비율로 보았을 때 해상운송이 절대적이다. 우리나라의 경우 1997년 현재 해상화물 운송량이 485,030,000톤(99.7%)으로 항공운송 1,631,000톤(0.3%)에 비해 절대적으로 크며, 이는 다만 해양국가 무역에만 한정된 것이 아니라 프랑스나 독일 같은 전형적인 대륙국가에도 해당된다.

이처럼 세계의 무역은 해상중심으로 해운과 더불어 발전해 왔으며 더불어 해상보험 등도 함께 발전하였다. 운송의 경우 해상운송, 항공운송, 육상운송 및 내수로운송 등으로 세분화하여 발전되었으며 이는 무역항을 중심으로 해상보험과 함께 보관 및 가공창고 등과 더불어 해상운송의 범주에 포함하여 지칭되기도 한다.

2. 국제관습성

국내거래와는 달리 무역은 어느 한 국가의 법이나 규칙에 적용하기가 곤란하며 국가 간에 공통적으로 강제되는 국제매매규칙 또는 협약이 없기 때문에, 일반적으로 오랜 거래관습을 통하여 정형화된 무역관습에 기초하여 계약을 체결하고 이행하고 있다. 이와 같은 관습은 주로 국제상업회의소(ICC : International Chamber of Commerce)나 국제법협회(ILA : International Law Association)와 같은 세계적으로 권위를 인정받고 있는 국제단체에 의하여 조사되어 국제규칙화되었다. 따라서 국제거래에 관련된 모든 해석기준은 무역관행규칙 즉 국제관습법에 두고 처리하게 되었다.

3. 산업연관성

국제분업의 원리에 따라 각국은 자국의 여건에 맞는 상품을 값싸고 품질 좋게 생산하여 수출하게 되는데 그 과정에서 생산요소를 효율적으로 이용하여 자국의 산업발전에 기여하게 된다. 또한 국내산업에 필요로 하는 원료를 외국으로부터 수입하여 공급함으로써 상품의 생산활동을 활발하게 촉진하여 국내공급 뿐만 아니라, 수출이 가능하게 함으로써 대량생산과 고용창출의 효과를 가져와 국민경제 발전의 선도적 역할을 하게 된다.

따라서 무역활동은 일국의 산업발전에 중요한 위치를 차지하고 있으며 우리나라를 비롯한 많은 국가들이 무역을 통해 국가경제를 발전시켜 왔다. 이와 같은 내용은 본장의 제3절에서 보다 상세히 언급하기로 한다.

4. 기업위험성

국제상거래를 담당하는 기업은 언어, 제도, 조직, 관습 등이 전혀 다른 외국의 기업과 거래를 하는 것이므로 거래과정에서 국내거래와는 다른 다음과 같은 위험에 직면할 수 있다.

① **상품의 수송·보관상의 위험** : 장기간 운송과정 및 보관에서 상품의 품질상에서 발생하는 물리적인 위험이 있을 수 있다. 이와 같은 위험은 각종 보험에 의해 보험업자에게 담보되어 전가시킬 수 있다.

② **상품대금에 관한 위험** : 상품대금의 결제 및 금융에 있어서 지불거절 또는 지불불능 상태로 인하여 발생할 수 있는 위험이다. 이와 같은 사태는 동일한 법률의 지배를 받는 국내거래에 비해 훨씬 높아질 수 있으며 이를 이용한 국제사기거래가 발생하는 경우도 빈번하다. 또한 그 구제방법이나 절차도 까다롭기 때문에 신용장 제도나 수출보험제도 등을 이용하여 그 위험을 최소화하여야 한다.

③ **상품가격 및 환율의 변동에 관한 위험** : 국제무역거래는 양국이 서로 다른 화폐를 사용한다는 점이 국내거래와 다르다. 이와 같은 화폐의 교환비율,

즉 환율은 고정되어 있는 것이 아니라 수시로 변동한다. 또한 양국은 지리적으로 떨어져 있기 때문에 물품의 인도 또는 인수시기와 대금의 지급, 수취시기가 매매당사자에 따라서는 시차가 발생할 수 있다. 따라서 매매당사자는 환율의 변동에 의해 예기치 않는 손해를 입을 수 있으며 상품가격의 등락으로 인한 손실가능성이 존재한다. 이를 예방하기 위해서 상품거래소와 연계 매매하거나 외환예약을 함으로써 그 위험을 회피할 수가 있다.

제 3 절 무역과 국민경제

1. 국민경제에서의 무역의 중요성

(1) 무역과 국민생활

오늘날 어느 나라를 막론하고 완전한 자급자족의 경제형태를 이루고 있는 국가는 없다. 다른 나라와 무역거래를 행하지 않고서는 그 나라의 경제를 유지·발전시킬 수 없을 뿐만 아니라 생활수준을 향상시킬 수도 없다.

다시 말하면, 각 국민경제는 서로 연관관계 속에서 국제경제 내지 세계경제를 형성하고 있는 것이다. 그러므로 모든 나라에 있어서 무역은 중요한 위치를 차지하고 있다. 다만, 그 중요도는 나라마다 조금씩 다르다.

무역의 중요성은 우리의 현대경제사회에서 얼마든지 찾아낼 수 있는데, 그것은 곧 광범위한 특화의 정도로부터 나오게 된다. 심지어는 매우 원시적인 사회에서조차 사람들은 그들의 희소자원을 사용하는 데 있어서 상호 협조하여 더 많은 상품과 서비스가 생산되어 소비할 수 있도록 하였다.

우리의 현대경제사회에서의 고도의 특화는 이용 가능한 많은 상품과 서비스를 생산할 수 있게 함으로써 모든 국민경제의 생활수준을 향상시켜 주고 있다. 그러나 이러한 특화는 필수적으로 무역을 통해서만 가능하며 무역 없이는 절대로 불가능한 것이다. 이것은 모든 사람들은 통상적으로 영양분이 골고루 들어 있는 균형 있는 식사를 원한다는 사실만으로도 쉽게 이해할 수 있다.

이러한 특화된 생산자는 자기 개인의 소비를 위하여 자기 자신의 생산품 중 단지 일부분만을 사용할 뿐이며, 그 남은 잉여부분을 다른 생산자의 특화상품이나 서비스와 교환하게 된다. 예를 들어서 구두제조업자는 구두만을 소비하지도 않으며 그렇게 할 수도 없는 일이다. 즉, 구두 이외에도 음식, 옷, 가옥, 교통수단 등을 필요로 한다. 따라서 그는 구두의 잉여생산품을 농부, 수퍼마켓, 자동차 생산업자, 양복업자 및 그 밖의 특화업자들의 생산품과 교환하여 생활하게 된다. 특화업자간의 이러한 재화와 서비스의 교환은 분명히 무역에 의한 것이다.

마찬가지로 넓게 보아 각 국가는 자국의 잉여품을 상대적으로 더욱 더 저렴하게 생산하는 다른 나라의 재화 및 서비스와 교환함과 동시에 다른 나라보다는 상대적으로 더욱 더 저렴하게 생산할 수 있는 상품의 생산에 특화하게 된다.

이러한 과정은 모든 나라에서 가능한 많은 재화 및 서비스의 생산을 가능하게 하는 국제분업을 일으키게 한다. 따라서 이러한 국제분업과 특화는 단순·폐쇄경제내의 국내분업과 특화에 의한 그 경제 내에 있는 국민들의 생활수준을 증가시키는 것 이상으로 모든 나라의 국민생활수준을 향상시키게 된다.

(2) 무역과 국내산업

무역은 필요물자를 서로 교환하여 국민생활수준을 향상시킨다는 의미뿐만이 아니라 그 이외에도 여러 가지 중요한 의미가 있다. 즉, 어떤 나라가 필요로 하는 물품을 외국에서 수입하려면 외화가 필요한데, 그 외화는 자국 물품의 수출에 의해서 충당하지 않으면 안 되는 것이다.

따라서 수출이 증가하지 않으면 보유외화가 감소하여 필요한 물품도 구입할 수 없으며, 국민경제 내에 있는 여러 가지 산업의 발전에 저해를 가져오며 또한 경기동향이나 실업문제와도 밀접한 관계를 맺고 있는 것이다.

가령 면제품의 수출이 부진하게 되면 면제품을 생산하는 기업은 생산감소에 의한 경영난으로 실업자가 속출하게 되며, 또한 이와 관련되는 방직기계의 산업도 생산이 위축되어지고, 이러한 연쇄반응으로 말미암아 그 나라의 국내경기도 악화되어 기업이 도산하거나 실업자가 늘어나 국민경제발전을 저해하게 된다.

또한 국내에 생산설비가 갖추어져 있어도 원료를 수입에 의존하고 있는 나라에서는 원료수입이 순조롭지 못하다면 그 제품의 수출의 길도 막히고 말 것이다. 수출과 수입이 모두 크게 증가하면 그 나라의 경기도 호전되어 산업의 생산량도 늘어나게 되고 실업자도 당연히 감소하게 되어 그 나라의 국민경제는 그만큼 윤택해질 것이다.

1960년대 이후 시작된 우리나라의 경제개발계획의 착실한 이행으로 한국의 경제는 경이적인 성장을 실현해 왔는데, 여기에서 공업생산의 확대와 더불어 그것에 필요한 원재료의 수입을 위한 외화는 수출증가에 의하여 조달되어 왔던 것이다. 그리고 국내시장이 상대적으로 협소한 오늘날에는 수출이라고 하는 것은 유효수요(effective demand)의 개척이라는 측면에서도 커다란 역할을 하고 있는 것이다.

석유파동 이후 경제성장률과 수출증가율이 다소 둔화되고는 있으나 건전한 국민경제의 발전을 위한 꾸준하고 착실한 무역신장은 불가피한 요소임에는 변함이 없는 것이다.

(3) 무역의존도와 외화가득률

1) 무역의존도

무역의존도(degree of dependence on foreign trade)란 한 나라의 국민경제가 얼마만큼 무역에 의존하고 있는가를 표시하는 지표이다. 즉, 무역의존도란 일정한 기간(보통 1년)에 있어서 1국의 국민소득에 대한 그 기간의 무역액(수출액+수입액)의 비율로써 표시한다.

한편 무역의존도는 국민총생산(GNP)에 대한 무역액의 비율로써 표시되기도 하는데, 국민소득에 대한 비율로 표시하느냐 또는 국민총생산에 대한 비율로 표시하느냐 하는 것에 대한 절대적인 기준은 없다.

따라서 무역의존도는 각국의 국민경제에서의 무역의 비중을 나타냄과 동시에 경제성장에 대한 무역의 역할을 표시하는 지표로 이용된다. 이러한 무역의존도는 수출의존도와 수입의존도의 합계인 것이다.

$$\text{무역의존도} = \frac{\text{1년 동안의 무역액(수출액+수입액)}}{\text{1년 동안의 국민소득총액(혹은 국민총생산)}}$$

$$\text{수출의존도} = \frac{\text{1년 동안의 수출액}}{\text{1년 동안의 국민소득총액(혹은 국민총생산)}}$$

$$\text{수입의존도} = \frac{\text{1년 동안의 수입액}}{\text{1년 동안의 국민소득총액(혹은 국민총생산)}}$$

일반적으로 한 나라의 수입의존도는 그 나라의 자원조건과 산업구조의 발전 정도에 의하여 결정된다. 따라서 수출의존도나 수입의존도는 그 나라 경제 규모의 절대적 크기와 경제발전의 정도, 즉 산업구조의 발전 여하에 따라 크게 좌우된다. 따라서 구조변동기에는 그 변화가 심하나 단기적으로는 비교적 안정된 수치를 가지는 것이 보통이다.

한 나라의 수입은 국민소득의 변화와 밀접한 관계를 갖고 있으므로 수입을 국민소득의 함수로 파악할 수가 있다. 무역의존도에 따라 그 나라 경제의 자립도를 평가하기도 하는데, 이 지표가 높다고 해서 반드시 그 나라의 국민경제가 허약하다는 것을 의미하지는 않는다. 예를 들어 우리나라보다 경제력이 나은 대만이나 싱가포르는 무역의존도가 우리나라보다 훨씬 높은 편이다.

그러나 일반적으로 광대한 지역을 가지고 있는 국민경제는 국내의 분업이 유리하므로 무역의존도가 낮고, 소득수준이 높고 소규모 지역을 가지는 국민경제는 무역의존도가 높다(예 : 미국의 경우 5~6%, 일본의 경우 14~15%).

무역의존도는 국민경제에 있어서의 무역의 중요성을 표시하며 일반적으로 경제의 발전과 더불어 상승하는 경향이 있다. 그러므로 경제발전의 지표로도 사용된다.

그러나 무역은 외국의 경기변동이나 경제사정에 따라 좌우될 수 있으므로 무역의존도가 크다는 것은 그 나라의 국민경제가 해외시장에 많이 의존하게 되어 그만큼 불안정하다는 것을 의미할 수 있다.

반면에 무역의존도가 낮을 경우 그 나라의 국민경제는 국내분업의 확대에 의한 경제적 자급도가 매우 높아서 국제경제의 영향을 상대적으로 적게 받게 된다.

2) 외화가득률

상품을 수출하면 외화를 획득하게 된다. 비록 수출비용이 상당히 높다고 하더라도 그 수출상품 생산에 수입원자재가 많이 사용되었다면 외화의 획득은 적어진다. 그러므로 수출을 통해서 어느 정도의 외화를 획득할 수 있느냐를 알려고 한다면 반드시 수출상품의 수출액에서 이 수출상품을 생산하기 위하여 사용된 수입원자재의 금액을 공제하지 않으면 안 된다.

이와 같이 수출액에서 원자재수입액을 공제한 부분을 외화가득액이라고 하고, 그 비율을 외화가득률이라고 한다.

$$\text{품목별 외화가득률} = 1 - \frac{\text{단위당 수입원자재원가(CIF)}}{\text{단위당 수출원가(FOB)}} \times 100$$

이러한 외화가득률은 수출상품의 무역수지에 대한 공헌도를 나타낸다. 따라서 외화가득률의 높이만큼 외화를 획득할 수 있으며, 각 상품마다 외화가득률이 다르다.

가령, 어느 품목의 수출액이 10,000달러라고 하고 이 품목을 생산하는 데 투입된 원자재의 수입이 5,000달러라고 한다면 외화가득액은 5,000달러이며, 외화가득률은 50%이다.

그러나 반대로 원자재를 수입하지 않고 전부 국산원자재로 수출상품을 생산한다고 하면, 이는 100%의 외화가득률을 나타내게 된다. 따라서 외화가득률이 높은 상품을 많이 수출하면 할수록 국민경제는 한층 더 많은 이익을 얻는다.

그리고 이 외화가득률은 절대적인 것이 아니고 상대적이어서 상품의 종류에 따라 각각 다르고 더욱이 수출입가격의 변동과 교역상대국의 수요변동에 따라 좌우된다. 단 수입원자재에 의존하는 수출상품은 가공단계의 우회도에 따라 외화가득률의 고저가 좌우되는 것이다.

2. 수출과 국민경제

(1) 외화조달의 원천

가계나 기업과 같은 개별경제주체들이 그 경제생활을 영위하기 위해서는 일정한 화폐의 공급이 필요하듯이 일국의 국민경제를 운용함에 있어서도 다음과 같은 이유에서 막대한 외화조달이 필요하다.

① 국민경제가 대외거래를 행함에 있어 요구되는 거래적 동기의 외화가 그것이다. 외국으로부터 필요한 원자재와 상품을 수입하거나 기타 결제를 위해서 필요한 외화의 보유가 필요하다.

② 자국통화의 교환성을 보장하고 장래의 외채에 대한 지급준비 등을 위한 예비적 동기의 외화도 필요하다. 예기치 못하는 장래의 외화수요를 국민경제나 통화신용정책에 어떤 급격한 변동을 줌이 없이 충당하고 외환시장이 불안정한 경우 이의 안정화를 도모해야 하기 때문이다.

③ 외국에 대한 국제투자를 할 수 있도록 해 주는 투기적 동기의 외화도 필요하다.

그런데 이러한 외화의 획득은 여러 가지의 무역외거래나 이전거래 또는 외국으로부터의 차관도입을 통하여 달성될 수도 있다. 그러나 가장 중요하고도 바람직한 형태는 수출을 통한 외화조달이다.

왜냐하면 무역외거래나 이전거래를 통한 외화의 획득은 수출을 통한 경우에 비하여 그 규모가 상대적으로 아주 작고 또한 차관의 경우 이는 대외채무이기 때문에 일정한 기간이 지난 후에는 반드시 상환해야 하므로 이에 따른 원리금 상환의 압박이 있기 때문이다.

따라서 결국 국민경제의 발전과 향상에 크게 기여하는 것은 수출을 통한 외화의 획득이다. 이와 같이 수출은 필요한 외화를 공급해 주는 외화공급원으로서의 역할을 하고 있다.

(2) 산업구조의 고도화

수출은 외화공급원으로서 역할뿐만 아니라 생산활동 및 소득을 증대시키고 나아가 대량생산에 의한 규모의 경제실현을 가능하게 하는 방대한 해외시장을 제공함으로써 산업구조의 고도화에 기여한다.

역사적으로 볼 때 저개발국의 경제발전의 문제에 있어서 시장의 규모는 매우 중요한 역할을 하였는데 수출은 이러한 시장문제의 해결수단이 된다.

해외시장으로의 수출이 이루어지게 되면 종래 시장규모의 협소 때문에 이룩할 수 없었던 대량생산에 의한 규모의 경제(economies of scale)를 실현할 수 있게 된다. 이러한 규모의 경제가 실현되면 우선 대량생산에 따르는 생산비의 인하를 가져올 수 있고 또한 이러한 대량생산에 따른 분업의 촉진, 생산방법과 경영능률의 개선, 새로운 기술혁신의 촉진 등이 이루어짐으로써 제품의 품질개선 및 다양화가 촉진된다.

또한 이러한 생산비의 인하와 품질의 개선 및 다양화는 그 나라 제품의 가격 및 비가격경쟁력을 강화시켜줌으로써, 결국 「수출증대에 따른 시장규모의 확대 → 규모의 경제 실현 → 생산비 인하와 품질개선에 따른 경쟁력의 강화 → 수출증대」라는 순환이 계속되고 더 나아가서는 그 나라 산업구조의 고도화에도 기여하게 된다.

(3) 생산 및 고용의 증대

수출은 당해 수출산업의 수출품 생산을 유발시킬 뿐만 아니라 동 수출품 생산과 관련되는 모든 산업의 생산을 연쇄적으로 유발시킴으로써 관련산업의 생산활동을 직접·간접으로 증대시켜 고용을 창출하게 된다.

이와 같이 어떤 산업에의 투자가 연쇄적으로 이와 관련되는 다른 산업의 투자와 생산을 유발시키는 효과를 연관효과 내지는 파급효과(linkage effect)라고 하는데, 수출은 이러한 일련의 효과를 통하여 일국 전체의 투자와 생산을 증대시키는 역할을 하게 된다.

그러나 고용창출의 효과는 노동이나 자본집약도 등에 따른 그 나라 산업의 성격에 따라 크게 달라진다. 즉, 일국의 산업구조가 고도화되어 노동생산성이 향상되면 1단위의 수출품을 생산하는 데 필요한 노동의 비율, 즉 노동계수가 낮아져 고용유발의 효과는 감소되며 그 반대의 경우는 증가하게 된다.

(4) 소득유발의 효과

수출은 그 상품의 생산활동과 관련된 여러 부문의 생산을 유발시켜 여기에 투입된 노동・자본・토지(임금・이자・지대) 등의 생산요소에 대해 소득을 실현시켜 준다. 이때 이러한 수출의 증가가 얼마만큼의 국민소득을 증대시키느냐를 설명해 주는 이론이 무역승수이론이다.

수출의 소득유발액은 수출산업은 물론이고 수출과 관련된 관련산업들의 생산과정에서 발생한 부가가치의 합계로 산출된다. 즉, 일국의 수출이 유발하는 소득액은 각 수출산업별 생산유발액에 각 산업별 부가가치율을 곱해서 구한다. 이는 또 수출품 생산에 따른 직접・간접의 수입유발액을 공제해서 산출한 외화가득액으로 대신할 수 있다.

(5) 경기조절의 기능

수출규모의 확대에 따라 국민경제에서 차지하는 수출비중이 점차 상승함으로써 유효수요의 중요한 구성요소가 된다. 이로 인해 수출은 내수감퇴기에는 위축된 국내시장을 보완하여 대폭적인 생산수준의 저하와 실업의 증가를 방지하는 등의 국내경기의 조절을 위한 안전장치로서의 기능을 한다.

특히 이와 같은 수출의 경기조절기능은 내수와 수출이 극단적인 경우에는 경합관계에 놓이기 때문에 가능하다.

즉, 내수가 급격히 증가할 경우에는 수출이 어느 정도 둔화되고, 내수가 매우 부진할 경우에는 수출이 상대적으로 활발해져 이를 상쇄하게 된다. 그러나 반대로 오히려 수출시장의 경기침체가 국내 경기침체를 가속화시키는 역작용도 있을 수 있다.

3. 수입과 국민경제

(1) 필요물자의 조달

수입의 필요성에서 가장 중요한 것은 그 국민경제 생활에 필요한 물자를 조달하는 창구로서의 역할을 한다는 것이다. 수입은 공업화에 필수불가결하며 국내에서 생산이 불가능한 원자재의 공급원으로서 중요한 역할을 하고 있다.

대개 수입국의 소비자들은 국내에서의 조달이 불가능한 것 또는 가능하다고 하더라도 상대적으로 가격이 높거나 품질이 낮은 소비재들을 외국으로부터 수입함으로써 그들의 경제적 후생과 소비의 질을 높일 수 있게 된다.

특히 부존자원이 거의 없는 우리나라로서는 공업화에 필수적인 원유・원강・원면・원모・원목・기타 금속광물 등의 원재료 수입이 불가피하며, 또한 경제의 성장과 개발을 위한 첨단산업부문의 기계류나 선진자본재의 수요도 수입에 의해서 충당되어질 수 있다.

(2) 모방과 수요창출의 효과

수입은 저개발국의 선진국에 대한 모방의 창구로서의 역할을 한다. 오늘날 저개발국이 경제를 발전시키자면 하루 속히 선진국이 이루어 놓은 것들을 도입・모방하는 것이 급선무인데 수입은 이것을 가능하게 하는 창구역할을 한다. 왜냐하면 수입을 통하여 다른 나라의 기술・기업능력・자본・새로운 상품지식들을 이전 받을 수 있기 때문이다.

수입은 또한 이러한 모방을 통하여 저개발국에 대한 새로운 투자를 유발시킨다. 저개발국에 있어서 신제품에 대한 투자의 경우 그 상품이 수요자들에게 아직 생소하고 기존의 생산기술도 없으므로 투자의 위험이 크기 때문에 투자가 일어나지 못한다.

이러한 경우 그 상품의 수입이 먼저 이루어져 어느 정도 기간이 지나게 되면 그러한 위험은 감소되게 되므로 새로운 투자가 안전하게 일어날 수 있다. 따라서 수입이 빨리 이루어지고 또한 많이 이루어질수록 국내의 생산은 촉진되며 그럴수록 강한 비교우위도 갖게 된다.

또한 수입은 신제품에 대한 수요를 창출함으로써 전에는 다만 잠재적으로만 존재하던 욕망을 일깨워 수입국에 존재하는 유휴자원의 활용과 이에 따른 투자의 확대를 가져오는 계기가 된다.

이와 같은 수입의 역할은 루이스(W. A. Lewis)가 말하는 경제화 하려는 의지(the will to economize) 또는 허시만(A. O. Hirshman)이 말하는 개발의지(development will)를 불어넣어 주는 것으로서 이를 무역의 국제적 전시효과(international demonstration effect)라고 부르기도 한다.

(3) 경쟁력 제고와 후생의 증대

국가가 수입을 억제하는 보호정책을 쓸 경우 국내시장은 이러한 보호장벽을 통해 보호받게 되므로 국내산업들은 상품의 가격 및 비가격경쟁력을 강화시킬 필요를 느끼지 않는다. 그러나 일단 수입의 문호가 개방되면 외국으로부터 더 저렴하고 품질이 우수하며 다양화된 동종의 상품들이 국내시장에서 경쟁하게 된다.

따라서 이러한 상품들과 경쟁하게 된 국내산업들은 경쟁에서 살아남기 위하여 생산성 향상을 통한 원가의 절감이나 새로운 기술혁신을 통한 품질의 고급화와 다양화 및 시설과 경영의 합리화를 도모하게 된다. 이에 따라 일국의 국내산업의 경쟁력이 제고되고, 비교우위구조가 고도화됨으로써 경제능률이 증대되며 동시에 국내소비자들의 후생이 증대된다.

(4) 재정수입의 원천

정부는 일부 면세품 수입의 경우를 제외하고 거의 대부분의 수입품에 대하여 관세를 부과하고 이러한 관세수입을 국고에 환수한다. 따라서 수입은 정부 재정수입의 원천이 되기도 한다.

오늘날 모든 민주국가에서는 조세법률주의를 채택하고 있다. 이에 관세도 법률에 따라 관세영역을 통과하는 물품에 대하여 강제적으로 징수하기 때문에 다른 어떤 조세보다 징수가 용이하며 또한 사용료나 수수료와는 달리 납부자에 대한 어떤 반대급부를 공여할 필요도 없다.

따라서 이러한 관세는 부과가 시작된 증세 이후 오늘에 이르기까지 정부 재정 수입확보의 주요한 원천이 되고 있다.

제4절 무역학의 체계와 연구분야

1. 무역학의 체계

오랜 역사동안 발전되어 온 국제무역은 경제학이나 경영학과 같이 사회과학의 한 분야이면서 국경을 사이에 두고 국가 간에 전개되는 경제거래에서 발생하는 특수, 고유한 분야를 연구대상으로 하고 있다.

지구상에는 여러 국가가 존재해 왔기 때문에 각국은 국민경제발전을 위해서 각 시대, 각 국가마다 대외무역정책을 전개해 왔다. 국토가 협소하고 자원이 빈곤한데다 과다한 인구를 포용하고 있는 우리나라의 경우에 무역을 통한 경제발전은 필연적이다. 우리나라는 1960년대 이후 수출지향공업화전략을 추진함으로써 연평균 10%이상의 고도성장을 이룩하며 중진국의 위치를 확보할 수 있었던 가장 큰 힘은 오로지 무역을 통한 경제성장에 있었다.

이러한 성과의 달성은 전후 열악한 경제조건하의 폐쇄경제에서 개방경제로 전환하여 우리 상품의 국가경쟁력 강화, 해외시장의 개척, 기술개발 및 교육 훈련과 직결시킨 무역부문의 활력에 있었으며 여기에는 이들을 뒷받침하는 학문적 기여가 있었다.

무역학은 사회현상에서 일어나는 경제문제를 다루는 학문이며, 특히 국가 간의 상거래에서 발생하는 문제를 연구대상으로 하는 학문이다. 한 국가 내에서는 상품의 생산, 교환, 소비가 동일한 언어, 상관습, 법률제도 및 화폐제도하에서 자유롭게 이루어지고 노동이나 자본이 직업과 지역에 관계없이 자유롭게 이동되지만 국가 간에 국경을 넘어 상품, 자본 및 협동이 이동될 때는 국내거래에서 부여되는 그러한 자유는 보장되지 않는다. 따라서 이들 영역에 대하여 전문적인 연구분석이 이루어 질 때 국가간 거래가 활성화 될 것이다. 즉 국제무역은 국가마다 언어, 상관습, 법률제도와 화폐제도의 상이에서 오는 특수한 성격을 가지기 때문에 일반경제학에서 다룰 수 없는 독립적인 분야가 존재한다. 말하자면 경제순환의 과정인 생산, 교환, 소비의 3측면에서 국내거래는 자유가 부여되어 있지만 국제거래는 이러한 자유가 제약을 받게 되는 특수한 학문영역인 것이다.

국제무역에는 불완전경쟁의 원리와 상대적 경쟁의 원리가 지배하기 때문에 상품중심의 가격이론을 연구하는 일반경제학과 현실적인 경영문제를 다루는 실천과학으로서 환경변화에 적응하는 기업행동을 해명하고 미래의 행동지침을 예측하는 경영학과는 달리, 무역학은 주체중심의 분업과 교환의 일반이론을 연구하는 학문영역이다.

이러한 학문은 국경을 사이에 두고 상거래가 이루어진 때부터 상품거래에 필요한 언어, 상관습, 법률제도, 해운, 보험, 관세, 신용장, 기업이 국제화를 성공적으로 추진하고 해외시장을 지속적으로 확대하기 위한 해외시장조사, 국제통상전략, 해외투자전략을 포함한 국제재무와 금융, 무역경영 등의 광범위한 국제경영을 연구하게 된다. 그리고 순수이론면에서는 1776년 아담 스미스의 「국부론」의 출현 이후 보다 정확하게 비교생산비설을 주장한 데이비드 리카도를 포함한 고전학파 무역이론에서부터 근대무역이론에 이르기까지, 국가 간에 왜 무역이 발생하며 어떻게 일어나며 무역이익은 무엇인가, 무역이 발생하는 경우 한 나라에서 무역의 방향, 즉 수출 또는 수입되는 상품은 어떻게 결정되는가, 국제시장에서 각 상품의 가격과 무역량 그리고 교역조건은 어떻게 결정되는가, 무역이 요소가격, 소득분배, 경제성장 등에 미치는 효과는 무엇인가, 그리고 환율은 어떻게 결정되며, 국제수지의 조정과 대외투자는 어떻게 이루어지는가 라는 문제를 연구한다.

2. 무역학의 연구분야

무역학에 관한 학문연구는 200여 년 전 영국에서 중상주의시대에 이어 자유무역시대를 거쳐 오는 동안 국제무역의 역사, 사상, 이론, 정책, 제도 등에 관한 연구가 활발하게 전개되어 오면서, 나라와 시대에 따라 정도의 차이는 있으나 여타의 나라들도 자국의 경제발전을 위한 무역분야의 학문연구의 필요성이 대두되어 이를 계승·발전시켜 왔다.

이에 우리나라도 전후 특히 1960년대 이후 수출지향공업화전략을 소위「무역을 통한 성장」을 경제목표로 설정하면서부터 기업의 대외활동과 이를 지원하는 정부의 역할을 위한 무역학의 학문적 뒷받침이 절실하게 요망되었다.

무역학의 고유학문분야는 국제무역의 현상을 개별기업이나 국가의 입장에서 볼 때 ① 국제상학 ② 국제경영학 ③ 국제경제학 등 크게 세 분야로 세분된다.

기업의 대외활동면에서 볼 때 상품, 자본, 기술 및 용역의 국제거래는 국내거래와는 달리 국가마다 언어, 상관습, 법률제도, 화폐제도 등이 상이한 특수한 거래로서 다음과 같은 특수한 학문적 연구분야를 갖는다.

첫째, 상품이 국제적으로 이동함에 따라 수출입상품의 결정, 국제상관습, 국제매매, 국내법규 및 국제통상관계법, 국제통상전략, 결제, 운송, 보험, 금융, 상사중재 등 국제상학 및 국제통상학이 있다.

둘째, 상품의 비교우위에 따라 그 상품의 국제경쟁력을 향상시켜 급변하는 국제경제환경에 대처할 수 있는 기업활동을 보다 효율적으로 운용하기 위해서는 대내적으로는 국제재무 및 금융활동, 무역경영 등과, 대외적으로 해외시장조사, 해외투자전략 등을 포괄하는 국제경영학이 있다.

셋째, 국제무역을 국민경제발전이라는 국가적 입장에서 개별기업의 대외활동을 지원하거나 규제하는, 즉 실물면의 순수이론과 화폐면의 금융이론을 포괄하는 국제경제학이 있다. 국제경제학은 무역의 이론, 무역량의 결정·변화, 무역이익의 배분, 무역과 경제성장·소득분배, 산업·무역·자원정책 등에 관한 국제무역론과, 화폐의 국제간의 흐름에 따른 환율, 국제수지 해외투자 등 국제금융론으로 나누어진다.

이상과 같은 학문내용은 경제학과나 경영학과의 학문영역에서 벗어날 뿐만 아니라 이들 학문의 연구범주에도 포함할 수 없는 특수영역이다.

제3장 무역 계약

제1절 무역 계약

국내매매계약과 무역계약은 상업적법리적으로 공통적인 성격을 갖고 있으며 계약이 순조롭게 이행되는 경우에는 그 차이점을 알기가 쉽지 않다. 그러나 결정적으로 계약이 제대로 이행되지 않아 많은 시간과 경비를 부담하는 경우에는 그 차이를 실감할 것이며 특히 계약의 중요성을 인식할 수 있을 것이다.

무역계약(貿易契約 : trade contract)이란 국제간에 이루어지는 매매계약으로서 매도인(seller)이 매수인(buyer)에게 물품의 소유권(property in goods)을 양도하여 물품을 인도할 것을 약속하고, 매수인은 이를 수령하고 그 대금을 지급할 것을 약정하는 계약이다. 따라서 무역계약은 낙성계약이며 쌍무계약이며 유상계약이다.

즉 무역계약은 첫째, 일반적으로 일정한 조건에 따라 상품을 매도하겠다는 수출자의 의사표시(offer)에 대하여 수입자가 이를 구매하겠다는 의사표시(acceptance)를 함으로써 계약이 성립되는 낙성(諾成) 또는 합의계약(consensual contract)이라고 한다. 이는 매도인의 offer에 대한 매수인의 acceptance(승낙)로 무역계약이 성립되기 때문이다.

둘째, 매도인인 수출자는 합의된 매매조건에 따라 상품을 인도할 의무가 발생하는 동시에 매수인인 수입자는 이에 대한 대가로 대금을 지급할 의무가 발생하는 쌍무계약(雙務契約 : bilateral obligation contract) 이라 한다. 따라서 매도인은 매수인으로부터 대금을 지급받을 권리가 발생하는 동시에 매수인은 매도인으로부터 상품을 인도받을 권리가 발생한다.

셋째, 이상과 같이 합의계약적이고 쌍무계약적인 성격을 가진 무역계약은 오늘날 대부분의 경우 물품의 급부(給付)에 대한 화폐의 반대급부가 이루어짐으로써 계약의무가 이행되는 유상계약(有償契約 : remunerative contract)이다.

무역계약은 당사자 간의 여러 단계를 거쳐 체결될 수 있지만 실무상 거래의 권유단계에서부터 시작된다. 따라서 먼저 공략할 목적시장이 결정되면 그 시장에서 가장 적절한 거래선은 발굴한 후 발굴된 거래처에 대한 신용조회를 해보고 거래제의를 하게된다.

한편 해외에서 조회가 있을 경우에는 감사의 표시와 함께 신속하게 회신을 하여야 한다. 이때는 보통 청약자(offeror)가 청약을 서면이나 전신(cable, fax) 등으로 하게 되는데 일반적으로 가격을 흥정하거나 거래조건의 수정을 요청하는 피청약자(offeree)의 수정오퍼(counter offer)가 있을 경우가 많다. 여기에 대하여 청약자가 확정적 청약(firm offer)을 하면 피청약자가 승낙함으로써 계약이 성립된다. 또한 매수인의 주문(order)에 따른 매도인의 주문승낙(acknowledgement)도 계약이 성립되는 것으로 본다.

이 경우 실무적으로 중요한 것은 매매당사자 사이에 교환된 청약과 승낙의 법적 증거로서 문서나 전신 또는 국내에서 갑류무역대리업자(offer agent)등이 발행한 물품매도확약서(offer sheet)만으로는 완전한 계약이 체결되었다고는 볼 수 없다. 이는 Offer Sheet나 Order Sheet 상에는 통상 무역계약을 위한 최소한의 계약조건만을 기재하여 이루어지기 때문에 이러한 기재내용 이외에 후일에 분쟁이 야기될 경우에는 매매당사자의 책임소재를 명확하게 구분하기 어렵다.

따라서 Offer Sheet 등에 기재되는 단순한 조건 이외의 내용 즉, 약정품에 대한 특징이나 해당 거래의 특성을 감안해서 여러 가지의 계약조건을 일일이 열거한 구체적인 거래조건을 포함하여 작성된 계약서를 교부하여 쌍방이 서로 서명하고 각각 1통씩을 보관하여야 하는데, 이는 통상 Offer Sheet나 Order Sheet 작성 이후에 발생되는 매약서(sales note)나 매입서(purchase order) 이면에 인쇄하는 경향이 있으며 또한 매매거래가 체결될 때마다 서로 계약서를 작성・교환할 때에는 이것을 생략하는 경우도 있다.

① 본인(principle)이란 거래로부터 발생하는 권리의무의 주체로서 자기의 계산과 위험(For account and risk)으로 거래하는 자를 말한다.
② 대리인(Agent)이란 거래의 권리, 주체가 타인이며, 타인의 계산과 위험으로 거래하는 자이다. 즉, 거래로부터 발생하는 손익은 본인에 귀속되며, 대리인은 본인을 위해 제공된 서비스에 대한 보수로 수수료를 받는다.

제2절 무역계약의 체결

1. 신규거래의 개설

(1) 시장조사

1) 해외시장조사의 의의

외국과 무역거래를 함에 있어 비용과 위험을 최소화하고 극대화하기 위해서는 사전에 신속·정확한 해외시장조사가 필수적인 전제조건이다.

그 방법에 있어서 대상 시장의 정치, 경제, 사회, 풍토, 기후, 언어 등 전반적 내용을 조사한 다음 무역관리제도, 시장특성, 수요와 공급, 유통구조, 경쟁상대, 거래처 등 취급상품에 대한 세부적인 내용을 조사하는 단계를 거치게 된다.

2) 시장조사의 내용

① **일반사항** : 해당국의 정치, 경제, 사회, 문화, 종교, 인구, 언어 등
② **경제동향** : 경제성장, 국민소득, 물가, 임금, 고용, 국제수지 등
③ **산업동향** : 산업구조 특히 제조업 등
④ **무역동향** : 대외무역구조, 특히 품목별, 지역별 경쟁국 진출동향 등
⑤ **무역관리제도** : 통화정책, 수입관리제도, 대한 수입규제, 기타 관세율 및 외환관리제도 등

⑥ **시장특성 및 유통구조** : 일반적인 시장특성외에 소비자계층, 상관습 및 구매시기, 유통구조의 형태, 주요 수입상 명단 등
⑦ **시장접근방법** : 중개상, 전문 수입상, 도매상 등
⑧ **교역현황** : 우리나라의 전체 교역량 및 해당 품목에 대한 수입규모
⑨ **기타사항** : 해당국의 항만사정, 통신시설, 여행시 유의사항, 국민성, 상관습, 소비자 분석 등

3) 시장조사의 방법

① **국별자료 이용** : UN 무역통계연보(Yearbook of International Statistics, IMF 발간연보(International Financial Statistics) 등의 국별 수출입통계 자료
② **국내외 경제단체 및 유관기관 이용** : KOTRA나 한국무역협회 등
③ **주한 외국공관의 이용**
④ **국내외 광고회사의 이용**
⑤ **자체시장조사 방법** : 현지를 직접 방문하여 조사

(2) 거래처 발굴

사전 시장조사에 의하여 자사 상품의 시장성이 있는 대상 시장을 선정한 후 잠재력 있는 유능한 거래처를 발굴하는데, 거래처 발굴에는 보다 신중하고 효과적인 방법이 동원되어야 한다.

1) 자체 홍보물의 이용

① **거래처 발굴을 위한 홍보물 제작** : 해외 배포용 catalog등은 세심하게 계획하여 제작하되 전문가에게 의뢰하여 제작하는 것이 바람직하며, 홍보물의 내용은 상품의 설명에 주안점을 둔다.
② **홍보물의 배포** : 홍보물을 배포할 적절한 buyer의 명단은 KOTRA, 한국무역협회, 상공회의소 등 경제단체 및 유관기관이나 이들이 발간하는 잡지, 주한 외국 대사관 상무관실 등을 통해서 입수할 수 있다.

또한 Internet을 통하여 Ditrectory를 제공하거나 무역거래를 알선하는 Sites에서도 입수할 수 있다.

이외에도 국내외에서 개최되는 전시회나 박람회 참가시 배포하는 것도 효과적이다.

2) 해외광고의 이용

① **국내발간 해외배포용 매체 광고** : 국내에서 발간되는 해외배포용 매체는 Korea Export, Korea Trading Post, Korea Trade, Buyers Guide 등이 있는데, 매체의 성격, 배포부수, 배포지역, 구독층 등을 신중히 분석하여 적절한 매체를 선정하는 것이 효과적이다.

② **해외발간 매체 광고**

3) 해외 공공기관의 이용

각국의 상공회의소 또는 WTC(World Trade Center), WTCA (World Trade Centers Association) 등 무역관련 기관에 거래의 알선이나 관련업자의 소개를 의뢰한다.

4) 각종 사절단 및 전시회 참가

무역관련기관에서 구성, 파견하는 각종 투자 및 무역사절단, 박람회, 전시회에 참가한다.

5) 직접방문을 통한 발굴

거래처를 발굴하는 여러 가지 방법 중 경비면에서 문제가 되지만 직접 해당국을 직접 방문하는 것이 가장 좋은 방법이다.

6) 거래처 발굴 절차

① **거래제의**

거래처를 발굴한 후 다음 요령에 따라 거래제의 서신을 보낸다.

가. 작성요령

㉠ 상대방을 알게된 경위

㉡ 거래제의 상사의 업종, 취급상품, 거래국가 등

㉢ 거래제의 상사의 자국 내에서의 지위, 경험, 생산규모 등

㉣ 거래조건(특히 결제 및 가격조건 등)

㉤ 신용조회처(주로 거래은행명 및 주소)

㉥ 정중한 결문(結文)

나. 송부방법

일반적으로 서신으로 하지만, E-mail, Fax, Telex 등을 이용할 수 있다. 거래제의시 한 지역에 시차를 두고 2~3개회사로 국한하여 보내는 것이 좋다.

② **조회(inquiry)**

가. 내용검토

수입업자로부터 조회서신을 받으면 그 내용을 검토하여 즉시 회신할 수 있는 점은 지체 없이 하고, 시간을 요하는 사항은 언제까지 조치해 주겠다고 통보한다.

나. 작성시 유의점

㉠ 조회에 대해 감사의 표시를 하고, 조회 내용의 골자를 기술함으로써 상대방의 기억을 새롭게 한다.

㉡ 자기 상품의 설명 또는 특징을 설명할 때에는 지나친 과장을 하지 않고 간결하게 표현한다.

㉢ 조속한 주문이 유리하다면 그 점을 강조한다.

㉣ catalog나 price list를 보낼 경우 필요한 사항이 있으면 서신으로 보충해 준다.

㉤ 견본 수배가 안될 때에는 별봉으로 곧 송부한다고 언급한다.

㉥ 조속한 시일 내에 주문이 있기를 바란다고 언급하고, 가까운 시일 내에 직접 만나서 상담하기를 희망한다고 언급한다.

다. 회신방법

상대방의 조회서신에 대해 E-mail, Fax, Telex 등으로 바로 회신한다. 그러나 일반적으로 가격표나 견본을 보고 구매결정을 한다고 할 경우에는 서신으로 회신한다.

③ 신용조회(credit inquiry)

가. 신용조회의 의의

무역거래에서 거래대상업체에 대한 신용상태를 확인하는 것은 향후 거래 가능성을 진단하고 위험요소를 사전에 예방한다는 면에서 매우 중요하다. 국제무역이 신용을 바탕으로 이루어지고 있는 현 상황에서 신용조회는 그 어느 때보다 중요성이 강조되고 있다.

나. 신용조회의 내용

신용조회에 있어 필수적으로 조사해야 할 내용에는 character, capital, capacity 등 3C's(three C's)가 있다.

㉠ character : 상대방의 성실성(integrity), 영업태도(attitude toward business), 업계의 평판(reputation), 계약이행에 대한 열의(willingness to meet obligations)나 인격 등에 관한 내용.

㉡ capital : 상대방의 재정상태(financial status), 즉 수권자본(authorized capital)과 납입자본(paid-up capital), 자기자본과 타인자본의 비율, 기타 자산상태 등 지급능력에 관한 내용.

㉢ capacity : 상대방의 영업형태, 연간매출액 및 생산능력, 연혁 내지 경력 등 영업능력(business ability)에 관한 내용.

이외에 country와 currency, 즉 상대국의 정치·경제적 상황과 통화상태를 추가하여 5C's라고도 한다.

무역거래에서는 무엇보다 신용이 중시되어야 하므로 위와 같은 신용조회의 내용 중 가장 중요한 것은 character라고 할 수 있다.

다. 신용조회의 의뢰

신용조사는 일반적으로 거래은행을 통하는데, 상대국의 거래처나 상공회의소 등을 활용하기도 한다. 조회처가 은행인 경우 bank reference (은행조회)라 하고, 은행이 아닌 경우 trade reference (동업자조회)라 한다. 거래의 중요성이 인정되거나 앞으로 D/A 거래까지도 예상될 경우 수출보험공사나 신용보증기금을 통한 신용조사가 바람직하다. 이들 기관은 세계의 유수한 상업흥신소와 제휴관계를 가지고 있어 효과적이다.

2. 청 약

(1) 청약의 개념

1) offer의 의미

offer(청약)란 offeror(청약자)가 offeree(피청약자)와 일정한 조건으로 계약을 체결하고 싶다는 의사표시로서 청약자가 승낙과 결합하여 특정한 내용을 가지는 계약을 성립시키려는 것을 목적으로 하는 일방적이고 확정적인 의사표시를 말한다. 청약은 원칙적으로 별도의 형식을 필요로 하지 않으므로 서면뿐만 아니라 구두로도 행할 수 있는데, 다만 요식계약의 경우에는 청약도 보통 그 형식을 필요로 한다.

청약이 확정적인 의사표시라는 점에서 청약의 준비행위에 지나지 않는 청약의 유인(invitation to offer)이나 계약체결의 예비교섭의 단계에 있는 표시와는 구별해야 한다. 청약이 법적으로 구속력을 가지고 상대방에게 보내는 확정적인 의사표시인 데 반해 청약의 유인(예컨대, 확인조건부 청약(sub-con offer))이란 청약을 위한 예비교섭으로서 상대방이 이를 수락하더라도 계약이 성립되는 것이 아니다.

2) offer의 종류

offer는 offeror에 따라 매수인인 경우를 buying offer, 매도인인 경우를 selling offer로 구분된다.

① firm offer(확정청약)

청약의 유효기간이 정해져 있는 청약을 말하며, 그 유효기간 내에는 청약자에 대해 구속력(binding force)을 갖는다. 즉 firm offer의 유효기간 내에 상대방이 승낙을 하면 당사자 쌍방을 법률적으로 구속하는 매매계약이 성립한다.

일반적으로 청약자는 firm offer를 유효기간 내에는 임의로 철회할 수 없다고 해석되고 있으나, 영미법계에서는 ㉠ offer가 날인증서(covenant)에 의해 행해진 경우와 ㉡ offer의 철회불가능에 대하여 대가를 지불한 경우 이외에는 철회가 가능하다.

offer의 유효기간은 청약자가 대개 임의로 정하는데, 당해 상품의 거래관습, 시세의 변동 등을 고려해서 적당한 유효기간을 정하여 offer에 명시할 필요가 있으며, 당사자간에 시차가 있는 경우에는 유효기간의 기준시를 명백히 해야 한다.

② free offer(불확정청약)

offer의 유효기간이 정해져 있지 않은 offer로서 보통 circular letter와 함께 보내지며, 피청약자가 승낙을 하여도 청약자의 재확인이 필요하다. 또한 청약자의 자유의사에 따라 언제든지 취소가 가능하다.

③ conditional offer(조건부청약)

㉠ offer without engagement(무확약 청약) : 청약에 제시된 가격이 미확정적이어서 시세변동(market fluctuation)에 따라 변경될 수 있다는 조건을 붙인 청약(offer subject to market fluctuation)이다.

㉡ offer subject to being unsold(재고잔류 조건부 청약) : 청약에 대한 승낙의 의사가 피청약자로부터 청약자에게 도달했다 하더라도 바로 계약이 성립되는 것이 아니라 그 시점에서 당해 물품의 재고가 남아 있는 경우에 한하여 계약이 성립되는 offer로서 선착순매매 조건부 청약(offer subject to prior sale)이라고도 한다.

㉢ offer on approval(점검매매 조건부 청약) : 청약과 함께 물품을 송부하여 피청약자가 물품을 점검해 보고 구매의사가 있으면 그 대금을 지급하고

그렇지 않으면 반품해도 좋다는 조건의 청약이다.

ⓔ offer on sale or return(반품허용 조건부 청약) : 청약과 함께 물품을 대량으로 송부하여 피청약자가 이를 판매하게 하고 팔리지 않은 잔품은 다시 반납하도록 하는 조건의 청약으로서 잡화류 등의 위탁판매에 주로 사용된다.

ⓜ sub-con offer(확인조건부 청약): 청약자가 청약을 할 때 단서로서 계약의 성립에는 청약자의 확인을 필요로 한다는 내용(offer subject to our final confirmation)이 명시된 조건부 청약이다. 형식적으로는 청약이지만, 상대방에 대한 청약의 유인(invitation to offer)에 지나지 않는다. 따라서 법적인 입장에서 볼 때 sub-con offer에 대한 acceptance가 offer의 성질을 지니며, 청약자의 최종확인이 acceptance가 된다.

④ counter offer(반대청약)

피청약자가 청약에 대해서 그 조건을 변경하거나 혹은 새로운 조항을 추가한 청약을 청약자에게 한 것을 말하며, 반대 청약은 원청약의 거절임과 동시에 피청약자가 청약자에게 행하는 새로운 청약으로 보아야 한다. 따라서 반대 청약은 승낙이 아니기 때문에 계약을 성립시킬 수가 없다.

(2) 청약서의 효력

1) 청약의 효력 발생시기와 유효기간

청약이 효력을 발생하기 위해서는 청약의 내용이 상대방에 전달되어야만 그 효력이 발생한다. 따라서 청약의 내용이 피청약자에게 도달하기 이전에 철회되면 그 청약은 무효가 된다. 또한 청약의 조건으로 승낙기간을 정하고 있는 경우에는 그 기간 내에 승낙이 있어야만 효력이 발생한다. 승낙기간을 정하지 않았을 경우에는 상당한 기간(reasonable period of time)내에 승낙하면 계약을 성립시킬 수 있다.

다만 피청약자가 승낙의 의사표시를 발신하기 전에 청약 내용의 철회 또는 조건변경의 통지가 피청약자에게 도달할 경우에는 철회 또는 조건변경을 인정한다. 영미법과 우리 민법은 도달주의 원칙을 따르고 있으므로 청약은 상대방에게 전달되어야 하며, 상대방에게 도달됨으로써 그 효력이 발생한다. 따라서 그 도달 이전에 철회하면 그 청약은 무효가 된다.

2) 청약의 효력상실

① **승 낙**

청약은 승낙에 의하여 합의가 성립하기 때문에 그 효력을 상실한다.

② **청약의 거절 또는 반대 청약(rejection of offer or counter offer)**

피청약자가 청약을 거절하면 청약의 효력은 소멸하며 그 후에는 그 청약을 승낙하여도 계약을 성립시킬 수 없다. 한편 청약의 내용에 조건을 붙여 그 일부만의 승낙하는 부분적 승낙(partial acceptance)은 반대 청약이 되어 최초의 청약에 대하여 거절하는 효과를 가지므로 최초의 청약의 효력은 상실된다. 그러나 피청약자가 청약자에 대하여 청약의 내용을 바꾸어 주기를 바라거나 문의하는 정도인 의뢰부 승낙(acceptance accompanied by request)은 반대청약이 아니기 때문에 청약의 효력에 영향을 미치지 않는다.

③ **청약의 철회(revocation of offer)**

청약의 철회는 청약의 효력을 소멸시키는 의사표시이다. 이것은 반드시 상대방에게 통지되어야 하고, 그 통지는 상대방이 청약을 승낙하기 전에 상대방에게 도달해야 한다.

④ **당사자의 사망(death of parties)**

피청약자나 청약자가 청약이나 반대 청약의 승낙 이전에 어느 일방이 사망했을 경우 청약이나 반대 청약은 그 효력을 상실한다.

⑤ **시간의 경과(lapse of time)**

청약은 그 내용에 승낙기간이 정해져 있을 경우에는 그 기간이 경과하면, 그와 같은 기간이 정해져 있지 않을 경우에는 상당한 기간(reasonable time)이 경과하면 효력이 소멸한다.

3. 승 낙

(1) 승낙의 개념

승낙(acceptance)이란 피청약자가 청약자의 offer를 수락하여 계약을 성립시키고자 하는 의사표시이다. 즉 acceptance란 피청약자가 청약자의 청약에 대하여 그 청약의 내용 또는 조건을 모두 수락하고 계약을 성립시키겠다는 의사표시를 말하는 것으로서, 계약을 유효하게 성립시키기 위해서는 ① 승낙은 청약의 유효기간 내에 행해져야 하며, ② 청약의 모든 내용에 대해 무조건 승낙(unconditional acceptance)하는 완전한 승낙(complete acceptance)이어야 한다. 따라서 청약 내용에 대하여 변경을 요구하거나 일정한 단서를 붙이는 경우에는 승낙이라고 보지 않고 반대청약(counter offer)이라고 한다. 청약에 대한 반대청약이 있을 경우에는 계약은 성립되지 않는다. 즉 부분적 승낙, 조건부 승낙 등은 반대청약에 해당하는 것으로서 계약을 성립시키지 못한다.

(2) 승낙의 방법

승낙의 방법이 지정되어 있는 경우에는 지정된 통신수단을 이용하여 승낙하여야 한다. 이때 다른 통신수단을 이용하게 될 때는 청약자의 승인이 없다면 그 계약은 무효가 된다. 이와 달리 지정통신수단이 없는 경우에는 합리적인 방법으로 승낙하면 된다.

(3) 승낙의 효력

1) 승낙의 효력발생 시기

승낙의 효력발생 시기에 관하여 다음의 세 가지 이론이 있다.

① 발신주의(post-mail rule)는 피청약자가 승낙의 의사표시를 발신했을 때 계약이 성립한다고 보는 견해이다.

② 도달주의(receipt rule)는 피청약자의 승낙의 의사표시가 청약자에게 도달한 때에 계약이 성립한다고 보는 견해이다.

③ 요지주의는 단순히 물리적으로 승낙의 의사표시가 도달될 뿐만 아니라 현실적으로 청약자가 그 내용을 인지한 때에 계약이 성립한다고 보는 견해이다.

우리 민법, 일본 및 영미법은 대면, 전화, 텔렉스, 팩시밀리 및 EDI와 같이 거의 동시상황으로 이루어지는 대화자간에는 도달주의를 채택하고, 우편, 전보와 같이 시차가 있는 통신수단으로 이루어지는 격지자간에는 발신주의를 채택하고 있다. 그러나 국제물품 매매계약에 관한 UN협약은 도달주의를 채택하고 있다.

발신주의는 보통 피청약자에게 유리한 반면, 청약자에게는 불리하므로 무역실무상 offer를 할 때 다음과 같은 문구를 넣어 발신주의를 도달주의로 변경하는 것이 일반적이다.

"We are pleased to offer you the undermentioned goods, subject to reply received by us not later than September 20, 1996, Seoul time."

4. 무역계약서

(1) 무역계약서의 작성

무역계약은 청약(offer)과 승낙(acceptance)을 통한 당사자 간의 합의에 의하여 성립하므로 계약서의 작성이 반드시 필요한 것은 아니다. 그러나 무역계약은 일반적으로 상품을 계약의 목적으로 하는 국제매매 계약이기 때문에 후일에 분쟁이 야기될 소지가 상당히 많다. 그러므로 매매당사자간에 이러한 분쟁을 방지하기 위해서 무역계약의 조건을 명백히 할 필요가 있으며, 또한 이를 문서화하여 서명한 매매계약서(sales contract)를 상호 교환하여 보관하는 것이 필요하다.

(2) 무역계약서의 조항

매매계약서의 기재내용은 거래상대방, 상품의 내용, 상품의 목적지 등에 따라 달라지지만, 결국 매매 당사자 간에 합의된 사항을 빠짐없이 정확히 기재해야 한다.

매매계약서에 기재될 사항은 일반적으로 거래시 마다 결정하여야 할 사항 즉, 품명, 품질, 규격, 수량, 가격, 선적 등에 관한 사항과 일반적으로 모든 거래에 공통되는 사항 즉, 불가항력, 무역조건, 권리침해, 클레임조항, 중재, 준거법 등에 관한 사항으로 나눌 수 있다.

전자는 개별거래조항이라고 하며 보통 계약서의 표면에 타이핑되므로 표면조항 또는 타이핑조항이라고도 한다. 후자는 일반거래조항(general terms and conditions)이라고 하며, 보통 계약서의 이면에 인쇄되므로 이면조항 또는 인쇄조항이라고도 한다.

(3) 무역계약서의 내용

1) 계약당사자의 확정

매도인과 매수인의 이름 또는 상호와 주소를 명기하여 계약의 당사자를 확정한다.

2) 계약성립의 확인

매매계약이 계약서에 기재된 조항에 따라 성립되었음을 확인하는 문언이다.

예 We as seller confirm having sold you as buyer the following goods on the terms and conditions as stated below and on the back hereof.

3) 품명, 품질 및 규격

품명, 품질, 규격 등은 보통 일괄하여 기재한다. 품질은 FOB, CIF 등 선적지

조건으로 매매하는 경우에는 원칙적으로 선적지 품질조건(shipped quality terms)이지만, 특약에 의해 양륙지 품질조건(landed quality terms)으로 할 수도 있다. 품질에 관한 조건으로는 크게 견본매매(sale by sample), 설명매매(sale by description), 상표매매(sale by brand)등으로 분류할 수 있다.

4) 수 량

상품의 성질과 형상에 의하여 중량, 용적, 개수, 길이 등의 단위에 의해 거래된다. 포장된 상품을 매매하는 경우에는 포장재료의 중량을 포함한 총중량(gross weight)인가, 포장재료의 중량을 포함하지 않은 순중량(net weight)인가를 명기할 필요가 있다. 또한 중량의 한 단위인 ton에 관해서는 long ton(영국톤, 2240lbs), short ton(미국톤, 2000lbs), metric ton(킬로톤, 2204lbs)의 구별을 분명히 해둘 필요가 있다.

수량에 관해서도 품질의 경우와 같이 FOB, CIF 등의 선적지 조건으로 매매하는 경우에는 원칙적으로 선적지수량조건(shipped quantity terms)이지만, 특약에 의해 양륙지수량조건(landed quantity terms)으로 할 수도 있다.

생산, 포장 등 기타의 사정으로 계약수량 대로의 수량을 인도하기가 곤란할 것으로 예상되는 경우에는 약간의 과부족을 용인하는 조항(More or Less Clause)을 두어야 할 것이다.

5) 가 격

가격은 단위수량당의 단가(unit price)와 계약수량에 대한 합계금액(total amount)을 기재한다. 매매가격의 정형으로서는 Incoterms 2010에 의한 FOB, CIF 등 11가지의 종류가 있다.

6) 결제방법

무역 매매계약에서는 보통 결제조건으로서 화환어음(documentary bill of exchange)을 이용한다. FOB, CIF 등의 무역조건은 "결제는 화환어음에 의한다"(Payment to be made by a documentary bill of exchange)는 특약에 의

해 매도인이 발행한 화환어음, 즉 선적서류가 첨부된 환어음을 매수인이 결제하게 된다. 또한 매수인의 대금지급을 보다 확실히 하기 위해 취소불능신용장(irrevocable L/C)의 개설이 전제조건이 되기도 한다.

7) 선 적

무역거래 계약에서는 보통 화물선적 월을 결정한다. 예를 들면 8월 선적(shipment in August)인 경우에는 매도인은 8월 1일부터 8월 31일까지의 사이에 선적하면 된다. 8/9월 선적(Shipment in August/September)인 경우에는 매도인은 8월 1일부터 9월 30일까지의 사이에 선적하면 된다.

신용장 거래에서는 분할선적(partial shipments)은 신용장에 특별히 금지조항이 없는 한 인정된다. 선적일은 일반적으로 선하증권의 일자(B/L date)를 선적된 일자로 간주하는 것이 거래 관행이다.

8) 보 험

CIF계약 등에서 매도인이 매수인을 위해 화물을 보험에 부보하는 경우에는 보험조건을 명확히 결정해 둘 필요가 있다. 보험조건에는 전손담보조건(T.L.O. : Total Loss Only), 분손부담보조건(F.P.A. : Free from Particular Average), 분손담보조건(W.A. : With Average) 등이 있다.

9) 포 장

포장(packing)은 내용물을 보호하는 견고성과 포장비용 자체의 절감 그리고 운임절감을 고려한 경제성을 감안하여 포장조건을 결정한다.

10) 하 인

하인(shipping mark)은 화물의 분류를 원활히 수행하고 화물의 운송 및 보관시 필요한 화물 취급상의 지시, 주의를 포장에 표시하기 위하여 매수인이 매도인에게 요구하는 경우가 많다.

11) 검 사

무역거래 계약서에서는 상품이 계약조건에 합치되어 있는가를 확인하기 위하여 제3자인 검사기관에 상품을 검사시키는 일이다.

12) 불가항력

불가항력(force majeure)에 의하여 계약의 이행이 불가능하거나 이행이 지연되는 경우에 대비하여 미리 계약서상에 면책문언을 삽입한다.

13) 무역조건

FOB, CIF 등 정형무역조건의 정의, 해석에 관하여는 인코텀스(Incoterms, 2010 edition)에 의하는 것이 가장 무난하다고 할 수 있겠다.

예 The trade terms used in this Contract shall be governed and interpreted by the provisions of Incoterms, 2010 edition, unless otherwise specifically stated.

14) 권리침해

공업소유권 등에 관한 권리침해(infringement)에 대해서는 면책문언을 넣어 두는 것이 좋을 것이다.

예 Buyer shall hold Seller harmless from liability for the infringement with regard to patent, trade mark, design and/or copyright originated or chosen by Buyer.

15) 클레임 제기기한

클레임의 제기기한을 설정해 두는 것은 실무상 필요한 경우가 많다.

예 Any claim by buyer must be made in writing within fourteen(14) days of receipt of the goods at destination.

16) 중재

무역매매 계약에 관하여 발생하는 분쟁은 소송에 의하여 해결하기보다는 중재(arbitration)에 의하여 해결하는 편이 현실적으로 유리하다고 하겠다.

표준중재조항

All disputes, controversies or differences which may arise between the parties out of or in relation to or in connection with this contract or for the breach thereof, shall be settled by arbitration in Seoul, Korea in accordance with the Commercial Arbitration Rules of the Korean Commercial Arbitration Board and under the Laws of Korea. The award rendered by arbitrator(s) shall be final and bind upon both parties concerned.

17) 준거법

계약의 해석에 있어서 어느 국가의 법률을 적용하느냐 하는, 문제는 미리 결정하여 계약서에 밝혀 두는 것이 좋다.

예 This Contract shall be governed in all respects by the laws of Korea.

이상의 17개 항목은 모두 계약체결시 당사자가 일일이 합의하면서 결정하는 일은 극히 드물며 일반적으로 중요한 사항에 대해서만 합의하여 결정하며 나머지 사항은 계약서 작성시 이면조항에 일방적으로 삽입하는 경우가 많다. 따라서 계약서를 우리측이 작성하는 경우에는 상대방과 합의한 중요 내용과 승낙을 얻을 수 있는 범위 내의 추가조항을 기재한 계약서를 2통 작성하여 본인이 서명을 한 후 2통을 모두 상대방에게 송부하고 그중 상대방이 서명한 1통을 받아야 한다.

일반거래조건협정의 예문

Agreement on General Terms and Conditions of Business

This Agreement entered into between The ABC C0., Inc., New York (hereinafter called the Buyers), and The XYZ Co., Ltd., Seoul, Korea (hereinafter called to as the Sellers) witness as follows:

(l) Business : Both Sellers and Buyers act as Principals and not as Agents.

(2) Samples and Quality : The Sellers are to supply the Buyers with samples free of charge, and the quality of the goods to be shipped should be about equal to the sample on which an order is given.

(3) Quantity : Weight and Quantity determined by the seller, as set forth in shipping documents, shall be final.

(4) Prices : Unless otherwise specified, prices are to be quoted in U.S. Dollars on CIF New York basis.

(5) Firm Offers : All firm offers are to remain effective for three days including the day cabled. Sundays and National Holidays shall not be counted as days.

(6) Orders : Except in cases where firm offers are accepted all orders are to be subject to the Seller's final confirmation.

(7) Packing : Proper export wooden case packing is to be carried out, each case bearing the mark DATA with port mark, running case numbers, and the country of origin.

(8) Payment : Draft is to be drawn at 30 d/s under irrevocable Letter of Credit which should be opened in favor of seller immediately upon namely, Bill of Lading, Insurance Policy, Commercial Invoice and other documents which each contract requires.

(9) Shipment : Shipment is to be made within the time stipulated in each contract. The date of Bill of Lading shall be taken as conclusive proof of the day of shipment. Unless expressly agreed upon, the port of shipment shall be at the Seller's option.

(10) Marine Insurance : All shipments shall be covered on All Risks including War Risks and S.R.C.C. for the invoice amount plus 10 (ten) percent. All policies shall be made out in U.S. Dollar and claims payable in New York.

(11) Force Majeure : The Sellers shall not be responsible for the delay in shipment due to force majeure, including mobilization, war, strikes, riots, civil commotion, hostilities, blockade, requisition of vessels, prohibition of export, fires, floods, earthquakes, tempest and any other contingencies, which prevent shipment within the stipulated period. In the event of any of the aforesaid causes arising, documents proving its occurrence or existence shall be sent by the Sellers to the Buyers without delay.

(12) Delayed Shipment : In all cases of force majeure provided in the Article No. 11 the period of shipment stipulated shall be extended for a period of twenty one (21) days. In case shipment within the extended period should still be prevented by a continuance of the causes mentioned in the Article No.11 or the consequences of any of them, It shall be at the Buyer's option either to allow the shipment of late goods or to cancel the order by giving the Sellers the notice of cancellation by cable.

(13) Claims : Claims, if any, shall be submitted by cable within fourteen (14) days after arrival of goods at destination. Certificated by recognized surveyors shall be sent by mail

without delay.

(14) Arbitration : All claims which cannot be amicably settled between Sellers and Buyers shall be finally settled by arbitration in Seoul, Korea in accordance with the Commercial Arbitration Rules of the Korea Commercial Arbitration Board and under the Laws of Korea. The award rendered by the arbitrator shall be final and binding upon both parties concerned.

(15) Trade Terms : Unless specially stated, the trade terms under this contract shall be governed and interpreted by the latest Incoterms.

This Agreement shall be valid on and offer September 20, 1996.

(Buyers) ABC Co., Inc.,	(Sellers) XYZ Co., Ltd.
(signed)	(signed)

제4장 무역대금의 결제

제1절 대금결제의 형태와 방식

1. 대금결제의 형태

국제 상거래의 궁극적인 목적은 영리추구에 있다고 할 수 있다 그러므로 무역거래에서 가장 중요한 것은 대금결제부분이라 할 수 있다. 여타의 조건에서 자기에게 유리하게 계약을 체결하였다 하여도 대금결제를 받지 못하면 모든 노력이 허사로 돌아간다. 무역대금결제조건도 상품과 거래선에 따라서 다양하나 일반적으로 가장 많이 이용되는 조건들을 결제시기와 결제수단을 중심으로 살펴보면 다음과 같다.

(1) 선지급(Cash in Advance, Cash with Order : CWO)

이는 물품주문과 동시에 대금을 전부 지불하는 조건으로 매수인에게는 아주 불리하나 특별한 주문이거나 소량의 견본 대금, 또는 seller's market에서 이용된다.

(2) 분할지급(Instalment Payment)

상품의 대금을 계약시선적시도착시 등으로 나누어 일정액씩을 결제하는 방법으로 선박기계 및 Plant와 같은 주문생산과 같은 거액의 금액거래인 경우에 많이 쓰인다.

(3) 선적서류상환조건지급(Cash Against Documents : CAD)

수출업자가 상품을 수출하기 위해 선적하고 이를 증명할 수 있는 선하증권보험증권상업송장 등 주요 선적서류를 수출지에 있는 수입업자의 대리점이나 거래은행에 제시하여 서류와 상환으로 수출대금을 받는 방법으로 수출지에서 수입업자를 대신해서 대금을 결제해 줄 수 있는 대리점이나 은행이 없으면 불가능하다.

(4) 현물상환조건지급(Cash on Delivery : COD)

현품이 목적지에 도착하면 상품과 상환으로 현금결제하는 방법으로 서류상환조건지급의 반대방식이다. 수입지에서 수출업자의 대리인이 현금으로 대금을 지급 받기 때문에 수출업자보다는 수입업자에게 유리한 조건이라 할 수 있으며 주로 국내의 상거래에서 이용된다.

(5) 후지급(Deferred Payment)

계약물품이 선적이 되고 혹은 목적지에 도착하고 난 후 일정 기일이 지나서 상품대금을 지급 받는 조건으로 수출업자에게는 매우 불리한 조건이라 할 수 있다. 특수 Plant수출이나 본지점간의 거래 또는 상당한 buyer's market에서 이용된다.

(6) 장부결제(Open or Current Account)

상호 거래가 빈번한 당사자의 경우에 매 선적시 마다 대금결제를 하려면 복잡하고 비용이 많이 나므로 일정기간 동안 수출업자는 계속해서 상품을 선적하고 한 번에 누적된 대금을 결제하는 일종의 외상거래이며 신용거래이다.

(7) 무담보어음(Clean Bill of Exchange)결제

이는 수출업자가 선적 후 제(諸) 선적서류를 수입업자에게 직접 송부해 주고 난 후에 그냥 어음만 하나 작성하여 거래은행을 통하여 추심(推尋 : collection)

하여 결제 받는 방법이다. 그러나 수입업자가 이 어음을 인수하지 않을지도 모르는 무담보의 조건이라 수출업자에게는 불리하므로 서로 믿을 수 있는 거래선이나 운임보험료수수료 등의 소액거래에만 쓰이는 일종의 후불조건이다. 이것을 다음 항에 설명할 화환어음과 구별하기 위하여 보통환어음이라고도 한다.

(8) 추심결제(Documentary Bill of Exchange Collection)

수출업자가 상품선적 후 모든 선적서류와 환어음을 발행하여 거래은행에 매입시키면 거래은행이 이들과 상환으로 대금지불을 하며 수출지의 거래은행은 환어음과 선적서류를 수입지의 지점이나 거래은행에 송부하고 이 서류를 받은 수입지은행(輸入地銀行)은 수입자에게 다시 이 환어음을 제시한다. 이 때 이 화환어음이 인수도조건(引受渡條件; Document Against Acceptance : D/A)으로 되어 있으면 어음금액을 지불하지 않고 단지 어음에 인수를 하면 선적서류를 인도 받을 수 있으며 만기일에 지급하게 된다. 화환어음이 지급도조건(Document Against Payment : D/P)의 경우에는 어음금액을 지급해야만 선적서류를 인도받을 수 있는 조건의 추심이다.

(9) 신용장(Letter of Credit : L/C)

신용장은 현대 무역거래에서 거의 90%이상을 차지하고 있는 결제 형태로서 사실은 전항의 화환어음에 은행의 지급확약이 추가되는 것으로서 신용장부화환(信用狀附貨換)어음(documentary bill of exchange with letter of credit)이 원래의 의미라고 할 수 있다. 화환어음은 수입업자 개인의 신용에 의해 결제가 좌우되나, 신용장에 의한 결제는 수입자, 즉 신용장 개설의뢰인이 어음에 대하여 신용장 개설은행이 지급, 인수할 것을 약속하는 은행발행의 보증서이기 때문에 만일 수입업자가 대금지불을 못하더라도 개설은행이 그 책임을 지고 지불하여 주기 때문에 수출지의 환어음매입은행은 안심하고 어음대금 전액을 수출자에게 지급해 준다.

2. 대금결제방식

(1) 결제방법의 의의

물품의 수출행위에는 그 대금회수가 수반되는데 현행 외국환관리법령상 수출입과 관련한 결제방법은 원칙허용, 예외제한인 negative system으로서 외국환은행장의 신고나 인증, 한국은행총재 또는 재경원부장관의 허가사항으로 규정하고 있는 경우를 제외하고는 결제방법에 대한 별도의 허가 등이 없이 거래할 수 있다.

(2) 수출대금의 범위

수출대금의 범위는 수출계약의 이행에 따른 채권총액 또는 채권총액에서 당해 수출계약의 이행에 직접 수반하여 수출자가 부담하는 중개수수료, 대리점수수료 등(중개수수료, 대리점수수료의 경우 당해 물품대금의 10%이내, 기타 수수료의 경우 5%이내)의 부대비용을 차감한 금액이다.

제 2 절 외국환

1. 외환의 개념

국제상거래(international commercial transaction)에서 상품 또는 용역의 대가(對價 : consideration)로서 화폐의 양도를 수반하게 된다. 옛날에는 국제간에 현금으로서의 기능을 가지는 것으로 인정되었던 금(金 : gold)과 은(銀 : silver sterling)등의 귀금속이 국제거래에서의 결제수단(決濟手段 : means of payments)으로 광범하게 사용되어 온 예를 찾아 볼 수 있다. 그러나 현재에 와서는 이러한 예는 정상적인 거래에서는 사라진지 오래이며, 외국여행이나 인접

국가와의 국경무역(國境貿易)에서 이러한 귀금속에 추가해서 해당국의 은행권(銀行券 : bank note or bill)이 다소 제한적으로 활용되는 경우가 있으나 일반적으로 유통성(流通性 : negotiability)이 결여되어 있다.

그러므로 현재 국제상거래에 현금으로서의 기능이 다소 인정되는 금 등의 귀금속이나 각국의 은행권과 같은 현금이 국제간에 결제수단으로 사용되는 사례는 발생하지 않으며 이를 대신하여 외환(外換 : foreign exchange)이 주요 결제수단으로 사용된다.

외환이란 "국제간의 대차(貸借 : debit and credit)를 직접 현금수송에 의하지 아니하고 지급위탁이나 채권양도의 방식에 의하여 결제하는 수단을 의미한다." 본래 대차결제의 원시적인 방법은 화폐 또는 현금통화 상호간의 교환으로 이루어지는 것이며 이로 인하여 현금 수도(受渡)를 위한 현금수송에 따른 도난 또는 분실의 위험이 수반될 뿐만 아니라 시간상 그리고 경제적으로 많은 불편이 야기되어 왔다. 이러한 의미에서 외환은 일국의 화폐를 타국의 화폐로 교환하는 대신에 증권(instrument)의 수도(受渡)에 의하여 채권(債權), 채무(債務)의 상쇄를 수행할 목적으로 발전한 것이라 할 수 있다. 그러므로 외환은 국제간에 현금수송을 대신하는 교환수단이라고 할 수 있으며 외환을 약칭으로 "교환"의 의미를 가지는 환(換 : exchange)이라는 용어로 표현하고 있는 이유도 여기에 있다.

2. 환의 의미와 거래방식

"환(換 : exchange)이란 (1)지급위탁이나 (2)채권양도에 의하여 격지간의 대차를 결제하는 방법으로서 제3자에게 지급을 위탁하거나 또는 채권을 양도하는 방식에 의하여 채권을 수령토록 하는 것이다." 여기에서 은행이나 우체국을 통하여 송금환(送金換 : remittance)을 보내는 것은 전자의 방식이며 상품대금을 수령하기 위하여 매수인 상대방을 지급인으로 하는 환어음(bill of exchange or draft)을 은행에 취결(就結)하는 것은 후자에 속한다.

그러므로 환은 현금결제에 의하지 아니하고 증권의 수도에 의하여 채권 · 채무의 상쇄를 위한 수단으로 발생한 것임으로 국내 및 국제간에 광범위하게 활용되고 있으며 전자를 내국환(內國換 : domestic exchange - 발음상 내환이라 일컫지 않음) 그리고 후자를 외국환(外國換 : foreign exchange - 약칭으로 외환이라 일컬으며 이후 외환이라 함)이라고 한다.

(1) 내국환

외환도 환의 일종임으로 외환과 내국환은 그 원리상 다른 점이 없다. 그러므로 외환의 이해를 돕기 위하여 내국환의 거래방식을 연구할 필요가 있다.

예를 들면, 서울의 "甲"상사가 부산의 "乙"상사로부터 100만원 상당의 물품을 매입하고, 동시에 "甲"이 부산의 "丙"에게 동액 상당의 물품을 대도 하였다면 이 거래의 결제를 위하여 서울의 "甲"은 부산의 "乙"에게 현금 100만원을 우송하고 또한 부산의 "丙"은 "甲"에게 동액 상당의 금액을 우송하는 방식을 택할 수 있다. 그러나 이러한 방식은 현금에 의한 결제이며 환에 의한 방식이 아니다. 그런데 이러한 현금지급방식에 의하면 현금수송에 수반하여 위험과 비용이 발생하며 서울과 부산사이에 현금의 왕복 수송이라는 불필요한 절차를 밟게 된다. 이 때에 "甲"이 부산의 "乙"을 수령인(受領人 : payee)으로 하고 "丙"을 지급인 또는 피발행인으로 하는 환어음(bill of exchange or draft)을 발행하여 "乙"에게 송부하면 "乙"은 같은 주거지의 "丙"에게 제시하여 그로부터 해당 금액을 수취하도록 하여 격지간에 현금수송으로 인한 불편을 제거하는 방식에 의하여 대차관계(貸借關係)가 결제되는 것이며 이것이 곧 환에 의한 결제인 것이다.

위의 예는 3자간의 관계에서 발생하는 대차관계의 결제방식인데 이러한 거래관계가 형성되지 아니하는 경우에도 환거래의 이점을 향유하는 방식이 이용될 수 있다. 예를 들면 서울이 "甲"이 부산의 "乙"로부터 물품을 매입하고 이것과 별개로 부산의 "丙"이 서울의 "丁"으로부터 물품을 매입하는 두개의 다른 거래의 경우에도 환에 의한 결제가 이루어질 수 있다고 하는 것이다. 그러나 현금결제방식에 의하면 서울의 "甲"은 부산의 "乙"에게 현금을 송금하고 부산의 "丙"은 서울의 "丁"에게 현금을 송금하지 않으면 안 된다.

(2) 환거래의 기본구조

그러나 환에 의한 송금방식에 의하면 서울의 "丁"은 부산의 "丙"을 지급인 (또는 피발행인)으로 하는 환어음을 발행하여 같은 주거지역인 서울의 "甲"에 양도하여 어음대금을 수취하고 "甲"은 이를 부산의 "乙"에게 송부하여 물품대금을 지급하는 형식을 취하면 "乙"은 이를 동지역인 부산의 "丙"에게 제시하여 그 대금을 수취하게 된다. 이 방식에 의하면 "甲"은 "乙"에게 물품 대금을 지급하는 대신에 "丁"에게 지급하고 "丙"은 "丁"에게 지급하는 대신에 "乙"에 지급하는 방식에 의하여 두 가지의 다른 별개의 거래에서 발생한 대차관계를 상쇄함으로써 두 지역의 격지자(隔地者)간에 현금수송을 요하지 않는 결제방식에 의하여 서울과 부산 간에 발생한 채권(債權). 채무(債務)가 효과적으로 상쇄되게 되는 것이다(그림 1참조).

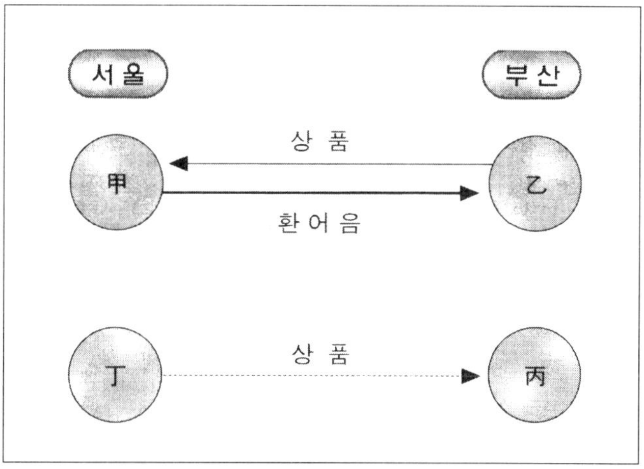

[그림 1] **환거래 유통경로**

위의 방식은 은행(銀行)의 개입 없이 채권・채무관계를 상쇄하는 것이나 일반인의 경우에는 극히 곤란하다. 서울의 丙이 부산의 채무자(債務者) 갑을 발견하기가 어려울 뿐만 아니라 설사 발견하였다 하더라도 상쇄를 요하는 채권・채무의 금액과 지급기일이 일치하지 않을 뿐만 아니라 관계당사자(parties concerned)의 신용관계가 불충분한 경우가 빈번히 발생하기 때문이다. 그러므로 이때에 은행 등과 같은 대규모의 자금을 운용하고 풍부한 신용을 바탕으로 하는 중개기관(仲介機關)이 참여하여 이러한 제문제를 용이하게 극복할 수 있다.

(3) 송금환과 추심환

앞의 예에서 서울의 "甲"은 동지역의 "A"은행으로부터 부산의 동은행 지점이나 그 거래은행 앞으로 발행되는 어음을 매입(買入 : negotiate-buy)하여 부산의 "乙"에게 송부하고 "乙"은 "A"은행의 부산지점이나 거래은행에 제시하여 지급 받도록 한다. 또 다른 방법은 부산의 채권자인 "乙"이 역으로 서울의 "甲"을 지급인으로 하는 환어음(bill of exchange or draft)을 발행하여 "A"은행 부산지점에 제시하여 할인(discount)의 형태로 매도(賣渡 : negotiate-sell)하여 추심 하거나 또는 단순히 추심(推尋 : Collection)의뢰하게 되면 그 은행은 서울의 본점 또는 거래은행에 송부하고 이를 접수한 은행은 동지역에 거주하는 "甲"에 제시하여 그 환어음의 대금을 수취한다. 전자는 송금환(送金換 : remittance) 그리고 후자는 환어음의 방법을 이용한 것이다.

이때에 만일 서울에서 부산에 지급하여야 할 건수와 금액이 일방적인 형태로 나타나면 서울의 은행은 대규모의 부산행 송금을 유발하게 되며 서울과 부산 사이에 상호 송금해야 할 금액이 균형을 이루게 되면 장부상(帳簿上) 상쇄처리 하는 것으로 족하다.

3. 외국환 어음

(1) 환어음의 개념

국제상거래에서 환어음은 유용한 결제수단으로 널리 활용되고 있다. 수출업자의 입장에서 환어음은 선적품(shipments or consignments)의 대금(proceeds) 회수를 위한 중요한 수단이라 할 수 있기 때문이다. 수출업자는 국제물품매매계약에서 약정한 물품을 선적하고 수입업자를 지급인으로 하는 환어음을 발행하고 이에 선적에 관련된 서류를 첨부하여 제시함으로써 선적대금의 지급을 받을 수 있는 것이다.

환어음은 유통증권(流通證券 : negotiable instrument)의 대표적인 한 종류이며 상업, 금융 및 은행거래(銀行去來 : banking transactions)의 광범위한 영역에서 사용되고 있는 것이다. 전통적으로 환어음은 상거래에서의 채무에 대한 서면증거(書面證據 : written evidence)로서 국제상거래에만 제한적으로 사용되어 왔었다. 그 후 환어음은 차츰 금융 및 은행거래 분야에로 확대 사용됨으로써 고도의 융통성을 띤 증권으로 발전하게 되었다. 환어음에는 한 당사자로부터 다른 당사자에게 지급이 이행되도록 하는 무조건적 서면 명령이 화체(化體 : embody)되어 있는 것이다. 그 명령은 일정 금액을 요구와 동시에(on demand) 또는 일정 기간 후에(after a definite period) 지급하는 것이다.

영국 환어음법(Bills of Exchange Act 1882)에 의하면 "환어음"의 정의에 대하여 다음과 같이 규정하고 있다.

> "환어음이란 어느 한사람이 다른 사람 앞으로, 요구에 따라 즉시 또는 미래의 특정일 또는 미래에서 결정되는 시점에서, 특정 금액을, 특정인 또는 그 지시인 또는 지참인에게 지급할 것을 요구하기 위하여 발송한 서면형식의 무조건 명령서이다."
>
> ("An unconditional order in writing addressed by one person to another, signed by the person giving it requiring the person to whom it is addressed to pay on demand or at a fixed or determinable future time a sum certain in money to or to the order of a specified person or to bearer.")

1) 무조건부 명령(unconditional order)

환어음은 지급 명령서(an order to pay)이어야 하며 단순한 지급요구서(a request to pay)로서는 불충분하다. "지급하시오"(please pay)는 명령이다. 그러나 "지급하여 주신다면 기쁘겠습니다."(I should be pleased if you would pay)이라고 하였다면 이는 요구서에 지나지 않으며 명령서가 되지 못한다. 그러므로 명령은 무조건적(unconditional) 성격을 가지는 것이다. 예를 들어, 증권에서 "만일 선적품이 만족할만하다면, $1,000을 甲에게 지급하시오."이라고 기재되어 있다면 이는 환어음으로서 구비조건을 갖추지 못한 하자 요인으로 취급되는데 그 이유는 명령이 조건부이라는 사실이 명백하기 때문이다.

환어음은 무조건적 명령서(unconditional order)의 형태로 발행되어야 함에는 변화가 없으나 이의 인수(引受 : acceptance) 또는 배서(背書 : endorsement)는 조건부로 이행되었다 하더라도 환어음의 유효성에는 아무런 하자가 발생하지 않는다는 사실이다.

2) 서면으로(in writing)

환어음은 육필, 타자 또는 인쇄되어야 하며 필요한 내용이 갖추어 있어야 한다. 육필의 경우 연필로도 쓴 것도 유효하나 반드시 잉크 또는 볼펜의 형태를 사용하는 것이 바람직하다.

3) 어느 한사람으로부터 다른 사람 앞으로(addressed by one person to another)

환어음의 구비조건으로서 어느 한사람(발행인 : drawer)으로부터 다른 사람(피발행인 또는 지급인 : drawee) 앞으로 발행된 것이라야 한다는 것이다. 만일 발행인과 피발행인이 동일인이라면 그 증권을 환어음이 아니고 약속어음(promissory note)에 지나지 않는 것이다. 미래의 일정시점에서 지급하도록 하는 조건으로 발행된 환어음은 그 피발행인이 증권에 그의 합의를 뜻하는 서명을 하였다면 인수인(引受人 : acceptor)이 된다.

4) 환어음 제시자에 의한 서명(signed by the person giving it)

환어음은 발행인이 서명하지 않으면 유효하지 아니한다. 만일 발행인이 직접 서명하지 아니하는 경우에는 위임장(委任狀 : power of attorney)에 의하여 서명되지 아니하고 서는 유효하지 않다. 기업의 경우에는 중역(重役 : board) - 서명권자(署名權者 : - authorized signatories)에 의하여 서명되어야 한다. 그러므로 환어음이 발행인을 대리하여 수권되지 아니한 자가 서명하였거나 발행인의 서명이 위조된 것일 때에는 서명되지 아니한 것으로 간주된다. 기업에서의 대리서명의 예는 다음과 같다.

for and on behalf of
ABC Co., Ltd.
서명
대리권자 명의

5) 요구시점 또는 미래의 특정일 또는 결정되는 시점에서의 지급 (to pay on demand or at a fixed or determinable future time)

환어음은 "요구에 따라 즉시 또는 일람출급으로 지급되어야 함"(to be payable on demand or at sight)이라고 기술되어 있거나 또는 지급과 관련하여 특정 시간(specified time)이 명시되지 않은 경우에는 요구에 따라 즉시 지급되어야 한다. (한국의 어음법 제2조 2항에서 "만기의 기재가 없는 때에는 일람출급의 환어음으로 본다."고 규정하고 있다.) 미래의 특정일 또는 결정되는 일자에 지급이 이루어지도록 되어 있는 어음은 정기출급어음(term bill)이다.[1] 여기에서 중요한 것은 환어음의 지급일자는 환어음의 소지자가 인식할 수 있도록 나타나 있거나 또는 발견될 수 있어야 한다. 환어음의 소지자는 이를 지급일자에 지급청구를 위하여 제시하여야 하기 때문이다. 또한 경우에 따라 부도통고(不渡通告 : notice of dishonor)를 하여야 할 필요가 있는 것이다. 부도통고는 환어음의 발행인, 매 배서인에게 해당 환어음이 부도가 되면 즉시 그리고 통례적인 기간 내에 이루어지지 않으면 안 된다(한국어음법 제45조 참조). 그렇다고 하여 환어음의 지급일자는 그 발행 시에 결정되어져야 하는 것은 아니다. 환어음이 "일람

1) 정기출급의 의미로 해석되는 영어의 "Term"은 "Tenor" 또는 "Usance"와 동의어로서 상호 호환적으로 사용되며 아무런 의미상의 차이가 없음을 유의하여야 할 것이다. 그러므로 정기 출급환어음은 그 지급일자(date for payment)가 특정되거나 또는 결정되어지므로 환어음 당사자의 의무는 확정될 수 있다.

후 90일 지급"(payable at 90 days after sight)과 같은 정기출급환어음의 경우에는 환어음이 인수를 위하여(for acceptance) 제시되어 피발행인이 일람(一覽 : sight)한 시점에서 결정되어지기 때문이다.[2] 그러나 일람일자와 인수일자가 다를 수 있다. 이때에는 지급만기일까지의 기산일자(起算日字)는 최초의 일람일자(the earlier sight date)가 된다(한국의 어음법 제35조 1항에서 "일람후 정기출급의 환어음의 만기는 인수의 일자 또는 거절증서의 일자에 의하여 정한다"고 규정하고 있다).

만일 환어음이 특정 사건의 발생을 조건으로 하여 지급이 이루어지도록 되어 있다면 이는 "조건부 명령"(conditional order)에 해당하므로 이로 인하여 환어음의 성격은 사라지며 또한 유통성도 역시 상실되는 것이다. 그러나 할부식(by instalments) 지급이 약정되어 있는 환어음에 있어서, "환어음의 어느 한 부분이라도 지급되지 않는 경우에는 즉시 어음금 전액이 지급되어야 한다"고 규정되어 있더라도 이는 유효한 약정으로 받아 드려지며 이로 인하여 환어음의 유효성이 상실되는 조건으로 발전하지 않는 다는 사실을 인식해야 할 것이다.[3]

6) 금전상의 특정 금액(a sum certain in money)

이것은 환어음의 대가(對價 : consideration)는 법정통화(legal tender)이어야 하며 또한 금액이 확정되어 있어야 한다는 사실을 의미하는 것이다. 이자액은 환어음 금액에 포함될 수 있다. 그러나 이자율은 포함될 필요가 없다(그러나 한국의 어음법 제5조2항에서는 "이자율은 기재되어야 한다. 이자율의 기재가 없으면 이자의 약정은 기재되지 않은 것으로 간주된다."고 규정하고 있으므로 영국의 통념과는 다르다). 만일 분쟁이 발생하면 이자율은 법원이 결정하기 때문이다. 또한 환어음이 외화로 발행되었다면 해당 통화의 환율은 지정될 수도 있으나 그렇지 않을 수도 있다(한국의 어음법 제41조 2항에서 "외국통화의 가

2) 여기에서 일람(sight)이란 인수(引受:acceptance)와 동의어이다. 그러므로 일람 후 90일(90 days after sight)이란 환어음의 인수 후 90일(90 days after date of acceptance)과 같은 의미의 문언임을 유의하여 야 할 것이다.

3) H. Paul Sholvlin, Bills of Exchange and Other Negotiable Instruments : A Handbook of Effective Practice, Woodhead-Faulkner, 1988, p.30.

격은 지급지의 관습에 의하여 정한다. 그러나 발행인은 어음에 정한 환산율에 의하여 지급 금액을 계산할 뜻을 어음에 기재할 수 있다"고 규정하고 있다). 일반적으로 환율은 명시되지 않는 것이 관례로 되어 있으며 다만 관련 통화의 지급일자 현물환율(spot rate)이 적용환율이 된다. 종종 환어음의 피발행인은 지급일자에 대비하여 선물환시장에서 필요로 하는 외화를 매입하여 현물환율의 변동에 영향을 회피할 수 있다. 문자와 숫자에 금액의 차이가 발생하였다면 문자에 의하여 표기된 금액이 지급이 요망되는 금액으로 간주되는 것이다(한국의 어음법 제6조 1항에 동일한 규정이 있다).

7) 특정인의 지시인 또는 지참인에게(to the order of a specified person or to bearer)

환어음은 지참인(持參人 : bearer)에게 보다는 특정인에게 지급되도록 발행되는 경우가 더욱 많다. 환어음이 지참인식으로 발행되는 경우에는 특정인 앞으로 발행되는 경우보다 환어음이 다른 사람의 손으로 넘어가 그 대금이 잘못 충당될 위험성이 더욱 크다. 그러나 환어음이 비실존인에게 지급되도록 되어 있다면 그 환어음은 지참인식으로 발행된 것으로 간주된다는 사실에 유의하여야 할 것이다.

(2) 환어음의 종류

1) 일람출급환어음 - 화환신용장

환어음은 국제상거래의 결제수단으로 활용되고 있으므로 수출・입자 상호간에 상이한 관점에서 접근을 시도하고 있는 것이다. 수출업자의 측면에서는 일람출급환어음(a sight bill of exchange or draft)을 화환신용장(documentary credit)조건 하에서 발행하도록 약정하여 선적에 관련된 서류의 제시와 동시에 지급 받을 수 있도록 하는 것이 가장 유리한 조치이라고 할 것이다.

일람출급어음

£45,000 **LONDON** JULY 15, 1997

AT SIGHT pay to the order of
THE U.K. EXPORTING CO. LTD.

THE SUM OF FORTY FIVE THOUSAND POUNDS Value received
DRAWN UNDER CREDIT No. B. 1234 AGAINST SHIPMENT OF
MOTOR BICLCLES
TO NORWAY PER S.S. "NEPTUNE".

To : THE MERCHANT BANK LTD For : THE U.K. EXPORTING
CO. LTD.
LONDON E.C.3.

(Director)

* 본 어음은 영국에서 발행되어 영국에서 지급되므로 영국법의 규제를 받는다.

2) 정기출급환어음 - 화환신용장

만일 수입업자가 그러한 환환신용장 조건 하에서의 일람출급환어음을 인수할 준비가 안되었다면 수출업자측으로서의 차선책은 신용장 조건하에서의 정기출급환어음(a term, usance or tenor bill of exchange)을 발행하여 그 발행일자 또는 피발행인(또는 지급인이라고도 함)이 인수(acceptance)일자 이후 일정한 일수 또는 월수 후의 일자에 지급되도록 하는 것이다. "정기출급환어음의 지급기한은 다양하며 당사자의 합의에 따라 보통 30일에서 6개월까지 자유로이 결정될 수 있다. 그러나 가장 일반적인 형태는 90일 후 지급 만기일이 도래하는 지급 방식이다."[4)]

화환신용장하의 정기출급환어음

DM 300,000 Frankfurt October 10, 1997

Against this Bill of Exchange at 60 days after sight pay to our order

the sum of Deutsche Marks Three Hundred Thousand Value Received Drawn under the American Import Bank Inc., Atlanta, Georgia, Credit No. 7694 covering export of 30 motor cars to the US Per S.S. "Goethe".

TO: American Import Bank Inc. For: Deutsche Export A.S.
Frankfurt Branch
Frankfurt ______________
Germany (signature)

3) 화환어음

수출・입 업자가 일정기간 거래를 하다보면 서로의 신용을 신뢰할만한 동업자 관계가 형성되게 된다. 이러한 경우에 수출입업자는 신용장에 의한 무역금융의 필요성이 없는 경우에는 신용장의 개입 없이 환어음만으로 상거래를 하게 되는 경우가 빈번히 발생한다. 수출업자는 약정 물품을 선적하고 선적서류를 준비, 수입업자를 지급인으로 하여 발행된 환어음에 첨부하여 이를 수출업자의 거래은행(exporter's bank)을 통하여 수입업자 소재지에 있는 수입업자 거래은행(importer's bank)에 송부하고 인수 및/또는 지급을 위하여(for acceptance and/or payment) 수입업자에게 제시하게 된다. 이들 서류(선적서류 + 환어음)

4) Nikolas P. Soskin, "Bills of exchange, ed. by Charles J. Gmur in Trade Financing, Euromoney Publications", 1991, p.31.

는 화환어음이라고 한다. 수출업자는 환어음이 인수 및/또는 지급될 것이라는 보장을 이에 첨부된 선적서류에 의하여 확보할 수 있다. 그러나 여기에서는 신용장거래에서와 같이 은행이 그 지급을 보장하고 있지 아니하다. 그러므로 환어음은 선적서류와 상환하여 수입업자의 인수 및/또는 지급을 청원하는 추심(collection)에 불과한 입장에 있는 것이다.

4) 무담보 환어음

또 다른 방법은 수입업자를 지급인으로 하는 무담보환어음(clean bill of exchange)을 발행하는 것이다. 환어음에 선적서류가 첨부되지 아니하는 것이다. 그러므로 선적서류는 직접 수입업자에게 송부되며 환어음만이 은행 추심을 위하여 별도로 제시된다. 이러한 방법은 수출업자의 경우 수출화물을 표창하는 서류에 대하여 아무런 관리권을 행사할 수 없으므로 환어음의 인수 및 지급을 위해서는 순전히 수입업자의 신의와 신용에 의존할 수밖에 없게 된다.

5) 3통 일조의 환어음 발행

환어음은 종종 3통이 한조로 발행되어 각각 별도로 발송됨으로써 환어음의 첫 번째 원본이 송달과정에서 지연되면 두 번째 또는 세 번째 환어음이 수입업자에게 제시될 수 있는 것이다. 환어음에는 문면상 이러한 1조의 환어음 구분이 분명히 다음과 같이 명시되어 있어서 혼돈을 회피할 수 있도록 하고 있으나 피발행인(또는 지급인 : drawee)은 각별히 주의를 기울여 1통의 환어음만을 인수·지급하도록 하여야 할 것이다.

"At ninety days' sight pay this first bill of exchange(second and third unpaid)."

(일람 후 90일 후 일자에 본 첫 번째 환어음을 지급하시오.(단 두 번째 및 세 번째 환어음이 미지급된 경우에 한함.)

6) 상업환어음

상업환어음(commercial bills of exchange)에는 은행어음과 무역어음의 두 가지 부류가 있다. 은행어음(bank bill)은 은행 즉, 상업용은행(commercial bank or merchant bank)을 지급인으로 하여 발행되는 어음으로 위험부담이 거의 없으므로 저렴한 이자율을 적용하여 할인의 혜택을 향유할 수 있는 것이다.

한편 상사(商社 : commercial firm)에 의하여 발행되고 상사에 의하여 인수되는 무역어음(trade bill)이 있다. 무역어음이 인수 및 지급될 것이라는 보장은 그 상사의 신용여하에 달려있으므로 신용면에서 일급의 평판을 향유하는 상사의 서명이 나타나 있는 어음은 우량어음으로 분류되어 저율의 이자율이 적용되어 할인된다. 그럼에도 불구하고 무역어음은 은행어음에 비하여 부분적으로 고율의 할인 이자율이 적용되는 것이 일반적이다. 또한 무역어음은 기업이 자금을 필요로 하지 않으므로 인수된 어음을 만기일까지 소지할 수 있는 여력이 있는 경우에 발행되는 것이다.

무역어음

£ 30,478 **London** **April 25, 1997**

On July 25, 1997 Pay to Our Order
the sum of THIRTY THOUSAND FOUR HUNDRED AND SEVENTY EIGHT POUNDS Value received DRAWN AGAINST SALES OF PAINT.

To : THE INDUSTRIAL CO.
For : THE TRADING CO.
MANCHESTER

(Director)

7) 융통어음 또는 금융어음

융통어음 또는 금융어음(accommodation bills or finance bills)은 금융을 일으키는 방법의 하나로 발행되는 어음을 지칭한다. 개인, 기업 또는 상업용은행이 그들의 명의를 피발행인(drawee) 또는 인수인(acceptor)으로의 사용을 허용하여 그 어음의 발행인(drawer)으로 하여금 어음할인을 통하여 자금융통(資金融通 : to raise funds)을 가능하게 할 목적으로 발행되는 어음을 융통어음 또는 금융어음이라 한다.

융통어음

SwFr 400,000 **Geneva** **March 24, 1997**

AT THREE MONTHS after DATE pay against this bill of exchange to OUR Order the sum of FOUR HUNDRED THOUSAND SWISS FRANCS Value received DRAWN UNDER CREDIT No. M.1733 AGAINST PURCHASES OF COCOA.

To: BANQUE de GENEVA SA For: SWISS CHOCOLATES SA
GENEVA

(Signature)

(3) 환어음의 당사자

국제상거래에서 환어음은 물품에 대한 대가의 지급을 위한 수단으로 널리 사용되고 있다. 수출상은 선적품의 대금 증수를 위하여 수입업자 또는 그 대금지급을 보장하는 은행 앞으로 환어음을 발행하는 자이며 이를 발행인이라 한다. 수입상은 환어음의 수취인으로서 수입상품 대금 지급의 의무를 지고 있는 당사자이며 환어음의 피발행인 또는 지급인이라 한다. 수입업자를 대신하여 대금의 지급을 보장하는 은행이 환어음의 피발행인으로 참여하는 경우도 빈번히 발생하고 있다. 환어음의 피발행인은 환어음에 서명하여 그 거래를 인정함으로써 만기일에 지급할 의사를 표명하게 되면 인수인이 된다. 발행인, 피발행인(또는 지급인) 그리고 인수인을 환어음의 주요 당사자라 한다.

한편 환어음의 영수인 또는 기타인이 매도 또는 할인)을 위하여 어느 특정 매수인을 수익자로 하거나 백지식(白地式 : in blank)으로 그 배면에 서명하게 되는 경우 그 서명자를 배서인(背書人 : endorser or indorser)이라 한다. 배서인은 환어음의 주요 장사자가 환어음 대금 지급 요건을 완수하지 못하는 경우 만기일에 지급의 의무를 지게 된다. 그런데 환어음에 서명한 자는 어느 누구나 만기일에 지급의 의무가 발생한다는 사실을 유의하여야 할 것이다.

1) 발행인

국제상거래에서의 환어음의 발행인(發行人 : drawer)인 수출업자는 수입업자에의 물품의 현실적 이전(actual movement)에 상당하는, 수입업자 또는 은행을 지급인으로 하는 환어음을 발행한다. 이러한 환어음은 인수 이전이나 또는 이후에도 매도가능 하다. 물품의 수출업자는 인수 이전에도 그의 거래은행에 제시하여 할인 형식으로 매도하여 즉시 현금화(immediate cash)할 수 있으며 일단 지급인에 의하여 인수된 연후에는 어음 할인 시장에서 매도할 수 있다. 한편 환어음이 은행에 의하여 인수되는 경우에는 그 환어음은 은행인수어음(bank acceptance)으로서 은행의 신용이 뒷받임 되어 있으므로 광범하게 유통성이 확대된다.

발행인은 환어음의 발행과 동시에 그 어음이 정당하게 제시되면 지급기간에 따라서 인수(acceptance) 또는 지급(payment)될 것이라는 약속을 하고 있는 것이다. 그러므로 그 어음이 지급거절 또는 부도(不渡 : dishonour)되는 경우 발행인은 소지인(holder) 또는 그 어음을 지급하지 않으면 안되었던 배서인(endorser)에 대하여 보상 또는 상환할 책임이 있는 것이다. 단 지급거절에 대하여 적절한 조치가 이루어져야 환어음의 소지인은 발행인, 배서인 또는 기타의 채무자에 대하여 소구권을 행사할 수 있다.[5] 환어음은 발행인이 이를 매도하거나 할인하기 전에는 발행인의 재산이라는 사실을 명심하여야 할 것이다.[6]

2) 피발행인

피발행인(drawee) 또는 지급인(payer)은 환어음의 수취인으로 지정된 당사자를 말하며 통례적으로 수입업자이거나 수입업자를 위하여 지급을 보장하는 은행이 이에 해당한다. 그런데 환어음이 수입업자를 피발행인으로 하여 발행되었을 때에는 어음대금이 만기일에 지급되도록 적절한 조치를 하여야 한다. 수입업자를 대신하여 발행된 신용장 조건에 따라 은행을 지급인으로 하여 발행된 환어음의 경우에는 수입업자는 그 은행이 어음 대금을 지급하여야 하는 지급 만기일까지 해당 금액을 예입하여야 한다. 그러나 환어음의 피발행인은 그 어음을 인수하기 전에는 그 소지인에 대하여 어떠한 의무도 지지 아니한다. 피발행인이 선적서류와 더불어 제시된 환어음을 인수하지 않는다면 선적서류는 즉시 반송할 의무가 있으며 만일 잘못으로 이를 보관하고 있었다 하더라도 그 서류에서 표창하고 있는 물품의 소유권은 그에게 이전되지 않을 뿐만 아니라 도리어 현금전환의 의무를 지게 된다.[7] 그런데 물품의 송하인(送貨人 : shipper)이 수입업자 앞으로 발행된 환어음을 제3자를 통하여 할인하고 이를 수입업자에게 인수토록 하여 이미 송하인이 배서한 선하증권이 수입업자에게 인도되었다면 물품의 소유권은 수입업자인 수하인(受貨人 : shippee or consignee)에게 이전된다고 하는 것이 일반적인 상거래 관행(general mercantile usage)으로 되어 있다.[8] 그러나 이러한 관례는 송하인과 수하인간에 별도의 약정에 의하여 변경될 수도 있다. 만일 환어음의 지급만기일에 지급이 이루어진 연후에 선하증권이 위조된 것이라는 사실이 발견되었다 하더라도 인수인은 그 환어음을 제시하여 대

---

5) 한국 어음법 제43~54조 참조

6) Nikolas P. Soskin, op. cit., p.32.

7) Midland Bank Ltd. v. Eastcheap Dried Fruit Co. [1961] 2 Lloyd's Rep. 251 : [1962] 1 Loyd's Rep. 359.

8) Maurice Megrah and Frank R. Ryder, Byles on Bills of Exchange: The Law of Bills of Exchange, Promissory Notes, Bank Notes and Cheques, Sweet & Maxwell, 1989, p.164.

금을 지급 받은 당사자(수출업자 및/또는 발행인이 아닌 경우)로부터 상환을 청구할 권리가 없다고 하는 것이 판례에 나타나 있다. 환어음의 제시인은 선하증권의 진정성에 대하여 담보하지 않고 있기 때문이다.[9)]

한편 물품매매계약에서 매도인은 외상으로 물품을 인도하고 매수인은 그 대금 회수를 위하여 발행된 정기출급환어음을 인수하도록 약정하였을 경우 매수인이 선적서류를 첨부하여 인도된 환어음을 인수하지 않았을지라도 신용기간(period of credit)은 계속 존속하여 유효하다. 그러므로 설사 추후 물품에 하자가 발견되었다 하더라도 매수인은 이미 인수를 이행하여야 하는 계약을 위반하였기 때문에 불리한 입장에 있게 된다.[10)]

3) 인수인

환어음이 정기출급형식(at term, usance or tenor)으로 발행되었다면 피발행인에 의하여 인수되지 않으면 안 된다. 환어음에 피발행인이 그의 명의로 서명하여 거래관계를 인정하고 만기일에 지급할 것이라는 의사를 표명하게 되면 인수인이 된다. 인수인은 환어음의 인수와 동시에 인수기간에 따라서 어음을 지급할 것이라는 약속을 하고 있는 것이다. 인수인은 통례적으로 다음의 문언을 어음의 정면 서명란 다음 줄에 추가하여 인수의 사실을 밝히게 된다.

> "Accepted payable at Cornhill Bank Ltd., 959 Threadneedle, London, EC2 6SB."

그러므로 인수인은 선의의 어음 소지자(bona fide holder, innocent holder or holder in due course)에 대하여 발행인의 존재, 그의 서명의 진정성 그리고 환어음 발행을 위한 자격 및 권리를 부정할 수 없다.

---

9) ibid., p.164. ; Guaranty Trust Co. of New York v. Hannay & Co. [1918] 2 K. B. 623.

10) Rabe v. Otto (1903) 89 L.T. 562; Mussen v. Price (1803) 4 East 147.

4) 배서인

배서인(背書人 : endorser or indorser)은 성격상 발행인과 같다고 할 수 있으며 피발행인에 의하여 인수 또는 지급이 이행되지 않는 경우에는 자기 이후의 모든 소지자(every succeeding holder)에 대하여 책임을 진다. 그러므로 배서인은 어음의 배서와 동시에 그 어음이 정당하게 제시되는 경우 지급기일에 따라서 인수 또는 지급될 것이라는 약속을 하고 있는 것이다. 또한 배서인은 어음이 지급거절되어 부도되는 경우 지급거절에 대한 적절한 조치가 취하여 졌다면 그 어음을 지급하지 않으면 안되었던 소지자 또는 그 이후의 배서인에 대하여 보상할 의무를 지는 것이다.

그런데 배서인은 그의 서명뒤에 "상환청구권 없음"(sans recourse or without recourse)의 문언을 추가함으로써 이러한 책임을 면할 수 있음에 주의하여야 한다. 이러한 경우 환어음의 소지자는 그들의 책임을 이러한 방식에 의하여 제한하지 않은 다른 배서인에 대하여 상환청구권을 행사하여야 한다.[11)]

제3절 화환어음추심방식

물물거래(barter)시대에는 신용이라는 개념(the concept of credit)이 존재하지 않았다. 물품은 휴대하여 매매 당사자 간에 직접 접할 수 있었으므로 이의 거래를 위하여 물품을 증명하는 서류의 작성(documentation)이 전혀 필요하지 않았기 때문이다. 그러나 현대 산업사회에서의 물품은 그 성격상 다양하고 복잡성을 띠고 있을 뿐만 아니라 그 용도에 따라서 특징적이며 전문성을 나타내고 있다. 또한 그 생산과 유통과정에서 현존하는 관행으로 인하여 즉각적인 물품소비의 과정으로 유도하기 위해서는 신용이라는 새로운 개념이 도입되지 않으면

11) D.P. Whiting, Finance of Foreign Trade and Foreign Exchange, 1986, McDonald & Evans, p.126.

안되었으며 이에 따라서 새로운 거래제도(a different exchange system)가 탄생되기에 이르렀다.

은행추심방식(bank collection)과 은행신용장방식(bank credit)은 매수인과 매도인의 신용관계를 균형을 이루는 지급방식이라 할 수 있으나 전자는 매수인에게 보다 더 유리하며 후자는 매도인에게 유리한 방식이라 할 수 있다.

1. 추심의 개념

은행추심방식은 국제상거래 당사자인 매도인과 매수인을 위한 거래관계의 결제에 있어서 장부거래조건(帳簿去來條件 : open account term)과 선지급방식(先支給方式 : payment in advance)의 이해관계를 조정한 공평한 지급방식이라 할 수 있다. 그러므로 근대 국제상거래에서 은행추심방식은 빈번히 사용되고 있다. 수출업자는 수입업자로부터의 물품이나 용역 수출대금을 그의 거래은행을 통하여 추심하려고 하는 경우 그의 은행계정에 대변처리(crediting)할 것을 거래은행에 지시하게 된다.

2. 은행추심의 의미

은행추심이란 이국간의 국제상거래 당사자인 매수인이 매도인에게 은행계통(bank channel)을 통하여 수행하는 지급결제방식을 지칭한다. 여기에서 이러한 결제방식을 추심이라고 하는 것은 수출업자인 매도인이 그의 거래은행에 수입업자인 매수인으로부터 대금의 지급을 추심할 것을 의뢰하기 때문이다. 그러므로 매도인을 위하여 행동하는 은행은 수입지국에 서류를 송부(remit)하여 추심을 의뢰하게 되므로 추심의뢰은행(remitting bank)이라고 한다.[12] 또한 수입

12) 영어의 remit라는 용어는 ……을 송부하다, 우송하다 또는 송금하다는 등의 의미를 가지는 타동사이다. 그러므로 remitting bank를 원어의 의미대로 해석한다면 송부은행이 되나 의미상의 혼란의 야기될 가능성을 배제하기가 어렵다고 할 것이다. 그러므로 수출자의 추심지시에 따라서 서류를 수입지국의 거래은행에 송부하여 수입업자에

지국의 추심의뢰은행의 거래은행(correspondent) 또는 대리은행은 추심은행(collecting bank)이라 불리운다. 그러나 추심은행은 반드시 수입업자인 매수인과 은행거래관계를 가질 필요는 없다.

추심의 과정에서 물품의 소유권(title to the goods)을 표창하는 서류는 은행에서 관할하게 되므로 매도인은 물품에 대한 담보권을 확보할 수 있게 된다. 매도인은 은행이라는 중간기관을 통하여 은행의 업무제도를 이용함으로써 매수인이 물품의 대금을 지급하거나 또는 그를 지급인으로 하여 발행된 환어음을 인수 또는 지급할 때까지 물품에 대한 소유권을 유보하도록 할 수 있기 때문이다. 한편 매수인의 측에서도 대금을 지급하기 전에 서류를 점검할 수 있으며 또한 그 서류가 만족스러운 경우에 한하여 지급을 이행하게 되므로 부분・적이나마 거래의 목적인 물품에 대한 질과 양적인 면에서 보장을 받게 된다. 그러므로 추심은 은행이라는 신뢰할만한 중간기관을 활용하여 장부거래 및 선지급방식의 중간에 조화를 이루기 위한 지급방식이라고 할 수 있다.

3. 추심의 종류

(1) 무담보추심

무담보추심(clean collection)은 금전상의 지급을 받기 위한 환어음(bill of exchange), 약속어음(promissory note), 수표(cheque or check) 등의 재무서류[13](financial documents)로 구성되어 있다. 그러므로 상업송장(commercial invoice)이나 운송서류 등의 상업서류[14](commercial documents)는 무담보추

게 제시하여 추심할 것을 의뢰한다는 의미를 강조하여 추심의뢰은행(推尋依賴銀行)으로 해석함이 적절하다 고 할 것이다.

13) Article 2 (b) 1 URC 522 - Financial documents means bills of exchange, promissory notes, cheques, or other similar instruments used for obtaining the payment of money.

14) Article 2 (b) 2 URC 522 - Commercial documents means invoices, transport documents, documents of title or other similar documents, of any other documents whatsoever, not being financial documents.

심에 첨부되지 아니한다.[15] 무담보추심의 형태는 그 구성 서류에 따라서 다음과 같이 구분하여 볼 수 있다.

1) 환어음

수출업자는 수입업자를 지급인으로 하는 환어음을 발행하여 이의 추심을 그의 거래은행에 의뢰한다. 그러나 이러한 경우 이 환어음과 관련된 운송서류는 이미 수입업자에게 송달되는 것이 일반적이다. 그러므로 이 환어음에 의한 무담보추심은 그 성격상 장부거래방식(open account)과 유사하며 다만 환어음 방식은 환어음의 제시(presentation of a bill of exchange)를 요건으로 하며 이에 따른 추심조건에 의하여 지급이 이루어지는 반면에 장부거래방식은 수출・입업자 간에 사전에 합의한 결재조건에 의하여 지급이 이루어진다는 차이가 있다.

2) 수 표

외국의 거래당사자에 의하여 발행된 수표의 영수인(payee)은 그의 거래은행 즉 추심의뢰은행(remitting bank)에 부탁하여 그 수표의 피발행은행인 외국의 지급은행에 송달하여 추심하도록 하여야 한다. 이때에 수표는 그 대금 지급을 위한 충분한 자금이 추심의뢰은행의 거래장부상 잔액으로 기록되어 있거나 또는 이의 자금이 지급은행으로부터 송금되어 오는 경우에는 지급이 이루어진다. 수표의 영수인은 자금이 추심의뢰은행에 지급되어 지면 즉시 지급 받게 된다.

3) 여행자수표

외국의 은행에서 발행된 여행자수표(traveller's cheque)가 자국에서 현금으로 지급되어 지면 그 수표는 외국의 발행은행에 송달되어 추심 되어진다. 추심의뢰은행은 수표의 제시인에게 이미 지급을 이행한 이상 그의 계정으로 그 수표를 추심하는 것이 일반적이다.

---

15) Article 2 (c) URC 522 - Clean collection means collection of financial documents not accompanied by commercial documents.

4) 약속어음

국제상거래에서 약속어음(promissory note)의 사용 빈도는 환어음의 경우에 비하여 훨씬 낮다. 약속어음의 영수인 또는 소지인(holder)은 외국의 발행인으로부터 그 대금을 추심하기 위하여 거래은행에 제시한다. 만일 중・장기 금융제도에 의하여 대출담보의 일환으로 대출은행에서 소지하고 있는 약속어음은 만기일(maturity date)에 임박하여 이의 추심 및 지급을 위하여 송부하여야 한다. 추심의뢰은행은 약속어음을 담보로 대출을 하였다면 그의 계정으로 추심하게 된다.

(2) 화환추심

화환추심(貨換推尋 : documentary collection)은 상업서류가 첨부된 재무서류 또는 재무서류가 첨부되지 않은 상업서류로 설명될 수 있다.[16] 여기에서 말하는 상업서류란 물품에 대한 소유권(the full title to the goods)을 표창함으로써 매수인이 물품에 대한 소유권을 수취하였음을 나타내는 증거의 효력을 가지게 된다. 그러므로 상업서류가 제시되는 과정에서 물품이 은행에 위임되었다면 은행은 그 물품에 대한 관리권을 행사할 수 있게 된다. 그러므로 매도인 측에서는 화환추심의 경우가 무담보추심의 경우 보다 유리한 입장에 있게 된다.

그러므로 수입자(피발행인)에게 서류를 인도하게 되면 수입자는 그 서류에 의하여 물품을 취득할 수 있는 권리가 주워지게 된다. 서류의 인도 조건에는 물품의 대금지급을 요건으로 하는 지급상환도(document against payment : D/P)와 서류에 첨부된 환어음의 인수를 요건으로 하는 인수상환도(document against acceptance : D/A)의 두 가지 방법이 있다. 그런데 지급상환도는 일람출급환어음의 경우에 발생하는 조건이라 할 수 있으며 정기출급환어음의 경우에는 인수상환도 방식이 일반적이나 지급상환도를 조건으로 하는 경우도 있음을 유의하여야 할 것이다.

16) Article 2 (d) 1 & 2 URC 522 - Documentary collection means collection of : 1. Financial documents accompanied by commercial documents; 2. Commercial documents not accompanied by financial documents.

1) 화환추심서류

추심에서의 통례적인 지급증서(payment instrument)는 환어음(bills of exchange)이다. 일람출급환어음의 경우에는 추심은행이 서류를 제시하는 때에 인수와 지급이 동시에 발생하게 된다. 또한 미래의 어느 시점에 지급을 요건으로 하는 정기출급어음의 경우에는 수출자인 매도인은 수입자인 매수인에게 지급상의 신용 또는 기간을 허용하게 된다. 정기출급환어음의 경우에 추심의뢰은행이 그 환어음을 추심은행에 송부하는 방법에는 두 가지가 있다. 즉, 첫째는 수입자인 매수인이 그 환어음을 인수한 후 추심의뢰은행에 반려하여 결국에는 수출자인 매도인에게 반송되는 경우가 된다. 이를 인수 및 반려(返戾 : return)라 일컫는다. 매도인은 그 인수어음을 만기일에 은행의 시스템을 통하여 매수인에게 다시 송부하여 추심하게 되는데 이때의 추심은 무담보추심이 된다. 그런데 대부분의 정기출급환어음의 추심은 인수 및 반려의 방식을 이용하지 않는다는 사실이다. 추심은행은 매수인이 인수한 환어음을 지급시 까지 보관하여 두는 보다 간단한 방법을 활용하는 경우가 일반적이다.

추심에서의 통례적인 무역서류는 선하증권 또는 창고수취증 등 물품의 소유권을 증명하는 운송서류이다. 선하증권은 통례적으로 2통 이상이 일조로 작성되는데 다음의 세 가지 복합적 성격을 띠고 있다.

① 선박회사(운송인)로부터의 물품에 대한 인수증
② 매도인과 선박회사(일반운송인 : common carrier) 사이의 추정적 운송계약증서
③ 유통가능 물권증권(negotiable document of title)

여기에서 가장 중요한 것은 선하증권의 유통성을 들 수 있다. 본래 유통성이란 배서에 의하여 그 권리가 과거의 청구(claim)에 관계없이 이전된다는 것이다. 이러한 선하증권의 특성은 국제상거래를 단순화하며 또한 금융거래의 담보(security)로 활용될 수 있으므로 무역금융의 원활한 이행이 이루어지는 근원이 된다.

4. 추심의 당사자

추심거래 당사자(parties to a collection)에는 추심의뢰인 본인(principal), 추심의뢰은행, 추심은행 그리고 제시은행(presenting bank)이 있다.[17] 여기에서 추심의뢰인 본인은 추심거래 당사자이라는 관점에서 환어음 발행인으로서의 본인에 대한 별도의 정의가 불필요하다 할 것이다. 또한 추심의뢰행은 추심은행의 범주에 포함되지 않는 것으로 보이나 추심은행으로 행동할 수도 있으므로 이러한 관점에서 실무적인 접근을 통하여 추심당사자로 인식하여야 할 것이다. 그러나 지급인인 피발행인의 경우에는 결과적으로 추심거래에 참여하게 되나 최초의 당사자(initial parties)이라고 할 수는 없는 것이다.[18]

(1) 추심의뢰인

추심의뢰인은 은행에 추심처리를 위임한 당사자를 말한다.[19] 그러므로 추심의뢰인은 은행에 추심을 위임하였으므로 은행과의 관계에서 본인이라 호칭하며 은행은 이의 수임업무를 수행하는 수임대리인이라 일컬어진다. 한편 추심의뢰인은 국제상거래에서 매도인, 수출업자, 환어음의 발행인, 송하인(consigner) 및/또는 은행의 고객(customer)이 된다. 또한 환어음이 발행되어 추심에 첨부되는 경우에는 추심의뢰인은 환어음의 발행인이 되며 환어음이 발행되어 지급인에 의하여 지급 또는 인수될 때까지 일차적 채무를 진다. 일반적으로 국제상거래에서 수출업자는 환어음의 발행인이 되며 금융거래에서의 융통어음(accomodation bills)의 경우에는 차주(借主 : borower)가 발행인이 된다.

(2) 추심의뢰은행

추심의뢰은행(remitting bank)은 추심의뢰인 본인으로부터 추심처리를 위임

17) Article 3 (a) URC 522

18) Parties to a Collection, Article 3, Offical Comments of The ICC Working Party for Uniform Rules for Collections ICC No. 522, p.14.

19) Article 3 (a) (1) URC No 522, the principal who is the party entrusting the handling of a collection to a bank.

받은 은행을 의미한다.[20] 그러나 이 은행은 이의 추심업무처리 과정에서 수입지국의 타 은행에 추심처리를 의뢰하여야 하므로 추심의뢰은행이라 일컬어지며 또한 서류 및 어음을 추심은행에 송부한다는 관점에서 송부(送付)은행이라고도 호칭되기도 한다.[21] 추심의뢰은행은 추심의뢰인으로부터 받은 모든 지시사항을 추심의뢰서에 기재하여 이를 추심서류와 함께 추심은행에 송부한다.

(3) 추심은행

추심은행(collecting bank)은 추심과정에 참여하는 추심의뢰은행 이외의 은행을 지칭하며[22] 수입자 소재지 국에 위치한 추심의뢰은행의 지점 또는 거래은행인 경우가 일반적이다. 추심은행의 추심업무 수행은 추심지시에 엄밀히 일치하여 이행하여야 하며 그 한도 내에서 책임이 존재한다.

(4) 제시은행

제시은행(presenting bank)은 수입자인 피발행인 또는 지급인에게 추심서류를 제시하는 수입지국의 추심은행을 말한다.[23] 추심서류의 제시는 추심지시에 따라서 일람출급환어음의 경우에는 지급인에게 즉시 이행하여야 하며 정기출급환어음인 경우에는 우선 인수를 위하여 제시하고 추호 만기일에 지급을 위하여 또다시 제시하여 지급을 받아야 한다.

(5) 피발행인

피발행인(drawee)은 추심서류의 하나인 환어음의 지급인으로서 추심거래에

---

20) Article 3 (a) (2) - the remitting bank which is the bank to which the principal has entrusted the handling of a collection.

21) 본래 영어의 "remit" 이란 송부하다 또는 송금하다의 의미를 가진다. 그러나 추심의 은행이라는 역어는 실제상의 업무에 근거한 것이다.

22) Article (a) (3) URC No. 522 - the collecting bank which is any bank, other than the remitting bank, involved in processing the collection;

23) Article 3 (a) (4) URC No. 522 - the presenting bank which is the collecting bank making presentation to the drawee.

서의 최초의 당사자(initial parties)에는 포함되지 않으나 추후 결과적으로 참여하게된 자이다. "추심지시에 의하여 제시가 이루어지게 되는 자"가 이에 해당된다.[24] 그러나 피발행인은 ICC의 "추심에 관한 통일 규칙"에서 당사자의 범주에 포함시키지 않고 있으므로 URC의 구속을 받지 않게 된다는 사실에 유의하여야 할 것이다.[25]

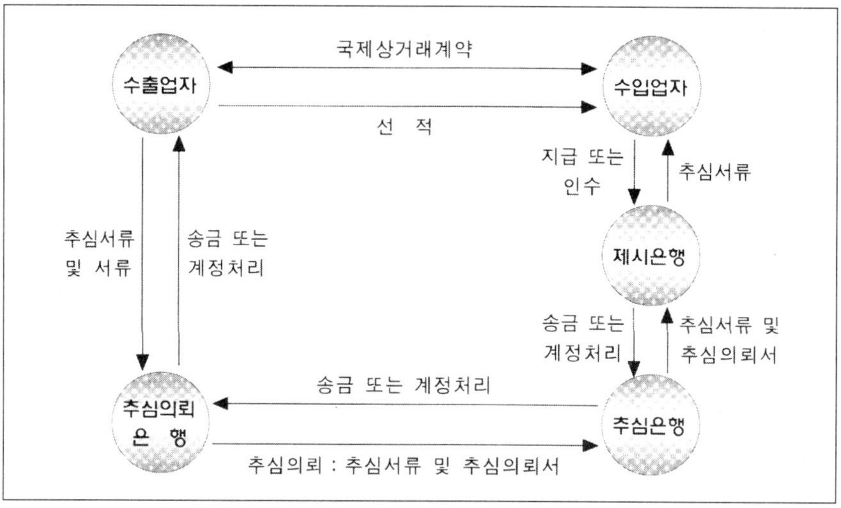

[그림 2] **추심거래의 유통경로**

5. 환 율

(1) 환율의 의의

환(換)은 영어로 Exchange, 즉 교환하는 것을 뜻한다. 물물교환의 국제거래에 있어서 두 상품의 교환비율이 필요하듯이 모든 국제거래에는 관련된 화폐의 교환비율이 필연적으로 요구된다. 환율(exchange rate)은 이와 같이 한 나라의

24) Article 3 (a) (4) - The drawee is the one to which presentation is to be made according to the collection instruction.

25) A.G. Guest, Benjamin's Sale of Goods, Sweet & Maxwell, 1987, [2086] p.1335.

통화와 외국통화, 즉 이종통화(異種通貨)간의 교환비율을 의미한다.

한편 모든 외환거래는 외국환은행이 외국환을 매매하는 형태로 이루어지므로 환율이란 외국환 또는 외화라고 하는 특수한 상품의 가격이라고도 할 수 있다. 또한 일반적으로 한 나라 통화의 가치는 그 통화가 갖는 구매력(purchasing power)으로 나타내기 때문에 한 나라 통화의 국내에서의 구매력을 대내가치라 한다면 외국에서의 구매력은 대외가치가 된다. 그런데 한 나라 통화의 외국에서의 구매력은 외화와 교환됨으로써 평가할 수 있기 때문에 환율은 한 나라 통화의 대외가치를 나타낸다고 할 수 있다.

(2) 환율제도

1) 고정환율제도와 변동환율제도

앞서 말한 바와 같이 외환거래는 실질적으로는 외국환이라는 상품의 매매형태로 이루어지기 때문에, 외국환의 가격인 환율도 모든 재화와 마찬가지로 원칙적으로는 외국환에 대한 수요와 공급에 의해서 결정되고 변동한다. 그러나 환율은 보통 재화의 가격과는 달리 한 나라 경제에 미치는 영향이 매우 크기 때문에 때로는 정부가 그 가격결정에 개입하여 인위적으로 그 변동의 폭을 제한하는 경우가 많다.

이와 같이 환율이 결정되는 메커니즘을 환율제도(exchange rate system)라고 하는데, 사실 모든 환율제도는 크게 고정환율제도(fixed exchange rate system)와 변동환율제도(floating or flexible exchange rate system)의 둘로 나눌 수 있다. 고정환율제도는 정부가 환율을 일정수준에 고정시킴으로써 환율의 안정을 꾀하는 제도를 말하며, 변동환율제도는 환율을 외국환시장의 수요와 공급에 의해서 자유로이 변동할 수 있게 한 환율제도이다.

그러나 이제까지 존재하거나 존재했던 세계 각국의 환율제도를 살펴보면 고정환율제도라고 하여도 환율이 일정 수준에서 완전히 고정되어 있는 것이 아니고 고정환율을 중심으로 상하 일정한 폭의 범위 안에서는 환율의 변동이 허용되었으며, 변동환율제도하에서도 완전한 의미의 변동환율은 아니고 때때로 통화당국이 외국환시장에 개입하는 이른바 관리된 변동환율제도인 경우가 대부분이었다.

2) 단일환율제도와 복수환율제도

단일환율제도(單一換率制度 : multiple exchange rate system)는 둘 다 앞서 언급한 고정환율제도의 일종으로 전자(前者)는 한 나라가 자국화폐를 여러 통화에 대해서 단일기준율(單一基準率)을 정하고 이 기준율에 따라 모든 외환시장에서의 환율이 결정되어 환거래를 실시하는 것을 말하며, 후자(後者)는 기준을 달리한 둘 또는 그 이상의 기준율을 정하고 특정 환거래에 따라 환율을 달리 적용하여 거래하는 제도를 말한다.

복수환율제도는 외환사정이 어려운 남미(南美)나 중국, 동남아의 여러 국가에서 이용되고 있는데, 주로 불요불급(不要不急)한 사치품의 수입에는 최고의 높은 환율을 적용해서 수입을 억제시키고, 국민생활에 꼭 필요한 물자의 수입에는 낮은 환율을 적용하게 된다. 즉 국가시책에 따라 환율적용에 차별을 두는 제도이다.

(3) 환율표시방법

환율을 표시하는 방법은 자국통화 한 단위에 대한 외국통화의 비율을 나타내는 방법과 상대 외국통화 한 단위에 대한 자국통화의 비율을 표시하는 방법 등이 있다.

1) 직접표시방법(Direct Quotation)

직접표시방법은 외국환 1단위 또는 100단위에 대하여 자국통화의 교환대가(交換對價)를 표시하는 방화표시환율(rate in domestic currency)이다. 우리나라에서 환율은 US$1=₩1,500 식으로 표시하는 것은 직접표시방법에 해당된다. 직접표시방법은 지급계정시세(pence rate, giving quotation)라고도 하는데, 우리나라를 비롯한 대부분의 국가에서는 이 방식으로 환율을 표시하고 있다.

2) 간접표시방법(Indirect Quotation)

간접표시방법은 직접표시방법과는 정반대로 자국통화 1단위 또는 100단위에 대하여 외국통화의 교환대가를 표시하는 외화표시환율(rate in foreign currency)로서 수취계정시세(currency late, receiving quotation)라고도 한다. 이 방식은 현재 영국, 호주 등지에서 채택되고 있는데 영국은 전통적으로 환율을 반드시 파운드화(貨)를 중심으로 하여 Stg.£1=US$1.6570식으로 표시하는 간접표시 방법을 채택하고 있다.

3) 미 달러 표시방법

이 방식은 미화(美貨) 1달러에 대하여 각국 통화의 교환대가를 나타내는 환율표시방법이다. 미 달러가 국제기준통화(國際基準通貨)의 성격을 지니고 있기 때문에 국제금융시장에서는 관례적으로 미 달러를 기준으로 환율을 표시하고 있다.

4) 환율의 표시방법과 그 등락

환율이 어떠한 이유로든 오르거나 내리게 되면 시장의 여러 당사자들은 이해(利害)가 서로 엇갈리게 되는데, 궁극적으로 이러한 이해관계는 실제로 방화가격이 어떻게 변하느냐에 따라 달라지게 된다. 환율의 표시방법에 따른 환율의 형식적인 등락과 방화의 가격과의 관계를 살펴보면 [표 1]과 같다.

[표 1] **환율의 표시방법과 그 등락**

환율의 표시방법	환율의 변동	자국통화의 가격
자국통화의 표시환율 (\$1.00=₩1,200)	상 승(↑) 하 락(↓)	하 락(↓) 상 승(↑)
외화표시환율 $\left[₩1.00 = \$\,\frac{1}{1,200}\right]$	상 승(↑) 하 락(↓)	상 승(↑) 하 락(↓)

즉, 우리나라와 같이 방화표시환율을 사용하는 경우에는 환율이 오르게 되면 방화의 가격은 상대적으로 떨어지게 되므로 수출업자는 자기 상품의 외화표시

가격을 그만큼 낮출 수 있는 여지가 생겨 경쟁 상 유리하게 되지만, 반대로 수입업자나 외국에 빚을 지고 있는 차관업체(借款業體)는 불리하게 된다. 외화표시환율의 경우에는 물론 이와 반대의 현상이 일어나게 된다.

6. 우리나라의 환율제도

(1) 환율제도의 변천

우리나라는 1945년에 고정환율제도를 채택하였다가 1964년에는 단일변동환율제도(單一變動換率制度)로 이행하였다. 단일환율제도하에서는 우리나라의 모든 대외거래(對外去來)에 외국환관리법에 의거하여 고시(告示)되는 환율만 적용되었다.

변동환율제도를 실시한 초기에는 외환증서(外換證書) 시장에서 형성되는 외환증서 매매율을 가중평균(加重平均)한 환율을 시장률(市場率)로 하고 이 시장률이 자율적으로 변동하도록 하였으나, 외환시장규모의 빈약성으로 인하여 환율은 사실상 거의 고정되었다.

그러나 우리나라도 그 동안 교역상대국이 점차 다변화되고 달러 이외에 다른 통화표시의 거래가 많아지자, 1980년 2월 환율인상조치와 더불어 시장률에 의하여 자율적으로 변동하는 제도를 폐지하고 연계제(peg system)로 이행하였다.

즉, 국제통화기금의 특별인출권(特別引出權 : special drawing rights)을 포함한 수개국 통화의 가중치를 평균한 독자적인 Basket을 구성하고 이에 물가인상을 고려해서 환율을 결정하는 복수통화 Basket제도를 채택하게 되었다. 이렇게 되면 구성통화 중 어느 한두 통화의 가치가 크게 변동하더라도 변동방향이 서로 상반되는 경우에는 그 영향은 중화(中和)되고, 설령 동일방향으로 변동하더라도 각 통화는 가중치 이상은 영향을 미치지 못하므로 과거와 같이 달러에만 peg시키는 경우보다 대외가치의 변동은 더욱 안정적이 된다.

복수통화 Basket제도 하에서는 우리나라의 독자적인 Basket의 구성통화(構成通貨)와 이들의 구체적인 가중치가 대외적으로 알려지지 않고 있으며 또한 물가, 수출입동향, 국제수지 등을 고려하여 인위적으로 조정하게 되어 있는 실세

반영장치(實勢反映裝置)가 있기 때문에 대외적으로부터 환율조작이 가능하다는 의혹을 낳아 통상마찰의 주요 원인 중 하나가 되어 왔다.

이에 따라 정부는 국제외환시장을 활성화하고 우리나라 경제의 국제화를 지원할 목적으로 1990년 3월부터 시장평균환율제도(市場平均換率制度)를 도입하였다. 이 제도 하에서는 은행 간에 거래된 환율을 거래량으로 가중평균(加重平均)하여 미 달러화에 대한 환율(기준환율)이 결정되기 때문에 환율이 가능한 한 시장기능에 의해 결정되는 특징이 있다. 또한 모든 환율결정요인이 공개되어 있기 때문에 환율예측이 가능하여 급격한 환율변동으로 인한 충격을 완화하도록 하였다.

그러나 시장평균환율제도는 환율의 변동폭을 지나치게 제한함으로써 경상수지적자를 더욱 확대・심화시키는 현상을 낳게 되는 한 원인이 되었다. 즉 우리나라가 국제통화기금(IMF)의 구제금융을 받게 된 원인중의 하나가 환율변동폭의 제한에 있었다는 지적이 많이 있었고, 국제통화기금도 우리나라의 환율제도에 있어서 제한폭을 두는 것이 외환시장의 안정보다는 왜곡을 초래하기 때문에 환율결정을 시장기능에 맡기는 것이 바람직하다는 의견을 제기하였다. 이러한 배경에서 환율의 상하변동폭에 대한 제한을 완전히 철폐하여 환율이 대외부문의 불균형을 해소하는 방향으로 충분히 변동하는 것을 보장하는 자유변동환율제가 1997년 12월 16일을 기하여 시행되게 하였다.

자유변동환율제로 우리나라는 그 동안 누적된 환율상승분이 제도변경과 함께 시장에 반영되면서 환율이 큰 폭으로 상승하였고, 물가상승, 기업의 환차손 증가와 같은 부작용이 나타났으나 무역수지를 포함한 경상수지는 단기간 내에 적자에서 흑자로 반전되는 상반된 현상이 나타나기도 하였다.

(2) 환율결정구조

시장평균환율제도하에서 적용되고 있는 우리나라의 환율에는 다음과 같은 종류가 있다.

1) 기준환율(시장평균환율)

미화에 대한 기준환율은 미화의 전일 외국환은행간 매매율을 거래량으로 가

중평균하여 산출되는 율로 하는데 이것이 곧 앞에서 설명한 시장평균환율로서 당일 외국환은행간 거래와 외국환은행의 대고객거래에 있어 재정환율과 함께 매매기준율의 역할을 한다. 외국환매매중개기능을 담당하는 금융결제원에서는 매 영업일 오전 9시에 AP Reuter화면을 통하여 당일 외환거래의 기준이 되는 기준환율을 고시한다.

2) 재정환율

재정환율은 미화 이외의 통화 대 원화의 환율을 말하며 금융결제원이 최근 주요 국제금융시장에서 형성된 미화의 미화 이외 통화와의 매매중간율을 기준환율로 재정하여 산출한다.

3) 한국은행 매매율

한국은행과의 거래에 적용되는 한국은행 매매율은 외국환은행간 매매율과 국제통화시세 등을 감안하여 한국은행 총재가 정한다. 그러나 한국은행과 ① 외국환평형기금과의 거래, ② 주한국제연합군과의 거래, ③ 국제금융기구에 대한 출자 및 출연에 따르는 정부와의 거래, ④ 담보금의 국고귀속과 관련된 외국환 은행과의 거래 등에는 매매기준율 또는 재정환율을 적용할 수 있다.

4) 외국환은행 대 고객매매율

외국환은행과 고객과의 거래에 적용되는 매매율로서 전신환매매율, 일람출급환어음매매율, 수입어음결제율, 기한부어음매매율 및 현찰매매율등이 있다. 대고객매매율은 당일이 기준환율(미화 이외의 통화인 경우에는 재정환율)과 외국환은행간 매매율을 감안하여 외국환은행의 장이 자율적으로 정하여 매매율 변동폭에 대한 제한도 없다.

① 전신환 매매율(T/T Buying & Selling Rate)

이 전신환 매매율은 모든 시장률의 기준이 되며 전신으로 1일 이내에 결제가 이루어지기 때문에 보통환율과 같이 금리요인이 포함되지 않은 순수교환비율이다. 대고객매매율은 우선 기준환율이 결정되고 여기에 일정한 Margin을 차감하여 T/T매입률을 산출하며 다시 일정한 Margin을 두어 일람출급환어음매입률기한부어음매입률(after sight buying rate)이 산출된다. 또한 T/T매도율은 기준환율에 일정한 Margin을 더하여 수입어음결제율(決濟率; at sight selling rate)이 결정된다.

② 일람출급환매매율(At Sight Buying & Selling Rate)

이는 환어음이 지급은행에 제시되어야 지급되는 일람출급환어음(at sight or on demand bill)의 매매에 적용되는 환율로서, 일반적으로 환어음의 우송기간이 경과하여야만 자금화가 되므로 해당 기간에 대한 금리를 T/T매매율에서 가감한 율이 된다.

가. 매입률(買入率 : Buying Rate)

이것은 외국환은행이 수출업자의 어음을 매입하는 경우와 외국수입업자가 수출대전(輸出代錢)으로 송금했을 때의 외환을 매입하는 두 가지 경우를 들 수 있는데, 외국환 은행이 가장 많이 사용하는 율이다.

첫째, 한국의 수출업자가 선적을 하고 그 관계 선적서류(clean draft일 때는 필요 없지만)와 신용장 발행은행 앞(또는 수입업자 앞) 어음을 외국환은행에 매도하면 이 어음을 매입한 외국환은행은 발행은행 앞으로 그 해당 액수에 대하여 추심(collection)시키며, 이 자금이 매입은행 구좌에 입금되기까지는 우편일수만큼 시간이 소요된다. 그러므로 At Sight Buying Rate는 T/T매입률보다 우편일수에 해당하는 금리만큼 낮다. 즉 미국 달러($)당 원화로 지급 받는 액수가 적다. 구체적으로 말하면, 대 고객일람출급환매입률 = 대 고객전신환매입률 - 우편일수이자(利子)이다.

둘째, 외국에서 상품대전(商品代錢)으로 송금을 하였을 경우 외화는 외국환은행에 즉시 입금되고 며칠 후 원화로 수익자에게 지급되므로 수익자의 자금이 잠깐 동안이나마 은행에 예치되어 있는 형식을 취하나 이것에 대해서 은행측이 수익자에게 이자를 내어 준다든지 T/T Buying Rate에 며칠의 이자율을 가산한 일람출급환매입률을 적용하지 않고 이자 없는 T/T Buying Rate를 적용한다.

어느 외국환은행에 가도 매일같이 그 날의 대 고객 각종 환매입률이 고시되는바 실제로는 ⓐ T/T Buying Rate, ⓑ At Sight Buying Rate, ⓒ Usance (30 days, 60 days sight) Bill Buying Rate 등으로 표시되는데, 둘째의 경우와 같은 송금수표(送金手票), 즉 은행에서 송금해 온 외화는 가장 높은 T/T Rate를 적용 받고, 첫째의 경우와 같은 화환어음은 T/T Buying Rate-Mail Days Interest의 낮은 율을 적용 받으며 기한부(期限附) 어음은 T/T Buying Rate - 우편일수 및 Usance기간이자의 제일 낮은 율의 적용을 받게 된다.

나. 매도율(賣渡率 : Selling Rate)

이것은 ①의 매입률의 반대입장이라고 보면 된다. 즉 우리가 수출하는 측이 아닌 수입하는 경우라고 생각하면 된다.

첫째, 외국환은행이 외국에 대금을 지불하여야 할 고객에게 송금환을 배도 하면 원화 자금은 즉시 입금되지만 외국환은행계정의 매도환 액수의 자금은 우편일수 후에야 지급되며, 이 기간 동안의 금리는 고객에게 지급되지 않고 다만 제일 낮은 T/T Selling Rate가 적용된다.

둘째, 수출자가 수입자 앞으로 발행한 어음이나 수입자가 은행도(銀行渡) 개인수표를 수출자 앞으로 송부하면 수출상은 수출지 은행을 통하여 수입지 은행으로 추심을 하게 도며, 이 경우 수입지 외국환은행의 외화는 즉시 유출되나 수입상으로부터의 원화 결제는 며칠 후에 받게 되므로 이 경우 매도율은 T/T Selling Rate + Mail Days Interest로 된다.

③ 수입어음결제율

Sight Credit인 경우 수입환어음이 수출국 매입은행에서 매입되고 그 대전은 신용장 개설은행명의 예치계정(豫置計定)에서 먼저 차기(借記 : debit)되고 난 후 선적서류가 신용장 개설은행으로 송부되어 와서 수입상에게 제시되므로 결국 수입상은 우편일수 만큼 경과 후에 자기 자금이 결제되며, 그 동안은 신용장 개설은행이 고객을 위해서 선대(先貸)해 준 셈이 되므로 이 기간 동안의 금리(金利)는 더 징수해야 한다. 따라서 '수입어음결제율 = 대고객 전신환매도율 + 우편일수이자'가 된다.

④ 기한부어음 매매율(Usance Rate)

가. 매입률(Buying Rate) 이것은 수출업자가 수입업자에게 금융의 혜택을 주는 경우에 발생하는 것으로 수출업자가 선적완료 후 관계선적서류와 기한부어음을 매입은행에 제시하면 매입은행측은 원화대금을 당일 지급하나 추심(推尋)된 외화는 어음의 기간이 완료되어야 매입 은행계정에 입금되므로 그 동안의 금리(우편일수 및 usance 기간에 해당하는 금리)를 차감해서 수출업자에게 지불하게 된다. 즉 '기한부어음매입률 = 전신환매입률 - 우편일수 및 Usance 기간의 이자'가 된다.

나. 매도율(Selling Rate) 기한부어음 매도율은 외국환은행이 일람 후 또는 확정일로부터 일정기간 후에 지급되는 조건의 기한부어음을 매도할 때 적용하는 환율이며 전신환매도율에 우편일수 및 Usance기간에 해당하는 이자를 가산하여 산출한다.

일반적으로 다 같은 기한부어음이라도 신용장부어음이면 신용장이 보증이 있기 때문에 Credit Rate라고 해서 매입률의 우대를 받고, 신용장 없는 기한부어음은 Private Rate의 적용을 받아 매입률이 불리하다.

이들 신용장부 Usance Bill은 London이나 New York의 할인시장(割引市場)에서 언제나 재할인되어 결제일자 전에 자금화(資金化)가 가능하며, 일류은행의 보증이 있는 Usance Bill은 특히 우대를 받는다.

이와 같이 동일한 기간의 Usance Bill에 대해서 매입은행이 그 Bill의 종류에 따라 차별대우를 하게 되는 데는 충분한 이유가 있다. 경상비 지출은 물론 어떤 이익이 생겨야 그 존재가치가 있는 것이다. 결국 외환을 Pence Rate로 매매(賣買)할 때에는 싸게 사서 비싸게 팔음으로서 그 차액을 얻고, Currency Rate로 매매할 때는 비싸게 사서 싸게 팔음으로서 이득을 생긴다.

각종 시장매매율의 폭(幅)의 결정과 여러 종류의 어음에 적용할 율의 결정요소는 대개 다음과 같은 세 가지로 나누어 볼 수 있다.

㉠ 수수료(手數料) 모든 외환업무처리에 따른 인건비와 물건비가 이에 포함되며 복잡한 수속절차를 수반하는 업무일수록 수수료가 높다.

㉡ 금리(金利) 이것은 은행에서 선대(先貸)해 주는 기간의 장단(長短)에

따라서 결정된다. 즉 어음 만기일이 길면 비례해서 금리가 많이 포함되기 마련이다.

㉢ 보험료(保險料) 모든 외환매매는 환 Risk가 수반된다. 개인어음의 Risk는 물론 은행도 파산할 수 있으므로 모든 환매매에는 다소의 차는 있다 하더라도 Risk요인이 내포되어 있다고 보는 것이 타당하다. 또한 일정한 Inter-Bank Rate에 의해 대 고객매매율을 산정(算定)하였는데 어떤 기간 동안에 이 Inter-Bank Rate가 올라서 예상보다 낮은 이득밖에 못 얻는 결과도 초래할 수 있다. 그러므로 모든 환매매에서 이런 여러 가지 요인들을 종합하여 그 종류, 즉 위험도에 따라 차별대우를 한다.

⑤ 현찰매매율

현찰매매율은 외화현찰을 매매할 때 적용되는 환율이다. 외화현찰은 운송 및 보관비용, 보험료가 들뿐만 아니라 보관자세가 비수익적이고 환위험이 수반된다. 따라서 현찰매입률은 전신환매입율보다 낮게, 현찰매도율은 전신환매도율보다 높게 결정되며 통상적으로 기준환율에서 1.5%(달러지폐 기준)를 가감한 율로 한다.

⑥ 외국환은행간 매매율

외국환은행간 매매율(inter-bank rate)은 외국환은행 상호간의 외환거래에 적용되는 율로서 미 달러화의 경우 당일의 기준환율을 중심으로 상하 2.25% 범위 내에서 외환의 수급관계에 따라 결정되고 본지점률 및 은행간 율로 나눌 수 있다.

가. 본지점커버율(Inter-Office Cover Rate)

특정 외국환은행의 여러 지점들이 외환업무를 취급하다 보면 대 고객거래에 의한 각종 환 Position의 조정을 할 필요가 생기며, 이 때 적용되는 환율이 본지점률이다. 해당 은행의 본지점간에서 환 Position을 조정하면 다음과 같은 장점이 있다.

㉠ 다른 은행인 집중기관(중앙은행)을 통해서 조정하는 것보다 비용을 절약할 수 있다.

㉡ 본지점간의 외환잔액을 본점 또는 국제금융의 중심시장에 있는 지점에 집중시켜 그 은행 전체로서의 환 Position을 조정하면 더 효율적이다.

본지점간의 외환잔액을 통합해서 얻어지는 가장 좋은 예는 Marry이익이다. Marry라는 것은 한 외국환은행에 같은 날(즉 외환시세에 변동이 없는 기간)에 동액의 외환매입신청과 외환매도신청이 있으면 외국환은행은 외환이 집중되는 중앙은행을 거치지 않고 직접 매매시키는 것을 말하며, 여기서 얻어지는 이익을 Marry Profit라고 한다. 즉, 'Marry이익=대 고객매매차(對顧客賣買差)-Cover매매차'. 그러나 Cover(대 은행률) 매매율은 동일률, 즉 매입률과 매도율이 같으므로 매매차는 영(0)이 되어 Marry이익은 환매매이익으로는 최대치가 된다.

나. 은행간 율(Inter-Bank Rate)

외국환은행간에 적용되는 환율을 Inter-Bank Rate, Market Rate 또는 Cover Rate라고 하며 대 고객률을 결정하는 기준이 되는 율이다. 은행간 환율은 시장률에 의하여 결정되나 은행 간 원화/미화거래의 경우에는 기준환율의 일정률 범위 내에서 거래되도록 거래환율의 변동폭을 제한하고 있다. 즉 시장평균환율제도라는 환율의 안정적 변동장치로서 은행간 거래환율의 변동을 제한하고 있다.

7. 외환 Position

(1) 외환 Position의 개념

외환시장에서 외환을 직접 사고팔고 하는 외국환은행은 환매매매 과정에서 언제나 매도(賣渡)와 매입(買入)을 균형 있게 할 수는 없어 매매외환 차액(差額)이 발생하게 되는데 이를 환 Position이라고 한다.

좀 더 구체적으로 환 포지션(exchange position)이란 외국환은행의 외환의 매도액과 매입액의 차감잔액, 즉 차액을 말하는데 이 환 Position에 다라 환 Risk, 환매매 손익, 또 외화자금 조정에 많은 영향을 미치게 되는데, 중요한 환 Position은 다음과 같은 것들이 있다.

① Over Bought Position 외환매입이 매도보다 많은 경우, 즉 원화유출에 따른 외환채권이 발생한 경우(외환매입>외환매도, 원화수입<원화지급)
② Over Sold Position 외환매도가 매입보다 많은 경우, 즉 원화유입에 따른 외화채무가 발생한 경우(외환매입<외환매도, 원화수입>원화지급)
③ Square Position 외환매매차액이 없는 경우, 즉 Balanced Position를 말하는데, 가장 이상적인 상태라고 볼 수 있다.(외환매입=외환매도).
④ Over-all Position 현물환(spot exchange)과 선물환(futures exchange) 포지션을 합한 상태
⑤ Actual Position : Over-all Position 중에서 선물환(先物換)을 제한 상태, 즉 현물환(現物換)만을 따지는 경우
⑥ Cash Position : Actual Position중에서 계약은 했으나 실질적으로 현금이 유입(cash flow)되지 않은 것을 제한 Position, 즉 현시점에서 실질적으로 보유하고 있는 외환 등이다.

(2) 외환 Position 조정거래

외환거래에서 모든 Dealer(외국환은행)는 Over Bought Position이나 Over Sold Position에서 필연적으로 따르는 환위험과 자금운용(資金運用) 비용의 부담을 줄이기 위해 언제나 외환보유를 Square Position으로 조정하게 되는데, 이를 외환 Position 조정거래라 한다. 조정거래에서 많이 이용되는 외환거래의 내용을 살펴보면 다음과 같다.

1) 자금조정거래

외국환은행의 외환 매입초과는 역으로 원화자금의 부족을 초래하고, 반면 매출초과는 외화부족으로 외환거래를 수행할 수 없게 된다. 이와 같이 원화자금과 외화자금의 일시적인 불균형을 시정하기 위하여 외국환은행간에 소위 자금조정

거래를 하는데, 이 거래는 광의의 외환 Position 조정거래라 볼 수 있다.

예를 들어 한 은행은 Over-Bought Position이 되고, 또 한 은행은 Over-Sold Position이 되면 서로 매매의뢰(賣買依賴)를 하게 되어 Position의 조정을 하게 되는데 이때에 적용되는 율은 조정률(調整率), 즉 Cover Rate라고 하여 매매 공히 1개 율만 적용된다. 이것은 매입측에서 보면 매매율이 매입률이 되고 매도측에서 보면 매도율이 되며, 서로 필요하여 이루어지는 행위이므로 수수료의 개입 없이 서로 맞바꾸는 형태로 이루어진다.

2) Swap거래

Swap거래는 환위험을 방지하고 Position을 조정하기 위하여 서로 반대되는 현물환거래와 선물환거래를 동시에 하거나 또는 다른 기간의 서로 반대되는 선물환거래와 선물환거래를 동시에 체결하는 외화거래를 의미한다.

'Swap'행위란 장래 특정 기알 또는 특정 기한 내에 다시 환매(還買)할 것을 조건으로 매각하거나 또는 다시 매각할 것을 조건으로 매입하는 환매조건부매각 또는 매입을 뜻한다.

Swap거래 중에서도 가장 많이 이용되는 형태는 선물환매도 → 현물환매입, 또는 선물환매입 → 현물환매도의 거래로서 특정 통화의 현물환을 매각함과 동시에 매각 당시의 선물환율에 의거하여 동액(同額)의 선물환의 매입을 예약해 두거나 또는 그 반대의 거래를 할 수 있다.

제4절 화환신용장에 의한 방식

1. 신용장의 개념

신용장(letter of credit : L/C)이란 무역거래의 대금지불 및 상품 입수의 원활함을 기하기 위하여 수입상의 거래은행이 수입업자(신용장 개설의뢰인)의 요청으로 수출업자로 하여금 일정기간 및 일정조건 하에서 선적서류(transport document)를 담보로 하여 수입업자, 신용장 발행은행 또는 발행은행이 지정하는 환거래 취결은행을 지급인으로 하는 화환어음을 발행하도록 하여 이 어음이 제시될 때에 지급 또는 인수할 것을 어음발행인(수출업자) 및 어음수취인(어음매입은행)에 대하여 확약하는 증서(document)이다. 바꾸어 말하면 신용장이란 특정은행이 수입업자의 지불능력을 특정조건아래 보증하는, 즉 상업신용(trade credit, commercial credit)을 은행신용(bank credit)으로 전환시켜주는 금융수단이다.

2. 신용장의 효용

신용장은 현재 국제무역에서 가장 중요한 결제수단으로 이용되고 있는데, 이는 신용장이 갖는 다음과 같은 기능에 기인한 것이다. 첫째, 신용장의 국제무역 촉진기능이다. 수출입자간의 매매계약이 체결되었다 할지라도 신용장이 개설되지 않은 경우라면 수출상이 계약조건대로 계약기간 내에 선적할 것인지 확신을 가질 수 없다. 한 편 수입상은 상품을 주문한 후 시세하락 등의 이유로 주문을 취소하거나 가격인하를 요구할 수도 있다. 이에 대한 신용장은 수출대금결제를 보장하고 상품의 수령을 확실하게 함으로써 국제무역을 촉진시키는 역할을 수행하는 것이다. 둘째, 금융수단으로서의 기능이다. 신용장에 의한 수출대금은 개설은행이 지급을 확약하고 있으므로 수출자는 내도 된 신용장을 근거로 수출에 소요되는 자금을 융자받을 수 있게 된다. 또한 수출을 이행하고 나면 수입자가 대전을 지급하기 전이라도 수출자는 환어음을 발행하여 자기 거래은행에 매입 또는 할인을 의뢰함으로써 수출대금을 회수하게 된다. 한편 수입자는 상품이 도착한 후에 대금을 지급할 수도 있고 기한부신용장에 의하여 수입상품의 매매대전으로 수입대금을 결제할 수도 있어 금융상의 혜택을 보게 된다.

(1) 수출업자에게 주는 효용

- 수입자의 신용과 관계없이 개설은행의 신용으로 대금지급이 약속되므로 대금회수가 확실하다.
- 체결된 계약의 일방적 취소 또는 변경 등의 위험은 신용장의 개설과 동시에 불가능하게 되어 거래가 확정된다.
- 수입국의 외환사정악화에 따른 대외지불 중지 등 환결제의 위험을 거의 피할 수 있다.
- 수출대금은 선적 후 수익자 소재지의 은행이 매입 등을 하므로 즉시 회수가 가능하다.

(2) 수입업자에게 주는 효용

- 수출자는 대금회수를 위해 신용장에서 요구한 운송서류를 정확히 제시해야 하므로 계약상품이 제대로 선적될 것이라는 확신을 가질 수 있다.
- 신용장에는 최종선적일과 유효기일이 명시되어 있어 계약상품이 적기에 도착할 것을 확신할 수 있다.
- 운송서류를 인도 받으면서 개설은행으로부터 화물대도에 의한 신용을 공여받아 상품이 판매되는 기간 동안 대금결제를 연기 받는 혜택을 받을 수 있다.

3. 신용장거래의 특성

(1) 신용장거래의 독립성

무역거래에 있어서 매매당사자가 계약시 지급조건에 신용장에 의할 것을 약정하면 매수인인 수입상은 자신의 거래은행에 신용장 개설을 의뢰하는데, 일단 신용장이 개설되면 신용장은 그 기초가 되는 매매계약으로부터 완전히 독립된 법률관계를 형성하게 되는데 이것을 신용장의 독립성(independency of the credit)라고 한다. 이러한 신용장의 독립성은 매매계약으로부터 독립과 신용장 개설계약으로부터 독립이 있다(UCP 600 제4조)[26].

(2) 신용장거래의 추상성

신용장의 모든 당사자는 계약물품과는 상관없이 계약물품을 상징하는 서류에 의하여 거래한다는 것이 신용장의 추상성의 원칙이다. 즉 물품이 신용장 조건과 불일치하거나 물품을 선적하지 않았다고 하더라도 서류가 신용장조건과 일치하면 대금을 지급하여야 한다는 것이다. 다시 말하면 서류가 신용장 조건과 일치하는 한, 모든 관계 당사자는 서류와 원인관계에 있는 물품과 그 품질에 관하여 면책된다(UCP 600 제5조 제14조 a항).

신용장 통일규칙에 의하면 "신용장 거래에 있어서 모든 관계 당사자는 서류로 거래하는 것이지 그 서류에 관련될 수 있는 물품 서비스 및 또는 기타 채무이행으로 거래하는 것이 아니다"라고 규정하고 있으며(UCP 600 제5조) "서류를 수령한 당시에 개설은행 및 또는 확인은행 또는 지정은행은 그 서류가 신용장의 제조건과 문면상 일치하는지를 서류만을 근거로 심사하여야 한다. 만약 서류가 신용장의 제조건과 문면상 일치하지 않을 경우에는 은행은 서류의 수리를 거절할 수 있다"(UCP 600 제14조 a항)라고 규정하고 있다.

이러한 추상성의 원칙에 의하여 실물거래에 경험과 지식이 없는 은행도 신용장 거래에 개입할 수 있어 무역거래의 원활화에 기여할 수 있는 것이다.

또한 이러한 추상성의 원칙에 의하여 매입은행이 보호받을 수 있다. 매입은행은 신용장조건과 일치하게 된 서류를 매입한 이상 개설은행으로부터 대금지급을 받을 수 있고 개설은행도 서류가 신용장 조건과 일치하는 한 대금을 지급할 수 있고 비록 물품이 신용장과 불일치하여도 개설의뢰인으로부터 대금청구를

---

26) UCP 600 제4조 a항

a. Credits, by their nature, are separate transactions from the sales or other contract(s) on which they may be based and banks are in no way concerned with or bound by such contract(s), even if any reference whatsoever to such contract(s) is included in the Credit. Consequently, the undertaking of a bank to honour Draft(s) or negotiate and/or to fulfil any other obligation under the Credit, is not subject to claims or defences by the Applicant resulting from his relationships with the Issuing Bank or the Beneficiary. A Beneficiary can in no case avail himself of the contractual relationships existing between the banks or between the Applicant and the Issuing Bank.

할 수가 있다.

(3) 신용장거래의 한계성

신용장거래의 특성들은 매매당사자 특히, 매수인이 개설의뢰인의 입장에서 볼 때 많은 위험을 안고 있다고 볼 수 있는데 실제의 상품이나 계약내용과 다르게 작성된 운송서류의 제시에 대한 지급의무 때문이다. 실제로 계약된 상품이나 내용과 다르게 선적되었음에도 불구하고 수익자가 고의로 위조된 서류를 작성하여 제시한다고 할지라도 그 서류가 신용장조건과 문서상 일치하면 대금의 지급의무를 피할 후 없게 된다. 이와 같이 은행은 신용장외의 계약상의 위반 및 그에 따른 손해를 방지하기 위하여 조사를 행할 의무도 없으며 책임도 없다는 점에 신용장 거래의 한계성이 있다.

4. 신용장의 당사자

화환신용장에 관계되는 자를 당사자라 하며 당사자의 역할에 따라 다음과 같이 구분한다.

(1) 개설의뢰인(Applicant)

신용장의 "개설의뢰인" 또는 "개설신청인"이란 수출상과의 매매계약에 따라 자신의 거래은행(개설은행)에 수출상 앞으로 신용장의 개설을 요청하거나 지시하는 자를 말한다. 따라서 신용장의 개설의뢰인은 보통 매매계약에 따른 매수인(buyer)이며 수입상(importer)이 된다. 또 신용장의 개설의뢰인은 그 기능과 역할에 따라 여러 가지로 불리운다. 환어음의 지급인이 될 수 있다는 점에서 지급인(drawee), 대금결제의 의무를 진다는 점에서 채무자(accountee 또는 for account of), 화물의 수령인이라는 점에서 수화인(consignee) 등으로 불리기도 한다. 특히 미국통일상법전[27]에서는 신용장 개설은행의 신청인이란 뜻으로 개

27) UCC 5-102조 (a)항 (2)

설의뢰인(applicant)이라고 부른다. 개설의뢰인은 기본 당사자에 포함되지 않기 때문에 취소, 변경의 당사자가 아니다.

그러나 신용장의 개설의뢰인은 반드시 수입상이거나 매수인일 필요는 없다. 우리나라의 경우 매수인이 무역업 경험이 없을 경우 경험이 있는 무역업자에게 수입대행을 의뢰할 수 있다. 이때 신용장의 개설의뢰인은 수입대행업자가 된다. 또한 신용장의 개설의뢰인은 반드시 수익자가 발행한 환어음의 지급인일 필요도 없다. 일반적으로 개설은행이 자신 앞으로 환어음을 발행하도록 신용장을 개설하기 때문에 환어음의 지급인은 개설의뢰인이 아닌 개설은행이 되는 경우가 많다. 이번 제6차 개정에서 개설의뢰인을 지급인으로 하는 환어음이 발행해서는 안 된다고 규정하고 있다.[28]

(2) 개설은행(Issuing bank, Opening bank)

신용장의 "개설은행"이란 그 개설의뢰인의 요청과 지시에 따라 수출상 앞으로 신용장을 개설하고 수익자가 제시한 소정의 서류와 상환으로 지급하거나 또는 수익자가 발행한 환어음을 인수 및 지급할 것을 확약한 은행을 말한다. 따라서 신용장의 개설은행은 수익자에 대하여 신용장에 따른 최종적인 지급의무를 진다. 그리고 개설은행은 신용장을 개설하고 타은행에게 그러한 서류와 상환으로 지급하게 하거나 환어음의 인수 및 지급, 또는 매입하도록 수권할 수도 있다. 일반적으로 신용장의 개설은행을 "opening bank", "establishing bank", "grantor"등으로 부르고 있으나, 신용장 통일규칙(1974년부터)에서는 개설은행을 "issuing bank"로 표기하고 있다.

그러나 신용장의 개설은행이라고 하여 반드시 신용장을 개설하는 은행만을

"Applicant" means a persons at whose request or for whose account a letter of credit is issued. The term includes a person who requests an issuer to issue a letter of credit on behalf of another of the person who requests an issuer to issue a letter of credit on behalf of another if the person making the request undertakes an obligation to reimburse the issuer.

28) UCP 600 제6조 b항

b. A Credit must state whether it is available by sight payment, deferred payment, acceptance or negotiation.

의미하는 것은 아니다. 전신신용장(cable L/C)의 경우에는 일반적으로 신용장의 개설은행은 수출상이 거주하고 있는 국가에 있는 자신의 환거래은행[29] (correspondent bank)에 신용장의 개설을 지시할 수 있다. 따라서 신용장의 개설은행을 보다 정확히 표현한다면 수익자의 서류와 상환으로 지급하거나, 수익자가 발행한 환어음을 인수 및 지급하거나, 또는 타은행에게 그러한 지급, 인수 또는 매입을 수권할 것을 확약한 은행이라고 보아야 한다.

(3) 수익자(Beneficiary)

신용장 개설의뢰인의 요청과 지시에 따라 개설은행이 개설한 신용장의 편익을 누리는 자를 "수익자" 또는 수혜자라고 한다. 따라서 신용장의 수익자는 신용장의 조건에 일치한 소정의 서류를 제시하는 한, 개설은행이나 기타 지정된 지급, 인수 또는 매입은행에 대하여 일방적인 지급청구권을 갖는다.

보통 신용장의 수익자는 매매계약에 따른 매도인(seller)이나 수출상(exporter)이 된다. 신용장에서는 보통 수익자를 "beneficiary"라고 표기하며, 이는 환어음을 발행하는 사람이라는 뜻으로 발행인(drawer), 신용을 제공받는 자라고 하여 신용수령인(accreditee), 신용장의 통지처라고 하여 수신인(addressee), 환어음의 대금을 수령하는 자라고 하여 수취인(payee), 신용장을 사용하는 자라고 하여 사용자(user), 화물을 선적하는 자라고 하여 화주(shipper), 운송인과 운송계약을 체결하고 화물을 탁송하는 자라고 하여 송화인(consignor)등으로 부르기도 한다.

신용장 통일규칙에서는 수익자를 "beneficiary"로 표현하고 있으며, 신용장상에서는 보통 은행의 지급확약에 연결되는 "In favor of ……" 또는 "F/O ……"라는 문언에 이어 수익자의 명의와 주소를 기재한다. 특히 양도가능 신용

29) 외국환은행이 외국에 있는 다른 은행과 환거래의 서비스를 상호 교환하기로 한 약정을 환거래계약(correspondent arrangement) 또는 코레스 계약이라고 한다. 이러한 계약에는 신용장의 통지나 송금 등 단순한 외국환 서비스만을 제공하는 은행을 무예치환거래은행(non-depositary correspondent bank)이라고 하고, 이러한 단순한 서비스뿐만 아니라 당좌계좌까지 개설하여 외국환 자금의 여수신 까지 담당할 때 이러한 은행을 예치환거래은행(depositary correspondent bank)이라고 한다.

장(transferable letter of credit)이 개설된 경우에는 원신용장의 수혜자를 "제1 수익자"(first beneficiary) 또는 "원수익자"(original beneficiary)라고 하고, 원신용장을 양도받은 양수인을 "제2수익자"(second beneficiary)라고 한다. 양도가능 신용장에서 신용장의 양도는 1회에 한하여 허용되기 때문에, 제2수익자는 여러 명이 있을 수 있으나 제3수익자는 존재할 수 없다(UCP 600 제48조 g항).

(4) 통지은행(Advising bank, Notifying bank)

수입상의 지시에 따라 개설은행이 개설한 신용장은 대부분 수익자의 소재지에 위치하는 개설은행의 본・지점이나 환거래은행을 경유하여 수익자에게 통지하게 된다. 따라서 신용장 개설은행의 지시에 따라 수익자에게 신용장이 개설된 사실과 그 신용장의 내용을 통지하는 은행을 "통지은행"이라고 한다. 특히 전신신용장의 경우에는 신용장은 반드시 통지은행을 경유하여 수익자에게 통지된다. 신용장에서는 보통 통지은행을 "advising bank"라고 표기하며, 기타 "notifying bank", "transmitting bank" 등으로 부르기도 한다. 그러나 신용장통일규칙에서 정한 바와 같이 통지은행은 advising bank라고 하는 것이 타당하다.

또한, 통지은행이 매입은행이 되는 경우가 많고 통지은행을 매입지정은행으로 하는 경우가 실무상 많으며 주로 개설은행의 해외지점을 이용하는 것이 대부분이다. 그리고 이번 6차 개정에서는 제1통지은행은 다시 제2통지은행을 지정하여 운영할 수 있도록 개정하였다.

(5) 확인은행(Confirming bank)

신용장의 "확인"(confirmation)이란 개설은행이 지급 또는 인수를 확약한 취소불능 신용장에 대하여 타은행(일반적으로 통지은행)이 개설은행의 수권이나 요청에 따라 추가로 수익자에게 지급, 인수 또는 매입을 확약하는 것을 말한다. 이처럼 개설은행의 취소불능신용장에 대하여 개설은행의 수권이나 요청에 따라 추가로 수익자에게 지급, 연지급, 인수 또는 매입을 확약하는 은행을 "확인은행"

이라 한다.

확인은행의 지급책임은 개설은행이 지급하지 못할 경우의 제2차적 책임이 아니고 개설은행과 동일한 최종적 책임을 지는 것이다. 즉 확인은행과 개설은행의 관계는 부진정연대책임(不眞正連帶責任)의 관계로 볼 수 있다.

확인은행은 개설은행에 대한 신용공여의 여유가 있고 개설의뢰인이 확인수수료(confirming fee)를 부담할 경우에는 즉시 신용장에 확인을 추가하고 신용장의 통지서 상에 "we hereby add our confirmation to this credit" 등으로 확인의 문언을 추가하여 수익자에게 교부한다.

그러나 확인은행이 어느 신용장에 확인을 추가할 때에는 확인을 추가할 시점의 신용장조건에 한하기 때문에, 그 후 신용장의 조건변경이 있으면 이것에 대해서도 확인은행이 별도의 확인을 추가하여야 비로소 그 확인은행에게 변경사항에 대한 구속력을 갖는다. 만약 조건변경에 대하여 확인이 없으면 확인은행에 대해서만 효력이 없는가 아니면 조건 변경 자체가 무효가 되느냐의 문제가 있다.

확인신용장의 경우 확인은행의 확인 없는 조건변경은 무효는 아니고 확인이 없는 조건이라고 보아야 한다.

(6) 지급은행(Paying bank)

"지급은행"이란 신용장조건에 따라 수익자가 발행한 환어음에 대하여 지급하도록 수권된 은행을 말하는데, 이는 일반적으로 개설은행 해외지점이나 개설은행의 지정을 받은 예치환거래은행(depositary correspondent bank) 또는 개설은행이 결제대금의 전액을 미리 위탁시켜 둔 지정은행 만이 지급은행이 될 수 있다.

지급은행으로 지정된 은행은 신용장에서 요구하는 서류와 직접 상환으로 대금전액을 지급하거나 자신 앞으로 발행된 환어음의 가액을 할인함이 없이 지급할 수 있다. 신용장조건에 따른 지급(payment)에는 일람 후 즉시 대금의 지급이 이루어지는 일람출급(sight payment)과 신용장에서 정한 미래의 특정일자에 지급할 것을 확약하는 연지급(deferred payment)의 방법이 있다.

지급은행은 보통 개설은행과의 환거래 계약이 체결되고 예치환계정(당좌구좌)이 있는 해외 코레스은행이나 개설은행의 본지점이 되는 경우가 많다. 이 지급은행과 개설은행 사이에는 내부적인 구상관계에 의하여 지급금액을 보상받는데 환거래은행간에는 크레디트라인(credit line)을 설정하여 그 한도내에서 지급대행을 하고 있다.

(7) 인수은행(Accepting bank)

"인수은행"이란 신용장의 조건에 따라 수익자가 환어음을 발행할 때 일람출급이 아닌 기한부 환어음(time bill or usance bill)을 발행하여 은행에 제시하면, 이 기한부 환어음을 인수하는 은행으로서 그 어음의 만기일에 반드시 지급할 의무를 지게 된다. 따라서 인수은행은 어음의 만기일에 가서는 지급은행이 된다.

특히 어느 은행이 수익자의 기한부 환어음을 인수하게 되면 무조건 지급의 책임을 져야 하기 때문에 신용장의 개설은행이나 확인은행이 아닌 다른 은행이 개설은행에 의하여 인수은행으로 지정을 받은 경우 그 지정은행은 수익자의 환어음을 인수할 것인가를 선택할 권리가 있다. 즉, 개설은행이 어느 은행을 인수은행으로 지정하였더라도 지정된 은행이 명시적으로 합의하고 수익자에게 이를 통보하지 않은 한, 그 지정은행은 반드시 환어음을 인수하여야 할 의무를 지지 아니한다. 따라서 인수은행으로 지정된 은행이 확인은행이 아닌 한, 그 인수은행이 수익자의 환어음을 인수하지 아니하면 신용장의 개설은행이 최종적으로 이를 인수하고 어음의 만기일에 지급하여야 한다. 이번 6차 개정 통일규칙에서는 인수은행도 자기가 인수한 어음에 대하여 선지급하거나 매입할 수 있도록 규정하고 있다(UCP 600 제7조, 8조).

(8) 매입은행(Negotiating bank)

"매입은행"이란 매입신용장(negotiation L/C)이 개설된 경우 개설은행이나 개설의뢰인 앞으로 발행된 환어음이나 서류를 매입(negotiation)하도록 수권된 은행을 말한다. 매입신용장이 개설은행에 의하여 일람출급이나 기한부 환어음을 매입하도록 지정 받은 경우에는 그 지정은행이, 그리고 특별한 지정이 없는 경우에는 모든 은행이 매입은행이 될 수 있다. 이번 6차 개정에서는 확인은행도 매입은행이 될 수 있도록 개정하였다.

매입은행은 개설은행이나 개설의뢰인 앞으로 발행된 환어음이 신용장에 명시된 서류와 함께 제시되면 일정한 기간의 환가료와 우편료 이자를 받고 그 어음을 매입하고 어음가액(draft amount)을 지급하게 된다. 매입은행의 매입행위의 근거는 신용장 상에 명시된 개설은행 또는 확인은행의 지급확약문언에 따른 지급약속이다. 따라서 매입은행은 환어음 또는 서류를 정당하게 매입하는 한 선의의 소지인(bona-fide holder)이 되므로, 개설은행은 신용장상의 확약문언대로 환어음의 선의의 소지인인 매입은행에게 대금을 보상해 주어야 한다.

매입은행이 개설은행에 의하여 어느 은행으로 제한한 경우를 특히 "매입제한신용장"(restricted L/C)이라고 하고, 그렇지 않은 경우를 "자유매입신용장"(general or freely negotiable L/C)이라고 한다. 반면 매입제한신용장의 경우에는 지정된 은행이 매입하여야 하며 다른 은행이 이를 매입할 수 없으며, 최초에 매입에 참여한 은행이 지정된 매입은행이 아닌 경우에는 환어음을 반드시 지정된 매입은행에 재매입하도록 하여야 한다. 이러한 재매입 관행은 우리나라에만 있는 것으로 미국과 영국에서는 이러한 재매입이란 관행이 없다. 매입제한신용장의 경우에는 반드시 지정은행에 매입을 신청하든가 지정은행에 추심 의뢰하는 방식을 선택하여야 한다. 그런데 국내 실무관행은 지정은행 부탁하여 지정은행해제신청서(Release Letter)를 발급 받아 직접 매입하는 것이 많으며 이에 대하여 신용장통일규칙 위반여부에 대한 논란이 있었다.

(9) 연지급 확약은행(Deferred Payment Undertaking bank)

신용장에 연지급(deferred payment)이 약정되어 있으면, 신용장상의 규정에 따라 결정되는 만기일에 환어음의 교부 없이 지급이 이루어진다. 따라서 수익자가 신용장에서 요구하는 서류를 제시할 때 개설은행이나 확인은행의 지시에 따라 수익자에게 만기일을 기재한 연지급 확약서를 발급해 주는 은행을 "연지급 확약은행"이라 한다. 연지급에 관한 거래는 신용장이 중, 장기 무역거래에 사용된 경우를 수용하기 위하여 신용장 통일규칙 제4차 개정에서 처음 규정한 용어이다. 특히 독일과 프랑스와 같은 대륙국가에서는 환어음 발행에 고액의 인지세를 부과하기 때문에 환어음을 발행하지 않고 단지 서류와 상환으로 연지급확약서(deferred payment undertaking)를 교부받아 지정된 만기일에 대금을 지급받는 방식이 많이 이용되고 있다. 이번 6차 개정에서는 연지급신용장의 만기 전 지급이나 매입이 가능하도록 개정하였다(UCP 600 제7조, 8조).

(10) 상환은행(Reimbursing bank)

"상환은행"이란 신용장에서 위와 같은 지급, 연지급확약, 인수 또는 매입은행(청구은행)에 대한 상환을 개설은행의 본ㆍ지점 또는 제3의 은행으로 청구하도록 지정한 경우 개설은행을 대신하여 이들 은행에게 상환업무를 수행하는 은행을 말한다. 이러한 지정은 주로 결제통화가 수출국이나 수입국의 통화가 아닌 제3국의 통화일 때 그 제3국에 있는 개설은행의 본・지점이나 예치환거래은행(depositary correspondent bank)에서 이루어진다.

개설은행은 상환은행에 대해서는 상환수권(reimbursement authorization)을 주어야 하며 상환은행이 지급거절할 경우 개설은행이 지급을 부담하여야 하고 상환은행에서 신용장조건과 일치증명서를 요구해서는 안 된다. 이 상환은행은 지급은행과는 달리 신용장상에 환어음의 지급인으로 된 것이 아니고 그 외의 은행으로서 개설은행의 대외적 지급을 대행하는 은행이다. 즉, 환어음상 지급인으로 된 은행은 지급은행이고 상환은행은 환어음상 지급인이 아니면서 신용장상 상환조항에 매입은행 등이 상환청구 하도록 규정된 제3의 은행을 말한다.

(11) 양도은행(Transferring bank)

양도은행이란 양도가능신용장에서 먼저 신용장을 받은 원수익자(first beneficiary)의 요청에 따라 제3자(second beneficiary)에게 신용장을 양도하는 은행을 말한다.

실무상 통지은행이나 수익자의 거래은행이 양도은행이 된다. 신용장 양도 후 조건변경이 있을 경우 그 조건변경은 양도은행을 통하여서만 통지되어야 한다.

이번 6차 신용장 통일규칙에 의하면 지정신용장의 경우에는 지정된 은행에게 자유매입신용장의 경우에는 양도은행으로 특별히 수권된 은행이 양도할 수 있다고 규정되어 있다. 자유매입 신용장의 경우 단순히 "transferable"이란 용어만 있고 양도은행의 지정이 없을 때는 개설은행에 통지하여 양도은행을 지정 받은 후 그 지정된 은행에 가서 양도를 해야 한다[30].

5. 신용장의 거래절차

신용장거래방식에 의한 국제무역거래에 있어 수입자를 주체로 한 정상적인 경우의 절차는 다음과 같다.

(1) 국내의 수입자가 외국의 수출자와 매매계약을 체결하고 물품매도확약서를 받는다.
(2) 수입자는 외국환은행에 수입승인을 신청하여 수입승인서(I/L)를 받는다.
(3) 수입자는 거래은행 신용장거래약정을 체결한 후 수입신용장개설을 의뢰한다.
(4) 수입신용장(L/C)개설을 의뢰 받은 외국환은행은 L/C를 발행하여 수출자가 소재하고 있는 외국의 통지은행에 L/C도착을 통지한다.
(5) 통지은행은 수출자에게 L/C 도착을 통지한다.
(6)-(9) L/C를 받은 수출자는 상품을 선적한 후 선하증권을 취득하고 보험증권, 상업송장 등 L/C에서 요구하는 서류를 구비하여 매입은행에 화환어음 매입을 의뢰한다.
(10) 매입은행은 선적서류와 교환하여 수출자에게 환어음대금을 지급한다.

---

30) UCP 600 제38조 a항, b항
 a. A bank is under no obligation to transfer a credit except to the extent and in the manner expressly consented to by that bank.
 b. For the purpose of this article :
 Transferable credit means a credit that specifically states it is "transferable" A trans- ferable credit may be made available in whole or in part to another beneficiary("second beneficiary") at the request of the beneficiary ("first beneficiary").

(11) 매입은행은 수출자에게 지급한 어음대금을 결제 받기 위해 L/C발행은행에 어음 및 선적서류를 송부한다.

(12) 매입은행은 어음대금을 발행은행 또는 상환은행에 상환청구 한다.

(13) 발행은행은 매입은행으로부터 선적서류가 도착하면 수입자에게 선적서류 도착통지를 한다.

(14) 발행은행은 수입자가 수입대금을 결제하면 선적서류를 인도한다.

(15) 선박회사는 화물이 도착하면 수입자에게 화물도착 통지를 한다.

(16) 화물도착 통지를 받은 수입자는 선박회사에 B/L을 제시하고 화물을 인도 받는다.

6. 신용장 수취시 유의사항

수출자는 외국으로부터 신용장을 접수하게 되면 다음 사항을 확인・검토하여 신용장 거래에 따른 마찰을 사전에 해소하여야 한다.

(1) 계약내용과 대조

신용장 내용과 계약내용을 대조・검토해야 한다. 상품의 규격, 단위, 선적기일, 대금결제조건, 포장조건, 분할선적 여부 등의 사항을 검토하여 내용이 서로 다르거나 그 조건을 변경할 필요가 있을 경우는 변경을 요청해야 한다.

(2) 신용장 형식요건 구비확인

신용장에는 유효기간과 함께 유효장소가 명기되어 있어야 하며 지급확약문언 및 신용장통일규칙 준거문언 등이 명시되어 있어야 한다. 그 외에 신용장의 기본 당사자 등과 신용장금액, 선적조건, 환어음에 관한 사항 및 요구되는 서류 등의 요건이 타당한지 여부도 검토해야 한다.

(3) 발행은행의 신용상태 확인

신용장은 발행은행이 수출대금에 대한 지급을 보증하는 증서이므로 발행은행의 신용상태를 파악하는 것이 중요하다. 따라서 발행은행의 신용상태에 대하여 의문이 있을 경우는 통지은행 등을 통해서 조회해야 한다.

(4) 특수조건의 확인

신용장의 효력에 대한 특별한 유보조건을 기재하였는지 여부와 신용장 내용 중 동 신용장의 조건이행이 불가능한 문언의 유무를 확인해야 한다. 이는 신용장에 명기된 조건을 수익자가 충실히 이행하지 못할 경우 수익자는 이에 의거해서 수출대금을 정상적으로 회수할 수 없기 때문이다.

7. 신용장의 조건변경

(1) 조건변경의 절차

매수인이 수익자의 요청에 동의하고 이를 발행은행에 요청하면 발행은행은 신용장의 조건변경 통지서를 통지은행을 통해 수익자에게 통지한다.

(2) 조건변경사항의 부분적 수락

하나의 조건변경통지에 두 가지 이상의 변경내용이 있을 때 이들 중 수익자가 자기에게 유리한 일부의 조건만 수락하는 것은 신용장거래 기본당사자 전원의 동의가 없으면 허용되지 않는다. 그러나 독립된 변경통지서들이 연속적으로 발행된 경우 그들 중 일부 변경통지서만 수락하는 것은 허용된다.

(3) 조건변경서의 유효성

변경된 조건에 대한 수익자의 동의는 반드시 분명한 수락의 의사를 표시함으로써 유효하게 된다. 그러나 수익자가 변경된 조건에 대하여 아무런 의사표시를 하지 않고 있다가 변경된 조건에 일치시켜 서류를 제시했을 경우는 그 시점에서 수락의 의사표시가 되므로 하등의 문제가 되지 않는다.

UCP 600에서는 여러 사람에게 분할 양도된 신용장의 조건이 변경된 경우 이를 승낙한 양수인에게는 변경된 신용장의 효력을, 거절한 양수인에게는 원신용장의 제조건이 그대로 존속하는 것으로 구체적으로 규정하였다.

8. 신용장의 양도

신용장의 양도란 신용장상의 수익자가 향유하는 권리의 전부 또는 일부를 수익자가 지시하는 제3자에게 양도해 주는 것을 말한다. 원칙적으로 신용장은 그 이용이 원수익자로 한정되어 제3자가 사용할 수 없지만, 다음과 같은 이유 등으로 신용장을 양도하게 된다.

① 수익자가 상품의 제조업자가 아니어서 생산업자로 하여금 직접 선적과 매입을 하게 하는 경우
② 무역업 신고가 되어 있지 않아 직접 수출입 행위를 할 수 없을 때 무역업 신고가 되어 있는 자에게 양도해 주는 경우
③ 쿼터를 보유한 자만이 수출할 수 있는 수출추천품목으로서 쿼터를 보유하고 있지 않은 자가 보유하고 있는 자에게 양도하는 경우 등이다.

• 신용장양도의 조건

① 지급, 인수 또는 매입을 행하도록 수권 받은 은행만이 양도를 취급할 수 있다.
② 신용장 상에 "TRANSFERABLE"이라는 용어가 표시된 경우에만 가능하다.
③ 양도은행이 합의한 범위와 방법에 의해서만 양도될 수 있다.
④ 양도가능신용장은 1회에 한해 양도될 수 있다 분할선적이 금지되어 있지 않는 한 개별적으로 양도 가능하며 이러한 양도의 총액은 1회의 양도로 간주된다.
⑤ 신용장의 금액 및 단가의 감액, 유효기간과 선적서류 제시일자 단축, 부보

비율의 증가 외에는 원신용장의 내용을 변경하여 양도할 수 없다.

참고로 UCP 600에서는 신용장의 양도를 요청한 때 양도가 이루어지기 이전까지 제1의 수익자는 반드시 장차 있을 수 있는 신용장의 변경내용을 제2의 수익자에게 직접 통지하는 것을 허용할 것인지 여부를 정하도록 하였다.

9. 신용장의 해석

신용장은 개설은행의 지급약정서로서 이러한 지급에 대한 약정은 신용장통일규칙 1조에 의하여 신용장통일규칙 적용문언을 신용장에 기재하므로 서 신용장거래에 있어서 신용장통일규칙의 적용을 받는다. 그러므로 신용장통일규칙 9조에 의하여 개설은행 및 확인은행의 지급확약의 적용을 받는다. 신용장 통일규칙 적용 문언은 다음과 같다.

> This credit is subject to the uniform customs and practice for documentary credit I.C.C. publication No. 600 (Rev. 2007)

그러므로 이러한 신용장을 통한 거래를 하는 모든 당사자는 신용장 통일규칙에 의하여 구속을 받게 되는 것이며, 신용장은 어디까지나 신용장이 명시한 서류에만 근거를 두는 것이지 물품 자체나 물품 거래 당사자 간의 계약 내용에는 구속이나 제한을 받지 않는다는 독자적인 성격을 갖고 있다.

(1) 수량과 금액

신용장 금액은 숫자와 문자로 병기되며, 금액 또는 수(중)량 앞에 About, Circa 또는 이와 유사한 표현이 있는 경우 10%이내의 과부족을 인정하며, 이러한 문구가 없을 시에도 신용장 상에 금지조항이 없고, 포장단위 또는 개개품목으로 표시되어 인도되는 화물이 아닌 경우 어음발행금액, 신용장 금액을 초과하지 않는 범위 내에서 5% 이내의 편차가 허용된다.

(2) 어음발행

환어음 발행금액은 Commercial Invoice금액과 일치해야 한다. 특히 분할방식거래에서 어느 한 분할분의 이행지체 또는 불일치가 있으면 그 부분을 포함하여 그 이후 분까지 모두 지급거절 사유가 됨에 주의하여야 한다. UCP 500 및 UCP 600에서는 신용장이 분할선적을 허용한 경우에는, 물품의 수량 및 단가가 신용장상의 수량 및 단가와 일치하는 것을 전제로 하여 환어음 금액을 신용장 금액보다 5%부족하게 발행할 수 있게 하였다. UCP 400에서는 이런 경우 환어음의 금액은 신용장의 금액을 초과하지 않게 발행하도록 규정하였다. 또한 UCP 500 및 UCP 600에서는 수익자는 발행은행, 화인은행 또는 지점은행 앞으로 환어음을 발행하여야 하고, 개설의뢰인 앞으로 환어음을 발행할 경우 이를 제1질권으로서의 환어음으로 간주하지 않고 단순한 추가서류로 간주한다.

(3) 선 적

선적기한을 정함에 있어서 지정된 선적일자에 From, To가 사용된 경우는 해당 일이 포함되고 After, Before가 사용된 경우는 해당 일이 포함되지 않는다. 그리고 On or About라는 용어가 지정일자와 함께 표시된 경우에는 ±5일 이내의 기간(끝 날짜 포함)을 선적일자로 본다. 또한 선적방법에 대한 약정시 분할선적(Partial Shipment), 환적(Transshipment)은 금지표시가 없으면 허용된 것으로 간주되며, 선적지와 선적일이 상이해도 동일선박에 의해 운송되는 경우에는 분할선적으로 간주하지 않는다. UCP 400에서는 Prompt, Immediate등과 같이 선적일을 표시하였을 경우 신용장개설일로부터 30일 이내에 선적해야 하는 것으로 간주하였으나, UCP 500 및 UCP 600에서는 신용장 상에 선적기일을 'Prompt', 'Immediately', 'As soon as possible' 등을 사용할 경우 이를 무시하도록 규정하였고, 그럼에도 불구하고 이러한 표현을 사용할 경우에는 선적기일이 명시되지 않는 것으로 간주한다.

(4) 유효기간

유효기간이 For One Month와 같이 막연하게 표시된 경우에는 신용장 개설일을 기산일로 해석하며, 선적서류 제시일자가 명시되어 있지 않은 경우 선하증권(B/L)발행일로부터 21일이 경과되면 Stale B/L이 되어 선적서류의 수리가 거절된다.

선적서류의 최종 제시일자가 은행의 휴무일일 경우에는 그 다음 최초 영업일까지 유효기간이 자동연장 된다. 단, 이 경우 선적기일은 휴·무일 이거나 그 전일까지임에 유의하여야 한다.

일자표시 용어

① To, Until, From등은 당해 명시일자가 포함된 것으로 해석
② After는 당해일자가 제외되는 것으로 해석
③ First Half of the Month : 1일부터 15일
④ Beginning of the Month : 1일부터 10일
⑤ Middle of a Month : 11일부터 20일

제5장 국제물품운송

제1절 운송의 개념

1. 운송의 개념

운송(transportation)이란 「사람이나 물건을 어떤 장소에서 다른 장소로 이동하는 것으로서, 그 사이 재화의 형태나 성질을 물리적 또는 화학적으로 변화시키지 않는 것」이라고 규정할 수 있다. 따라서 국제운송(international transportation)이라 하면 사람이나 재화의 이동이 국제간에 이루어지는 것을 의미하게 된다.

그런데 사람과 재화를 이동하는 데에는, 그 행위가 경제적 의미를 갖지 않으면 안 된다. 다시 말하면 사람과 재화를 이동하는 행위에 대한 대가가 발생하지 않으면 안 된다. 무상의 경제행위는 경제현상이 아니므로 경제학의 일부분으로서의 운송론의 대상이 되지 못한다. 따라서 유상의 운송행위만이 운송론의 대상이 된다.

운송과 유사한 개념으로서 「유통」 또는 「물적유통」(PDM : physical distribution management)이 자주 사용되고 있다. 「물적유통」이란 재화, 정보가 제공자(생산자)로부터 수요자(최종소비자)에 이르는 실물적(physical)인 흐름으로서, 여기에는 포장, 하역, 보관 및 통신 등의 제활동이 포함된다.

즉 유통활동은 생산자와 소비자를 연결하는 경제활동으로서 공간극복 뿐만 아니라 시간극복(재화가치의 보존, 저장)을 포함한다. 운송은 공간극복의 기술시스템을 그 내용으로 하고 있는데 반해 물적유통은 생산물의 흐름시스템을 내용으로 하고 있다. 따라서 운송은 유통과정의 일부를 담당하는데 지나지 않으며 사람의 이동은 포함되지 않는다.

(1) 국제운송의 의의

국제운송이란 국제간에 재화의 위치변화를 통해 가치형성에 기여한 용역이다. 따라서 운송도 생산과 마찬가지로 중요한 경제행위이다. 운송은 교환경제가 시작되면서 한 지역내에서 다른 지역으로 재화를 이동해야 할 필요성 때문에 자연발생적으로 생겨난 것이다. 여기에 국제교역의 발달 및 운송수단의 발전에 의해 국제 운송의 기틀이 잡혀졌으며, 오늘날의 고도산업사회에 와서는 물적유통(PDM)이란 개념으로 발전하여 경영학 분야에서도 깊게 다뤄지고 있다.

(2) 운송의 기능

1) 경제적 기능

① 물품교환촉진

운송은 교환경제가 발달하면서 자연발생적으로 생겨났다고 앞에서 언급한 바와 같이 한 지역이 필요로 하는 모든 재화와 용역을 자급자족한다는 것은 불가능한 일이다. 따라서 그 지역에서 생산되지 않는 재화나 용역에 대해서는 타지역에서 반입해 들여와야 한다. 그럴 때 저렴한 운송수단이 없다면 그 지역은 높은 운송비를 감당할 수 있는 재화만을 타지역으로부터 운송을 해 와야 한다.

그렇지만 저렴한 운송수단이 있다면 각 지역은 필요로 하는 재화나 용역을 싼 값으로 교환을 할 수 있기 때문에 용이하게 구매할 수 있게 되므로 물품교환을 촉진하게 된다.

② 지역적 분업화

지역적 분업이란 각 지역이 제한된 종류의 제품생산에만 전문적으로 종사하는 생산제도를 의미한다. 여러 지역이 지역적 분업을 함으로서 얻는 이익을 각

지역이 비교우위를 가진 부문에 특화(specialize)함으로써 최소의 자본 및 노동의 투입으로 최대의 산출을 얻을 수 있기 때문이다. 그러나 이와 같은 지역적 분업은 저렴한 운송수단의 발달에 따라 각 지역 간에 재화의 이동이 원활하게 이루어질 것을 전재조건으로 하는 것이다.

생산된 제품의 판매시장을 확보할 수 없고, 필요한 제품을 타지역으로부터 구입해 올 수 없다면 지역적 분업화는 불가능하게 된다. 또한 특정지역이 가지고 있는 생산상의 우위는 높은 수송비 부담으로 결국은 생산비가 높아져 상계되어 버리는 수도 있다. 그러므로 지역적 분업은 시장범위에 위해 제한을 받고 시장범위는 운송비에 결정되므로 저렴한 운송수단이 지역적 분업의 전제조건이 된다.

③ 규모의 경제효과

저렴한 운송비는 대량생산을 가능하게 하여 따라서 규모의 경제에 의해 제품 가격이 인하되는 효과를 가져 온다. 대량생산은 저렴한 운송수단에 의존함이 없이도 이루어 질 수 있으나 대부분의 경우에 있어서 생산은 원재료 또는 완제품을 원거리 운송에 의존함으로서 규모의 경제를 달성할 수 있고 대량생산이 가능하게 된다. 따라서 운송비 부담이 클 때는 대량생산이 불가능하다.

④ 가격안정과 평준화

운송의 발달은 재화의 지역 간 이동을 원활하게 하여 제공조절을 통해 가격을 평준화시키는 경향이 있다. 예를 들어 특정지역에 흉년이 들면 타 지역으로부터 부족량을 반입해 들어옴으로써 양곡가격의 상승을 막을 수 있다. 또한 어떤 지역에는 공급초과일 때에는 다른 지역으로 반출을 시킴으로써 그 지역 내의 가격 폭락을 막을 수 있다.

⑤ 경쟁조장

운송비와 공급자의 숫자는 상관관계에 있다. 운송비가 인하되면 공급자의 숫자가 늘어나고 경쟁이 치열하게 되어 가격의 인하를 가져온다. 그러나 높은 운송비는 제품의 분배지역을 축소시키고 특정시장에 대한 경쟁자의 수를 제한시키므로 가격을 인상시키는 경향이 있다. 그러므로 저렴한 운송비는 특정시장에서의 경쟁성을 불러일으킴으로서 구매자에게 저렴한 가격에 제품을 구매할 수 있도록 해준다.

⑥ **도시화**

저렴한 운송비는 대량생산을 불러일으키므로 지역분업을 가능하게 함으로써 대부분의 경제활동을 소규모 산업도시에 집중시키는 경향이 있다. 지역적 분업과 대규모 산업도시의 발달은 상호간에 교역을 형성시키며, 교역과 관계가 깊은 창고업, 가공업, 포장업, 도매업, 금융업, 보험업 등이 대도시에 집중하게 된다.

이에 의해 대도시는 1차적으로 경제와 교통의 중심지로서 2차적으로는 정치, 문화, 교육 등의 중심지로 발달하게 된다. 그러므로 도시화는 저렴한 운송수단이 지역적 분업과 대량생산 및 지역 간의 교역을 촉진시키게 되는 간접적인 결과로 나타난다고 할 수 있다.

2) 사회·문화적 기능

운송은 공간적 격리에 의해 닫혀진 비사회적 개인을 사회적 접촉을 가능케 하고 집단적 사회조직의 형성을 촉진한다. 그리고 운송의 발달은 이러한 사회관계를 내부적으로 긴밀화·고도화함으로서 대외적으로도 지역 간의 관련을 드높여 사회생활의 지역적 기반의 크기를 확대하는데 특히 후자의 지역간·국가간의 유대를 긴밀화하는 기능을 갖는다.

인간의 인력의 한계를 초월하고 다른 물리적 수단을 이용하여 생활공간을 확대하려는 노력은 유사 이래부터 시도되었다고 할 수 있겠다. 따라서 운송은 문명에로의 첫걸음이었고 문명발달은 곧 운송발달이라고 해도 과언이 아니다.

사실 고대 문명들은 하천을 중심으로 번성하였고, 근접제국 또는 멀리 대양을 사이에 두고 여러 나라들과의 해상운송이 성행했었다. 그러므로 운송은 인류사에 있어 생활수준의 향상에 공헌하고 동시에 타국과의 교류를 통해서 기술, 지식 및 사상의 보급, 거기에 정보, 풍속, 예술 및 종교의 전파 등에 중요한 역할을 수행해 왔다. 그러므로 인간의 사고와 행동범위를 범세계적인 규모로 확대시켰다.

한편 운송의 발달은 사회적인 동류성을 높이고 국가통합을 유지하고 발전시키도록 한다. 운송이 발달하면 각 지역 간의 사회적인 접촉이 많아지게 되고 풍습, 언어, 복장 등이 하나로 통일되는 현상을 가져온다.

지리적인 거리가 운송수단에 의하여 극복이 되고 각 지역이 하나의 생활공간으로 결속되게 되면 각 지방의 문화권이 형성되어 간다. 여기에 사람들의 사고방식도 유사하게 되어 공동의식이 높아지게 되는 것이다. 1860년대에 건설된 미국의 대륙횡단 철도는 캘리포니아를 포함한 태평양 연안을 미합중국으로 통합하는데 중요한 역할을 담당하였다.

철도가 개통되기 전에는 동부와 서부를 연결하기 위해 남미주의 최남단인 케이프혼을 돌거나, 역마차를 이용하는 불편을 겪었지만, 대륙횡단철도가 개통이 됨으로써 왕래가 손쉬워졌으며 켈리포니아가 미합중국에 통합될 수 있었고 미시시피강의 서부지역개발이 가능하게 되었다고 할 수 있다.

또한 운송발달은 국방력을 강화한다. 로마의 도로는 군사적 측면을 고려하여 건설되었음은 의심의 여지가 없다. 수송과 보급은 군사활동의 전력적 핵을 이룬다. 독일의 경우에도 치밀한 철도망을 통해 1차 세계대전에서 승리하였고, 또한 잘 닦여진 도로망을 이용하여 자동차와 전차대를 앞세운 번개작전으로 2차대전의 초기의 승리를 거둘 수 있었다. 그렇지만 나중에는 이런 자동차나 전차대가 소련의 진흙길에 빠져 기동력을 잃게 되므로 참패하는 원인이 되었다. 반면에 연합군측은 1, 2차 대전에 걸쳐 우세한 해군력을 밑바탕으로 한 해상운송 및 보급에 의해 최후의 승리를 얻을 수 있었던 것으로 분석되고 있다.

2. 운송인

(1) 운송인의 개념

운송인(carrier)이란 운임을 받고 여객 또는 물품의 운송에 종사하는 개인이나 조직으로, 자신의 명의로 선하증권을 발행하는 자를 말한다. 운송인은 일반운송인(common carrier)과 개인운송인(private carrier)으로 구분된다. 운송인 중 일반운송인이 아닌 자는 통례적으로 개인운송인이라 호칭된다.

일반운송인과 개인운송인의 차이점은 다음과 같다.

1) 법률적인 의무

일반운송인은 그에게 운송을 의뢰하는 모든 사람을 위하여 물품을 운송할 법률적 의무를 지고 있다. 상황에 따라 운송을 거절할 법률적 권리를 가지는 경우가 있다.

개인운송인은 법률적 의무를 지지 않는다.

2) 보상책임

일반운송인은 예외적인 사태로 인한 경우를 제외하고는 운송 중 발생한 물품에 대한 멸실과 손상으로 인한 손실에 대해 보상할 책임을 지고 있다. 그러므로 물품에 대한 보험자(insurer)라고도 불리운다.

개인운송인은 물품이 그의 태만에 의해 분실 또는 파손되었을 때에 한하여 책임을 진다.

3) 특수조항의 해석

운송계약에서의 명시적 특수조항이 운송인을 구제하고 있는 경우에도 그 해석은 일반운송인 또는 개인운송인에 따라 다르다.

4) 물품 유치권(lien)

일반운송인은 법률에 의에 물품에 대한 유치권을 가진다.

개인운송인은 계약에서 이에 대한 특별조항이 없는 경우에는 유치권을 가지지 않는다. 만약 유치권을 가지게 되는 경우라고 해도 일반운송인의 그것과는 훨씬 협소하다.

5) 기 타

일반운송인은 자신의 이익과 책임에 의해 운임을 목적으로 공공대중을 위해 무차별적으로 물품운송을 업으로 하는 자를 말하며, 운송인은 이들 대중의 어떠한 자라도 차별대우를 하여서는 안 된다. 그러나 일반운송인이라 할지라도 특정 운송물품 및 또는 운송경로에 에만 그의 영업범위를 제한 할 수 도 있다. 그러므로 일반운송인도 특별계약에 의해서 그의 책임한계를 제한 할 수 있으며 이로 인하여 일반운송인의 자격이 상실되지 않는다.

운송인 자신의 업무(선적, 양하, 보관 등)와 관련하여 어떠한 조건으로도 하청계약(sub-contracting)을 체결할 권리가 있다. 화주(merchant)는 운송인의 사용인(servant), 대리점(agent), 하청업자(sub-contractor)에게 화물에 관련하여 일체의 클레임을 제기하지 않을 것을 약속하며, 그럼에도 불구하고 클레임을 제기했을 시는 그로 인한 모든 결과에 대해 운송인에게 보상할 것을 보증한다. 한편 운송인은 운송계약을 체결할 때는 자신뿐만 아니라 상기인들을 대리하는 대리인의 입장에서 계약을 체결해야 한다.

하청업자란 직·간접으로 계약한 하청업자 및 그들의 사용인·대리인을 포함한다.

(2) 운송인의 책임(Carrier's Responsibility)

1) 물품에 대한 보험자로서의 책임

일반운송인은 "물품의 안전에 대한 보험자로서" 그 물품을 운송할 목적으로 점유하고 있는 동안 발생한 멸실과 손상에 대한 책임을 가진다. 다만 그 손실이 다음의 사항에 대한 화물의 손해가 발생했을 경우 면책된다.

① 천재지변의 불가항력적인 사태

② 전쟁 등 적대행위

③ 송하인 또는 물품소유자의 오류

④ 물품의 내재적인 성징

⑤ 송하인의 사기에 의한 원인

위에 열거한 요인에 의한 손해는 완전한 면책이지만, 운송인의 태만에 의한 귀책사유에 대해서는 손해에 기여한 한도 내에서 책임을 진다. 또한 손해에 대한 증거를 제공할 책임이 운송인에게 있다. 한편 화주는 동 손해가 상기의 원인에 의해 야기된 것이 아니라는 사실을 입증할 권리를 갖는다. 운송인은 화물의 손해에 대해 배상책임이 있을 경우, 배상기준은 송장가격, 운임, 보험료 등에 준해 산출한다.

운송인은 화물을 특정시기, 시장, 용도 등에 맞춰서 인도할 것을 보증하는 것은 아니다.

2) 특수계약상의 의무

운송인은 특별계약에 의하여 운송인으로서의 책임뿐만 아니라 적어도 어느 특정물품을 거절할 수 있는 권리를 가지고 있는 경우에는 태만으로 인한 손실에 대해서도 그 책임을 제한 또는 면제하는 운송계약을 체결할 수도 있다. 그러므로 때로는 송하인이 운임을 선지급하지 않는 한 물품의 운송을 거절할 수도 있는 것이다.

그러나 현금에 이르기까지 운송인이 운송의무를 지고 있는 경우에 특수계약에 의하여 그의 일반운송인으로서의 의무를 면제하는 권리가 법률상 인정되어 온 경우는 드문 일이며, 근래에 와서는 이를 인정하는 사례가 발생하곤 한다.

운송인의 책임을 제한 또는 면제하는 물품운송계약조건은 운송인에게 항상 불리한 방향으로 해석된다. 그러므로 이들 조건에 애매한 점이 있을 경우에는 운송인의 책임에 대한 제한 또는 면제의 범위를 최소한으로 축소하는 것으로 해석된다.

3) 법률적 책임의 회피

위에서 일반운송인의 물품에 대한 책임은 광범위하여 포괄적인 성격을 띠고 있음을 알 수 있다. 그러므로 관습상 면제되어 있는 상황에서 손실이 발생한 경우가 아니고는 일반운송인은 물품의 보험자로서 물품에 대한 모든 손실에 대하여 법률적 책임을 부담하여야 한다.

그러나 대부분의 운송인은 운송조건의 서류를 발행함으로서 그들의 물품에 대한 법률적 책임을 회피하고 있다. 이 운송조건에서는 운송인은 일반운송인이 아니며, 물품은 그 서류에서 명시한 조건에 따라서만 운송물품을 인수한다고 규정하고 있다. 이때에 운송인은 개인운송인이 되며 운송조건은 당사자 간의 계약의 일부를 구성한다.

3. 국제운송계약

국제운송계약이란 어느 한 나라에서 다른 나라에로 물품을 물적 운송(physical transport)을 하기 위해 체결되는 운송계약으로서, 송하인과 운송인 사이의 합의에 의하여 체결되는 경우가 일반적이다. 또한 운송계약은 송하인 또는 수하인이 운송인과 물품의 운송에 관한 예약(booking)을 함으로써 그 효력이 발생한다.

운송계약의 조건은 물품을 운송인에게 인도하고 운송인이 그 물품의 인수를 증명하는 서류를 발급한 때에 확정되는 것이다. 그러므로 송하인(consignor)은 종종 수하인(consignee)의 대리인의 자격으로 운송인과 운송계약을 체결하는 경우가 있다. 이때에는 계약은 운송인과 수화인 사이에 성립되며 수하인만이 운송계약상의 권리를 행사할 수 있게 된다. 송하인이 물품의 매도인으로서 매수인에게 물품을 송부하는 경우에는 반대의 명시적 특약이 없는 한 송하인은 수하인의 대리인의 자격으로 운송인과 운송계약을 체결하는 것으로 간주된다. 그러나 이러한 관례는 매매계약의 결과에 의한 운송의 경우에만 국한되는 것이며 그 이외의 운송계약에 있어서는 송하인과 운송인 사이에 반대의 명시적 합의가 없는 경우에는 송하인이 운송계약 당사자가 된다. 이때에 송하인이 그 물품의 소유권을 가지고 있지 않은 경우에도 마찬가지이다.

운송계약조건은 계약법상의 원칙에 따라야 하므로 모든 계약조건은 계약이 체결될 때에 계약당사자에게 통지되어야 한다. 그런데 물품이 소유자가 운송계약의 당사자가 아닌 경우에도 운송인의 태만(negligence)에 의하여 운송품에 손상이 발생하였다면 운송인이 태만을 범하였을 당시 물품에 대한 소유권을 가지고 있었다면 운송인에 대하여 불법행위에 의한 손해배상청구권을 행사할 수 있게 된다.

4. 운송주선인

운송주선인(freight forwarder)이란 Forwarding Agent, Freight Promoter,

Shipping & Forwarding Agent, Shipping Agent, Air Freight Agent 또는 NVOCC (non-vessel operating common carrier)라고 한다. 이는 운송을 위탁한 고객의 대리인으로서 화물을 인수하고 수하인에게 인도할 때까지의 집하, 입출고, 선적, 운송, 보험, 보관, 배달 등 일체의 업무를 주선해 줄 뿐 아니라 복합운송체제 하에서 스스로 운송계약의 주체자가 되어 복합운송인으로서 복합운송증권을 발행하여 전구간의 운송책임을 부담하는 자 혹은 법인을 말한다.

운송주선인 중에는 운송의 채비(arrangement), 관계서류의 작성 등외에는 아무것도 하지 않는 주선인도 적지 않으나, 많은 운송주선인은 이러한 기본적인 주선업무가 운송업무나 기타 부수적인 업무에 관계하고 있기 때문에 내외에 걸쳐 다양한 부문에 종사하고 있다.

(1) 운송주선인의 기능

수출업자인 화주가 얻는 최대의 이점은 수출업자의 구내로부터 선적항까지의 내륙화물운송 및 선적절차 등에 관한 번거로운 일상업무로부터 해방되므로, 수출업자는 화물이 자기의 구내를 떠난 시점부터 더 이상 화물에 대하여 관심을 갖지 않아도 되므로 본래의 수출업무에 전적으로 집중할 수 있다.

수입업자는 주선인이 화물의 도착을 통지해 줄 뿐 아니라 화물인수에 필요한 서류작성 및 절차에 관해서 운송주선인의 조언을 쉽게 받을 수 있고, 더불어 화물을 수화인의 손에 배송 해주기 때문에 역시 자기네의 일상업무에만 전념할 수가 있다. 따라서 높은 비용으로 기업 내에 전문직원을 두지 않고도 최고의 조언을 이용할 수 있는 동시에 운송경로에 관한 최신의 정보를 쉽게 얻을 수 있는 것이다.

운송주선인은 근본적으로 본선과의 화물인수도, 전문적 상담, 운송의 수배 등을 기점으로 하여 무역거래의 전반에 걸쳐 다양한 서비스를 수출입업자에게 제공하고 있음을 볼 수 있다.

1) 본선과의 화물인수도

운송주선인은 수출업자의 요청에 의해 수출화물을 본선에 인도하고, 수입화물을 본선으로부터 인수하는 것을 가장 기본적인 기능으로 본다.

2) 전문적 조언

수출업자의 의뢰를 받은 운송주선인은 해상운송, 항공운송, 철도 및 도로운송에 걸쳐 가장 합리적인 운송방법을 제안하며, 동시에 가장 바람직한 운송수단에 준한 포장방법 및 수입국의 각종 운송규칙 등을 사전에 알려 주어 운송서류 작성을 용이하게 하도록 하는 등 전문적인 조언을 해준다.

3) 운송계약의 체결 및 선복의 예약

해상운송주선업자는 통상적으로 자기의 명의로 운송계약을 체결하지 않으나 때로는 특정화주의 대리인으로서 운송계약을 체결한다. 운송계약을 체결할 때는 특정선박의 선복을 예약해야 한다. 이때 선박회사는 화주로부터 구두 예약을 접수하여 화물의 명세, 필요한 컨테이너 수, 운송조건 등을 기재한 선복예약서(booking note)를 사용하게 되며, 매도인은 선복예약서의 조건대로 선적할 수 있는 것이다.

4) 선적서류의 작성 및 적재업무

운송주선업자는 물품이 항구에 도착했을 때 선박회사나 그의 대리점으로부터 선적허가서(shipping permit)나 선하증권(bill of lading), 부두수취증(dock receipt : D/R)을 수령하게 된다. 수출허가서(export license)가 요구되는 경우에는 이것도 준비해야 한다.

선적허가서는 인도허가서(delivery permit)라고 일컬어지는 것으로, 부두의 수령인에게 화물을 인수하도록 할 뿐 아니라 적재할 선박명, 목적지, 화물이 부두에 도착할 일자를 명시해 주고 있다. D/R은 화주가 작성하여 화물반입시 CY(container yard) 및 CFS(container freight station)을 운영자에게 제출하게 된다. 이때 CY 및 CFS operator는 반입화물과 D/R의 기재사항을 검토하고 컨테이너 개수의 과부족 및 화물이 손상 등의 이상이 발견되었을 시에는 정확한 수 또는 손상정도를 D/R의 "Exception" 난에 정확하게 기입한 뒤 발행을 한다. D/R이 화주에 의해 선박회사에 제출되면 이 D/R의 내용에 따라 선하증권이 발급된다.

5) 화물의 집하, 혼재, 배송

운송주선업자가 수행하게 되는 기능 중 중요한 것으로는 화물을 집하(canvass and pick up), 혼재(consolidate), 배송(sort and delivery)하는 것을 들 수 있다.

컨테이너운송의 경우는 화물의 양에 따라 LCL(less than container loaded)와 FCL(full container loaded)로 나누어진다.

특히 운송주선업자의 공의 빛나는 것은 LCL 경우이다. 소량의 화물을 다수의 수출업자로부터 집하 하여 각각에게는 혼재화물증권(house B/L)을 발행하고, FCL형태로 선박회사에 선적을 요청함으로서 화주에게는 운임할인혜택을 줄 수 있고 운송인에게는 비용절감의 효과를 가져다준다.

운송주선인이 행하는 화물의 혼재에는 두 가지 종류가 있다. 그 첫째는 다수의 화주로부터 화물을 집하 하여 단일의 바이어에게 인도하는 매도인혼재(buyer's consolidation)이다. 또한 그 둘째는 다수의 화주로부터 화물을 인수하여 다수의 바이어에게 분배하는 주선업자혼재(forwarder's consolidation)이다.

그리고 운송주선인은 화물이 화주의 문전에서 매수인의 문전에 이르기까지 안전하게 운송이 되도록 감시하고, 대량으로 운송되는 화물을 일괄 통관함으로써 선하증권을 선박회사에 제시하고 화물을 인수한다. 이때 매수인은 운송주선업자에게 관세, 후불운임 기타의 비용을 납부할 수 있는 현금을 보내서 지불하게 해야 한다. 그러면 운송주선인은 매수인의 지시에 따라 화물을 창고에 보관하거나 매수인에게 직접 운송해준다. 화물의 수하인이 다수인 화물의 경우는 각각에게 배송 인도한다.

6) 통관 및 운임 및 비용의 대납

운송주선인 화주를 대신하여 화물에 대한 수출입통관을 행할 수 있는데 이도

운송주선인이 가지는 주요기능 중의 하나이다. 특히 수출입통관은 복잡하고 다양하기 때문에 전문적인 지식을 가진 사람이 있어야 할 수 있다. 그러나, 운송주선인은 일반적으로 주요 항만 및 공항에 사무소를 설치하고 늘 세관 직원과 긴밀한 관계를 가기고 있어서 훌륭한 통관중개인(customhouse broker)으로 통관업무를 수행할 수 있다.

또한 거대한 자본을 소유한 운송중개인의 경우에는 특별한 협정을 맺은 수출입업자와는 송・수하인의 통상적인 선사, 하역업자, 컨테이너보관시설, 그 밖의 여러 가지 설비를 이용하는데 드는 소용비용을 대납하고 차후에 정산을 하는 형태가 있다.

7) 포장 및 창고보관

운송주선업자들은 화주에게 화물에 성격에 맞는 포장방법을 조언해 줄뿐더러 자체적인 포장회사를 가지고 있어서 이를 이용하게 하는 경우도 많다. 또한 화물의 혼재, 통관, 선적, 수입지에서 양하, 통관후의 배송과정에서 화물을 보관할 필요성에 의해 환적창고를 소유하고 화물을 보관하기도 한다.

8) 시장조사

운송주선인은 해외의 제휴 운송업자를 통해 수입업자를 소개해 주기도 하고, 또한 국내외 시장의 수출입정보를 수집하여 수출입업자를 지원하기도 한다.

(2) 국제운송주선업자의 책임

운송주선업자(freight forwarder : FF)는 화주와 매수인, 운송인 사이에서 국제적인 운송이 이루어지도록 매개역할을 해주고 있다. 운송주선업자는 화주에게 B/L(house B/L)을 발행했다고 하면 운송인으로서의 책임을 지게 된다. 또한 실제운송인에게는 송하인으로서 운임을 지불할 책임이 발생한다. 그것은 국제상공회의소가 인정한 FIATA 복합운송 B/L을 FF가 발행했을 경우 증권이면약관에 따라 운송책임을 담당해야 한다. 즉 FF는 운송인과 화주의 대리인으로서 업무를 동시에 수행하는 경우가 많다. 그러나 FF가 실제운송수단을 직접운영하지 않기 때문에 운송인으로서 운송계약을 할 수 있느냐 하는 문제가 제기될 수 있다.

사실, FF가 B/L을 발행했다 하더라도 주운송인으로서 계약당사자라기 보다는 대리인으로서 운송계약을 하는 것으로 이해되고 있다. 그 이유는 FF는 해상운송인 등 실제운송인과 운송계약을 독자적으로 체결하고 그것에 근거하여 B/L을 발행하고 있기 때문이다.

5. 국제물품운송에 관한 규칙

국제물품운송의 관례는 수많은 국제협약(International Conventions)에 의해 발전해 왔다. 육로운송에 있어서는 1956년도의 육로운송에 관한 제네바협약(International Road Haulage : CMR)이 지배적인 기능을 발휘하고 있다. 또한 1924년 제정된 해상화물운송 헤이그규칙(Hague Rules for Carriage of Goods by Sea)이 1968년 개정되어, 헤이그비스비규칙(Hague-Visby Rules)으로 개칭되었으며 1971년 발효되었다. 현재 국제해상물품운송을 규제하는 조약으로서 보통에 관한 규칙의 통일을 위한 국제협약"(International Convention for the Unification of Certain Rules to Bills of Lading)이라는 공식명칭을 가지고 있다. 곧 1978년 채택된 함부르크규칙(Hamburg Rules)으로 대체될 전망이나 현재 20개 조약국의 인준을 기다리고 있으므로 현재까지 발효되지 못하고 있다. 항공화물운송을 위한 와르소규칙(Warsaw Rules for Carriage for Goods by air)은 1932년에 제정되어 1955년에 개정되었으며 그 후 1975년에 몬트리올에서 개정되어 항공 및 육로운송법(Carriage by Air and Road Act, 1979)으로 발효된바 있다. 이 이외에도 아직까지 발효하지 못한 상태에 있는 1980년도에 제정된 국제물품복합운송에 관한 UN협약(UN Convention on International Multimodal Transport of Goods)이 있으며, 또한 일종의 계약상의 관행으로 볼 수 있는 국제상업회의소에서 제정한 복합운송증권에 관한 통일규칙(Uniform Rules for a Transport Document)이 있다. 물품운송은 모든 측면에서 국제협약의 역할이 확대되었으며 세계 각국의 국내법의 기능이 점차

감퇴되어 가고 있는 실정에 있다.

제 2 절 국제해상운송

1. 해상운송의 의의

해운(shipping, carriage by sea, ocean transportation) 이란 「바다를 따라 선박을 이용하여 사람이나 재화를 장소적 · 공간적으로 이전하는 현상」을 가리킨다. 해운이 타운송 부문과 구별되는 점은 「운송로」와 「운송수단」이 다르다는 데에 있다. 따라서 운송로인 「바다」와 운송수단인 「선박」이 해운의 개념을 규정하는 중요한 요소라 할 수 있다.

일반적으로 원양해운이 아닌 비교적소규모인 내륙수상운송은 해운의 개념에서 제외시킨다. 그리고 선박에 대해서는 상선(merchant ship) 만을 대상으로 한다. 따라서 어선, 준설선, 창고선, 시추선 등도 해운의 개념에서 제외된다.

(1) 해상운송의 개요

해외에 거래선이 확보되고 관련 매매계약이 체결된 후, 신용장 이 개설되면 수출업자는 계약에 의거 상품을 확보, 기일 내에 선적을 하여야 한다.

1) 매매조건과 선적의무

통상 화물을 운송할 선박의 수배는 해당 선박회사에 운임을 지급하는 화주가 한다. 상품의 매매조건이 CIF(또는 CFR) 조건일 때는 매도인이 , FOB 조건일 때는 매수인이 운송선박을 수배하여야 한다. 그러나 거래관계, 상황에 따라 상대의 요청에 의해 선박수배를 주선해 주는 경우도 있다.

2) 선적선박

선박을 수배하는 경우는 상품의 수량·종류에 따라 운송 선박이 다르다. 즉 일반 완제품, 기계류 등과 같이 포장된 개품(個品))은 일반화물선(general cargo carrier) 또는 컨테이너 전용선(full container ship)에 선적되며, 쌀, 옥수수, 밀 등의 곡물이나 광석, 석탄 등의 이른바 살화물(撒貨物 : bulk cargo)은 곡물, 광석류 운반 전용선에 선적한다.

3) 서비스 항로

우리나라를 중심으로 현재 형성되어 있는 항로(또는 노선)는 한·일 항로, 동남아 항로, 북미항로, 호주항로, 중동항로, 구주항로 등이 있으며, 이들 항로에는 일정한 주기를 유지하며 계속적으로 취항하는 정기선(liner)과 화물에 따라 그때그때 원하는 곳까지 화물을 운송하는 부정기선(tramper)이 있다.

4) 운임부과기준

운임은 통상해당물의 중량과 용적을 비교하여 많이 산출되는 톤수를 운임의 기준으로 삼는다(이를 revenue ton이라고 함). 주요 정기항로에 취항하고 있는 선박회사, 특히 운임동맹가맹 선사들은 운임율(tariff)을 갖고 있어, 운임의 적용기준과 화물별 운임율은 관련 선박회사에 문의하면 정확히 알 수 있다. 운임은 통상 기본요금과 할증료(CAF, BAF) 및 취급수수료(THC), 공과금으로 구성되므로 하주가 지불하는 총운임은 부과요금을 합산하여 산출해야 한다.

5) 선박회사와의 접촉

정기선이 취항하지 않는 지역으로 화물을 보내고자 할 때에는 일반 잡화의 경우보다 충분한 사전기간을 두고 선박회사와 접촉을 시작해야 한다. 정기선의 경우는 지역에 따라 다르나 선적일자(L/C상의 shipment date) 기준 약 2주전에만 접촉하여도 무방하지만, 부정기선 편으로 선적 운송해야 할 경우는 가급적 1~2개월 전부터 선박을 물색하기 시작하여야 한다. 물론 어느 경우나 하주 입장에서는 충분한 시간을 갖고 임하면 그만큼 유리한 입장에서 선박을 물색할 수 있으므로 상황이 허락하는 한 선박회사의 접촉은 조기에 시작하여야 한다.

6) 운송계약의 형태

일반잡화를 운송하는 정기선의 경우는 별도로 운송계약서를 작성하는 것이 아니고 선박회사에서 정형화된 양식인 선화증권을 발급함으로써 운송계약에 갈음하고 있다. 동 증권에는 화물의 행선지, 선적지, 명세(용적, 중량. 마크 등), 운임지불관계(선불 또는 도착지 후불), 선적일자, 발급일자 등이 기재되며, 뒷면에는 운송과 관련한 당사자 간의 권리의무 관계를 기술한 약관이 인쇄되어 있다. 약관의 내용은 이해당사자간의 책임과 의무를 명기하여 분쟁이 발생할 경우 기준이 되므로 하주는 동 내용을 정확히 숙지할 필요가 있다.

부정기선 화물 즉, 곡물 · 광석 · 석탄 등의 화물을 운송할 때에는 용선계약서(charter party)가 작성되며, 이에 의거 선화증권이 별도로 발급된다. 용선계약서는 정기선의 경우와 달리 일방적으로 인쇄된 양식을 사용하는 것이 아니고 당사자 간에 충분한 합의를 거쳐 계약서가 작성된다. 특히 유의할 것은 화물수량의 표시, 선적일시, 하역일시, 체선관계 등 상당히 전문적인 지식이나 경험을 필요로 하므로 처음계약을 체결하는 경우 직접 계약에 임하는 것은 바람직하지 못하므로 관련 해운회사의 조언을 받거나 아니면 용선중개인(chartering broker) 또는 변호사의 협조를 받는 것이 좋다.

(2) 선적절차

1) 선적협의

관련 정보를 통해 자신이 원하는 시기 및 장소에서 화물을 운송해 줄 수 선박회사를 물색했으면 이제는 직접 해당 선박회사 또는 운송중개업자(forwarder)와 접촉하여 구체적인 선적협의를 한다. 협의는 서면으로도 가능하지만 전화 등으로 하는 것이 일반적이다. 이때, 육하원칙에 따라 언제, 어디서, 무슨 화물을, 얼마나(중량 또는 용적), 어느 곳까지, 누구에게 운송하고자 한다는 것을 알리면 선박회사측에서는 구체적으로 선적가능시기, 운임 등 화주의 요구사항에 대한 질의에 응하고 상호요건이 충족되면 구두로 선적예약(space booking)을 한다.

2) 선적요청서 제출

구두계약이 이루어진 다음 정식으로 선적요청서(S/R : shipping request)를 제출해야 한다. 첨부되어야 할 서류는 상업송장 사본, 포장명세서 사본, L/C 사본, 수출승인서 사본 등인데, 실제업무에서는 S/R 양식에 선적에 필요한 모든 정보를 상세히 기입해 넣으므로 이런 서류를 생략하기도 한다. S/R은 공식적인 양식이 있는 것이 아니고 운송인마다 서로 다른 양식을 사용하는데 S/R은 대부분 FAX를 통해 운송인에게 제출한다.

3) 화물포장 및 출고준비

포장되어 있는 화물의 상태가 운송에 적합할 정도로 견고한지 확인해야 한다. 선박은 일반 철도나 트럭에 의한 운송과는 달리 선박 자체가 해상에서 심하게 요동을 하거나 고온과 혹한, 습기 등에 장시간 견딜 수 있는 포장이어야 하며 화물의 손상원인이 포장불량에 있을 시는 선박회사로부터 보상을 받지 못 한다. 포장 및 출고준비는 선적 협의시 요청된 시간 내에 선박회사가 지정한 창고까지 운송보관 시킬 수 있도록 여유를 두고 착수한다.

4) 컨테이너 화물

화물을 컨테이너에 적입(stuffing)하여 컨테이너 전용선에 선적 운송될 경우에는 화주가 선박회사에 빈 컨테이너를 요청하여 컨테이너에 화물을 집어넣어야 한다. 컨테이너는 길이에 따라 20ft, 40ft, 35ft, 45ft 등의 규격이 있다. 선박회사에서는 일단 컨테이너를 기준으로 운임을 산정하는바 소량의 화물을 수출코자 하는 화주는 비싼 운임을 부담하면서까지 굳이 컨테이너 한 개를 독자적으로 사용할 필요는 없다.

선적 협의 시 자신의 화물량을 알려주면 선박회사로부터 컨테이너 한 개를 독자적으로 사용해도 좋은지 또는 타화주의 동일 목적지로 가는 소량 화물과 혼적(consolidation)하는 것이 경제적인지를 안내 받을 수 있다.

전자의 경우 화주는 필요한 수량의 빈 컨테이너를 생산공장 또는 창고로 보내줄 것을 선박회사에 요청하고, 이 경우 생산스케줄 및 창고사정을 충분히 감안,

화물의 정확한 적입시간을 제시, 선사로부터 확실한 다짐을 받아두고 재차 확인을 해야 한다.

후자의 경우는 선박회사 또는 운송중개업자(forwarder)가 지정한 혼적창고까지 화물을 운송해주면 선박회사 책임 하에 그곳에서 타화물과 함께 컨테이너에 적입된다.

5) 출고 및 육상운송

화물의 출고준비가 끝나면(컨테이너에 화주 자신이 직접 적입하였을 때는 세관검사를 필하고 봉인이 된 상태) 선박회사가 지정한 창고까지 운송을 한다.

컨테이너 화물의 경우는 화주의 요청에 의해 선박회사가 육상구간 운송도 담당한다. 육상운송은 화물이 항구에 있는 보세구역까지 연결되므로 어느 운송업자나 취급할 수 있는 것이 아니고 보세화물운송면허를 취득한자 만이 할 수 있다.

6) 화물입고 및 인도

컨테이너 화물인 경우 선박회사측에 화물을 인도하는 장소는 컨테이너 선박이 접안하는 부두인근에 있는 컨테이너 전용 야드(yard)의 정문(gate)이다. 물론 선박회사가 화주 창고에서 직접 화물을 인수해 가는 경우도 있다. 정문을 통과할 시점(gate in)에서 선박회사측과 화주 사이에 상호 인수도 이루어지게 되므로 컨테이너의 외관과 봉인(seal)에 이상이 없으면 화주에게 인수증, 즉 부두수취증(dock receipt : D/R)을 발급한다.

7) 선화증권 발행

화물을 선박회사측에 인도하고 나면 선박회사는 화물을 인수하였다는 증거로서 선화증권(B/L : Bill of Lading)을 화주에게 발행한다. 선화증권은 통상 3통(original, duplicate, triplicate)을 발행하며 그 효력은 동일하다. 선화증권은 법적으로 화물 그 자체를 대표하는 대표증권으로서의 유가증권이며 물품대금을 수취하는데 필요한 선적서류 중 가장 중요한 서류이다.

8) 선화증권 수취

선박회사가 화물을 인수한 즉시 발급하는 수취증(컨테이너 화물일 때는 부두수취증(dock receipt : D/R), 재래선 화물일 경우는 본선수취증(mate receipt : M/R)과 상환하여 B/L을 발급하는 것이 원칙이나 실무에서는 D/R이나 M/R은 선박회사 내부에서 왕래되고 있으며, 특별한 요청이 없는 한 화주에게 직접 교부하는 일은 거의 없다. 즉, 선박회사에서는 화물의 인수·선적 사실을 내부 업무 시스템을 통해 직접 확인할 수 있으므로 하주에게 D/R이나 M/R 제시를 요구하지 않고 화주의 요청에 따라 즉시 B/L을 발급한다.

9) 선적서류완비

B/L을 교부받으면 매매조건, 신용장조건 등에 부합하는지 여부를 확인하고, 이상이 있으면 즉시 정정을 요청하여야 한다. B/L에 이상이 없으면 상업송장(commercial invoice), 보험증권(insurance policy) 등 필요한 선적서류일체를 첨부하여 환어음을 발행하여 외국환은행에 매입을 요청한다.

2. 해상운송의 특성

해상운송의 특성은 대량수송이 가능하며 수송비가 저렴하고 수송거리가 원거리이며 수송로가 자유롭고 속력이 느리다는 것을 들수 있다.

(1) 대량수송

해상운송의 경쟁우의적 특성이라고 하면 무엇보다도 대량수송을 들 수 있다. 모든 수송수단 중에 단위당 수송량이 가장 큰 것이 해상운송이다. 철도수송의 경우 20톤 화차를 30량을 연결하여 수송을 한다고 해도 고작 600톤에 불과하지만, 해상운송의 경우에는 수십만 톤의 원유를 1척의 선박으로 운송할 수 있는 것을 볼 때 해상운송 이야말로 대량수송의 표본이라 할 수 있다.

(2) 저렴한 수송비

화물단위당 해상수송비는 타 수송기관과 비교가 되지 않을 정도로 저렴하다. 즉 항공운송비는 해상운송비가 비교되지 않을 정도로 높고, 철도수송도 거리와 중량의 비율로 보면 해상운송에 비하여 훨씬 운임이 높다. 일반적으로 거리면에서 해상운임과 철도운임을 비교하면 해상운임은 철도운임의 절반정도에 불과하다.

(3) 원거리수송

화물의 단위당 운송비가 저렴하다는 장점을 이용하여 대륙을 잇는 원거리 수송에 해상운송이 가장 많이 이용되고 있다.

(4) 수송로가 자유로움

해상운송은 바다라는 천연의 통로를 자유롭게 사용할 수 있고, 육상운송처럼 제한을 받지 않는다. 1609년 네덜란드의 H. Grotius는 「공해자유론」을 제창하여 18세기에는 국제법으로 공인되어 거의 모든 바다가 자유로운 항해를 보장하고 있다. 그리고 이러한 점이 곧 해상운송의 발달에 유리한 조건의 하나로 받아들여지고 있다. 이점은 항공운송과 공통성을 갖는다.

(5) 국제성이 높음

해상운송이 반드시 국제간에 이루어지는 것은 아니다. 하지만 해운의 국제성이란 외국의 항만에 선박이 자유롭게 출입할 뿐 아니라 해상운송시장이 국제적으로 형성되어 치열한 경쟁을 벌이고 있음을 의미한다.

(6) 저속력

대부분 상선(merchant ship)은 속력이 느리게 운행된다. 항공기는 말할 것도 없고 자동차, 기차에 비하여서 가장 느린 운송수단이다. 가장 빠르다는 고속 컨테이너선도 겨우 33노트에 지나지 않는다. 이처럼 속력이 늦은 만큼 운임이 싸고 더불어 경제성을 유지할 수 있는 것이다.

3. 운송화물의 분류

운송화물은 물리적 성질, 이용선박, 포장여부, 컨테이너화 여부, 기타 특성에 따라 아래와 같이 다양하게 분류해 볼 수 있다.

(1) 물리적 성질에 따른 분류

물리적 성질에 따라 건화물(dry cargo)과 액체화물(liquid cargo)로 분류한다. 건화물에는 곡물, 시멘트, 설탕, 소금, 면화 등과 대부분의 일반 공산품이 이에 속하고, 액화물은 석유류, 우지(beef tallow), 야자유(palm oil), 주류, LNG, LPG, 액상의 화공약품(chemical products) 등으로 탱커(Tanker) 또는 용기에 담아 운송되는 화물이다.

(2) 운송선박의 성격에 따른 분류

운송선박의 성격에 따라서 부정기선 화물(tramper cargo)과 정기선 화물(liner cargo)로 분류할 수 있다. 부정기선 화물은 부정기선에 의해 운송되는 화물로서 주로 석탄, 원유, 원광석, 곡물, 시멘트, 비료, 원목, 설탕, 소금 등이 이에 속한다. 정기선 화물은 재래정기선(conventional liner) 및 컨테이너선에 의해 운송되는 화물로서 주로 일반 공산품들이며 일반화물 및 컨테이너 화물 등이 이에 속한다.

(3) 화물의 포장여부에 따른 분류

살화물(bulk cargo)과 일반화물(general cargo)로 분류된다. 살화물은 포장을 하지 않은 상태로 운송하는 화물로서 주로 원자재가 이에 해당되며 앞서의 부정기선 화물의 대부분이 이에 속한다. 일반화물은 흔히 잡화로 불리는데 수많은 종류의 일반 공산품이 이에 해당되며 정기선 화물이 이에 속한다.

(4) 화물의 컨테이너화에 따라

화물의 컨테이너화 여부에 따라 컨테이너화물(containerized cargo), 재래선화물(break bulk cargo)로 분류될 수 있다. 컨테이너화물이란 컨테이너화되어 운송되는 화물이고, 재래선화물이란 컨테이너화물에 대응되는 개념으로 재래화물선(general cargo ship)에 의해 운송되는 화물을 말한다.

한편 냉동선(reefer vessel)에 의해 운송되는 냉동/ 냉장화물(refrigerated/chilled cargo)이 있는데, 냉동화물은 얼려서 운송하는 화물로서 참치, 동태, 오징어 등의 원양수산물과 육류 등이며, 냉장화물은 사과, 바나나, 계란, 우유, 버터 등 0~10℃를 유지해야 하는 화물이다.

(5) 기타 화물의 특성에 따라 분류

위험화물(dangerous cargo), 기피화물(dirty cargo), 중량화물(heavy cargo), 장척화물(lengthy cargo) 등으로 분류된다.

위험화물은 선박, 선원, 하역인부, 타화물 등에 위해를 가할 가능성이 있는 화물로서 모든 운송기관이 위험화물에 대한 엄격한 규정을 적용하고 있다. 이러한 위험물을 선적하고자 할 때에는 선적서류도 별도의 양식에 작성하고, 포장의 외면에 IMO의 규격(10 X 10cm, minimum size)에 맞춰 표찰(label)을 여러 개 부착해야 한다. 그리고 위험화물의 운임은 일반화물에 비해 약 25~50% 할증료가 붙는다.

기피화물은 악취(smell), 분진(dust), 오염(taints) 등을 일으키므로 선주, 선원, 하역인부들이 기피하는 화물로서 원피, 아스팔트, 우지, 석탄, 고철, 시멘트 등이 이에 속한다.

4. 선박

(1) 선박의 개념

선박이란 일반적으로 상법, 선박안전법, 해상충돌예방법등 각 법의 적용목적에 따라 그 정의를 달리하지만 넓은 의미에서의 선박이란 "물위에서 사람 또는 물건을 싣고, 이것들을 운반하는데 쓰이는 구조물"을 말한다. 그러므로 선박은 물위에 뜬다는 부유성과 여객 또는 화물을 싣는다는 적재성, 그리고 적재된 것을 원하는 위치로 이동시킨다는 이동성의 3요소를 동시에 갖춘 구조물이라 할 수 있다.

영어로는 'Ship', 'Boat' 및 'Vessel'이란 단어가 쓰이고 있는데 이를 엄격하게 구분해 보면 'Ship'은 대형선을 'Boat'는 소형선을 각각 의미하며 'Vessel'은 대소형을 모두 포함하는 뜻을 갖는다.

한편 해운이란 관점에서 볼 때 선박이란 상행위 기타 영리를 목적으로 화물 및 여객의 운송에 사용되는 부양성(浮揚性), 이동성(移動性)을 모두 갖춘 구조물이라 정의할 수 있다.

(2) 선박의 종류

선박을 용도, 즉 사용목적에 따라서 구분하면, 여객이나 화물을 운송함으로써 운임수입을 목적으로 하는 상선(merchant ship)과 전쟁행위를 목적으로 하는 군함(warship) 및 특수업무 수행을 목적으로 하는 특수선(special service ship)으로 구분할 수 있다.

여기에서는 상선을 중심으로 설명한다.

1) 여객선(Passenger Ship)

주로 여객 수송을 목적으로 하는 상선을 말한다. 다만 소량의 특수화물과 우편물을 적재할 수 있는 설비를 갖추고 있는 것이 보통이다.

여객선에는 장거리 여객선과 단거리 여객선으로 구분할 수 있다. 장거리 여객선은 2차 대전 직후까지도 국제교통의 주요 수단이었으나 그 후 항공운송의 발달에 따라 여객선 운항은 급속하게 사향길에 이르렀다. 항공기와 비교할 때 속도면에서 현저히 떨어지고 비용면에서도 너무 높은 인건비와 너무 많은 노동력을 필요로 하기 때문에 경쟁력이 없어 졌다. 그럼에도 불구하고 주요 해운국들이 1960년대 말까지도 여객선에 대한 지원을 계속하였던 것은 여객선이 병력이

동의 주요 수단이기 때문이다. 하지만 그 후 여객과 마찬가지로 병력수송도 항공 쪽으로 이동이 되었고 정부지원도 줄어들게 되었다. 그런 과정에 여객선의 수용 수준도 낮추고 선원 대 여객의 비율도 낮추게 되었다. 다만 최근에는 장거리 운항보다는 연안, 도협(島峽) 등 근거리 또는 특수지역과 관광과 유람 등 특수목적에만 이용되고 있다.

2) 일반화물선(General Ship)

컨테이너가 발달하고 건살물선이 본격적으로 개발되기 전까지는 일반화물선이 대표적인 선박이었으며 적화량도 제일 많았다. 그리고 이러한 일반화물선은 과거 40~50년 간 기본적으로는 큰 변함이 없이 그대로 유지가 되고 있다. 일반화물선의 설계상의 특징은 잡화의 원활한 선적을 위하여 다중갑판이 설치되어 있고, 화물의 하역에 소요되는 시간 때문에 규모를 대형화시키지 못하고 6,000~15,000G/T 정도의 선형에 머무르고 있다는 것이다. 그럼에도 기술이 발달하면서 일반화물선도 많이 개선되고 있는데 특히 많은 변화를 보이는 부분은 본선 크레인의 월등한 성능의 향상과 헤치 덮개(hatch cover)의 개폐 자동화, 환기장치의 개선 등이다. 과거에는 이 일반화물이 정기선의 대표적 선박이었으나, 정기선의 컨테이너화 추세에 따라 지금은 재래선이라고 불리기도 하며, 영어로는 break bulk vessel 이라 한다. 그 의미는 화물을 단위화 하지 않고 낱개로 싣고 내린다는 것이다. 현재 일반화물선은 컨테이너화가 어려운 일부 화물이나 취항이 어려운 항로에만 활용이 되고 있어 점차 줄어들고 있다.

3) 유조선(Oil Tanker)

원유 또는 기타 유류 등의 액체를 선창 내에 직접 살적(撒積)하여 운송하는 선박을 유조선이라고 하는데, 흔히 "탱커"라고 부른다. "탱커"는 가솔린이나 기타 정재물의 적재하는데 적합한 Product Carrier 또는 Clean Tanker와 원유 또는 중유 등을 수송하는데 알맞은 Crude Oil Carrier 또는 Dirty Tanker로 구분되기도 한다.

원유는 대량으로 저장되어 있고 또 적하장소(head)까지 파이프로 연결되어 있어서 해상하역이 가능하므로 탱커를 대형화하여 대량수송의 이점을 최대로 살리고 있다. 이러한 이점 때문에 탱커는 점차 거대화하여 맘모스탱커가 출현하게 되었으며, 이들은 VLCC(Very Large Crude Carrier : 20만 dwt 이상) 및 ULCC(Ultra Large Crude Carrier : 35만 dwt 이상)라고 부른다.

탱커는 선체의 중앙 또는 후미에 설치된 강력한 펌프의 힘으로 각 탱크에 배관된 파이프를 통하여 적하와 양하를 한다. 이와 같이 탱커는 적양(積揚) 속도가 빨라 수만 톤급 이상의 선박이라도 24시간 이내에 적양이 가능하기 때문에 정박시간이 짧고, 또한 공박으로 적하지로 향한 후 만재하여 양하지로 귀향하는 이른바 피스톤 항해를 반복하는 것이 특징이다.

한편, 석유를 벌크상태로 수송할 수 있도록 설계된 최초의 탱커는 1886년에 건조된 2,300 dwt 규모의 선박이었다. 그 후 1차대전 중에는 이것이 8,000 dwt에서 16,000 dwt 수준이었다.

그 후 1950년대 초에 30,000 dwt 급이 선보이면서 대형선이 속출하였다. 1960년대 중반에는 10만 dwt에서 20만 dwt(1967), 그리고 1969년에는 35만 톤급 탱커가 나오고, 1972년에는 50만 dwt 짜리 탱커 Globtik Tokyo가 출현하였다. 그 후에도 탱커의 대형화는 더 진척될 것으로 예측되어 머지않아 100만 dwt 짜리가 나온다는 설까지 나돌고 있다. 1973년의 석유파동으로 석유수요가 감소세로 반전하면서 대형화 추세도 중단되어 오늘에 이르고 있다.

4) 건살물선(乾撒物船: Dry Bulk Carrier)

석탄과 같은 화물을 벌크 상태로 운송하는 방법은 옛날부터 있어 왔지만 오늘날과 같이 산화물을 그대로 자동화된 하역기계로 신속하고 간편하게 선적・양하하며 또 살화물을 운송하기 좋게 하기 위하여 단일 갑판으로 된 전용선이 처음으로 건조된 것은 1957년이었다.

컨테이너선과 마찬가지로 이러한 살물선도 역시 경제적 필요에 의하여 개발되었다. 즉, 1957년의 부정기선 시황이 아주 나빴을 때 본선형(本船型)이 고안된 것이다. 1969년과 1970년경에는 본선형이 가장 많은 이익을 가져다주는 선박으로 평가되어 유조선 다음으로 많은 양이 건조되기도 하였다. 철광석, 석탄,

곡물, 시멘트, 광석, 보크사이트광, 석회석, 원당(原糖)등 주로 대형 살화물의 운송에 적합한 선형으로서 앞으로 부정기선의 주종을 이루게 될 것이다.

살물선 35,000 dwt 내외의 선박이 비교적 취항이 자유롭게 다용도로 활용이 가능하기 때문에 이들을 핸드형 살물선(handy bulk carrier)이라고 부른다. 또 살물선 중 파나마 운하를 통과할 수 있는 가장 큰 선박을 파나막스(Panamax)라 하는데 대체로 60,000dwt 내외가 된다. 이보다 더 큰 살물선은 주로 철광석과 석탄을 운반을 목적으로 하는 15만 dwt 내외의 Cape Size가 일반적이나 최근에는 25만 dwt 내외의 VLBC(Very Large Bulk Carrier)도 많이 건조되고 있다.

5) 바지운반선(Barge Carrying Ship)

항구에서의 정박기간을 없애고 선박의 가동율을 높이기 위해 1960년대 말에 등장한 선박이다. 화물이 적입된 바지(floating container)를 적재한 모선이 외항(outer harbour)의 묘박지(anchorage)에서 바지를 떨어뜨리고 출항하면, 대기중인 예인선(tug boat)이 바지를 끌어다가 화물을 꺼낸 뒤 다음에 모선이 올 때까지 빈 바지를 반납하고 다시 적입된 바지를 끌어와 화물을 꺼내는 방식이다.

이러한 바지 운반선은 유럽, 미국과 같이 내륙수로가 발달된 지역서는 매우 유용하며, 항만시설이 미비한 후진국에도 편리한 방식이다. 그러나 건조비가 고가라서 그 숫자가 많지 않은 편이다. 바지운반선은 몇 가지 예를 들면 다음과 같다.

① LASH선(Lighter Aboard Ship)

이 선박은 400톤의 화물을 적재할 수 있는 바지를 본선의 선미에 달려 있는 양력(揚力) 500톤의 갠트리 크레인으로 적양 할 수 있도록 설계되어 있으며, 이러한 바지를 80개정도 적재할 수 있는 선박이다. 그리고 LASH선 2척이면 약 400개의 바지를 필요로 한다고 한다.

LASH선은 1970년에 처녀 취항한 이래 지금은 세계적으로 약 20여 척이 운항중이며, 1970년대 중반까지만 해도 극동/북미항로에도 취항하였으나 지금은 취항하지 않고 있다.

② Seabee선

이 선박도 LASH 선과 같이 대형 바지를 운반할 수 있도록 되어 있으며, 1972년 최초로 등장하였다. LASH선과 다른 것은 이 선박에 활용되는 바지는 1,000톤 짜리 38개로서 바지수는 적으면서 바지당 적재능력은 LASH선보다 크다. 즉, 상갑판(upper deck)에는 컨테이너를 적재하고 하갑판(below deck)에는 바지를 적재할 수 있도록 설계가 되어 있다.

바지의 적・양하는 선미에 달려있는 대형엘리베이터에 의해 이루어진다. 1978년에는 구소련이 이러한 Seabee선을 시리즈로 건조하여 구소련내의 운하와 연결되는 항로에 활용하고 있다.

③ BACAT선(barge aboard catamaran)

이 선박은 약 2,700 dwt급 쌍동선으로서 10개의 소형 BACAT용 바지와 세 개의 LASH용 바지를 운반할 능력을 가지고 있다.

④ BACO선(barge and container)

이 선박은 21,000 dwt급으로 500TEU의 컨테이너와 12개의 바지를 수송하도록 되어 있다.

⑤ 중량물선(Heavy Lifter)

프란트 등 중량화물을 하역하기 위한 항만시설이 부족한 경우가 많다. 이를 대비하기 위해서 본선자체에 중량물을 하역할 수 있는 장비를 구비하고 있으며, 폭넓은 헤치와 격납스페이스를 갖추어 건조된 선박이다. 장치된 장비를 derrick이라고 하는데 하역방식에 따라 가이리스선회방식 등으로 작업이 되어 최대 용량은 600톤까지도 있다.

6) 겸용선(Combination Carrier)

탱커나 살물선이 공통적으로 안고 있는 문제점은 대부분의 경우 편도수송이며 왕복화물을 구할 수 없다는 점이다.

이러한 문제점을 해결하기 위해서 유류와 건화물을 선택적으로 수송할 수 있는 겸용선이 1960년대 중반부터 개발되었다. 즉 철광석과 원유를 수송할 수 있도록 건조된 O.B.O선(ore, oil carrier), 광석, 살화물, 원유를 수송할 수 있는 C.BTJS(car, bulk carrier)등이 그것이다. 예컨대 종래에는 브라질에서 포항까지 철광석만을 수송한다면 그만큼 공운항(ballast voyage)이 감소되어 선박의 수익력이 크게 증대되는 것이다.

그런데 겸용선의 경우 건조비가 단용선보다 15 - 20% 정도 고가이기 때문에 사전에 왕복화물을 확보하는 것이 선행조건이 될 것이다. 현재 겸용선의 선복은 건화물선이 15% 정도를 점하고 있는 것으로 알려지고 있다. 한편 겸용선은 화물별로 시황의 변동이 심한 부정기선의 Spot시장에서 보다 유리한 화물을 적취할 수 있는 이점도 갖는다. 즉 탱커시황이 안좋으면 건화물을, 건화물 시황이 안좋으면 원유를 적취 할 수 있음을 말한다.

7) 특수선

이상에서 본 선박 외에도 수송대상 화물이 다양화되어 감에 따라 선박도 이에 맞추어 전용선이 개발되고 있는 바 주요 특수선을 간략히 설명하면 다음과 같다.

① 액화가스운반선

가스를 액화시키면 600분의 1로 축소시킬 수 있으므로 액화된 가스를 운반하는 특수선이 개발되었다.

② LNG운반선

액화천연가스(liquified natural gas) 운반을 목적으로 하며 이 천연가스는 액화된 상태를 유지하기 위해서는 -160℃로 냉각되어야 하므로 이러한 장치 때문에 고가선이다.

③ **LPG운반선**

액화된 프로판가스(liquified petroleum gas) 운반을 목적으로 하며 LNG와 같이 저온의 냉각을 필요로 하지 않는다.

④ **화공화물운반선**

각종화공화물(주로 석유화학 약품)을 살물상태로 운반하기 위해 그 화물의 특성에 알맞도록 설계된 선박이다.

⑤ **자동차 전용선(Pure Car Carrier)**

자동차 수송만을 위해 건조된 선박으로 하역방식은 안벽과 본선간에 램프웨이(rampway)를 설치하여 자동차를 roll-on, roll-off 방식으로 선적하고 하역한다.

8) 원목선(Log Carrier)

원목을 운송할 목적으로 건조된 선박으로서, 선창이 단층(single deck)이라는 것과, 다른 화물선에 비하여 선창(hold)과 창구(hatch)가 모두 길다는 점이 특징이다.

원목의 부력이 크다는 점을 고려하여, 상갑판상(on-deck)에 30피트 정도의 높이까지 적재할 수 있도록 되어 있는바, 갑판상에 적재할 수 있는 양은 창내(under-deck)적의 10~50%에 상당한다.

(2) 운항형태의 종류

1) 부정기선

부정기선(tramp or tramper)은 운송수요자의 요청에 따라 수시로 어디에나 취항하는 선박을 말한다. 따라서 정기선의 경우를 화물이 선박을 찾아오는 것이라고 한다면, 부정기선 운항은 선박이 화물을 찾아가는 것으로 비유할 수가 있다.

부정기항해는 항해의 신속성이나 정확성보다는 저렴한 운임을 특징으로 하고,

수송대상도 주로 중량 또는 용적에 비하여 그 가치가 적고, 운임부담력도 적은 화물, 출회시기가 불규칙한 화물, 수송단위가 큰 대량화물, 선박단위(vessel-load lots)의 만선화물(whole cargo) 등이 된다.

즉, 곡물류・광석・목재・사탕 등의 원재료, 식량물자가 주된 화물이다. 보통 정기선과 부정기선 사이에는 스스로 분업이 성립하고 있지만, 정기선이 잡화만으로 선복의 대부분을 채우지 못하는 경우 몇 개의 선창을 대량화물의 적재에 제공되는 경우가 있는 반면, 부정기선도 정기선에 적당한 제품으로 충당하는 경우가 있다. 뿐만 아니라 부정기선으로 이용하는 선박이 정기선회사에 용선되어 정기항해에 배선되는 경우도 있다. 여기서 알 수 있는 바와 같이 정기선과 부정기선의 구별은 선박의 크기나 속력 등에 따른 것이 아니라 선박의 운항양식의 차이에 따른 것이다. 따라서 유조선, 전용선 등도 그 유형은 모두 부정기선 운송에 속한다.

부정기선 항해는 정기항로의 배선과는 달리 반드시 다수의 선박을 필요로 하는 것이 아니며, 1척의 선박으로 운영할 수도 있고, 그 선박의 질도 정기선과 같은 우수선을 요구하지 않는 점, 해륙설비(海陸設備)에 자본을 크게 요하지 않는 점 등에서 비교적 간단히 사업을 개시 또는 중지할 수가 있다. 따라서 부정기선은 고래로부터 경쟁이 치열하고, 따라서 그 흥망도 격심하다. 또 부정기선 시장은 선복의 수급관계에 따라 운임률이 예민하게 변동하므로 시황의 영향을 크게 받는다.

2) 정기선

정기선(liner)이란 두 개 이상의 항구 사이를 사전에 확정된 운항일정에 따라 규칙적으로 반복하여 항해하는 선박을 가리킨다. 따라서 정기선은 불특정다수 화주 또는 여객에게 서비스를 제공하고, 만선이 되지 않더라고 예정된 일정에 따라 운항해야 하는데, 이와 같은 규칙적인 운항은 정기선운항의 생명이라 할 수 있으며, 화주 및 여객에 대한 신용의 기준이 된다. 보통 정기선은 개품운송계약의 형식을 취하고, 또 정기선이 취항하는 항로, 즉 정기항로에는 해운동맹이 결성되어 운임 및 기타 운항조건이 협정되고 있다. 그리고 세계의 주요항로에는 정기선 항로망이 형성되어 있고 유수한 선박회사는 거의 세계일주의 정기선을 운항하고 있다.

일반적으로 정기선이 취항하고 있는 항로는 대개 수출입 교역이 활발한 항로인데, 우리나라의 경우 한일항로, 동남아항로, 미주항로, 구미항로, 호주항로 등이 비교적 활발하고, 그밖에 남미항로, 중동항로 등에도 선박이 투입되고 있다.

정기선은 그 운영상의 특징에서 볼 때 다음과 같은 성능상의 조건은 구비해야 한다.

① 항로와 대상화물 적재에 적합한 선형・성능을 지녀야 한다.

② 기항지가 많기 때문에 정박시간을 단축할 수 있도록 하역시설을 완비해 두어야 한다.

③ 운송화물이 다양하므로 각종화물이 적합한 여러 가지 화물설비가 있어야 한다. 예컨데, 냉동화물을 위한 Refrigerating Chamber, 식용유・유액(latex), 당밀(molasses) 수송을 위한 Deep Tank, 도난의 우려가 있는 화물을 위한 금고실(strong room)

④ 화물의 안전수송을 위해 충분한 보호장치를 설치해 두어야 한다. 예컨데, 습기에 의한 손상을 방기하기 위한 흡습장치, 화재위험에 대비한 화재탐지기 및 소화장치 등이 필요하다.

여기에서 이상 설명한 정기선 서비스의 특징을 요약하면 다음과 같다.

① **규칙적인 항해** : 정기선은 일정한 시간간격으로 사전에 공표된 항로를 규칙적으로 항해한다.

② **공공서비스제공** : 정기선은 불특정 다수인에게 운송서비스를 제공한다.

③ **양질의 서비스** : 일반적으로 정기선은 부정기선에 비해 운송화물 자체도 고가품이고 우수한 고속대형선박이 투입된다.

④ **계약내용의 정형화** : 부정기선의 경우는 계약내용이 화물의 종류, 수량 등에 따라 개별적으로 정해지지만, 정기선의 경우는 대개 개품운송계약의 형태를 취하므로 동일한 약관에 의하여 획일적으로 결정된다.

⑤ **안정된 운임** : 부정기선의 경우 운임률은 수요・공급에 따라 결정되므로 항상 변하지만, 정기선의 경우는 협정운임을 적용하므로 운임이 일정기간

동안 고정된다.

3) 컨테이너선(Container Carrier)

일반화물선이 화물을 선적하고 양하하는데 너무 많은 시간과 비용이 소요되는 것을 개선하기 위해서 컨테이너 적재용 전용선화 한 것이 컨테이너선이다. 화물운송에 컨테이너가 도입되면서 컨테이너화가 이루어 졌는데 이를 일러 유통혁명이라고 부른다.

컨테이너선은 재래식 화물선과 비교해서 수송거리가 짧고, 수송회수가 많으며, 육상과의 접속수송(接續輸送)을 필요로 하는 항로일수록 유리하다. 또한 수출입업자의 입장에서도 목적화물의 멸실이나 손상의 위험으로부터 안심할 수 있으므로 더욱 선호하게 되었다.

컨테이너선의 이점이라고 하면 전천후 하역이 가능하며 하역능률이 높기 때문에 정박일수가 단축됨으로 선박의 이동률이 제고되는 점과 또한 정박시간의 단축으로 수송원가가 절감될 뿐 아니라 컨테이너선은 규격화된 화물을 일단 적입하면 최종목적지까지 타운송수단과 연계운송하여 문전서비스(door to door service)를 가능하게 하였다. 따라서 여러 면에서 유리한 컨테이너선의 출현으로 종래의 일반 화물선은 쇠퇴하고, 컨테이너선의 시대가 도래하였다 하여도 과언이 아니다.

4) 특수전용선

특수전용선은 광의로 말하면 부정기선박의 일종이라고 하겠으나, 선박의 구조상 일반 선박과는 다르기 때문에 특별히 구별하는 것이다.

특수선은 운송할 대상 화물의 성질상 선박에 특수시설이 갖추어져 있으며, 대개가 용선계약으로 운송된다. 특수전용선에는 수산물과 청과를 운송하는 냉동선(refrigerated ship), 유류만 수송하는 유조선(oil tanker), 곡물이나 광석의 수송에 쓰이는 광석전용선, 자동차수송전용선(car carrier), 목재전용선(log carrier, lumber carrier) 등이 있으며, 앞으로 이들 전용선의 비중은 점점 증대될 것이다.

5. 선화증권

(1) 선화증권의 개념

선화증권(bill of lading : B/L)이란 해상운송인이 송하인으로부터 위탁받은 운송품을 선적 또는 선적을 위해 수취한 사실을 증명하고 동시에 운송품을 지정된 목적지항까지 운송하여 증권의 정당한 소지인에게 증권과 상환으로 당해 화물을 인도할 것을 약속하는 유가증권이다.

선화증권은 운송인이 운송계약과 약정된 운임을 전제로 운송품을 선적한 후에 송하인의 요청에 따라 발급하게 되는 것이므로, 운송계약의 당사자인 운송인과 송하인, 그리고 운송계약의 목적물인 운송품이 선화증권발행의 기본요소가 된다.

여기서 말하는 운송인(carrier)은 선박으로 물품의 해상운송을 업으로 영위하는 선박소유자(shipowner), 선박운항인(operator) 등을 총칭하며, 송하인(shipper)은 화물의 운송을 위탁하는 항해용선인(charter) 또는 실제의 화주(cargo owner)를 의미한다. 운송품은 반드시 상품이 아니라도 상관이 없으나 운송의 목적에 수반하는 어떤 가치를 가진 화물이어야 한다.

선화증권은 운송품의 수령 및 선적을 확인하는 증거문서이므로 증권에 운송당사자 사이에 협정된 운송조건이 기재되어 있어도 그 자체를 계약서로 볼 수는 없다. 선화증권은 증권에 기재된 운송품에 대한 재산상의 권리가 법률적으로 인정되어 있는 권리증권(document of title)이다. 그러므로 운송중인 화물도 증권의 인도나 배서에 의해 소유권이 이전될 수 있고 운송물을 처분할 때는 반드시 선화증권이 사용되어야 한다.

그러나 운송계약서는 운송인과 송하인 사이에 운송에 관한 약정사항을 열거한 계약 당사자 간의 증거서류에 불과하여 제3자에게 양도할 수 있는 물권적 권리가 설정될 수 없으므로 운송계약서를 선화증권에 대용할 수는 없다.

국제무역에서 대금결제 수단은 실질적으로 화환어음이며 선화증권은 이 화환어음의 결제시에 상업송장, 보험증권 등과 함께 없어서는 안되는 중요한 서류이다. 따라서 국제무역의 중요성에 따라 선화증권의 건전한 유통과 거래당사자들을 보호할 필요성도 절실하여졌다. 여기에 선화증권의 유통성을 확보하고 증권 소지인을 보호하기 위해 선화증권의 기재사항(상법 제820조)과 그러한 기재사항에 대한 증거력(상법 제820조・131조)이 법률로 정해져 있다. 한편 선화증권 약관의 국제적 통일을 기하기 위하여 각종 조약이 체결되어 있는데, 이중 선화증권과 직접 관련된 국제조약으로는 1924년의 헤이그규칙과 헤이그 규칙의 개정의정서인 1968년 헤이그-비스비 규칙, 1978년의 함부르크 규칙 등이 있다.

(2) 선화증권의 기능

국제간의 상품거래가 대부분 해상운송을 매개로 하여 이루어지고 있기 때문에, 선화증권은 국제무역의 전형적인 도구의 하나로 등장했다. 그러므로 오늘날 무역거래는 선화증권 없이는 거의 생각할 수 없다. 선화증권의 주된 목적은 이미 화주로부터 떠나 해상운송인 곧 선주의 수중에 있는 상품을 간편하고 신속하게 처분할 수 있도록 하자는 데에 있다. 이로써 선화증권이 곧 해상운송의 목적물인 상품을 대표하여 유통전전 하는 것이다. 이러한 측면에서 선화증권은 운송물의 인도청구권을 상징하는 채권적 유가증권으로 파악되고 있는데, 영미법적인 접근에 의해 그 기능을 다음의 세 가지로 나눌 수 있다.

1) 선화증권은 선화증권의 소유자나 피배서인이 선화증권이 대표하는 상품의 인수를 주장할 수 있는 권리증권(document of title)이다.

선화증권의 기능 가운데 가장 중요한 것은 선화증권 그 자체가 화물을 대신하는 권리증권이라는 데에 있다. 이러한 권리는 선화증권의 소지인에게 당해 화물이 양도되는 것과 함께 선화증권에 배서(endorsement)함으로써 그 권리가 제3자에게 양도되는 것으로 확인된다. 다시 말하면 B/L은 송하인이 수하인에게 배서하여 양도되고, 수하인은 다시 다른 제3자에게 배서함으로써 재양도(再讓渡) 되어질 수 있다.

그러나 B/L은 수표나 어음과 같은 하나의 완전한 유통증권(negotiable instrument)이 되지 못한다. 그러므로 B/L을 훔친 자나 정당한 권리를 갖지 못한 자로부터 선의의 양수인(bona fide transferee)이라 하더라도 그 화물의 진정한 소유자(true owner)에게 대항할 수 없다. 즉 B/L은 그 B/L에 대해 정당한 권리자에게 양도되고 유통되어야 한다.

2) 선화증권은 상품이 선박에 인도되었음을 증명하는 수령증(receipt of goods)이다. 선화증권은 선주가 선화증권에 표기된 화물을 영수하였다고 인정하는 서류이다. 즉 화주로부터 화물을 인수하고 선박측이 발급하는 B/L은 그것에 반하는 특정 유보조항이 없는 한 B/L에 명시되어 있는 내용의 화물을 운송인이 인수하였다는 가장 훌륭한 증거서류가 된다.

3) 선화증권은 선주와 화주 간에 계약이 체결된 것을 증명하는 계약증서(evidence of contract)의 역할을 한다. 그런데 대다수의 영국 법조인들은 선화증권 자체는 계약서라 할 수 없고 다만 제시될 수 있는 계약의 가장 훌륭한 증거에 불과한 것으로 인식하고 있다. 그러나 현실적으로 선화증권은 선행계약이 없는 한 운송계약을 증명하는 가장 근거 있는 증거서류가 된다.

(3) 선화증권의 종류

1) 발행시기에 따른 분류

① 선적선화증권(Shipped B/L)

화물이 본선상에 선적된 뒤에 "Shipped or On Board"라고 기재하여 발행되는 것으로 화물이 실제로 특정 선박에 적재되었음이 기재된 것으로 On Board B/L 이라고도 한다.

② 수취선화증권(Received B/L)

화물을 선적할 선박이 항내에 정박 중이거나 아직 입항되지 않았지만 선박이 이미 지정된 경우에는 선박회사가 CY에 화물을 수령해 놓고 선적전에 발행하는 선화증권이다.

컨테이너 화물은 지정창고에 반입된 후나 컨테이너에 적입된 후 발행된 부두수령증(D/R)과 교환으로 선적전에 선화증권이 발행되기 때문에 수취선화증권이 된다.

2) 화물의 사고유무에 따른 분류

① **무사고선화증권(Clean or Uncaused B/L)**

Clean B/L은 Foul B/L에 대응하는 것으로 선화증권상에 포장이나 수량 등에 대해 특정 단서, 부가조항 또는 유보사항 등이 기재되지 않는 선화증권을 말한다.

선적시 화물의 상태를 점검한 일등항해사는 선적 완료 후 본선수취증(mate's receipt)의 비고란(remark)에 화물의 사고 유무를 기재하게 되며, 선화증권은 이를 근거로 발행되므로 선적시 화물에 이상이 없으면 통상 증권면에 "Shipped on board in apparent good order and condition"이라고 표시되어 발행된다. 이것을 무사고선화증권이라 한다.

② **사고부선화증권(Foul, Caused, Unclean, Dirty B/L)**

선적당시 선적서류상의 화물을 실제 조사해서 포장상태나 수량 등에 어떤 결함 또는 이상이 있어서 이러한 사실이 본선수취증 비고란에 기재되어 있는 경우 그대로 기재되어 발행되는 선화증권을 말한다.

3) 수하인의 표시방법에 따른 분류

① **기명식선화증권(Straight B/L)**

화물의 수취인, 즉 수입자의 주소, 성명이 명백히 기재된 선화증권으로서, 예컨대 Consignee란에 "M/S. Al Gosaibi Trading Co., Ltd. P.O. Box 100, Dammam, Saudi, Arabia"라고 쓰여 있으며 수하인이 특정인으로 한정된다.

일반적으로 운송기간이 짧아서 증권의 유통이 실효가 없는 항공운송에서의 항공화물운송장(Air Waybill)은 기명식으로 발행되어 원본 1부가 화물과 함께 수하인에게 보내어진다.

② **지시식선화증권(Order B/L)**

수하인의 주소, 성명을 기재하지 않고, Consignee란에 단순히 "Order", "Order of * * Bank"라고 기재하는 데 전자는 'Order of Shipper'의 준말로서 이는 곧 송하인이 지정하는 사람에게 화물을 인도하라는 의미이고, 후자는 신용장 발행은행으로서 동은행이 지정하는 당사자에게 화물을 인도하라는 의미가 있다.

지시식선화증권은 송하인 또는 은행이 뒷면에 백지배서(blank endorsement)만 하면 이증권의 소지인이 화물에 대한 소유권을 갖도록 자유롭게 양도・양수할 수 있는 선화증권이다.

4) 유통성여부에 따른 분류

① 유통가능선화증권(Negotiable B/L)

선박회사는 보통 3통의 선화증권 원본을 발행하는데, 이들 원본만이 화물과 상환이 가능하며 은행 또한 이들 원본만을 정당한 선화증권으로 인정하여 매입을 하게 된다. 영국계통에서는 양도가능한 지시식 선화증권, 즉 "or his or their assigns"와 같은 형식의 선화증권을 Negotiable B/L이라 한다.

② 유통불가능선화증권(Non-Negotiable B/L)

선박회사는 원본 이외의 모든 선화증권을 발급할 때 이미 Non-Negotiable이라는 표시를 하기 때문에 이들 사본으로는 화물상환이 되지 않을 뿐만 아니라 은행에서도 매입되지 않는다. 영국에서는 유통이 되지 않는 기명식 선화증권을 의미하기도 하며, 이러한 선화증권은 대개 무역화물이 아닌 이삿짐 같은 것을 운송할 때 이용된다.

5) 특수선화증권

① 통선화증권(Through B/L)

통선화증권은 복수의 운송인이 관여한 선화증권으로서 한 사람의 운송인이 둘 이상의 수송수단으로 운송하는 경우와 둘 이상의 운송인이 공동으로 수송할 경우에 운송업자간에 연결운송계약이 체결되기 때문에 최초의 운송인이 전구간의 수송에 대하여 발행하는 선화증권이다.

② 복합운송증권(Combined, Multimodal, Internodal Transport Document)

수출국의 화물 인수장소로부터 수입국의 인도장소까지 육상, 해상, 항공 등 적어도 두 가지 이상의 다른 운송방법에 의해 일관운송(Multimodal Transportation)되는 경우에 발행되는 증권으로 복수운송인이 전구간의 운송에 대하여 책임을 지고 발행하는 운송증권을 말한다. 복합운송증권은 door to door의 일관운송되는 컨테이너 화물에 사용된다.

③ 집단선화증권(Groupage B/L)과 혼재선화증권(House B/L)

집단선화증권은 수송할 화물이 한 컨테이너분이 안되어(LCL cargo) 포워더가 같은 목적지로 가는 화물을 모아서 하나의 운송그룹을 형성, 선적해 보낼 때 선주가 포워더에게 발행하는 선화증권을 말한다. 이것을 혼재(consolidation)라 하는데 이것을 화주에게 포장비의 절감, 신속한 수송, 저렴한 운임, 손상감소 등의 이점이 있다.

따라서 이같은 혼재를 주선한 포워더는 선사로부터 정상적인 Groupage B/L을 받고 각각의 화주들에게는 일종의 선적증명서(certificate of shipping)를 발급해주는데 이것이 바로 House B/L이다.

④ Port B/L 과 Custody B/L

Port B/L은 선적될 화물이 운송인에게 인도된 상태에서 지정된 선박이 입항은 되어 있으나, 화물이 본선에 적재되지 않은 경우에 발행되는 수취선화증권의 일종이다.

한편 Custody B/L은 화물은 운송인에게 인도되었지만 본선이 아직 입항하지 않았을 때 발행되는 수취선화증권의 일종이다.

⑤ 제3자 선화증권(Third Party B/L)

선화증권상에 표시되는 송하인(shipper)은 일반적으로 신용장의 수혜자가 되는 것이 보통이나, 수출입거래의 매매당사자가 아닌 제3자(third party)가 송하인이 되는 경우가 있는데 이를 제3자 선화증권이라고 한다. 주로 중계무역 등에서 이용되는데 신용장에 별도의 명시가 없는 한 은행은 이를 수리하도록 신용장 통일규칙은 규정하고 있다.

⑥ **환적선화증권(Transsshipment B/L)**

화물을 목적지까지 운송하는 도중 중간항에서 다른 선박에서 환적하여 최종 목적지까지 수송할 때 발생되는 선화증권을 환적선화증권이라 한다. 이때 각 구간의 운송인은 증권에 연서하여 수하인 또는 선화증권 소지자에 대하여 연대책임을 진다. 그런데 컨테이너 운송시의 Feeder Service는 환적이 아니므로 동증권을 발행할 필요가 없다.

⑦ **약식선화증권(Short Form B/L)**

약식선화증권이란 일단 선화증권으로서의 필요한 기재사항은 갖추고 있다. 그러나 일반선화증권(long form B/L)에서 볼 수 있는 이면약관이 없는 간이식으로서 최근 미국을 중심으로 많이 이용되고 있다. 그러나 일단 분쟁이 생기면 Long Form B/L사의 화주 및 선주의 권리나 의무에 준거하도록 되어 있다. 이 같은 약식선화증권은 때때로 용선계약부 선화증권을 발행할 때 많이 이용되고 있다.

⑧ **적색선화증권(Red B/L)**

이는 전체가 적색으로 인쇄된 증권이며 선화증권과 보험증권을 결합시킨 것으로 증권에 기재된 화물에 사고가 발생하면 선박회사가 이를 보상해 주는 선화증권이다. 적색선화증권에 대한 운임은 보통선화증권의 경우 보다 고액이고 선박회사는 보험회사에 일괄하여 부보하게 되므로 송하인이 결과적으로 보험료를 지불하게 되지만 운송화물에 대한 보험사고 발생시에 수속이 간편하여 보험지식이 없는 지방화주들이 이용하는 예가 많다.

⑨ **부서부선화증권(Countersign B/L)**

도착된 화물에 운임 또는 다른 채무가 미해결 상태에 있을 경우 화물을 인수하는 자는 채무를 해결하고 화물을 인도 받게되는데, 이때 선박회사는 채무의 해결을 증명하기 위해 선화증권에 부서(countersign)하여 화물을 방면(release)한다. 이처럼 Countersign 되어 있는 선화증권을 말한다.

⑩ **기 타**

Stale B/L, Parcel Receipt, Cargo or Sea Waybill

제3절 국제항공운송

1. 국제항공운송의 개념 및 특성

(1) 항공운송의 개념

항공운송(Air Transportation)이란 항공기의 선복(plane's space)에 여객과 화물을 탑재하고 국내외의 공항(airport)에서 항로(air route)로 다른 공항까지 운항하는 초근대식 운송시스템을 말한다. 일반적으로 물품의 운송은 육상이나 해상운송에 의존해 온 것은 사실이다. 그러나 항공기의 개발로 대량수송이 가능해졌고 공간개념의 축소로 세계가 동일생활권화 됨에 따라 신속한 운송에 의한 교역의 증대와 상호보완적인 물품의 교환이 절실히 요구되고 있어 물품의 항공수송은 점차 일반화되어가고 있다.

수출입에 있어서도 수출입화물의 대부분이 운임면에서 저렴하고 대량수송이 가능한 해상운송에 의존하고 있는 현실이다. 하지만 시장전략과 경쟁력증대방안의 이유로 항공운송의 점유율이 계속 높아지고 있다.

통계에 의하면 수송화물 중 1% 미만(중량기준)에 해당하는 화물이 항공기에 의해 운송되고 있는 것으로 나타나고 있다. 이것은 아직 항공수송의 점유화가 극히 적은 일부에 불과하지만 초기의 금수송이나 우편물 수송에 불과하던 것이 대형기에 의한 100톤 이상의 화물을 일시에 수송할 수 있게 되었다. 한편 화물가액으로 본 항공운송은 구미의 경우 1970년대 말에 이미 20%~30%를 점한 바 있다.

항공운송은 해상운송이나 육상운송에 비해 극히 최근에 도입된 수송시스템이지만 항공운송의 경제적 특성에 의해 가장 체계화된 유통시스템과 정보체계를 이용하여 물적 유통 체제가 완벽하게 운용되고 있는 수송부문으로 각광을 받고 있다.

(2) 항공운송의 특성

1) 항공운송의 특성

① **편도운송** : 고가의 기계를 임대차 또는 수리의 목적으로 발송한 경우 혹은 반제품으로 출하한 것이 완제품이 되어 반송될 경우에 이루어지는 왕복운송을 제외하고는 항공화물운송은 거의 대부분이 편도운송이다.

② **고정화주** : 항공화물의 고객은 화물을 반복해서 계속적으로 출하하는 고정화주가 대부분이다. 따라서 항공화물운송은 여객운송과는 다른 과정을 거쳐서 발달하여 왔으며, door to door service의 제공이나 복잡한 운임체계의 설정 등으로 이루어지고 있다.

③ **지상조업의 필요** : 여객과는 달리 화물은 의지가 없는 물체이며 스스로 움직일 수도 없다. 따라서 항공화물은 공항에서의 지상조업이 필요하며, 항공화물의 적하를 위해서 숙련된 작업이 요구된다.

④ **운송형태의 변화** : 항공화물의 운송형태는 여객운송과는 달리 아주 다르다. 화물의 경우 화주가 야간운송을 선호하는 경향이 강하며 오후 늦게 화물을 집하하여 야간에 항공운송을 하고 목적지에서 다음날 새벽에 배송하는 것이 가장 이상적인 화물의 운송형태이다.

⑤ **계절변동** : 특정의 화물, 예를 들면 식품, 화훼류, 농산물, 특정의 의류 등은 계절에 따라 변동이 심하지만, 일반화물은 대부분 여객에 비해 계절적 변화가 없다.

그 외에도 많은 점에서 화물운송은 우회운송이나 경로변경 등 다소의 불편이 생기더라도 민감한 반응은 보이지 않지만, 일단 화주를 잃게 되면 한 사람의 여객을 잃은 것보다 더 심한 손해를 입기 때문에 이점에 특별히 유의할 필요가 있다.

2) 항공운송의 장점

고객이 항공운송을 이용하는 이유를 들면 다음과 같다

① 운송기간이 짧다(lower transit time)는 점이다. 이는 수송 중 물품에 대한 투자시간을 단축시킴을 의미한다. 이에 해당되는 상품은 긴급화물(emergency freight)로서 시간에 민감하여 기회비용(opportunity cost)이 가장 중요시되는 상품들이다. 예를 들면 기계설비 및 선박의 부품, 납기가 촉박한 상품, 계절유행상품이나 투기상품 등이다.

② 수송조건이 좋다(improvement in the conditions of carriage)는 점이다. 다른 운송수단에 비해 운송중의 흔들림이나 충격 등이 없기 때문에 적재한 화물이 파손되거나 분실, 훼손되는 위험이 감소되는 것을 의미한다. 따라서 적재할 화물은 중량에 비해서 운임부담률이 있는 것 또는 파손되거나 도난의 위험이 많은 것으로 모피, 미술품, 귀금속, 시계, 약품, 의류, 전자・전기제품, 광학기기 및 반도체 제품 등이 대상이다.

③ 재고비용의 절감(lower cost of holding goods in inventory)이다. 이는 재고로 묶여 있는 동안에 발생할 수 있는 손실, 분실, 훼손의 위험이 감소됨을 의미한다. 이에 해당되는 상품은 부패성 내지는 시간이 지나면 가치가 없어지는 화물(perishable freight)로서 역시 시간에 민감한 상품이긴 하나, 긴급화물보다는 다소 계획적인 수송을 한다. 예를 들어 생선, 식료품, 생화, 살아 있는 동물, 방사성물질 등과 같이 시간이 흐름과 함께 가치가 사라지는 품목과 신문 잡지, 뉴스・필름, 원고, 상업서류 등의 시간적인 지적송고(知的送稿)이다. 이때의 수송비는 최종고객이 마땅히 지불할 수 있는 정도에서 결정된다.

제4절 국제복합운송

1960년대 컨테이너(container)가 등장하면서 운송의 혁명이라 일컬어지는 복합운송이 도입되게 되었다. 특히 해상운송의 대상으로 근간을 이루는 일반화물운송은 수송화물의 포장방식이 다양하기 때문에 하역 작업에 있어서 전근대적이고 비능률적인 요소가 만연하여 운임 상승의 원인이 되어 왔다.

컨테이너는 복합운송방식을 통하여 이러한 여러 요인을 제거하고 선박가동률을 향상시키고, 수송단위 원가의 절감 및 하역작업의 기계화로 인하여 국제운송의 신속・안전・경제성이라는 이념의 실현과 이종운송수단을 효율적으로 접속시킴으로써 국제물품거래에서의 시간적・공간적 간격을 극복하게 하였을 뿐만 아니라 「문전에서 문전까지」(door to door) 운송체계의 기본을 이루고 있다. 그런데 복합운송에 있어서 운송품에 손해가 발생하면 그 책임의 부담자는 누구이며 어느 나라의 법률에 준할 것인가를 결정하는 것이 문제가 된다. 이러한 문제는 육・해・공 각각의 법칙으로는 해결할 수가 없었으므로, 복합운송인의 책임을 규정하는 국제규칙이 필요하게 되었다.

국제조약에 의하여 복합운송인의 책임을 규정하려는 본격적인 논의는 2차 세계대전 후의 일이었다.

1949년 ICC의 국제물품복합운송조약 예비초안이 작성되고, 1965년 로마사법통일국제협회와 국제해사위원회(Committee Maritime International : CMI)의 합동위원회에 의한 복합운송조약 초안(Project de Convention Sur le Transport Internationale Combine DE Merchandises : 보통 TCM 조약안이라 함)을 작성하였는데 이는 1971년 유럽경제위원회(Economic Commission for Europe : ECE)와 정부간 해사협의기구(Inter-Governmental Maritime Consultative Organization : IMCO)의 합동위원회에서 복합운송조약초안(개정 TCM 조약안)으로 구체화되었다.

그러나 개도국의 반대로 「개정 TCM 조약안」이 무산되자 선진국들은 민간베이스의 통일약관을 성립시키려고 하였으며, 이에 따라 ICC의 복합운송증권통일규칙(Uniform Rules for Combined Transport Document)이 제정되었다. 이 복합운송통일규칙」은 이종책임체계(network liability system)를 통합하여 현재 복합운송계약에서 많은 운송인들이 채용하고 있다. 1980년 유엔무역개발회의(United Nations Conference on Trade and Development: UNCTAD)는 화주를 보호하고 복합운송인의 책임을 강화하는 유엔 국제복합운송조약(UN Convention on International Multimodal Transport of Goods 1980)을 채택하였으나 아직 발효되지 않고 있다. 한편 Incoterms 1980년에도 "Free Carrier", "Freight or Carriage Paid to", "Freight, Carriage and Insurance Paid to"조건이 규정되어 복합운송에 의한 국제상거래가 원할히 수행되도록 하고 있다.

1. 복합운송의 개념

복합운송(combined transport)이란 복합운송인이 물품을 어느 한 국가의 지점에서 수탁하여 다른 국가의 인도지점까지 해상, 육로, 내륙, 수로, 항공, 철도나 도로운송의 운송방식 중 적어도 두 가지 이상의 운송방식에 의하여 운송하는 것을 의미한다(복합운송증권통일규칙 제2조3항).

Combined transport means the carriage of goods by at least two different modes of transport, from a place at which the goods are taken in charge situated in one country to a place designated for delivery situated in a different Country.

그러나 두 가지 이상의 운송방식에 의하는 경우라 할지라도 계약을 이행하기 위하여 부수적으로 행하여지는 집화와 인도(pick-up and delivery)를 위하여 다른 운송방식이 이용되더라도 그것은 복합운송으로 간주되지 않는다(UN국제복합물품운송협약 제1조 1항).

복합운송은 복수의 운송인이 참여하는 운송방식이라는 관점에서 통운송(through carriage)의 개념과 유사하다.

그러나 통운송은 송하인과의 계약관계에 따라 다음의 세 가지 특성을 가지고 있다.

① 첫 번째 운송인은 전 구간의 운송을 인수하고 그 일부 혹은 전부를 다른 운송인에게 이행하도록 한다.

② 다수의 운송인이 공동으로 전 구간의 운송을 인수하고 각 운송인의 분담구간을 운송인 상호간의 합의에 따라 결정한다.

③ 다수의 운송인이 공동으로 전구간의 운송을 인수하나 각 운송인의 담당 구간을 처음부터 송하인에게 명시한다.

통운송은 ①의 경우에는 첫 번째 운송인이 통선화증권(through B/L)을 발행하고 전구간에 있어서 화주에 대한 계약상의 책임을 부담하며, ②와 ③의 경우에는 전 운송인이 연대해서 책임을 부담한다. 따라서 동일목적에 다수의 운송인이 관여한다는 관점에서 통운송방식은 복합운송과 외형상 유사하나, 물품의 수탁지점으로부터 인도지점까지 주로 한 가지 운송방식에 의하여 운송된다는 점에서 그 차이점을 발견할 수 있다. 그러나 통운송의 경우에도 첫 번째 운송인과 체결한 운송계약으로서 전구간이 담당되며 운송기관이 바뀔 때마다 별도의 운송계약을 체결할 필요가 없다는데서 복합운송방식과 동질성을 띠고 있다고 할 것이다.

복합운송이란 육・해・공에 걸친 통합일관운송(integrated through transport)이라는 의미를 가지지만 컨테이너운송은 해・육에 한정되어 있다. 해・육복합운송은 일정한 규격의 컨테이너를 매체로 하여 다른 방식의 복수운송수단을 유기적으로 결합한 운송시스템으로 급속한 발전을 이룩할 수 있었다. 그러나 항공운송에 있어서는 사용되는 컨테이너는 해상운송컨테이너와 다를 뿐 아니라 해상컨테이너는 자중(自重)이 과대하여 항공운송에는 부적합하므로 육・해・공 일관운송의 실현은 많은 문제점에 부딪치고 있다.

2. 복합운송인의 책임

복합운송에서 운송인 전 운송구간에 대하여 1인의 계약주체로서 규정하고 있음으로써 그 외에 다른 운송인은 실체운송인(actual carrier)이라 할지라도 복합운송인을 위한 하청운송인 또는 이행보조자로서 분담구간에 대한 운송을 수행할 뿐이다. 송하인으로부터 화물을 수탁한 첫 번째의 운송인이 복합운송인의 입장에서 물품의 인수지점에서 인도지점까지 전구간에 대한 운송을 책임지는 복합운송증권을 발행하기 때문이다.

그러나 복합운송인의 책임은 육상, 해상 및 항공 등 각 운송방식에 따라 각기 다른 법률적 책임의 체계 및 기준이 적용되고 있음으로서 전 운송구간에 걸친 복합운송인의 책임은 복잡성을 띠고 있다.

(1) 복합운송증권통일규칙의 적용

국제상업회의소(International Chamber of Commerce : ICC)의 복합운송증권통일규칙에서 복합운송계약을 증명하는 복합운송증권의 두서에 이 규칙에 따르는 증권이라는 뜻을 표시하는 문언 “Negotiable or Non-Negotiable Combined transport document issued subject to Uniform Rules for a Combined Transport Document(ICC Brochure No. 298)”이 기재되어 있는 경우에는 운송인의 책임은 이 규칙에 의하여 결정된다고 규정하고 있다. 또한 이 규칙은 복합운송증권에 의하여 증명되는 「복합운송의 이행 및/이행의 확보」(performance and/or procurement of performance of combined transport)를 위하여 체결한 일체의 계약에 적용된다고 규정하고 있다(복합운송증권통일규칙 제2조 a항). 여기에서 복합운송이란 해상, 내륙, 수로, 항공, 철도 등 두 가지 이상의 다른 운송방식에 의한 두 국가 간의 물품운송을 의미한다. 또한 복합운송을 이행하려고 의도한 당초의 계약에도 불구하고 결과적으로 단일한 운송방식에 의하여 운송이 이루어지게 된 경우에도 동 규칙이 적용된다.

(2) 책임의 주체

복합운송인(Combined Transport Operator)은 책임의 주체로서 화주에게 전 운송구간에 대하여 단일책임을 진다(복합운송증권통일규칙 제5조 a항). 그러므로 복합운송인은 복합운송증권을 발행함으로써 복합운송증권에서의 약관에 따라 운송물품은 수탁한 때로부터 인도할 때까지 전 구간에 걸쳐서 복합운송을 직접 이행하거나 그 이행을 그의 명의로 확보할 약속을 하고 있는 것이다. 복합운송인은 그의 대리인이나 사용인의 작위 및 부작위에 대하여도 책임을 부담하며(복합운송증권통일규칙 제5조 b항) 또한 복합운송증권상의 계약조건의 이행을 위하여 그가 사용한 여하한 서비스 제공자의 작위 및 부작위에 대하여도 책임을 부담하게 된다(복합운송증권통일규칙 제5조 c항).

결국 복합운송인은 물품을 수탁한 때로부터 인도시점에 이르는 과정에서 발생한 멸실 또는 손상에 대해 보상할 의무를 지며 물품의 인도를 위해 필요한 모든 조치를 강구할 책임을 진다.

1) 물품의 멸실 · 손상에 대한 책임

① 손해발생구간이 분명한 경우

운송물품에 대한 손실이 발생한 운송구간이 명확히 판명된 경우 복합운송인의 책임은 그 구간의 운송에 관한 별도의 국제조약 또는 국내법 등에 의하여 결정된다. 이때에 복합운송인의 책임은 그 특정구간(particular stage of transport)만의 운송에 대하여 운송계약을 체결하였을 경우 적용되었을 강행법규인 국제협약 또는 국내법에 의하여 규제된다(복합운송증권통일규칙 제13조).

예를 들면, 우리나라와 외국 사이에 해상운송구간이라면 국내법인 상법 제787조 또는 790조가 적용되고, 일본과 외국 사이의 해상운송인 경우에는 헤이그규칙을 기초로 하는 국제해상물품운송법이, 항공운송인 경우에는 바르샤바 조약(Warsaw Convention)이 적용된다.

그러나 손해발생구간에 강행적인 국제협약이나 국내법이 없는 경우 복합운송인의 책임은 복합운송증권상의 명문의 조항 이른바 지상약관(paramount clause)에 의하여 그 책임이 결정된다.

예를 들면 해상구간 양단의 나라가 모두 헤이그규칙을 채용하고 있지 않는 경우에도 복합운송증권상의 지상약관의 규정에 의하여 헤이그규칙을 적용할 수도 있는 것이다. 또한 CMR협약과 같은 국제협약이 존재할 지라도 우리나라의 육로운송에서 사고가 발생한 경우 유럽지역에서 적용되는 CMR협약은 그대로 적용될 수 없으며, CMR이 도로운송협약인 점에 착안하여 당사자 간에 증권의 지상약관에서 CMR의 적용을 받는다는 정한 때에 한하여 이에 따라 복합운송인의 책임이 규제된다.

한편 강행규칙으로서의 국제협약이나 국내법은 물론, 지상약관에 의해 적용될 국제규칙이 없는 경우에는 복합운송증권의 약관에 따라 그 책임이 결정된다(복합운송증권통일규칙 제13조).

② 손해발생구간이 분명하지 않는 경우

운송물품의 멸실 손상이 발생한 운송구간을 입증할 수 없는 손해구간불명손상(concealed damage)에 대한 복합운송인의 책임에 관하여 별도로 규정하고 있다(복합운송증권통일규칙 제11조, 제12조).

이때에는 물품의 멸실 또는 손상에 대한 보상금의 산정은 수하인에게 인도된 장소와 시점에서 또는 복합운송계약에 약정된 인도장소와 시점에서의 물품가격을 기준으로 한다(복합운송증권통일규칙 제11조 a항).

또한 보상금의 한도는 별도로 복합운송인이 물품에 대한 가격을 수락하여 운송증권상에 명시하지 않는 한 멸실 또는 손상물품의 총중량 kg당 30 Francs를 초과하지 못한다(복합운송증권통일규칙 제11조 c항).

복합운송인은 ① 송하인(consignor) 또는 수하인(consignee) 측의 작위 또는 부작위, ② 포장・화인의 하자, ③ 송하인 또는 수하인의 물품취급상의 하자, ④ 운송물품의 고유한 성질, ⑤ 파업 등 노사쟁의행위, ⑥ 복합운송인이 상당한 주의를 기울였을지라도 피할 수 없었던 원인에 의한 사고, ⑦ 원자력에 의한 사고로 인한 물품의 멸실・손상에 대해서는 면책된다(복합운송증권통일규칙 제12조).

이러한 면책에 대해서 복합운송인은 운송물품의 멸실・손상이 위에서와 같은 면책사유 중의 하나로 인하여 발생하였다는 것을 입증해야 한다(복합운송증권통일규칙 제12조 별항).

2) 물품의 연착에 대한 책임

연착(delay)이란 물품이 복합운송증권에서 약정한 인도기한 또는 이러한 기한의 명시가 없는 경우에는 복합운송의 전과정을 충실히 수행(diligent completion)하기 위하여 필요로 하는 합리적인 기한을 초과하여 도착하였음을 의미한다.

복합운송인은 물품의 도착이 지연되었을 경우에는 그 원인이 발생한 운송구간이 명백히 드러난 때에 한하여 국제협약 또는 국내법에 따라 보상책임을 진다. 보상한도액은 그 운송구간의 운임액을 초과하지 못한다(복합운송증권통일규칙 제14조).

3. 복합운송증권

(1) 복합운송증권의 개념

복합운송증권(Combined Transport Document : CTD)이란, 선박, 철도, 항공기, 자동차제 의한 운송방식 중 적어도 두 가지 이상의 다른 운송방식에 의하여 운송물품의 수탁자와 인도자가 상이한 국가의 영역 간에 이루어지는 복합운송계약을 증명하기 위하여 복합운송인이 발행한 증권이다. 복합운송증권은 발행자인 복합운송인(Combined Transport Operator : CTO)이 증권에 기재된 화물의 종류, 수량, 상태 등을 수탁자로 부터 목적지까지 운송하기 위하여 자기의 지배하에 수취하였음을 증명하는 공식적 수취증(formal receipt)이며 그 증권의 발행 이전에 이미 체결한 계약의 내용과 조건을 구체적으로 입증하는 운송계약증거(memorandum of the contract of carriage)이므로 유통성 복합운송증권은 수화인(consignee)의 배서(endorsement) 또는 인도(delivery)에 의하여 물품의 처분권이 주어지는 물권증권(document of title)으로서 유가증권의 성격을 띠고 있다.

이러한 복합운송증권과 개념상 비슷한 "Through B/L"(통선화증권)과의 구분문제는 현실적으로 뚜렷한 구분이 없으므로 많은 혼란과 문제점이 야기되고 있다. 신용장상은 "Through B/L"을 요구하고 있을 경우 어떤 은행은 "Through B/L"을 "Through B/L"(운송업자 또는 그 대리인이 발생한 것)로만 인정하는 은행이 있는가 하면 또한 어떤 은행은 복합운송증권도 "Through B/L"의 일종으로 간주하여 수리를 해주는 경우도 있어 복합운송증권과 "Through B/L"의 상호교환성 여부의 문제는 실제로 은행 실무상의 문제점으로 대두되고 있는 것이다.

(2) 복합운송증권의 종류

복합운송증권의 종류에는 그 형태에 따라 다음과 같이 분류를 할 수 있다.

1) 복합운송증권통일규칙에 의한 증권

신용장상에 국제상업회의소(ICC)의 복합운송통일규칙에 준하는 증권을 요구한다면 "Negotiable(또는 Non-Negotiable) Combined Transport Document Subject to ICC Publication No. 298과 같은 문언이 삽입되어야 한다. 이 경우 제시된 증권이 복합운송증권이라는 표제가 표시되어 있지 않는 증권이라 할지라도 신용장에서 요구하고 있는 유통성이나 비유통성을 지닌 서류로서 국제상업회의소 복합운송통일규칙에 준한다는 취지가 명시되어 있으면 수리가 가능하다.

2) 선화증권 형식의 복합운송증권

복합운송증권의 대부분은 "Bill of Lading"(B/L)이라는 말이 붙는 선화증권 형식의 "Combined Transport Bill of Lading"이 주로 사용되고 있다. 이러한 명칭은 복합운송법제의 형성과정에서 선화증권에 관한 국제규칙인 Hague Rules가 그 기본을 이루었으며, 또한 복합운송구간에서도 해상구간이 차지하는 비중이 크기 때문이다. 선화증권형식의 복합운송증권은 "Combined Transport Bill of Lading", : Multimodal Transport Bill of Lading", "Internodal Transport Bill of Lading" 등의 다양한 명칭을 사용하고 있다. 이러한 증권은 그 명칭에 복합운송을 의미하는 문언이 기재되어 있는 것이 특징이라 할 수 있다.

3) 보험부 복합운송증권

복합운송증권에 적하보험이 명시되어 있는 증권으로서 "UC&D(United versal Carloading & Distributing Inc.) 컨테이너 B/L과 "OCL/ACT(Over seas Containers Ltd./Associated Container Transpiration Ltd.) 컨테이너 B/L이 있다. "OCL/ACT B/L"의 표제는 "Combined Transport Bill of Lading and Certificate of Insurance"로 되어 있고 증권의 하단에 「로이드」(LIOYD)의 보험증명서가 기재되어 있다. "UC&D B/L"에 삽입되는 tariff중에 운임에는 해상보험료가 포함되어 있고 B/L약관에 공동해손분담금을 자사가 부담한다고 규정하고 있다. 반면에 "OCL/ACT B/L"에는 화물보험을 강제적으로 OCL/ACT를 통해서 부보하도록 하고 있다. 이와 같이 복합운송증권이 적하보험과 관련되어 있는 경우에는 복합운송인의 책임은 더욱 강화되므로 그 대가로서 운송인은 보험료를 징수하거나 자기들을 통해서 보험계약을 체결하도록 하는 시스템을 제공하게 되는데 그 목적은 경제규모의 원칙에 따른 저렴한 보험료에 대하여 많은 화물을 유지하려는 의도가 있다고 하겠다.

4. 복합운송의 주요경로

현재 선박과 철도 또는 자동차 등으로 조합되어 있는 국제복합운송은 해상경로가 중심을 이루면서 자동차에 의해 내륙운송이 완결되는 방식과, 랜드브리지 방식에 의한 대륙횡단철도와의 제휴에 의한 방식으로 구별된다.

1) 시베리안 랜드브리지에의한 복합운송

국제표준기구(ISO : International Organization for Standardization)규격의 컨테이너에 의해 시베리안 철도를 경유하여 이뤄지는 극동 유럽간의 국제복합운송서비스로서 소련 국경으로부터 최종 목적지까지의 운송수단에 따라 ① Trans Sea ② Trans Rail ③ Tracons 등 세 가지로 나눠진다.

이 3가지 방법은 한국과 보스토치니(Vostochny)간을 선박(조선국적선), 보스토치니와 소련 서부국경까지는 철도를 이용한다는 점에서는 동일하다. 그러나

①의 Trans Sea 는 레닌그라드, 탈린 등에서 영국, 네덜란드, 덴마크, 노르웨이 등 각국의 항구까지 선박(소련국전선)을 사용하는 방법이며 ②의 Trans Rail 및 ③의 Tracons는 브레스트, 쵸프, 쥴파 등의 국경역에서 유럽대륙 및 이란, 터키, 아프카니스탄 등의 중국제국의 목적지까지 각국의 철도나 트레일러를 사용한다는 데에 차이가 있다.

2) 아메리카 랜드브리지(America Land Bridge : ALB)

아메리카 랜드브리지는 1860년대 미대륙을 횡단하던 Rail Bridge의 개념에서 출발하였기 때문에 이미 100년 이상의 역사를 갖고 있으며, 본명은 Land Bridge였다. 그러니 SLB(TSCS)와 CLB(Canada Land Bridge)를 통한 극동/유럽간 수송과 구별하기 위해 America Land Bridge라고 부르게 되었으며 다음에 설명할 MLB(Mini Land Bridge)와는 근본적으로 차이가 있다.

3) 미니랜드 브리지(mini land bridge : MLB)

미니랜드 브리지는 1972년 3월 미국의 Sea Train 사가 주제교통위원회(interstate commerce commission : ICC)와 연방해사위원회(federal maritime committee : FMC)의 승인을 받아 개설된 것으로 극동~미국의 태평양연안간을 해상운송하고, 태평양연안의 항구로부터 미국 동해안 혹은 멕시코만의 모든 항구까지 철도운송하거나, 구주~미국의 대서양연안까지를 해상운송하고 거기서부터 서해안의 태평양 모든 항까지를 철도운송하는 것이다.

미니랜드 브리지의 해륙복합일괄운송의 전항운임은 일본에서 뉴욕까지의 구간을 태평양연안에서 MLB운송 혹은 직항 컨테이너선에 의한 해상루트의 어느 것을 이용하든지 운임은 동일하다.

운송도중 화물의 멸실 혹은 손상으로 인한 손해배상책임의 적용법규로서 철도·도로 운송 중 발생한 경우에는 미국의 국내법인 주제교통법(IC Act) 및 주제교통위원회(ICC)나 연방해사위원회(FMC)가 작성한 통일선화증권약관에 준하고, 해상에나 내륙수로에서 발생한 경우에는 헤이그규칙에 관계되는 국내법에 준한다. 그리고 손해발생구간이 판명되지 아니한 경우에는 해상구간에서 손해가 발생하는 것으로 간주하여 선화증권의 발행자인 선박회사가 헤이그규칙에 관계되는 국내법에 의하여 책임을 부담한다.

4) 오버랜드 코먼 포인트(overland common point : OCP)운송

오버랜드 코먼 포인트라 함은 북미대륙내에서 공통운임이 부과되는 지역을 말한다.

제6장 해상보험

제1절 해상보험의 개념

1. 해상보험의 의의

해상보험이란 해상운송 도중에 일어나는 사고에 대해서 보험자(insurer)가 보험금(insured amount)의 지급을 통해 손해를 보상하여 줄 것을 약속하고, 피보험자(insured)는 그 대가로서 보험료(insurance premium)를 지불할 것을 약속하는 손해보험의 일종이다. 영국해상보험법 제 1조에는 “해상보험계약은 보험자가 피보험자에 대하여 그 계약에 의해 합의된 방법과 범위 내에서 해상손해, 즉 해상위험에 수반하는 손해를 보상할 것을 약속하는 계약이다.”라고 되어 있으며, 제 2조에는 “해상보험계약은 그 명시된 특약 또는 상관습에 의해 그 담보의 범위를 확장해서 해상항해에 수반하는 내륙수로 또는 육상위험의 손해에 대하여서도 피보험자를 보호할 수 있다.”라고 규정하여 사고가 발생하는 지점이 반드시 해상이 아니어도 됨을 시사하고 있다.

해상보험에서 말하는 위험이란 우연한 사고를 말하며 우연이란 그 발생이 가능하지만 불확실한 것을 말한다. 해상에서의 위험은 과거의 사건일지라도 계약 당사자가 계약체결시 그 발생 여부에 대해서 알지 못하였다면 유효하다고 해석된다.

2. 해상보험의 당사자

(1) 보험 당사자

1) 보험자(insurer)

보험자는 보험을 인수하는 자로서 보험계약자로부터 보험료를 받는 대신 일정한 위험을 담보하고 그 위험을 원인으로 해서 생긴 손해에 대해 보험기간 중 보험사고가 발생할 경우 보험금을 지급할 것을 약속한 자를 말한다.

실무적으로는 보험회사 또는 로이즈 보험조합 가입의 보험 인수업자(underwriter)가 이에 해당된다.

2) 보험계약자(policy holder)

보험계약자는 보험계약의 당사자로서 보험자와 보험계약을 체결하고 보험료를 지급하기로 약속한 자를 말하는데, 보험계약시에 보험금의 지급의무, 고지의무 등을 가진다.

3) 피보험자(insured, assured)

피보험자는 피보험이익의 주체로서 보험자에 대하여 보험금 청구권을 가지는 보험계약상의 수익자, 즉 보험사고의 발생으로 인하여 손해를 입는 경우에 보험자로부터 손해보상을 받을 권리를 갖는 자를 말한다.

CIF계약에서는 매도인이 보험계약자가 되고 매수인이 피보험자가 된다. 그러나 실제로는 매도인(수출업자)이 자기를 피보험자로 하여 보험계약을 하여 보험자로부터 보험증권을 입수한 후 배서(背書)하여 수입업자에게 양도하는 형식을 취한다.

한편 CFR이나 FOB계약인 경우에는 처음부터 매수인이 자기를 피보험자로 하여 보험자와 보험계약을 한다. 그러므로 수입업자가 보험계약자인 동시에 피보험자가 된다. 그러나 이 경우에도 수입업자가 수출업자에게 해상보험을 위탁하는 수가 있다. 그러면 수출자가 보험계약자가 되고 수입자가 피보험자가 될 수 있으며, 보험료는 도착지에서 지불된다.

(2) 보험대리점(insurance agent, agent for the insurer)

보험회사를 위하여 계속적으로 보험계약체결의 대리 또는 소개를 업으로 하는 자를 말한다.

(3) 보험중개인(insurance broker)

보험자와 보험계약자 또는 피보험자 사이에서 보험계약체결의 소개를 업으로 하는 독립된 상인을 말한다.

보험대리점이 보험회사를 위하여 보험회사로부터 대리권을 행사하는 것임에 비해, 중개인은 보험계약자를 위하여 보험자로부터 유리한 보험조건·요율(rates, terms and conditions of insurance)을 취득하도록 활동한다. 영국에서는 거의 대부분의 해상보험계약이 보험중개인에 의해서 체결되고 있다.

3. 보험의 목적과 피보험이익

보험의 목적(subject-matter insured)이란 보험사고가 발생하는 객체이고 적하보험에서는 화물이 이것에 해당한다. 적하보험에서 말하는 화물의 내용은 다종 다양하여 귀금속, 옥석류, 미술품, 생동물, 조류, 어류, 주식, 지폐 외에 대형 건물로서는 차량, 해양유전 굴착장치, 요트 등의 소형선(단, 선박에 적재되어 수송되는 경우에 한한다)도 화물의 범주에 속한다. 이와 같이 화물은 상품성을 가진 동산 전반을 의미하지만, 선내에서 소비되는 식료품, 저장품 또는 선원의 휴대품 등은 화물의 범주에는 포함되지 않는다. 해상위험을 중심으로 운송중의 제위험에 의해서 멸실 또는 손상을 입게 될 염려가 있는 보험의 대상물인 화물을 보험의 목적이라 하는 것이다.

피보험이익(insurable interest)이란 화물인 보험 목적의 멸실 또는 손상에 의해서 경제적 손실을 입는 자와 그 보험의 목적과의 이해관계를 의미한다.

통상의 적하보험계약에서는 하주가 자기의 소유자 이익을 피보험자 이익으로 부보하기 때문에 화물의 명세(상품명, 수량 등)를 보험자에게 고지하여야 하며 보험증권상에도 송장과 동일한 화물의 명세가 기재된다. 그러나 화물의 소유자 이익 이외의 피보험이익의 경우에는 그 내용을 별도로 명시할 필요가 있다.

이익이 없으면 보험도 없다(no interest, no insurance)라고 하는 말이 뜻하는 것처럼 다음의 요건을 충족하지 못하는 것, 즉 피보험이익이 없는 보험계약은 무효가 된다. 따라서 보험계약이 유효하게 성립하려면 다음과 같은 피보험이익의 요건을 반드시 갖추어야 한다.

(1) 피보험이익의 요건

1) 적법성

피보험이익이 보험계약상의 보호를 받기 위해서는 적법한 것이어야 한다. 법의 금지 규정에 위반되거나 공서양속, 기타 사회질서에 위반되지 않는 것으로서 밀무역에 종사하는 선박의 보험이나, 공서양속에 위반되는 서적, 도화, 밀수행위, 도박, 탈세 등에 관련한 이익은 피보험이익이 될 수 없다.

2) 경제성

보험사고발생시 보험자가 보상하는 급부는 경제적인 급부이기 때문에 보험급부에 의하여 취득할 수 있는 이익은 금전적으로 산정 할 수 있는 이익, 즉 경제적 이익이 있어야 한다. 피보험이익이 금전적으로 산정 될 수 없는 경우에는 손해액을 결정할 수 없고 보험의 남용에 의해 실손해 이상의 보상을 받을 우려가 있기 때문이다.

3) 확정성

피보험이익은 반드시 계약체결 당시에 현존하고 확정되어 있어야 하는 것은 아니지만, 적어도 보험사고가 발생할 때까지는 보험계약의 요소, 즉 피보험이익의 존재 및 귀속주체가 확정될 수 있는 것이어야 한다.

(2) 피보험이익의 표시

1) 선박(marine hull)

상행위, 기타 영리를 목적으로 하는 항해에 사용되는 선박을 의미한다. 또한 선박의 구성요소인 선체, 기관, 속구, 연료, 식료, 기타 소모품 등 선박사용 목적을 위하여 선박 내에 존재하는 모든 물건을 포함한다.

2) 해상적하(marine cargo)

적하란 상품의 성질을 가지고서 선박에 적재된 화물을 의미하며, 사유물이나 선내에서 소비하기 위한 식료품이나 소모품은 포함하지 않는다. 적하보험의 보험가액은 선적한 시기 및 장소의 가액과 선적 및 보험에 관련된 비용을 말한다. 그러나 실제로는 원가와 선적 및 보험비용, 희망이익 등의 계산이 복잡하므로 실무상 송장가액(CIF)에 10%의 희망이익을 부보하는 것이 관례이다.

3) 운임(freight)

운임이란 화물의 해상운송에 대한 보수이며 선불과 후불의 두 가지 방법이 있다. 선불운임은 하주의 피보험이익이고 후불운임은 선주의 피보험이익이며 오늘날 보통 전자가 일반적으로 쓰인다. 선불운임은 선주의 피보험이익이고 사고가 발생할 경우 그에 따라 손해를 입을 우려가 있는 것은 모두 대상이 된다.

이러한 피보험이익과 관련하여 해상보험을 분류하면 ① 선박보험(ship insurance), ② 적하보험(cargo insurance), ③ 운임보험(freight insurance), ④ 희망이익보험(profits insurance) 등으로 나눌 수 있다.

4. 해상보험의 기본원칙

(1) 손해보상의 원칙(principle of indemnity)

보험계약은 사행계약에 속하며, 형식에 있어서는 도박과 비슷하나 보험은 위험을 감소시키는 것이고 도박은 위험을 증가시키는 것이다. 또 보험제도에서는 이득금지의 원칙이 적용되어야 하며 이를 위해서는 피보험자에게 지급되는 이재보상은 손해발생시의 손해금액을 한도로 지급되어야 하며 이것을 손해보상의 원칙이라고 한다. 이러한 손해보상의 원칙에 대위와 분담의 원칙이 있다.

(2) 최대선의의 원칙(utmost good faith)

해상보험계약은 보험자와 보험계약자가 계약의 내용을 거짓없이 사실 그대로 고지(disclosure), 표시(representation)하여 계약을 체결하여야 하는데 이러한 이치를 최대선의의 원칙이라고 한다.

보험계약체결시 보험의 목적물인 위험의 정도나 성질에 영향을 미치는 중요한 사실에 대하여 보험계약자가 보험자에게 최대선의에 의거하여 계약이 체결될 수 있도록 고지하여야 하며 만약 쌍방의 일방이 이를 준수하지 않으면 상대방은 그 계약을 취소할 수 있다.

(3) 근인주의(proximate cause)

해상보험에 있어서 보험자가 보상해 주는 손해는 담보되는 위험에 근인하여 발생하여야 한다. 즉, 해상손해는 보험증권상으로 담보되는 위험과 담보되지 않는 위험이 연속적으로 발생했을 때 시간적으로 손해 발생 시에 가까운 원인이 보험증권상 담보되는 위험이라면 보험자가 보상하여야 한다는 원리로 이를 근인주의라 한다.

(4) 담보(warranties)

영국해상보험에서는 "담보라 함은 상호확약적 담보를 의미한다. 확약적 담보라 함은 특정한 일이 행하여지거나 또는 행하여지지 않을 것을 피보험자가 약속하는 담보이며, 또는 어떤 조건이 충족될 것을 피보험자가 약속하는 담보, 또는 피보험자가 특정한 사실상태의 존재를 긍정하거나 부정하는 담보이다"라고 규정하고 있다(MIA, 제33조 1항).

담보는 피보험자가 지켜야 할 약속으로서 피보험자는 특정한 것을 이행하거나 또는 이행하지 않을 것을 약속하는 사항이며, 특정한 조건이 충족되거나 특정한 사실의 존재를 긍정하거나 부정하는 담보를 하는데 내용이 중요하든 않든 간에 그 내용은 반드시 충족되어야 한다. 즉 피보험자가 보험자에 대하여 반드시 지켜야 할 약속 사항이다. 따라서 피보험자가 담보를 위반할 경우 보험계약을 무효화 할 권리를 보험자가 갖는다.

담보에는 명시담보와 묵시담보의 두 종류가 있는데 명시담보에는 안점담보, 중립담보, 선비담보, 항해담보가 있으며, 묵시담보에는 감항묵시담보와 적법담보가 있다.

1) 명시담보(express warranties)

담보의 내용이 보험증권에 기재되거나 보험증권에 언급한 서류에 기재된 것으로 명시담보는 그것과 저촉되는 어떤 것보다 우선한다.

① 안전담보(warranty of good safety)

보험의 목적이 시기 또는 장소에서 안전하였다는 뜻을 확언하는 진술로 보험증권에 기재되는 것을 말한다. 따라서 그 시기 또는 장소에서 언제라도 안전해야 한다.

② 중립담보(warranty of neutrality)

보험의 목적물이 중립재산임을 확약하는 담보로 선박이나 적하가 교역국에 의해 나포 또는 포획될 염려가 있는지의 여부를 보험자가 확인하기 위해 필요한 것으로 피보험자가 보험의 목적물이 중립임을 담보한 경우 그것이 중립재산이 아니면 보험자의 위험부담책임은 해제된다.

③ 선비담보(warranty of disbursement)

선박보험에 추가하여 선비를 부보 할 때 선비의 보험금액은 선박보험금액의 일정비율(25%) 이상을 넘지 못하도록 하는 명시담보이다.

2) 묵시담보(implied warranty)

담보의 내용이 보험증권에 명시되어 있지는 않지만 묵시적으로 제약을 받는 담보조건, 즉 명시된 사항과 똑같은 효력을 발생하는 경우를 말한다. 예컨대 증권에 명문화되어 있지는 않더라도 선박이 항해를 개시할 때는 그 항해를 수행할 충분한 내항능력(seaworthiness)이 확보되어 있어야 하고 항해의 내용이 불법적이어서는 안되는 것이 약정되어 있는 것이다.

① 감항묵시담보(implied warranty of seaworthiness)

선박보험이든 항해보험이든 모든 항해보험에는 선박이 항해를 개시할 때 항내 또는 항해의 위험에 견딜 수 있다고 하는 것을 묵시적으로 담보하는 것을 말한다.

② 적법담보(warranty of legality)

보험의 대상인 항해사업이 적법한 항해사업이고 또 피보험자가 사태를 지배할 수 있는 한 그 항해사업이 적법한 방법으로 수행되어야 한다는 묵시담보의 하나이다.

제2절 해상보험증권

해상보험증권(marine insurance policy)은 보험자와 보험계약자 사이에 보험계약이 체결되었음을 증명하는 증거서류이다. 해상보험증권은 1779년 로이즈 보험자(Lloyd's Underwriters) 총회에서 그때까지 사용되어 오던 여러 가지 양식의 보험증권을 통일한 Ship and Goods Form의 보험증권이 영국 해상보험법(The Marine Insurance Act, 1906) 부록에 표준해상보험증권으로 채택됨으로서 공식적으로 사용되었으며, 이 보험증권에 포함된 내용은 오늘날까지도 해상보험의 골격을 이루고 있다.

그동안 영국의 로이즈 보험에서는 표준 S. G. Form 보험증권(Standard S. G. Policy Form), 그리고 회사형태의 보험회사들은 주로 런던 보험자협회(The

Institute of London Underwriters : I. L. U.) 회사용 보험증권(The Institute of London Underwriters Companies' Combined Policy)을 사용해 왔다. 그러나 기존의 해상보험증권은 그 약관의 문장이나 단어가 고어체와 낙후된 부분이 많아 이용자들에게 많은 불편을 주는 관계로 I. L. U. 와 L. U. A. (Lloyd's Underwriters Association)에서는 런던의 보험업자와 로이즈 보험업자 및 해손정산인(海損精算人) 등으로 구성된 I. L. U.의 기술약관위원회(Technical and Clause Committee)에 의뢰하여 내용이 간단명료하고 세계 각국에서 공통으로 사용할 수 있는 새로운 양식의 해상보험증권을 마련하고, 1982년부터는 이러한 신양식증권을 사용하기로 합의하였다. 신양식은 기존의 해상보험증권에 있던 본문약관 중에서 담보위험 등 주요내용을 개정된 협회약관(Institute Clause)에 포함시키고, 현재는 피보험자의 성명, 선적항과 도착항, 선박명, 보험금액 등 계약체결시의 기재사항과 몇 개의 일반적인 약관만을 담고 있다.

따라서 종래의 해상보험계약은 본문약관 등을 기초로 하여 개별적으로 필요한 약관을 증권에 첨부 또는 기입하여 실제거래에 맞게 체결할 수 있었으나, 해상보험증권 양식의 개정으로 해상보험증권은 단순히 해상보험계약의 성립을 확인하는 문서에 불과하고 해상보험계약의 내용은 모두 협회약관에 의해서 결정되도록 되어 있어 반드시 담보위험란에 협회약관 중 어느 조항을 적용하는지를 명시하여야 완벽한 보험증권이 되는 것이다.

제 3 절 협회적하약관

보험계약 체결의 기본이 되는 여러 가지의 협회약관 중에서도 협회적하약관(Institute Cargo Clauses : ICC)이 가장 중요하며 1982년도에 개정된 협회적하약관은 ① Institute Cargo Clauses (A) : A Clause, ② Institute Cargo Clauses (B) : B Clause, ③ Institute Cargo Clauses : C Clause의 세 가지

기본약관과, 협회전쟁약관(Institute War Clauses) 및 협회동맹파업약관(Institute Strikes Clauses) 등으로 구분된다.

협회적하약관의 세 가지 기본약관은 과거의 전위험담보(All Risks : A/R), 분손담보(With Average : WA) 및 분손부담보(Free from Particular Average : FPA)조건이 그 명칭상 불합리한 점이 많았기 때문에 이를 각각 A Clause, B Clause, C Clause로 변경한 것이다.

한편 이들 세 가지 기본약관은 그 내용이 모두 동일한 19항으로 구성되어 있고, 다만 제1항의 위험약관만이 서로 다르다. 그러나 입문서에서 이와 같이 수많은 약관들에 대해 일일이 검토하는 데는 무리가 있으므로 여기에서는 담보위험과 면책위험을 규정하고 있는 제1항부터 제7항까지의 약관들을 통해 해상보험에서 담보되는 각종 위험들에 대해서만 알아보기로 하자.

ICC (A), (B), (C)의 세 약관별로 보험자가 담보하는 위험과 면책되는 위험을 정리하면 [표 2]와 같다. 그러나 같은 면책위험이라 하더라도 전쟁위험과 동맹파업위험은 특약을 통해 협회전쟁약관과 협회동맹파업약관을 첨부함으로써 부보가 가능하다.

[표 2] ICC **담보 및 면책위험 일람표**

	○ 하기 사유에서 합리적으로 기인된 보험목적의 멸실 또는 손상	A	B	C
담보위험	1. 화재 또는 폭발	○	○	○
	2. 본선 또는 부선의 좌초, 교사, 침몰, 전복	○	○	○
	3. 육상 운송용구의 전복, 탈선	○	○	○
	4. 본선, 부선, 운송용구의 타물체와의 충돌, 접촉	○	○	○
	5. 피난항에서의 화물의 양하	○	○	○
	6. 지진, 화산의 분화, 낙뢰	○	○	○
	○ 하기의 사유로 생긴 보험목적의 멸실, 손상			
	1. 공동해손 희생손해	○	○	○
	2. 투하	○	○	○
	3. 갑판유실	○	○	
	4. 본선, 부선, 선창, 운송용구, 컨테이너, 지게자동차 또는 보관장소에 해수, 호수, 강수의 침입	○	○	

	5. 선적, 하역 중 포장당 추락전손	○	○	
	ㅇ 상기 이외에 보험목적에 발생한 일체의 멸실, 손상	○		
	ㅇ 공동해손, 구조료(면책위험과 관련된 것 제외)	○	○	○
	ㅇ 쌍방과실 충돌	○	○	○
면책위험	1. 피보험자의 고의의 위법행위	○	○	○
	2. 통상의 누손, 통상의 중량과 용량의 부족 또는 자연소모	○	○	○
	3. 포장불완전 또는 부적합(이 경우 포장은 컨테이 너, 지게자동차에 적재하는 것 포함. 단 이 적재는 위험이 개시되기 전에 행하여지거나 피보험자 혹 은 그 사용인에 의해 행해진 것에 한함)	○	○	○
	4. 피보험목적의 고유의 하자, 성질	○	○	○
	5. 담보위험에 의한 지연이라도 지연을 원인으로 한 멸실, 손상, 비용	○	○	○
	6. 선주, 관리자, 용선자, 운항자의 파산 도는 재정상 채무불이행	○	○	○
	7. 피보험목적에 대한 어떤 자의 불법행위에 의한 고의적인 손상, 파괴		○	○
	8. 원자력, 핵무기의 사용	○	○	○
	9. 선박, 부선의 불내항 및 부적합	○	○	○
	10. 전쟁위험 및 동맹파업 위험	○	○	○

제4절 해상손해

해상보험에 있어 손해(loss)라 함은 보험의 목적물인 선박, 적하, 선임 또는 희망이익 등에 해상위험, 즉 보험사고가 발생함으로서 피보험목적물이 멸실 또는 손상되거나 비용이 발생되는 피보험자의 경제성의 불이익을 말한다.

해상보험은 이러한 해상손해(maritime loss)로 인하여 피보험자가 입게 되는 실질적인 손해, 즉 손해를 보상하는 것이 원칙이다. 따라서 해상보험을 이해하기 위해서는 보험자가 피보험자에게 보상하는 손해의 형태는 어떠한 것이 있는지를 살펴볼 필요가 있다([표 3]참조).

[표 3] **해상손해의 종류**

- 해상손해
  - 전손 (Actual Total Loss)
    - 현실전손 (Total Loss)
    - 추정전손 (Constructive Total Loss)
  - 분손 (Particular Average)
    - 단독해손 (Average)
    - 공동해손 (General Average)

1. 전손

전손(全損)이란 계약된 화물의 전부가 여러 가지 위험에 의해서 멸실되는 것을 말하며, 이는 다시 현실전손 또는 절대전손과 추정전손으로 구분된다.

(1) 현실전손

현실전손은 보험의 목적물이 파괴되어 상품가치가 완전히 없어질 정도로 손해를 입었을 때 또는 피보험자가 보험목적물의 점유권이 박탈되어 이를 회복할 수 없을 때 또는 위험에 당면한 선박이 행방불명되었을 때 또는 상당한 기간이 경과되어도 그 소식을 알 수 없을 때는 현실전손이 있었던 것으로 간주한다.

(2) 추정전손

추정전손은 보험의 목적물이 현실적으로는 전멸하지 않았으나 그 손해 정도가 심하여 종래 그 목적물이 가진 용도에 사용할 수 없게 되었을 때와 그 수선 및 수리비가 수선 후 그 목적물이 갖는 시가보다 클 때를 말한다. 추정전손이 발생하였을 때 피보험자는 그 피보험물에 대해서 갖는 일체의 권리를 보험자에게 이전하여 보험금의 전액을 청구할 수 있는데 이것을 위부(委付 : abandonment)라고 한다.

2. 분 손

분손(分損)이란 피보험이익의 일부만이 손상을 입은 경우를 말하며, 단독해손과 공동해손으로 구분된다.

(1) 단독해손

피보험위험으로 인하여 일어난 보험의 목적물의 분손으로서 피보험자의 단독부담에 속하는 손해이다.

(2) 공동해손

공동해손 행위로 인하여 발생한 손해 또는 공동해손행위의 직접적인 결과로 발생하는 손해를 말한다. 여기서 공동해손행위라 함은 공동해상사업에 있어서 위험에 놓인 재산을 보전할 목적으로 위험에 처하여 임의 또는 합리적으로 이례적인 희생을 지불하거나 비용을 지불하는 행위를 말한다.

특히, 선박과 적하의 공동안전을 위하여 부득이 취하여지는 공동해손행위는 그 취급이 복잡할 뿐만 아니라 각국의 법규도 상이하기 때문에 여러 가지 복잡한 문제가 발생하게 되므로, 현재 세계 각국이 공동해손의 정산 및 해결에는 공동해손에 관한 국제규칙인 요크·앤트워프 규칙(York-Antwerp Rules of General Average : YAR)을 적용하도록 선화증권과 보험증권에 규정하고 있다.

제7장 무역금융

제1절 무역금융제도

1. 무역금융제도의 개념

무역금융은 수출증대에 기여함을 목적으로 수출물품의 제조 또는 조달과 관련된 금융지원을 위해 취급되는 선적전 금융으로서, 무역금융을 융자 취급한 외국환은행은 융자금의 일정 비율을 중앙은행으로부터 총액한도 대출제도에 의하여 다시 융자받을 수 있는 정책금융이다.

2. 융자대상

- 수출신용장, 선수출계약서(D/P, D/A), 외화표시 물품공급계약서(산업설비 수출계약서 등), 내국신용장 등 융자대상증빙의 보유자
- 위의 융자대상 증빙 및 아래의 거래에 의한 과거 수출실적을 보유한 자
  - 단순송금방식 수출(대금영수 후 30일 이내에 수출된 분)
  - 대금교환도(COD 및 CAD)조건 수출방식에 의한 수출
  - 국내 보세판매장을 통한 내국수출
  - Factoring방식에 의한 수폴

3. 융자금의 종류 및 융자시기

(1) 생산자금

수출용 완제품 또는 원자재를 직접 제조, 가공하는데 필요한 자금으로 융자대상은 신용장 등의 금액(FOB 기준)에서 원자재 수입액(CIF 기준) 및 국산원자재 구매액을 차감한 가득액 부분이다.

신용장기준 금융은 소요원자재의 확보가 확실한 경우 융자되며, 실적기준금융은 원자재 확보와 관계없이 거래 외국환은행이 과거 수출실적에 의하여 융자한도를 사정하면 15일 이내에 융자가 가능하다.

[원자재 확보여부의 증빙]

- 원자재 수입시 : 수입신용장 사본 또는 수입승인서(I/L)
- 원자재 국내구매시 : 내국신용장 사본
- 현금구매시 : 물품대금영수증, 송장 사본 및 세금계산서
- 자가생산시 : 원자재의 생산능력보유 입증서류

(2) 원자재 금융

1) 원자재를 수입할 경우

수출용 원자재를 해외에서 수입할 경우 수입어음을 결제할 때 또는 수입대금을 결제할 때 지원된다.

2) 원자재를 국내에서 구매할 경우

국내에서 생산된 수출용 원자재 또는 국내의 유통업자(사업자 등록증상의 도매업자, 조달청, 중소기업협동조합)로부터 수입원자재를 원상태로 조달할 경우 내국신용장에 의하여 구매하는데 소요되는 자금으로 내국신용장에 의하여 발행

된 어음을 결제할 때 융자된다.

(3) 포괄금융

상대적으로 기업규모가 작은 기업(전년도 수출실적이 1,000만불미만)은 자금용도의 구분 없이 수출신용장 등 금액의 일정비율 또는 과거 수출실적의 일정비율 상당액에 대하여 일괄 현금 융자한다.

4. 융자방법 및 융자금액

(1) 융자방법

일반수출입금융의 융자방법에는 다음의 4가지 방식이 있는 바 수혜희망자는 이중 하나를 선택하여 이용할 수 있다.

1) 신용장기준 금융

과거 수출실적에 의하여 산정된 융자한도내에서 신용장 등의 융자대상증빙건별로 자금의 용도(생산자금, 원자재금융)별로 구분하여 융자하는 제도

2) 실적기준금융

건별 신용장 등의 내도와는 관계없이 과거 수출실적에 의하여 산정된 융자한도내에서 자금의 용도(생산자금, 원자재금융)별로 구분하여 융자하는 제도

3) 신용장기준 포괄금융

과거수출실적에 의하여 산정된 융자한도 내에서 신용장 등의 융자대상증빙건별로, 자금별 구분 없이 융자하는 제도

4) 실적기준 포괄금융

건별 신용장 등의 내도와는 관계없이 과거수출실적에 의하여 산정된 융자한

도내에서, 자금별 구분 없이 일괄융자하는 제도

(2) 융자금액

1) 달러당 융자금액

무역금융은 각 기업별로 미화 1달러당 일정금액의 원화를 융자하고 있다. 따라서, 업체는 생산자금의 경우 수출금액중 가득외화액, 원자재금융의 경우에는 원자재수입액 또는 국내구매액에 미화 1달러당 융자금액을 곱한 금액범위내에서 융자받게 되어 있다.

융자금액은 전월 국내외환시장에서 형성된 기준환율의 평균 즉 평균기준환율의 일정비율을 지원하고 있으며, 중소기업과 대기업으로 분류하여 중소기업의 경우 전월 평균기준환율의 90%, 대기업의 경우 60%를 미화 1달러당 융자단가로 하고 있다.

2) 융자금액

① 생산자금

가. 신용장기준 생산자금

융자대상 수출신용장 등의 융자대상금액 중 가득외화액을 계산하여 가득외화액 1달러당 기업별 융자단가를 곱한 금액범위내에서 융자취급이 가능하다.

따라서 신용장기준생산자금의 융자취급가능액은 다음 산식에 의하여 산정된다.

- 융자금액 = 가득외화액{수출신용장 등의 융자대상금액(FOB기준) - 원자재수입액(CIF기준) - 국산원자재구매액(내국신용장의 외화금액)} × 기업별 융자단가

나. 실적기준생산자금

과거 3개월간 수출실적 또는 9개월 전 3개월 수출실적에 1/3을 곱한 금

액에 당해 업체의 평균가득율과 기업별 융자단가를 곱한 금액범위내에서 일시 전액융자가 가능하며, 소정융자기간 만료시 회전대출할 수 있다.

• 융자금액 = 과거 3개월간 수출실적 또는 9개월전 3개월 수출실적 × 1/3 × 평균가득율 × 기업별 융자단가

② 원자재 금융

가. 원자재수입의 경우

원자재를 수입할 경우 일람출급조건 수입신용장(At Sight L/C)과 지급도(D/P)조건 수입계약서에 의한 수입의 경우에는 수입어음금액에, 대금교환도(COD와 CAD)조건 수입의 경우에는 수입대금에 기업별 융자단가를 곱한 금액범위내에서 융자가 가능하다.

한편, 화물운임을 따로 지급키로 되어 있는 경우에는 운임금액에 기업별 융자단가를 곱한 금액범위내에서 융자된다.

나. 원자재를 국내에서 구매할 경우

국내에서 생산된 수출용원자재를 구매하기 위하여 개설된 내국신용장상의 물품공급자가 발행한 내국신용장어음의 부기외화금액 또는 외화금액에 기업별 융자단가를 곱한 금액범위내에서 융자가 가능하다.

③ 포괄금융

가. 신용장기준 포괄금융

수출신용장 등의 융자대상금액(FOB 가격기준)에 기업별 융자단가를 곱한 금액 범위내에서 융자가 가능하다.

나. 실적기준포괄금융

과거 3개월간 자사제품수출실적의 1/2 또는 9개월 전월로부터 과거 3개월간 자사제품수출실적의 1/2 또는 과거 1년간 자사제품 수출실적의 1/8 해당금액범위내에서 발급된 수출실적확인서 금액에 기업별 융자단가를 곱한 금액범위내에서 융자가 가능하다.

• 융자금액 = 수출실적확인서금액(과거 3개월간 수출실적 × 1/2) × 기업별융자단가

↔ 수출실적확인서는 실적기준포괄금융수혜업체로 선정된 업체의 신청에 의하여 주거래외국환은행이 발급하는 실적기준포괄금융의 융자한도를 확인한 서류로서 유효기간이 최초 융자취급일로부터 90일로 제한되며, 동 확인서 발급일로부터 15일 이내에 융자취급되지 않을 경우에는 무효가 되고 유효기간 중 재발급 할 수 없다.

5. 융자한도

무역금융 융자한도는 융자를 받기 위한 생산능력이나 담보 등이 충족되었을 경우 해당 업체가 수혜 할 수 있는 금융의 최고한도로서, 거래외국환 은행이 관리하는 해당업체의 수출실적관리카드 상의 과거 일정수출실적에 연동되어 있다.

(1) 융자대상 수출실적

무역금융의 융자대상이 되는 수출실적은 수출신용장, D/A・D/P계약서, 외화표시 물품공급계약서 및 내국신용장에 의하여 FOB 가액기준으로 집계한 수출실적으로서, 원칙적으로 수출통관 금액중 입금이 완료된 분만 인정되며(본・지사간 거래를 제외한 신용장 거래, 내국신용장 거래는 매입기준), 당해 업체가 직접 제조・가공하여 수출한 자사제품 수출실적을 기준으로 거래 외국환은행이 수출실적 관리카드에 의거 관리하고, 무역금융은 수출물품의 제조자가 수출이행에 필요한 자금을 중복금융의 여지가 없는 경우와 대금회수가 확실한 경우에만 융자취급하므로 다음의 경우는 융자대상 수출실적에서 제외된다.

[융자대상 수출실적으로 인정되지 않는 수출]

① 중계무역방식에 의한 수출신용장
② 전액 선수금조건의 수출신용장(Red-Clause L/C)
③ 단순송금방식 수출
④ 중장기 연불방식에 의한 수출계약서
⑤ 수출입은행의 수출자금 대출(인도전 금융)을 수혜한 수출신용장
⑨ COD, CAD방식에 의한 수출
⑦ 융자한도를 초과하여 개설된 융자대상외 내국신용장

(2) 실적기준금융의 융자한도

1) 실적기준 생산자금 융자한도

융자신청 전월부터 과거 3개월간 수출실적의 1/3 또는 융자신청 9개월 전월로부터 과거 3개월간 자사제품 수출실적의 1/3 × 평균가득율

2) 실적기준 원자재자금 융자한도

- 융자신청 전월 또는 9개월 전월부터 과거 3개월간 자사제품 수출실적 × 1.5 × 평균원자재의존율
- 과거 1년간 자사제품 수출실적 × 1/3 × 평균 원자재의존율

↠ 융자신청 9개월 전월부터 과거 3개월 수출실적을 융자한도로 사정한 업체는 향후 1년 동안 이 방법만으로 적용하여야 한다.

[평균가득율 및 평균원자재 의존율]

신용장기준 금융의 경우에는 융자대상증빙 건별로 소요량증명서를 발급하여 가득율 및 원자재의존율을 사정하여 자금별 융자가능한도를 산출하나, 실적기준 금융은 신용장의 수취와는 관계없이 과거의 수출실적이 융자대상이 되므로 거래 외국환은행은 당해 업체의 과거 1년간 자사제품 수출실적을 근거로 업체의 평균가득율 및 평균원자재 의존율을 산출하여 실적기준 금융의 융자한도를 산출하게 된다.

3) 신용장기준금융의 융자한도

융자대상 건별로 생산자금 및 원자재 금융을 수혜하는 업체의 융자한도는 융자취급승인 전월로부터 과거 1년간 자사제품 수출실적의 1/2 해당액 또는 최근 6개월간 자사제품 수출실적 범위내로 한다. 즉, 기융자분에 대응하는 수출예정액(미선적잔액)이 동 한도를 초과하지 않은 범위 내에서 융자취급한다.

- 융자한도 = 과거 1년간 자사제품 수출실적 × 1/2 또는 최근 6개월간 수출실적

4) 신규업체의 융자한도

최초 융자취급월로부터(무역금융관련 지급보증 포함) 4개월이 경과하지 않은 업체는 무역금융규정상 신규업체로 간주하며, 동 업체는 무역금융 융자한도 사정의 기준이 되는 과거수출실적이 없으므로 최초 4개월 동안은 융자한도의 적용을 받지 않고 당해 업체가 보유한 수출신용장 등의 범위 내에서 금융수혜가 가능하다.

6. 융자기간

(1) 자금별 융자기간

1) 실적기준금융

90일 이내. 다만, 실적기준 원자재금융 수혜업체가 표준항해일수 10일 이내 지역(일본, 홍콩, 필리핀, 대만)으로부터 원자재를 수입하는 경우에는 60일 이내

2) 신용장기준 금융

180일 이내. 동시에 당해 수출신용장 등의 유효기일 범위 내에서 선적기일 또는 인도기일에 7일을 가산한 기일 이내

(2) 융자기산일

생산자금 및 원자재수입자금은 융자취급일로부터 기산하며, 원자재구매자금은 물품인수일로부터 기산한다. 다만, 원자재수입자금의 경우 화물선취보증서(L/C)가 발급된 경우에는 보증서 발급일로부터 기산한다.

7. 융자금의 상환(회수)

무역금융의 융자금은 수출대금이 입금될 때 또는 내국신용장에 의하여 발행된 어음을 매각할 때 동 입금 또는 매각대금으로 상환해야 하다. 그러나 실적기준 금융의 경우에는 융자기간 만료 시에 상환한다.

[상환(회수)금액 산출방법]

- 생산자금 : Nego액(FOB) × 가득율 × 융자단가
- 원자재금융 : Nego액(FOB) × 원자재의존율 × 융자단가

제 2 절 무역어음

1. 무역어음의 개념

무역어음이란 무역업체가 인수기관과 일정한 약정에 의해 발행대상인 신용장 등을 근거로 인수기관을 지급인으로 하여 환어음을 발행하고, 이를 인수기관(지급보증)에 인수토록 하여 중개기관(할인기관)을 통해 어음을 할인 매각하여 자금을 조달하는 것이다. 무역어음은 무역금융과 같이 한국은행의 재할인 대상이 되는 정책금융이 아니고, 취급기관이 자체 재원을 바탕으로 무역업체가 발행한 어음을 인수, 할인 매입하여 일반투자가에게 매출하고 어음만기시 수출네고대전으로 대금을 상환하는 제도이다.

2. 어음발행대상업체

수출신용장, 선수출계약서(D/A, D/P) 및 외화표시 물품공급계약서 등을 보유하고 있는 자, 수출용 완제품 또는 수출용 원자재를 내국신용장에 의하여 공급하고자 하는 자를 포함한다.

3. 취급기관

취급기관은 무역어음의 인수・할인 및 매출업무를 수행하는데, 이러한 무역어음을 취급하는 기관으로 외국환은행 및 종합금융사가 있다. 종전에는 생산시설을 보유하지 않은 무역상사가 발행하는 무역어음의 인수・할인은 종합금융사에 한하여 가능하였으나 1992. 4. 1 무역금융규정을 개정, 은행에서도 인수・할인할 수 있도록 하였다.

[구비서류]

- 무역어음거래약정서
- 무역어음(인수, 할인)신청서
- 신용장 등의 원본 및 사본
- 생산능력보유 입증서류
- 백지어음 1매
- 인감(서명감)증명서
- 기타 필요하다고 인정하는 서류

4. 무역어음의 인수

L/C 등을 수취한 무역업체가 발행한 270일 이내의 무역어음(환어음)을 인수기관이 인수하여 기명날인함으로서 어음의 지급일에 지급의무를 부담하는 것이다.

(1) 인수절차

1) 인수한도 산정

무역어음 인수는 한도거래로 운용하는 것을 원칙으로 하며, 다음 산식에 의거 산출된 한도범위 내에서 수출실적, 생산능력, 상환능력 및 신용상태 등을 고려하여 적정한도를 설정한다.

- 산식 : 과거 1년간(또는 향후 1년간) 자사제품 수출실적(FOB 기준)의 1/3 × 대고객 전신환 매입율
- 종합금융회사도 거래한도를 정하는데 기존거래의 경우 기업어음 거래약정서상 총 한도에 무역어음 한도가 포함된다.

2) 증빙서류 검토

신용장은 원칙적으로 취소불능이어야 하며 갑류외국환은행과 환거래계약을 체결한 은행, 외국환은행의 해외지점 또는 외국환은행이 인정하는 기타 은행이 발행 또는 확인한 것이어야 한다.

- 당해 수출에 관하여 당국의 허가, 승인, 인증 또는 추천을 받은 것일 것

3) 무역어음의 요건

어음발행 인감은 인수기관에 신고한 인감(서명감)신고서상의 인감과 일치해야 한다.

- 어음기간 : 신용장상의 유효기일 범위 내에서 최종 선적기일(내국신용장의 경우 물품 인도기일)에 10일을 가산한 기일이내로 최장 270일을 넘을 수 없다.
- 어음금액 : 신용장금액(FOB 기준)에 인수당일의 대고객 전신환매입율로 환산한 원화금액 범위 내에서 발행하되 최저 5백만원 이상이며, 10만원 단위로 함.
- 어음의 통합 또는 분할 발행은 가능함. 수출신용장 등의 1건이 500만원 이하일 경우 수개의 어음을 통합하여 발행할 경우 어음기간은 선적기간이 가장 늦게 도래하는 수출신용장 등을 기준으로 함.

4) 인수 수수료

인수 수수료는 다음 산식에 의해 인수기관이 인수일에 선취한다.

- 산식 = 어음금액 × 인수수수료 × $\frac{\text{어음기간(인수일-지급기일)}}{365}$
- 인수 수수료율은 년 1.5%이내에서 인수기관이 자율적으로 결정
  - 은행의 수수료율은 대부분 연 o.s%, 단자 종합금융 회사의 수수료율은 0.5~1.5%

5) 신용장의 조건변경

- 신용장의 취소, 감액 또는 하자 등의 사유가 발생한 경우에는 해당금액을 인수일의 대고객 전신환매입율로 환산한 원화금액을 예치
- 신용장의 선적기일 연장 등의 사유로 이미 발행된 무역어음의 지급기일에 결제 대전을 예치하지 못하는 경우에는 다음에 의하여 처리
  - 신용장조건변경 통지서에 의하여 선적기일의 연장사실 여부를 확인
  - 무역어음 인수신청서에 의하여 무역어음 재발행 및 인수허용 여부 승인
  - 무역어음 발행 및 교부는 무역어음의 지급기일에 실행하며 그 절차는 당초 무역어음의 발행 및 교부절차에 따름.
  - 무역어음의 재발행 및 인수는 2회에 한하여 허용할 수 있으며 각 무역어음의 기간은 당초 무역어음기간을 포함하여 180일을 초과할 수 없음.
  - 무역어음 인수 수수료의 징수는 재발행일로부터 지급일까지 일수 계산하여 선취

(2) 무역어음 대금의 충당 및 결제

신용장의 수출환어음(내국신용장)을 매입하거나 수출대금을 영수한 경우 등에는 융자비율 해당금액 이상을 예치한 후 이를 당해 인수어음의 결제자금으로 충당하여야 한다.

5. 무역어음의 할인

무역어음의 할인이란 인수기관이 인수한 무역어음을 무역업체의 요청에 의해 할인 매입하는 것을 말한다.

(1) 할인의뢰인 및 할인대상어음

할인의뢰인은 당해 무역어음의 발행인으로 한정하고, 할인대상어음은 어음법상 요건을 구비한 환어음으로서 인수기관이 인수한 무역어음이다.

(2) 할인한도

무역어음할인은 한도거래로 운영함이 원칙이며, 할인한도는 할인기관이 거래실적, 자금사정, 매출전망 등을 고려하여 적정한도를 설정한다.

(3) 할인요율 및 할인금액

- **할인요율** : 할인기관이 여타 여신금리 수준 등을 감안하여 자율적으로 결정하고 있으며 통상 11.5%~14.0%가 적용됨. 외국환은행의 경우 연 12%, 종합금융회사는 13.5~14.09%수준임.
- **할인금액** : 어음금액－할인료
- **할인료** : 할인일에 선취하며, 다음 산식으로 계산.

$$\text{산식} = \text{어음금액} \times \text{할인요율} \times \frac{\text{할인기간(할인일}-\text{지급기일)}}{365}$$

6. 무역어음의 매출

무역어음의 매출이란 취급기관이 할인매입한 무역어음을 일반투자자에게 매출하는 것을 말하는 것으로 은행 및 종합금융이 인수하고 취급기관이 할인매입한 무역어음이다.

무역어음의 매출이율 및 매출원금은 다음과 같다.

- **매출이율** : 무역어음의 매출이율은 “금융기관 여수신이율 등에 관한 규정”에서 정하는 바에 따르며 동 규정에서 정하지 아니한 매출이율은 별도로 정하는 바에 의함.
- 매출이자 = 어음액면가 × 매출이율 × 매출기간/365
- 매출이자에 대한 제세금 산출
- 매출원금 = 어음액면가－매출이자－제세금

7. 무역어음과 무역금융의 중복

(1) 무역어음의 인수제한

무역금융규정 및 동 세칙에 의거 무역금융을 융자받은 부분에 대하여는 무역어음을 인수할 수 없으며, 무역어음이 발행된 신용장으로 무역금융을 쓸 수 없다. 그러나 동일 신용장으로 무역어음을 쓰더라도 원자재 조달을 위한 내국신용장 개설은 신용장금액에서 어음발행분을 제외한 범위 내에서 가능하다.

(2) 중복금융 방지방법

- L/C금액과 무역어음 인수금액과의 차액에 한하여 원자재자금 수혜자격(Local L/C개설) 부여
- 무역금융 융자한도 사정대상 수출실적에서 제외
- 중복융자를 방지하기 위해 무역어음이 인수취급된 L/C에 의한 수출은 융자한도 사정대상 수출실적에서 제외시킴.
- 무역어음이 인수취급된 수출신용장 등에 의한 수출의 경우 종전에는 생산자금 융자한도 사정대상 수출실적에서만 제외시켰으나, 중복금융수혜 소지를 제거하기 위해서 1992. 4. 1자 무역금융규정 개정시 원자재금융 융자한도 사정대상 수출실적으로도 인정하지 않음.

제 3 절 포괄금융제도

포괄금융제도는 기존의 무역금융제도가 생산자금, 원자재 금융 등으로 자금의 용도를 구분하여 지원하고 있어 그 운용방법과 절차가 복잡하여 중소수출업체가 이용하기에는 불편하기 때문에 이들 업체에 대한 금융수혜폭을 넓히기 위하여 도입한 제도이다.

즉, 포괄금융제도는 자금용도를 구분하지 않고 일괄하여 수출신용장 등의 일정비율 만큼을 일시에 현금으로 대출해 주도록 하여 금융수혜 절차에 따른 불편을 해소하여 중소기업의 수출을 촉진하기 위한 제도다.

융자대상업체는 전년도(1월 1일부터 12월 31일까지를 기준으로 함) 또는 과거 1년 간 수출실적이 미화 1,000만 불 미만인 기업으로 융자방식은 다음과 같다.

(1) 신용장기준 금융

- **융자한도** : 과거 3개월간 자사제품 수출실적 × 2/3또는 과거 1년간 자사제품 수출실적 × 1/6
- **융자금액** : 수출신용장 등의 자사제품 수출금액에 대해 1달러당 융자단가를 곱한 범위내
- **융자기간** : 180일 이내(선적기일 및 인도기일로부터 7일 이내에 융자금 회수)

(2) 실적기준 금융

- **융자한도** : 과거 3개월간 자사제품 수출실적 × 1/2 또는 9개월 전월로부터 과거 3개월간 실적의 1/2 또는 과거 1년간 자사제품 수출실적 × 1/8
- **융자금액** : 자사제품 수출로서 3개월 실적의 1/2 또는 9개월 전월로부터 과거 3개월간 실적의 1/2 또는 과거 1년 간 실적의 l/8 해당금액에 1달러당 융자단가를 곱한 범위내
- **융자기간** : 최초 융자일로부터 90일 이내

제 4 절 기타의 무역금융

1. 국제훽터링

국제 훽터링(international factoring)은 미국의 섬유산업(textile industry)을 중심으로 발달하여 그 후 전산업으로 확대되었으며 주로 소비재와 관련하여 소비금융 및 기타 금융 서비스를 제공하여 왔다.[1] 그러나 현대에 있어서는 국제상거래에서 발생하는 수출업자의 수출채권(accounts receivable)을 매입하는 방식에 의하여 이를 관리・회수하는 제도로 발전하기에 이르렀으며 수출금융의 중요한 수단으로 인식되고 있는 것이다.[2]

(1) 훽터링 업무의 성격

훽터링이란 기업의 상거래활동(commercial activities)에서 발생하는 현재 또는 미래의 채권을 매입(purchase)하여 관리・회수하고 계속적인 금융을 제공하며, 고객의 신용조사 및 신용위험의 인수, 청구업무 등을 수행함을 의미한다. 여기에서 중요한 것은 훽터링은 물품의 수출업자에 대한 신용을 표창하는 것이 아니라는 사실이다. 훽터링을 주업으로하는 훽터(factor)는 수입업자에 대한 수출업자의 채권을 매입하여 이의 상업상의 위험(commercial risk)을 부담하는 것이므로 신용의 평가대상이 되는 당사자는 수입업자이기 때문이다.

(2) 훽터링 업무 network

이러한 이유로 인하여 국경을 초월하여 훽터링 업무가 수행될 때에는 각국의 훽터링 조직망을 통하여 업무를 협조하는 체제를 갖추고 있으며 채권의 경제적

1) Charles J. Gmur, Financiing Trade in Consumer Goods, ed., by C.J. Gmur in Trade Financingt, Euromoney, 1991, p.78.

2) Loius A Moskowitz, *Modern Factoring & Commercial Finance*, Thosmas Y. Crowell, New York, 1977, p.1.

위험성 등은 이러한 현지의 훽터링 회사의 협조를 통하여 수행되는 것이다. 수입지국 현지의 훽터는 수출훽터(export factor)로부터 상업상의 위험(commercial risk)을 위양 받는 경우가 일반적인데 이때에 필요에 따라 현지에서의 추심업무도 담당하게 된다. 이러한 수입훽터(import factor)의 서비스를 수입훽터링(import factoring)이라 한다.

(3) 훽터링 업무의 범위

훽터링에 있어서 수출업자는 수입업자인 채무자(債務者 : debtor)대하여 수출물품의 대금에 관한 채권이 양도(讓渡 : assignment)되었음을 통지할 의무를 지고 있으며 새로운 채권자(the new owner of the claims)인 훽터에게 직접 대금 상환이 이루어지도록 하여야 한다. 그러므로 훽터는 수출대금의 추심(collection)을 포함하여 가능한 범위 내에서의 기장업무기능(記帳業務機能 : book-keeping functions)을 이행하여야 하며 또한 수출업자로 하여금 대금입금(incoming payment)과 무관한 위치로 제외해야 할 의무를 지고 있는 것이다.

이러한 관점에서 현대상업사회에서의 훽터링(factoring)은 ① 양도 또는 매입에 의한 채권의 인수, ② 상업적 위험의 인수, ③ 선지급(advance payment), ④ 추심(collection), ⑤ 채무자 기장업무(debtor book-keeping) 그리고 ⑥ 채무자 영업실적 및 지역개발 등에 관한 통계자료의 수집 등을 포함하는 다양하고 복합적인 업무를 포괄하고 있는 것이다.[3]

훽터링의 주요 특징을 열거하여 보면 다음과 같다.

1) 수출업자는 수입업자의 채권을 훽터링 회사(factoring company)에 매도한다.
2) 송장가격(invoice value)의 80% 상당액에 대하여 매매가 이루어지며 잔액은 추후 수출업자에게 직접 지급되며 여기에서 할인 또는 반품 가액이 공제된다.
3) 훽터링 회사의 채무자(debtor)는 수입업자이다.
4) 훽터링 회사의 채권구매는 상업적 위험을 수반하게 되나, 이와 관련하여

3) Charles J. Gmur, op. cit., pp. 73-74.

통화 및 이전 위험(currency and transfer risk)은 훽터링 회사가 부담하지 않는다.

5) 대금의 청구, 추심 및 이의 집행은 수출업자가 아닌 훽터링 회사가 수행한다.
6) 훽터링 회사는 광범위한 서비스를 제공한다.
7) 훽터링의 목적은 무역금융, 상업적 위험의 부담, 추심, 기타 서비스를 제공하며 그 이자율도 이에 따라 다르다.

2. 훽터링 거래당사자

훽터링은 소비재산업(consumer goods industry) 금융제도의 일환으로 발전하여 왔기 때문에 수출업자의 경우에도 30일에서 120일 이내의 비교적 단기 금융을 제공하는 것이 일반적인 거래조건으로 되어있으므로 선지급의 기간도 역시 이기간에 해당한다. 또한 소비재 상품은 고정 재고량을 확보하여 둠으로써 회전율이 높고 재조달 빈도가 높다고 하는 것이 특징으로 나타나 있다. 그러므로 훽터링과 관련하여 수출업자의 채권은 자주 양도되어 수입업자의 신용도가 광범위하게 노출되어 있는 경우가 일반적이므로 훽터링 회사와 고객(수출업자) 사이에 거래 상황이 크게 변화하지 않는 한 쉽사리 협상이 이루어질 수 있다는 장점이 있다고 하겠다.

(1) 훽터링의 주요 목적

그럼에도 소규모의 다양한 채무자 관리(debtor supervision) 및 회계처리 비용은 소비재산업에 있어서 그만큼 크다는 사실도 유의하여야 할 것이다. 훽터링에서 선지급이 약정되지 않은 경우 채무 증수자로서의 훽터(factor)는 수출업자에게 채권일자(the due date of the claim)에 지급하지 않으면 안되며 비록 채무자가 지급하지 않은 상태에서도 지급을 이행하여야 하는 것이다. 그러므로 훽터는 수출업자로부터 상업적 위험을 해재하여 채무자의 지급능력(solvency)을 보장하며 또한 채권의 증수위험 및 이와 관련된 비용을 부담하며, 법적 소송업무나 채무자의 회계계정을 확보하여 수출업자는 다만 수출 마케팅에만 전념할 수 있도록 하는 것이 훽터링의 주요 목적이라 할 것이다.

(2) 거래당사자

위에서 논한 바의 훽터링의 거래 당사자(parties concerned)는 ① 수출업자, ② 수출훽터(export factor), ③ 수입업자, 그리고 ④ 수입훽터(import factor)로 구성되어 있으며 그 거래관계는 다음과 같다.

1) 수출업자

수출업자는 수출훽터(export factor)에게 수출물품대금에 관한 채권을 양도하고 수출금융을 받기 위하여 훽터링 서비스 신청을 하는 훽터(factor)의 고객으로서 훽터링계약(factoring contract)체결을 시작하는 출발점이 된다. 수출업자는 훽터에게 년간 매출규모와 회전율 등에 관한 정보를 제공하고 필요로 하는 훽터링 서비스를 명시하여 신청서를 제출한다. 여기에는 수출업자에 관한 재정자료(재무재표)와 거래처 명단(회사명의, 주소, 거래은행, 평균 송장금액 등 포함) 그리고 현존 채권과 관려 된 채무자의 명의(name of debtor), 송장금액(invoice value), 지급일자(due date)에 관한 정보를 해당 송장을 각각 첨부하여 제출하여야 하는데 이에 의하여 훽터는 그가 제공할 수 있는 서비스의 범위를 검토하게 된다.

또한 수출업자는 채권자로서 훽터링 계약을 유효화하기 위하여 수입업자인 채무자에게 수출채권이 수출훽터에게 양도되었음을 통지하여 주지시켜야 할 의무를 지고 있다.

2) 수출훽터(export factor)[4]

수출지국에 소재하는 훽터로서 수출업자와의 거래관계에 있는 수출업자의 훽

4) 훽터(factor)라는 용어는 라틴어의 "facio" 또는 "facere"에서 유래되였다고 하며 "일을 완수한자"(one who gets things done)이라는 의미를 가지고 있으며 현재에는 훽터링 업무의 수행자로 해석되고 있다.; 金濟陽, 國際훽터링에 관한 硏究, 中央大學校 大學院 貿易學科 博士學位論文, 1988. 12. 7面.

터링회사이므로 일반적으로 수출훽터(export factor)라고 불리 운다. 수출업자로부터 훽터링 서비스에 관한 신청을 접수하여 이를 평가하고 그가 제공할 수 있는 훽터링 서비스의 범위에 따라 훽터링 계약을 체결한다. 수출 훽터는 수출업자로부터 수출채권을 양수하여 수출금융 등의 다양한 훽터링 서비스를 제공한다. 만일 훽터링 업무수행 과정에서 외국의 수입훽터의 서비스를 이용할 수도 있으나 이 경우에도 수출훽터는 수출업자에 대하여 수출대금의 지급에 있어서 단독적 채무(sole liability)를 지고 있다는 사실에는 변함이 없다.

3) 수입업자

수입업자는 본래 국제상거래계약에서 물품수입대금을 수출업자에게 지급할 의무를 지고 있는 자이며 수출업자가 수출훽터와 훽터링 계약을 체결함으로써 수출훽터의 채무자(債務者 : debtor)로 등장하게 되는 것이다. 이러한 수입훽터에 대한 수입업자의 지급의무는 수출업자로부터 그의 수출채권이 수출훽터에게 양도되었다는 사실이 통지되어야만 그 효력을 발생하게 된다.

훽터링이 국제상거래에 관계되는 경우 수출훽터는 그가 양수한 수출업자로부터의 채권을 수입지국의 수입훽터에게 양도하는 것이 일반적이다. 이때에 수입업자는 채무자로서 수출채권이 수입훽터에게 양도되었음이 통지되어야 수입훽터에 대하여 대금지급의무가 발생하게 된다. 수입업자는 수입대금을 수입훽터를 통하여 수출훽터에 지급하게 된다. 수입업자는 국제상거래의 상대방인 수출업자가 훽터링 계약을 체결함으로써 훽터링거래의 당사자가 되지만 수입업자 자신이 그의 수입물품과 관련하여 독자적으로 수입훽터링 계약을 체결할 수 도 있다.

4) 수입훽터

국제상거래에서 발생하는 국외의 채권에 대하여 수출훽터는 수입지국의 외국 훽터링 파트너(foreign factoring partners)로부터 재보증(再保證 : reassurance)을 취득하게 되는 것이 일반적이다. 수입지국의 훽터 중에서 채무자인 수입업자의 지급능력을 보증하게 되는 입장에서 훽터링 거래에 참여하는 자를 수입훽터

(import factor)라고 한다. 수입훽터는 채무자의 지급능력을 보증할 수 있는 한도를 개별적으로 설정하게 되며 수출지국의 수출훽터는 이의 한도 내에서 채권에 대한 상업상의 위험을 부담하며 요구에 따라 수출대금을 선지급하기도 한다. 그러나 수입훽터가 어느 특정 채무자의 지급보증을 거절하였다면 수출훽터는 이에 대하여 다만 추심(collection)업무만을 이행하는데 그치는 것이다.[5]

- 수입훽터와 수출업자와는 직접적 계약관계(direct contractual relationship)가 성립되지 아니하며 다만 수출훽터와의 독립적 훽터링계약에 의하여 훽터링에 참여하게 되는 것이다. 그러나 수입훽터의 경우에도 수출훽터로 부터 수출채권을 양수하게 되면 수입업자인 채무자로부터 이의 증수권을 행사할 수 있다.

3. 훽터링의 거래절차

훽터링 거래는 국제상거래와 연계하여 주로 수출금융의 일환으로 수행되는 업무이나 수출업자와 수출훽터가 훽터링 계약을 미리 체결하여 사전에 신용조사 등의 다양한 훽터링 업무를 준비하여 거래 건별이 아닌 거래처별로 종합관리 한다는 데에서 매 계약건별로 금융거래를 연계하여 관리하는 일반 금융거래와는 다르다고 할 것이다.

훽터링 거래를 그 출발점에서부터 무역금융의 제반 절차를 거쳐 해당 대금 지급이 완결되어 거래가 종결되는 과정은 다음과 같다.

(1) 훽터링의 신청(application of factoring)

수출업자는 상당한 수출실적이 쌓여 있으므로 훽터링에 의하여 수출금융, 대금의 회수 등의 훽터링 서비스가 필요하다고 판단되면 우선 훽터링 회사에 자기 자신을 소개하는 자료를 제시하고 필요로 하는 훽터링 서비스를 위한 훽터링 계

5) Charles J. Gmur, op. cit., p.78.

약체결을 청약한다. 수출업자가 제시하는 자료는 그 회사의 영업실적을 평가할 수 있는 전사적인 재무자료를 포함하여 거래처 별 회사명, 주소, 거래은행, 평균 미결제 송장 규모 등에 관한 것이다.

위의 자료를 포함하여 수출업자는 수출훽터에 ① 훽터링 신청서(application for factoring)와 훽터링 회사의 소정 양식에 의한 ② 채권이전통지서(notification and transfer of receivables)를 제출하여야 하는데 여기에는 청구중에 있는 송장의 사본을 첨부하여야 한다.

(2) 신청서 및 자료 검토, 계약의 체결

수출업자가 제출한 자료는 수출훽터가 제공할 수 있는 서비스의 타당성 평가에 사용된다. 자료의 심사 결과 수출업자의 거래처인 채무자가 그간 물품대금 상환이 정상적으로 이행하여 왔으며 신뢰할만 하다고 인정되고, 또한 수출 훽터의 능력에 비추어 특정 국가 또는 산업별로 이의 채권을 양수하여 관련 조건에 따라 훽터링 서비스를 적절히 이행할 수 있다고 판단되면 수출업자와 훽터링 계약(factoring contract)을 체결한다. 이때에 수출훽터는 그가 제공할 수 있는 서비스를 확정하여 야 한다. 훽터링 계약은 수출업자 별로 특정 수입업자인 채무자와 연계하여 일괄 수락하는 방식이라 할 수 있다. 그러나 훽터링 계약에서 특정 채무자나 통화는 제외할 권리를 유보한다고 약정함으로서 개별 채무자 또는 거래별의 계약 체결이 가능하다.

일단 훽터링 계약이 체결되어 수출업자가 채권이전 통지서에 서명하고 이를 수출훽터가 수락하였다면 수입업자에 대한 채권은 수출업자의 재산이 아니고 수출훽터에게 매도되어 그 소유권은 이전되는 것이다. 그러므로 수출업자의 입장에서 수출채권은 장부상의 자산계정에서 삭제되어야 하며, 반대로 훽터링 계약조건에 따라 지급만기일에 지급되거나 또는 선적서류의 제시시점에서 선지급 조건의 수출훽터에 대한 청구권으로 변신하게 된다.

(3) 채권양도의 통지

채권의 양도는 그 사실이 채무자에게 통지되어 인지되지 않으면 그 효력이 발행하지 아니 한다. 그러므로 채권자인 수출업자는 수출훽터와 훽터링 계약 체결시 채권이전통지서에 서명하고 수출훽터에게 인도함으로서 이의 사실을 확실히 하여야 한다. 그러나 이 서류는 채무자에게 전달되지 않으므로 이로서 채권양도의 효력을 위하여 채무자에게까지 확대 적용할 수 없는 것이다. 그러므로 수출업자는 물품을 선적하고 선적서류를 발급 받아 제시하게 되는데 선적서류에 포함되어 있는 수출업자가 직접 작성하여 발행하는 상업송장(commercial invoice)에 그 채권의 양도사실을 훽터가 공급하는 스템프나 스티커의 형태로 표기하여 수입업자인 채무자에게 통지하여야 한다. 수출훽터로부터 수출채권이 수입훽터에게 양도되는 경우에도 이의 사실을 역시 상업송장에 표기하여 수입업자에게 통지하여야 하며 그 문언의 예는 다음과 같다.[6)]

"This account has been assigned to London Factoring Co., Inc. and is to be paid to them at _______ St. London, by cheque or banker's draft in the currency of the invoice in favour of Korea Factoring Co., Ltd., Seoul London Factoring Co., Inc. alone is entitled to give a receipt for the payment and should be advised immediately of any claims or disputes."

한국에서 "수출훽터에게 채권양도사실을 수입업자인 채무자에게 통지하는 문언의 예는 다음과 같다: "이 송장의 받을 대금금액의 채권은 유일한 대금

6) 국제상거래에서 발행하는 수출채권은 수입지의 현황을 옳바로 파악하지 못하는 경우 부실 수입업자와의 거래의 결과로 수출대금이 지급거절되는 경우가 허다하다. 그러므로 수출훽터의 입장에서 격지간에 소재하는 수입업자의 신용을 신뢰하여 채권을 매입하기란 많은 부담이 된다. 그렇다고 하여 수입지국 현지 소재 수입훽터에 이의 의무를 지우는 방식에 의하여 채권을 양도하는 것도 수월한 방법이 아니라고 할것이다. 그러므로 이러한 불편을 제거하기 위하여 국제적으로 평판이 좋은 국제성 훽터링 회사는 안전과 확신(security and confidence)을 제고하기 위하여 대부분의 선진 산업국의 훽터를 포괄하는 구루프를 형성하고 있으며 수출훽터와 수입훽터 간에 업무협조가 원활히 수행되고 있다. 그러므로 수출업자는 수출훽터 선정에 있어서 수입지국에 구루프의 멤버로 되어 있는 훽터가 있는지 여부를 확인할 필요가 있다고 하겠다.

회수인 ______________에 있는 _______________ 앞으로 양도되었으므로 대금의 지급 및 클레임 발생시의 통지는 동사(同社) 앞으로 하여 주십시오. 위의 대금은 만기일에 _______ 거래 은행 계좌에 입금하여 주시기 바랍니다."

(4) 퀵터의 신용조사업무와 신용제공

퀵터링 계약에서 퀵터의 주요 업무는 거래처에 대한 신용조사 업무이다. 퀵터가 제공하는 신용공여는 신용조사자료에 근거하고 있기 때문이다. 이미 퀵터링 계약 체결이전에 수출퀵터가 기초적인 신용조사를 실시하여 신용공여 한도의 결정이 이루어졌다고 하겠으나 그 이후에도 계속적으로 거래처의 불량채권을 방지하고 건전한 경영을 도모하기 위하여 부단한 노력을 경주하여야 한다. 퀵터링 거래의 성패는 고도의 신용판단 능력에 입각한 퀵터의 신용조사능력에 달려 있기 때문이다.

본래 수출사업에는 많은 위험요소가 내재하여 있으므로 이와 관련된 퀵터링에 있어서도 많은 각가지 위험을 내포하고 있는 것이다. 상업적 위험은 어떠한 경우에도 완전히 제거될 수는 없다고 할지라도 퀵터의 참여로 인하여 이를 최소화할 수 있는 것이다. 그러므로 이러한 목적을 위하여 퀵터는 수입지국의 퀵터와 협조하여 채무자의 신용을 계속적으로 조사할 필요가 있다. 그런데 퀵터링에서 담보되는 상업적 위험에는 채무자 소재지국의 정치적 위험이나 이전위험(political or transfer risks)은 포함되어 있지 않다는 사실에 유의하여야 할 것이다. 퀵터는 이러한 위험을 인수하지 않는 것이 일반적이다.[7)]

퀵터가 제공하는 신용에는 앞에서 이미 설명한 바와 같이 채권의 인수, 상업적 위험의 인수, 선지급, 채무자 장부처리 업무 및 채무자 영업실적에 관한 통계자료의 수집업무 등 다양하고 광범위한 내용을 담고 있다. 퀵터는 수출업자와의

7) 수입지국의 정치적 및 이전위험에 관하여는 수출업자가 별도로 정부의 수출장려청책의 일환으로 설정되어 있는 수출보험제도나 일반보험회사에 부보하는 방편을 강구하는 것이 일반적이다.

훽터링 계약 교섭과정에서 채무자의 신용에 따라서 제공하여야 할 신용의 범위를 결정한다.

수출사업과 관련하여 훽터링 세부적인 업무의 거래 경로를 설명하면 다음과 같다.

1) 훽터링 계약의 체결
2) 신용조사의뢰
3) 신용조사
4) 신용조사 결과 통지
5) 신용공여 또는 거절
6) 수출상거래 계약 체결
7) 선적이행
8) 채권양도, 훽터링 서비스제공
9) 대금지급
10) 대금송부

제8장 관세환급 및 소요량 증명제도

제1절 관세환급제도

1. 관세환급의 의의

관세환급이라 함은 세관에서 일단 징수한 관세 등을 특정한 요건에 해당하는 경우에 그 전부 또는 일부를 되돌려 주는 것을 말한다.

현행 관세법상에는 납세의무의 형평과 징수행정의 공평을 기하기 위한 관세, 가산금 또는 체납처분비의 과·오납금을 납세의무자에게 환급하는 제도(과·오납환급 : 관세법 제24조)와 위약물품을 재수출한 경우 수입시 납부한 관세를 환급하는 제도(위약물품의 관세환급 : 관세법 제35조)가 있으며, "수출용 원자재에 대한 관세 등 환급에 관한 특례법(환급특례법)에 의거 원재료를 수입할 때에 일단 관세 등을 납부하였거나 징수유예를 받은 물품 또는 이를 원료로 하여 제조·가공한 물품을 수출의 용도에 공한 때에 이미 납부한 관세를 환급해 주는 제도가 있는데, 일반적으로 관세환급이라 하면 환급특례법상의 환급을 말한다.

2. 관세 등 환급대상

(1) 관세 등 환급대상수입

1) 환급대상제세 : 관세, 특소세, 주세, 교육세, 농특세, 교통세

2) 환급대상 수입의 요건

다음 세 가지의 요건을 모두 갖추어야 한다.

- 수출용 원재료
- 외국으로부터 수입시에 관세 등을 납부(또는 일괄납부승인)한 물품
- 수입신고수리일로부터 일정한 기간 내에 수출 등에 제공되어야 한다.

① **수출용 원재료의 범위**

- 수출물품 자체(원상태 수출물품)
- 수출물품 제조에 사용된 원재료(수출용으로 수입된 원재료 뿐만 아니라 내수용으로 수입된 원재료도 포함)로서 수출물품을 형성하는 원재료는 물론 수출물품을 상품화하는데 소요되는 포장재 뿐만 아니라 수출물품을 형성하지는 않지만 당해 수출물품의 제조・가공에 직접적으로 사용되어 화학반응을 하는 물품과 당해 수출물품의 제조・가공에 직접적으로 사용되는 단용 원재료를 말한다.

② **수입하는 때에 관세 등을 징수한 수입물품**

- 정상 수입물품(유환수입물품)
- 무환 수입물품(세관장이 수출용 원재료로 인정, 통관한 물품)

③ **대응수출 이행기간 내에 수출 등에 제공된 물품**

④ **환급대상 수입이 아닌 물품**

- 수출이행기간이 경과하여 수출된 물품의 원재료
- 선수출 후수입 물품

• 환특세율(환급에 갈음하는 인하세율)을 적용하여 수입한 물품
• 수입시 관세감면 등을 받은 물품
• 국내에서 사용・수익하다가 수출된 물품
• 공매물품
• 탄력관세 적용물품으로 내수용에 한한다는 조건이 붙은 경우

(2) 관세 등 환급대상 수출

관세 등의 환급대상이 되는 "수출 등"의 유형은 다음과 같이 구분할 수 있다.

1) 유상수출(환급특례법 제4조 제1호)

2) 무상수출(환급특례법시행규칙 제2조 제1항)

• 해외박람회 등의 출품수출
• 해외건설공사 등에 무상송부하는 기계 등
• 반품된 물품의 대체수출
• 수출용견본의 무상수출

3) 외화판매・외화공사(환급특례법시행규칙 제2조 제3항)

• 주한미군에 군납수출
• 주한미군등에의 외화공사
• 면세수입권자에의 국산승용자동차 판매
• 외국인투자기업 도입자본재의 외화판매
• 차관자금에 의한 도입자본재의 외화판매
• 면세쿠폰에 의하여 판매된 물품

4) 수출 등에 제공하기 위한 물품공급(환급특례법시행규칙 제2조 제3항)

• 보세공장에의 물품공급
• 보세판매장에의 물품공급

• 수출자유지역 입주기업체에의 물품공급
• 수출물품의 A/S용 부품의 보세창고반입

5) 기타 수출(환급특례법시행규칙 제2조 제4항)

• 외항선(기)에 선(기)용품 공급
• 원양어선에 선수품공급

3. 관세 등의 환급방법

(1) 정액환급

정액환급이란 수출물품별로 환급하여야 할 금액을 사전에 정하여 정액환급율표에 기재하여 놓고 그러한 물품이 수출되었을 때 수출신고필증만 제시받아 소요원료, 재료별 납부세액 등을 일일이 계산하지 않고 정액환급율표에 기재된 환급금액을 그대로 환급해 주는 방법이다.

• 간이정액환급제도

중소기업에 대한 관세환급절차를 간소화하기 위하여 수출신고수리시 간이정액 환급율표에 게재된 품목에 대해서는, 동 수출물품 제조시 소요되는 원재료의 납부세액을 정하여, 매건별 관세 등의 납부액을 확인하지 않고 일정액을 환급하여 주는 제도이다.

환급금은 "미화로 표시된 수출면장상의 금액 × 간이정액/10"으로 계산한다.

1매의 수출신고필증 등에 간이정액 적용대상과 비적용대상 물품이 동시에 기재되어 있는 경우에는 분할하여 환급신청할 수 있다.

중소기업이 수출한 물품이 간이정액율표에 기재된 경우에는 우선적으로 적용하며, 환급금 지급제한이나 부산물공제를 하지 아니한다.

(2) 개별환급

개별환급이란 정액환급율표에 기재되어 있지 않은 수출물품 등에 제공한 물품을 제조·가공하는데 소요된 원재료를 수입하였을 때 납부한 관세 등을 일일이 소요량증명서와 수입신고필증 등에 의하여 환급액을 계산하여 환급하는 방법을 말한다.

(3) 개별환급금 지급제한제도

개별환급금 지급제한제도란 수출물품의 제조·가공시 국내에서 생산되고 있는 원재료의 사용을 촉진하고 수출용 원재료의 수입을 억제함으로써 관세 등을 납부하고 수입하였다가 수출 등에 제공한 경우에도 관세 등의 일부 또는 전부를 환급해 주지 않는 것을 말한다. 다만, 보세공장과 수출자유지역내의 입주 기업체에서 제조·가공하여 수입된 원재료는 제외한다.

(4) 부산물에 대한 환급제도

수출용 원재료로 제조·가공되는 물품이 2가지 이상이거나 경제적 가치가 있는 부산물이 있는 경우 사실상 수출되지 않은 이 부산물에 해당하는 관세 등을 환급함은 부당하므로 수입시 납부한 관세 중에서 부산물의 가치에 해당하는 관세 등을 공제한 금액만을 환급한다.

4. 관세 등의 환급신청

수출물품에 대하여 관세 등 환급을 받고자 하는 자는 대통령령이 정하는 바에 따라 물품을 수출 등에 제공한 날로부터 2년 이내에 관세청장이 지정한 세관에 환급신청을 하여야 한다(법 제14조 제1항).

(1) 환급신청인

1) 일반 유상수출의 경우(법 제4조 제1호)

관세법 제137조의 규정에 의하여 수출신고하고 신고가 수리된 일반 유상수출의 경우 관세 등의 환급을 신청할 수 있는 자는 수출자 또는 수출물품의 제조자가 환급신청인이 된다.

일반 유상수출의 경우 수출자와 제조자에게 환급신청권이 있으므로 누가 환급신청 할 것인지는 수출신고할 때 수출신고서에 환급신청인을 기재하여야 한다.

2) 총리령으로 정한 무상수출의 경우(법 제4조 제1호 단서)

총리령으로 정한 무상수출의 경우 수출자가 환급신청인이 된다.

3) 우리나라 안에서 외화를 받는 판매 공사(법 제4조 제2호)

총리령(규칙 제 2조 제2항)에서 정하는 국내외화 판매 또는 외화공사에 공한 물품의 경우 당해 용도에 공한 자가 환급신청인이 된다.

4) 보세공장 등에 물품의 공급시(법 제 4조 제3조)

관세법에 의한 보세구역 중 총리령이 정하는 구역 또는 수출자유지역 입주업체에 대한 물품 공급시에는 물품공급자가 환급신청인이 된다.

5) 기타 수출행위로 인정되어 총리령이 정하는 것(법 제4조 제4호)

외항선(기)에 선(기)용품의 공급 및 원양어선에 공급하는 선수품의 경우 물품판매자 또는 공급자가 환급신청인이 된다.

(2) 환급신청기관

관세 등의 환급신청은 환급신청인의 제조장을 관할하는 세관장에게 신청토록 되어 있다. 그러나 제조장이 2이상인 업체로서 본사에서 일괄하여 환급업무를 취급하는 경우에는 본사를 관할하는 세관에 환급신청할 수 있다.

1996. 6. 30까지는 은행에서도 환급업무를 취급하였으나 1996. 7. 1부터 은행은 환급기관에서 제외되고 세관에서 결정된 환급금의 지급업무만 취급하고 있다.

(3) 환급신청방법

1) 환급신청의 요건

물품이 수출된 경우 환급신청 할 수 있는 바, 관세법 상 수출은 물품이 외항선(기)에 적재된 경우 수출된 것으로 보고 있으므로(선적주의) 각 수출유형별로 환급신청할 수 있는 경우는 다음과 같다.

① 법 제4조 제1호(일반유상수출)의 수출

수출물품이 선적 또는 기적된 경우에 환급신청 할 수 있다. 수출보세화물 전산시스템의 개발운영에 따라 1997. 7. 1부터 관세청의 전산시스템에 의해 수출물품의 선(기)적 여부를 확인하고 있다.

② 법 제4조 제2호 내지 제4호의 수출

국내외화판재 및 공사, 보세공장이나 수출자유지역에 수출용원재료의 공급 및 기타 수출의 경우에는 당해 수출물품의 수출, 판매, 공사 또는 공급을 완료하고 세관장의 확인을 받은 경우에 환급신청 할 수 있다.

2) 일괄환급신청(영 제 18조 제3항)

① 원 칙

수출물품에 대한 환급신청은 당해 수출물품의 생산에 소요된 원재료 전부에 대하여 한꺼번에 일괄하여 환급신청 하는 것이 원칙이다.

② 예 외

일괄환급신청원칙에 따라 수출물품(HS 10단위 기준) 전량에 대하여 환급 받을 원재료에 대한 세액을 일괄하여 환급신청함이 원칙이나 다음의 경우에는 분할하여 환급 신청할 수 있다.

- 1건의 수출신고필증에 제조자가 2인 이상인 경우 각 제조자가 생산한 수출물품을 분할하여 환급신청 하는 경우
- 1건의 수출신고필증에 정액환급 및 개별환급 대상품목이 함께 수출되어 각 환급방법별로 환급신청 하는 경우

3) 추가환급신청

수출물품(HS 10단위 기준)에 대하여는 일괄환급 신청하는 것이 원칙이나 환급신청인의 권리보호 측면에서 다음의 경우 추가로 한 번 더 환급신청 할 수 있다.

① 환급신청시 일괄환급 신청하였으나 환급기관의 계산 착오 등으로 환급금을 부족하게 지급한 경우

② 수입시에 원재료에 대한 관세율의 적용착오 등으로 추징한 세액이 환급신청시에 빠졌거나 환급된 수에 추징된 경우

③ 수출물품을 제조 가공할 수 없는 원재료로 환급하여 그 세액이 추징된 경우 수출물품을 생산할 수 있는 정당원재료에 의한 추가환급신청

④ 환급신청인의 착오로 수출이행기간이 경과된 수입신고필증 등으로 환급한 것이 추징된 경우 유효한 수입신고필증 등으로 추가환급신청

4) 환급신청기간

수출물품에 대한 관세 등의 환급신청은 물품이 수출 등에 제공된 날로부터 2년 이내에 환급신청 하여야 하는데, 그 환급신청기간의 기산점은 다음과 같다.

① 법 제4조 제1호(세관장이 신고수리한 것)의 수출신고수리일

② 법 제4조 제2호 내지 제4호의 수출

- 당해 수출, 판매, 공사 또는 공급을 완료한 날
- 다만, 공사의 경우 당해 공사 중 단위공사가 완료된 날로부터 기산 할 수 있다.

(4) 환급신청시 제출서류

환급신청시에는 소정의 환급신청서에 다음 각호의 서류를 첨부하여 관할세관장에게 제출하여야 한다.

1) 개별환급의 경우

① 수출신고필증 등 수출사실증명서류

② 소요량계산서류

③ 소요원재료의 납부세액을 확인할 수 있는 서류

- 수입신고필증
- 기초원재료납세증명서
- 수입신고필증분할증명서
- 평균세액증명서

④ 기타 관세청장이 정하는 서류

2) 정액환급의 경우

정액환급의 경우 정부가 정한 정액환급율표에 의해 환급금을 계산하므로 소요량 계산서류 및 원재료납부세액을 확인할 수 있는 서류의 제출은 필요하지 아니하며 수출신고필증 등 수출사실증명서류만 제출한다,

(5) 환급금에 대한 심사

1997. 7. 1부터 환급업무의 전산화에 따라 서류제출없이 EDI또는 디스켓 제출방식으로 환급신청하게 된다. 다만, 전산에 의한 환급처리시 시행초기의 업무를 효율적으로 수행하기 위하여 환급신청서(갑, 을, 병, 정)를 추가로 제출토록 하였다. 따라서 전산에 의해 환급신청한 후 환급신청서(갑, 을, 병, 정)를 세관에 제출하고 수출입신고필증, 소요량계산서류를 제출하지 아니한다.

1) 환급금 지급후 심사

수출업체에서 전산에 의해 환급신청하면 환급전산시스템에서 환급의 기본요

건, 수출입내역 등을 자동으로 심사하게 되는데, 환급금의 결정에 가장 중요한 요소인 소요량을 전산에 의해 확인할 수가 없다. 따라서 환급에 사용하는 소요량은 기업자율책정소요량에 의해 우선 환급한 후 각종 통계자료 및 정보를 분석하여 과다환급 우려가 있는 업체를 선별하여 서류심사 또는 기업실지조사를 통해 환급금의 정확여부를 사후심사하게 된다.

2) 환급금 지급전 사전심사

관세환급업무의 전산처리에 따라 환급금의 정화여부는 환급금을 지급한 후에 하는 것이 원칙이나 부정환급의 정보가 있거나 관세법령을 위반한 불성실업체가 환급신청하는 경우에는 환급금 지급전에 사전심사를 하게 된다.

(6) 환급신청시 계좌번호의 기재

환급신청인은 환급신청시에 관세청장이 정하는 바에 따라 전용계좌를 개설하고 환급신청서에 그 계좌번호를 기재하여야 한다. (영 제18조 제6항) 즉, 환급금은 관세청장이 지정한 환급금 지급은행에서 개설한 환급금 전용계좌를 통해 지급하며 한국은행을 통해 지급하지 아니한다.

(7) 환급신청 기간

수출신고필증은 수출신고 수리일로부터 2년을 경과하지 않아야 되며, 원칙적으로 선(기)적이 확인된 것이어야 하나, 환급기관이 인정하는 경우에는 선장이 발행한 M/R(Mate's Receipt)또는 선적선화증권으로 선(기)적 확인을 대신할 수 있다.

5. 수출용원재료의 국내거래

(1) 기초원재료납세증명서

기초원재료 납세증명이란 수입한 기초원재료를 사용하여 제조·가공한 중간

원재료를 수출물품을 제조할 자 또는 2차 중간원재료를 제조할 자에 게 양도하는 경우에 중간원재료에 포함된 기초원재료의 납부세액을 증명해 주는 서류로서 최종 수출후에 수입신고필증 대신에 동 기초원재료 납세증명서를 제출하여 환급 받을 수 있다.

[구비서류]

- 기초원재료 납세증명(신청)서 2부
- 국내거래관계 입증서류(Local L/C등)
- 인수증 사본 또는 세금계산서 사본
- 소요량증명서 또는 소요량 계산서(기준소요량 고시품목에 한함)
- 원재료수입신고필증 등 납부세액확인서류

(2) 분할증명서

분할증명서란 수입신고필증을 환급신청에 사용하려고 할 때 환급신청기관이 중복되어 수입신고필증의 제출이 곤란한 경우 또는 수입물품을 원상태로 거래한 경우에 수입신고필증을 분할하여 사용하거나 거래 당사자에게 나누어줌으로써 환급신청에 사용이 용이하게 하는 제도이다.

[구비서류]

- 분할증명 신청서 2부
- 분할하고자 하는 수입신고필증 등
- local L/C 등 국내거래관계 서류(여기서 local L/C는 원자재 유통업자를 수혜자로 한 것만 해당됨)
- 물품인수증 또는 세금계산서를 관할세관에 제출하여야 하며 관할세관은 환급신청 기관을 참조

(3) 평균세액증명서

평균세액증명서는 복잡한 규격의 원재료를 HS10 단위로만 구분하여 HS10 단위내에 포함되는 원재료는 동일한 것으로 간주하고 규격별로 각각 다르게 납부한 세액의 평균치를 산정하여 그 평균치를 환급함으로써 환급절차를 보다 간편하게 하기 위하여 1985. 1. 1 신설된 제도이다.

평균세액증명서 발급대상은 당해 월에 수출용으로 수입하거나 내국신용장 등에 의하여 매입한 전량이 되며 HS10 단위별로 발급한다.

평균세액증명서를 발급 받고자 하는 자는 평균세액증명서 발급신청 전에 세관장에게 평균세액증명서 발급대상 물품지정을 사업자등록증상의 사업자등록번호의 구분에 의한 사업자별로 신청하여 지정을 받아 평균세액증명(신청)서에 수입신고필증 및 기초원재료납세증명서를 제출하면 된다.

평균세액증명서로 환급을 받고자 할 때에는 평균세액증명서 발급기관에 신청하여야 한다.

6. 환급절차 간소화에 따른 환급신청자의 의무 및 벌칙

(1) 환급절차의 간소화

1997. 7. 1 시행되는 개정 환급특례법에는 환급절차를 대폭 간소화하여 환급신청 즉시 환급금을 지급하되 환급절차 간소화에 따른 수출업체의 의무와 불성실 환급신청자에 대한 제재도 강화하였다.

1997. 7. 1부터 환급절차간소화 등에 대한 주요 내용은 다음과 같다.

1) 환급신청시 제출서류의 생략

- 수출신고필증 및 원재료수입신고필증 등
- 소요량계산서류
- 원재료의 환급사용내역에 대한 수입신고필증의 분할사용기록내역

2) 소요량의 자율책정

국가에서 고시하거나 확인을 받은 소요량증명서에 의해 환급금을 계산하던 것을 기업이 자율적으로 소요량을 책정하여 환급금 계산에 사용토록 소요량자율관리제도의 도입.

3) 환급금 지급후 환급금의 정확여부 심사

수출업체에서 EDI방식이나 디스켓 제출방식으로 전산환급신청하면 관세청의 환급전산시스템이 자동심사하여 환급금을 결정하고 환급금이 결정된 즉시 지급은행에 EDI망을 통하여 신청인 계좌에 입금되도록 환급신청, 심사, 지급업무의 전산처리에 따라 전산으로 처리할 수 없는 소요량 등을 환급금 지급 후에 심사하는 환급사후심사제도를 도입.

4) 로칼거래된 원재료에 대한 기납증등의 자율발급제도

내국신용장이나 구매승인서 등에 의해 수출업체에 로칼공급한 원재료의 전가세액을 증명하는 기납증이나 분할증명서는 세관에 나와서 발급 받았으나 관세청장이 지정하는 업체에 대하여는 자율발급을 허용하게 된다.

(2) 환급신청자의 의무

1) 성실한 환급신청의무

수출물품에 대한 관세 등의 환급을 관련증빙서류 없이 전산에 의해 신청을 받아 컴퓨터시스템에서 기본요건 심사만 거쳐 환급금을 지급토록 환급제도를 개선한 것은 기업의 성실한 환급신청을 전제로 한 것이므로 환급신청자는 국가가 확인하던 각종 환급요건, 소요량의 적정여부 등을 환급신청전에 스스로 확인하여 성실하게 환급신청해야 한다.

2) 환급관련서류의 보관 및 제출의무

관세환급에 따른 관련저류 제출생략 및 소요량의 자율책정은 기업의 성실한 환급신청을 전제로 한 것이므로 1997. 6. 30까지 환급 신청시에 세관에 제출하던 서류는 기업이 성실히 보관해야 한다.

① **서류의 보관 및 보관기간**

- 수출물품별 원재료의 소요량계산근거서류 및 계산내역에 대한 서류 : 5년
- 내국신용장 등 수출용원재료의 거래관계서류 : 3년
- 수출신고필증 등 환급특례법 제4조에서 정한 수출사실증명서류 : 3년
- 수입신고필증 등 원재료의 납부세액을 증명할 수 있는 서류 : 3년
- 기타 관세청장이 정하는 서류 : 3년

이상의 환급관련서류는 서류의 원본을 보관하는 것이 원칙이나 기업이 서류보관에 따른 비용과 관리에 편의를 제공하기 위하여 이들 서류는 관세청장이 정하는 바에 따라 마이크로필름, 광디스크, 기타 자료보존 매체에 의해 보관할 수도 있다(환특법 제20조제2항).

② **환급관련서류의 제출(환특법 제 10조제3항)**

앞에서 설명한 바와 같이 환급관련 서류 없이 전산에 의해 환급신청한 사항을 전산심사에 의해 환급금을 지급하고, 환급금의 정확여부는 환급금을 지급한 후에 심사토록 함에 따라 관세청장 또는 세관장은 환급금의 적정여부를 심사하는데 필요한 경우 업체가 보관하고 있는 서류의 제출을 요구할 수 있다.

(3) 과다환급금의 징수 및 자진신고

1) 과다환급금의 징수

수출업체에서 환급대상이 되지 않는 원재료에 대하여 환급을 받았거나 소요량의 과다책정 등으로 환급 받아야 할 금액보다 과다환급 받은 경우 세관장은 관세법 제24조의 2제1항의 규정에 따라 환급 받은 자로부터 이를 징수한다.

2) 과다환급금의 자진신고(환특법 제21조 제3항)

관세 등의 환급을 받은 자 또는 법 제 7조제1항의 규정에 의하여 정산신고한

자가 과다환급 받은 사실을 알았거나 정산신고시 납부해야 할 관세 등을 부족신고 한 것을 안 때에는 대통령령이 정하는 바에 의하여 세관장에게 그 사실을 신고하고 당해 과다환급금 등을 자진하여 납부할 수 있다.

3) 과소환급금의 지급 및 환급가산금 지급

환급신청인이 정당하게 환급신청하였으나 세관장의 귀책사유로 인하여 신청한 환급금보다 과소하게 환급금을 지급한 사실을 세관장이 알았거나 환급신청인의 신청이 있는 경우 이를 심사하여 지체없이 과소환급금을 지급한다.

(4) 벌칙(환급특례법 제23조)

1) 부정환급범

사위 기타 부정한 방법으로 관세 등의 환급을 받은 자는 3년 이하의 징역 또는 환급 받은 세액의 5배 이하에 상당한 벌금에 처한다.

2) 부정소요량책정범 등

기타 부정한 방법으로 소요량계산서를 작성한 자와 기납증을 발급 받은 자는 3년 이하의 징역 또는 2천만원 이하의 벌금에 처한다.

3) 환급관련서류 보관의무 위반자

환급특례법 제20조 제1항에서 규정한 관급관련서류의 보관의무를 위반한 자는 2,000만원 이하의 벌금에 처하도록 규정하고 있다.

4) 환급관련서류제출 거부자

관세청장 또는 세관장이 환급금의 적정여부를 심사하기 위하여 환급금을 지급한 후에 관계서류의 제출을 요구하였으나 정당한 사유 없이 관계서류의 제출을 거부한 경우에는 1,000만원 이하의 벌금에 처한다.

5) 부정환급범에 대한 환급상 지원조치의 적용배제

이상의 부정환급범, 서류보관의무 및 서류제출의무 위반자에 대하여는 환급절차 간소화를 위한 다음과 같은 각종 혜택을 적용하지 아니한다.

① 수출용원재료 수입시 관세 등의 일괄사후납부제도
② 환급금지급후 사후심사
③ 환급신청시 제출서류의 생략
④ 소요량자율책정제도
⑤ 기납증의 자율발급 등

7. 환급에 갈음하는 관세율인하제도

환급에 갈음하는 관세율인하제도란 수출용 원재료로서 전부 또는 대부분이 수입되고 내수용으로 사용되는 것이 거의 없는 물품에 대하여는 수출에 공해지는 비율만큼 관세율 자체를 인하하여 수입시에 관세 등을 징수하고 수출 후에 관세 등을 환급해 주지 않는 제도를 말한다.

제2절 소요량증명제도

1. 소요량증명제도의 의의

수출촉진을 위해 수출용 원자재에 대하여는 대외무역법상 수입제한 품목일지라도 수입을 허용하고 있으며, 수입시 납부한 관세의 환급 및 원자재 금융 등 지원책을 마련해 놓고 있다.

이와 같은 수출지원이 수출량에 따라 알맞게 이루어지도록 하려면 수출물품 생산에 꼭 필요한 양만큼의 원자재에 대해서만 혜택을 주어야 하는데, 이러한 필요 원자재량의 계산과 관리를 위한 것이 소요량 증명제도이다.

소요량 증명서란 외국환은행, 중소기업청 또는 세관장 등 소요량 증명서 발급기관이 수출을 이행하는데 필요한 원자재량을 계산하고 확인하여 발급한 증명서를 말한다.

소요량이란 수출품 생산에 실제로 소요되는 원자재의 실량에 생산과정에서 생기는 손모량을 더한 것을 말하며, 기준소요량이란 수출품 1단위를 생산하는데 평균적으로 필요한 원자재량(단위실량)을 정부에서 고시한 것으로, 수출품 단위당 원자재(단위실량) 평균 손모량을 더한 것이다.

참고로 1997년부터 수출입절차를 간소화하는 차원에서 매건별로 은행이나 세관을 통하여 소요량을 증명 받던 것을 기준소요량이 고시된 품목 및 기준 소요량이 고시되지 않은 품목이라도 소요량 증명발급기관이 소요량증명서를 발급한 선례가 있는 경우에는 기업이 자율적으로 소요량 계산서를 발급할 수 있게 되었다.

소요량관련 용어

- **평균손모량** : 수출품을 생산하는 과정에서 생기는 원자재의 소모량(손실량 및 불량생산에 소요된 원자재의 양을 포함한다)의 평균량
- **손모율** : 평균손모량을 백분율로 표시한 값
- **단위실량** : 수출품 1단위를 형성하고 있는 원자재의 양
- **기준소요량** : 고시된 수출품 1단위를 생산하는데 소요된 원자재의 양으로서 단위실량과 평균손모량을 합한 양
- **단위소요량** : 기준소요량이 고시되지 아니한 품목에 대하여 소요량 증명서 발급비관이 산출한 수출품 1단위를 생산하는데 소요된 원자재의 양으로서 단위실량과 평균손모량을 합한 양
- **소요량** : 수출품 전량을 생산하는데 소요된 원자재의 실량과 손모량을 합한 양
- **소요량증명서** : 소요량증명서 발급기관이 대응수출을 이행하는데 소요된 원자재의 양을 계산하고 동 내용을 확인한 증명서
- **소요량계산서** : 소요량 자체관리기업 및 소요량 계산서발급기업이 대응수출을 이행하는데 소요된 원자재의 양을 자체 계산한 서류

2. 소요량증명서의 용도

(1) 용 도

- 무역금융 융자신청용(원자재 수입자금)
- 관세 등의 환급신청용
- 수출용 원자재 국내구매시 내국신용장 및 구매승인서 발급신청용
- 수출이행 보고용
- 수출용원자재의 연지급수입시

(2) 활용내용

1) 무역금융

- 무역금융이용시 원자재의존율 계산기준
- 수출용원자재의 연지급수입시 연지급기간을 120일초과 180일이내로 할 경우(실적기준 무역금융 수혜업체로서 중소기업인 경우는 생략 93.10.1)

2) 관세환급

- 정액환급율표 작성의 기준
- 개별환급금 계산자료

3) 수출용 원자재 수입 및 국내구매

- 원자재 수입시 원자재 계산기준
- local L/C 또는 구매승인서에 의한 원부자재 구매시 계산기준

4) 수출이행 사후관리

- 수입 또는 국내구매한 수출 총 원자재의 수출이행 보고의 기준

3. 소요량 책정방법

(1) 단위소요량 책정

1) 단위소요량 책정기관

단위소요량책정은 비고시품목에 대하여 소요량증명서 발급기관에서 수행하며 외화획득용물품의 생산을 관장하는 중앙행정기관의 이 별도로 정하는 경우를 제외하고는 다음 각 호의 자가 발급한다.

- 국립기술품질원장, 지방중소기업청장 및 지방중소기업사무소장
- 신청인의 주소지(지사, 공장 포함)를 관할하는 시・도지사
- 수출자유지역에 입주한 업체에 대하여는 해당지역을 관할하는 관리소장
- 전라북도 및 군장국가공단 입주업체에 대하여는 전라북도 지사 또는 익산수출자유지역 관리소장, 경남지역공업단지 입주업체에 대하여는 경상남도지사 또는 마산수출자유지역관리소장
- 안산시 입주업체에 대하여는 안산시장, 경기지방중소기업 사무소장, 수원세관 반월수출소장, 한국산업단지공단 서부지역 본부장
- 각 세관장
- 경기도 북부출장소 관할 시・군 입주업체는 경기도지사 또는 경기도 북부출장소장
- 김포군수
- 기타 기술품질원장이 정하는 시장・군수

2) 단위소요량 책정절차

단위소요량책정은 수출업체에서 수출품을 처음으로 생산하게 됨에 따라 기준소요량 고시를 적용할 수 없을 때 소요량증명서를 발급받고자 하는 업체에서 근거자료를 첨부하여 소요량증명서 발급기관(시・도 및 세관 등)에 제출하면, 동 기관에서는 업체의 세출서류와 유사상품의 기준소요량고시를 비교분석, 검토하고 생산현장을 직접 정밀 실사하여 수출품 1단위(1개, 1g, 1cm, 1doz)를 생산하는데 소요된 원자재의 양을 산정하여 이를 기준으로 단위소요량증명서발급에

사용할 수 있도록 한 것이다.

3) 책정요청시 제출서류

단위소요량 책정의 요청자는 대부분 수출업체이며 단위소요량을 책정 받고자 하는 업체에서는 생산수출품과 이에 소요된 원자재 관련 증빙자료를 준비하여 제출하여야 하는데, 원자재별로 가능한 한 상세하고 정확한 데이타를 제출하여야 하며, 소요량책정기관에서 정확히 파악할 수 있도록 제품의 견본이나, 제조공정도, 소요원자재의 종류, 규격과 제조공정별 수율 및 손모율 등에 대한 산출자료도 함께 제출하여야 한다.

- 제품설명서
- 제조공정도
- 공정별 손모율 및 손모발생원인
- 소요원자재명 및 배할비율(이론량 명시)

(2) 기준소요량의 고시

1) 고시요청

외화획득용 물품의 생산을 관장하는 중앙행정기관의 장은 소관품목에 대한 기준소요량을 가능한 한 고시하도록 하고 있다 (대외무역관리규정 제 4-3-2조). 기준소요량이 고시되지 아니한 품목에 대하여 당해 품목의 소요량증명서 발급기관 및 수출업체는 계속적인 수출이 예상되어 기준소요량의 고시가 필요하다고 판단되는 때에는 당해 품목의 소요량증명서에 단위소요량 책정자료를 첨부하여 고시기관에 기준소요량 고시를 요청할 수 있으며 고시기관은 이를 고시하여야 한다.

그러나 기준소요량이 빈번히 바뀌거나 농산물인 경우에는 고시하지 않을 수도 있으며, 또한 고시 요청에 따라 고시된 품목에 대하여 개정의 필요성이 있는 경우에는 개정 근거 자료를 첨부하여 소요량증명서 발급기관이 고시기관에 고시의 개정을 요청 할 수 있다.

2) 고 시

고시기관에서는 소요량증명서 발급기관의 고시요청에 따라 관련자료를 검토하여 고시하는 것을 원칙으로 하고 있다. 그러나 다음의 경우에는 고시기관에서 조사하여 고시할 수 있으며 조사방법도 자체조사, 용역조사, 의뢰조사, 공동조사 중의 한가지 방법을 택하게 된다.

- 동일품목에 대하여 소요량증명서 발급기관별로 책정, 산정한 기준소요량이 상이한 경우
- 소요량증명서 발급기관이 고시요청한 관련자료가 불합리한 경우
- 관계기관 또는 업계의 고시개정 요청 등 기타 고시기관이 필요하다고 인정하는 경우

3) 고시 기관

기준소요량 고시기관은 수출물품의 생산을 관장하는 주무부서의 장이 된다. 그러나 실제상으로는 다음과 같이 그 산하 기관이 수행하고 있다.

품 목	주 무 부 서	고 시 기 관
공산품	산업자원부	국립기술품질원
농수산물	농림부	국립농산물검사소 농촌진흥청 축산기술연구소 농촌진흥청 농업기술연구소 각도 잠업사업소
	해양수산부	국립수산물검사소
임산물	농림부	산림청 임업시험장
의약품	보건복지부	국립보건원

4. 소요량증명서의 발급

(1) 발급기관

고 시 품 목	비 고 시 품 목
① 수출업체 ② 세관장 ③ 소요량 자체 관리기업	① 국립기술품질원장, 지방중소기업청장, 지방중소기업 사무소장 ② 신청인의 주소지(지사, 공장 포함) 시・지사 ③ 수출자유지역관리소장 ④ 각 세관장 ⑤ 기타 기술품질원장이 정하는 시장・군수

수용량 자체관리기업 및 소요량계산서 발급기업

구 분	소요량 자체관리기업	소요량계산서 발급기업
지정요건	① 전년도 국세청 생산수율 비교표에 등재된 업체 ② 전년도 수출실적이 100만 달러 이상인 업체	수출물품을 생산하는 모든 무역업체

(2) 발급신청

소요량증명서를 발급 받고자 하는 자는 다음의 서류를 첨부하여 발급기관에 신청한다.

[발급신청서류]

- 소요량증명 신청서(소정양식)
- 수출관련 근거서류(원본)
- 수출신용장 또는 내국신용장, 구매승인서, 수출신고필증 및 기타 근거서류
- 소요원료 등의 산출기초명세서
- 견본품, 카달로그, 용도설명서 등 소요량증명서 발급에 필요한 최소한의 증빙자료

(3) 가소요량증명

소요량증명서 발급기관은 당해 수출물품의 원료 등의 종류가 다양하고 제품 제조공정이 특수하여 확정소요량을 산출하는데 장기간이 소요될 경우에는 가소요량증명서를 발급할 수 있다.

1) 발급조건

- 상단에 가소요량을 표시
- 외화획득용 물품을 제조하는 과정에 들어갔을 때는 공정별 기술자료를 준비하여 확정 소요량 책정을 신청할 것

[구비서류]

- 소요량증명 신청서
- 수출관련 근거서류(원본)로써 수출신용장 또는 신용장, 수출신고필증, 기타 근거서류
- 소요원료 등의 산출 기초명세서
- 견본품, 카다로그, 용도설명서 등

2) 확정소요량 조사요청

가소요량증명서를 발급 받은 업체의 제조장 또는 제조위탁업체의 제조장이 발급기관 관할지역 이외의 장소에 소재하는 경우 제조장을 관할하는 기관에 현지조사 실시와 소요량 책정을 요청할 수 있다.

제9장 수출보험 및 수출지원 조세제도

제1절 수출보험

1. 수출보험의 의의

수출보험제도는 수출자 또는 선적 전·후 무역 금융을 제공한 금융기관이 수입자의 대금지급 지체·파산, 수입국의 외환사정 악화에 따른 수입국 정부의 대외송금 제한조치, 수입국에서의 전쟁·내란 등으로 인하여 수출불능이 되거나 만기일에 수출대금을 회수하지 못하게 됨으로써 입게 되는 손실을 정부 출연금으로 조성된 수출보험기금으로 보상하여 궁극적으로 수출진흥을 도모하기 위한 비영리 정책보험제도이다.

2. 수출보험의 기능

(1) 수출거래상의 불안제거 기능

수출보험은 수출거래에 따른 수출자의 위험부담을 해소하여 준다는 측면에서 수출거래의 환경 및 조건을 국내상거래의 경우와 동일한 정도로 유리하게 조성하는 데에 제1차 적인 기능을 가지고 있다. 즉 수입국에서 발생하는 비상위험 또는 신용위험 등으로 인하여 수출불능이 되거나 수출상품의 대금회수가 어렵게 되어 수출자나 생산자 등이 입게 되는 손실을 보상함으로써 안심하고 수출활동을 할 수 있도록 하는 기능을 갖는다.

(2) 금융보완적 기능

수출보험은 수출대금 미회수위험을 담보하므로 금융기관으로 하여금 수출금융을 공여하게 하는 금융보완적 기능을 가진다. 즉 수출금융 수출대금의 회수가능성 여부가 대출심사의 중요한 기준이 되는 바, 수출보험에 의하여 이를 해결할 수 있으므로 금융기관은 수출자에게 담보요건 등에서 보다 유리한 조건으로 과감하게 수출자금을 공급할 수 있게 된다. 또한 수출계약상대방의 대금지급지체 등과 같은 보험사고가 발생하여 수출대금의 회수전망이 불투명하거나 회수에 장기간이 소요되는 경우에 있어서도 수출자가 입는 손실을 보상함으로써 기업자금의 유동성을 제고시켜 줄 수 있는 신용공여기능도 수행한다.

(3) 수출진흥 정책수단으로서의 기능

수출보험은 수출무역, 기타 대외거래의 촉진 및 진흥을 위하여 정부의 지원하에 운영됨에 따라 보험료율 등을 정함에 있어 장기적 차원에서의 수지균형을 목표로 하여 가능한 한 저율로 책정하는 한편 보상비율 등에서는 최대한 수출자에게 유리한 형태의 보상제도를 채택하는 등 수출경쟁력을 강화시키고, 결과적으로 수출을 촉진시키는 역할을 하게 되는 수출진흥 정책수단으로서의 기능을 갖는다.

수출보험의 이러한 기능은, 각국간 수출지원경쟁이 심화되고 있는 가운데 수출금융 및 세제상의 우대조치 등의 직접 수출지원수단에 대한 국제적 규제가 강화되고 있어 국제적으로 용인되고 있는 간접지원수단인 수출보험의 역할이 더욱 중요해지고 있다.

또한, 수출보험은 보험인수조건, 즉 담보하는 위험의 범위, 담보율, 보험료율 등을 수출여건에 따라 적절히 조정함으로써 수출자의 활동을 촉진시키거나 제한할 수도 있으므로, 수출무역 및 대외거래에 대한 인·허가 등의 직접적 통제방식을 간접적 통제방식으로 전환시키는 기능도 갖게 된다.

(4) 해외수입자에 대한 신용조사 기능

수출보험은 효율적인 인수 및 관리를 기하고 보험사고를 미연에 방지하기 위해 다각적으로 해외수입자의 신용상태와 수입국의 정치·경제사정에 관한 조사활동을 하게 되는 바, 이러한 해외수입자 및 수입국에 관한 신용정보를 제공하여 수출자로 하여금 효과적으로 활용할 수 있도록 함으로써 수출자의 신규수입선 확보와 수출거래 확대에 기여함과 동시에 건전한 수출거래를 유도하는 부수적 기능을 가지고 있다.

3. 담보위험의 종류

(1) 비상위험(political risk)

수입국 정부의 외환부족으로 인한 환거래의 제한 및 금지, 수입국의 수입금지 및 제한조치, 외국에서의 전쟁·내란·정변과 같은 비상사태 등 수출자에게 책임 지울 수 없는 사유로 인하여 발생하는 위험이다.

(2) 신용위험(commercial risk)

수입자가 대금을 지급할 능력이 없거나 대금지급을 지연시키는 등 당연히 이행하여야 할 채무 또는 의무를 이행하지 않음으로 인하여 발생하는 위험이다.

(3) 기업위험(management risk)

기업가의 판매예상, 경영예측이 어긋나는 등 기업의 활동과정에서 발생하는 위험이다.

4. 운영기관

수출보험사업은 정부(산업자원부)의 감독하에 한국수출보험공사에서 전담하고 있다.

(1) 감독기관 : 산업자원부

- 수출보험운영에 관한 주요정책의 수립
- 보험요율 조정, 포괄보험 실시 등 주요사항 결정
- 수출보험기금 예산 및 결산의 승인

(2) 보험자 : 한국수출보험공사

- 신용조사, 보험인수 및 보상 등 보험관련업무 수행
- 수출신용보증제도 운용
- 수출보험기금의 관리 및 운용

5. 운영방법

수출보험은 개별보험인수방식과 포괄보험인수방식의 두 가지 방법으로 운영되고 있으므로 이들 중 어느 한 가지 방식에 의하여 보험계약을 체결하면 된다.

(1) 개별보험

개별보험은 보험계약자가 부보할 거래를 임의로 선택하여 청약하고, 보험자는 그 내용을 심사하여 인수 여부를 결정하는 방식이다. 즉 개별보험의 경우는 수입국의 정세, 수입자의 신용상태 등을 보험계약자가 판단하여 위험이 있다고 생각하는 거래에 한하여 개별적으로 부보하기 때문에 보험계약자에게 선택의 자유가 있는 것이 특징이다.

(2) 포괄보험

포괄보험은 보험계약자와 보험자가 사전에 포괄보험계약을 체결하여 일정기간내의 특정상품 및 특정결제조건의 수출을 의무적으로 부보하고 보험자도 이를 자동적으로 인수하는 방식이다. 따라서 보험계약자에게 개별보험에서와 같은 선택의 자유가 없다. 그러나 포괄보험체도는 개별보험 보다 다음과 같은 유리한 점이 있다.

1) 포괄보험은 개별보험의 경우보다 보험료율이 50% 할인되어 보험계약자인 수출자 등의 부담이 경감되어 수출경쟁력이 강화된다.
2) 저율의 보험료로 수출대금의 미회수위험을 담보 받을 수 있어 수출금융의 혜택을 받기가 쉬워지며, 과감하게 시장개척에 나설 수 있다.
3) 대상물품의 전부를 보험에 부보하도록 함으로써 특정위험만을 집중적으로 부보하는, 이른바 보험의 역선택을 방지할 수 있어 위험의 평준화를 기할 수 있다.
4) 매건마다 보험계약을 개별적으로 체결할 필요 없이 보험계약관계가 자동적으로 성립되므로 부보절차에 따른 업무가 간소화될 수 있다.

6. 운영종목

보험(보증) 종목	주 요 내 용	보험계약자
단기수출보험	결제기간 2년 이내의 단기수출계약을 체결한 후 그 수출이 불가능하게 되거나 수출대금을 받을 수 없게 된 때에 입게 되는 손실(당해 물품에 발생한 손실은 제외한다)을 보상하는 보험	수출자
수출어음보험	외국환은행이 결제기간 2년 이내의 수출화환어음을 그 발행인으로부터 매입한 경우에 그 화환어음의 만기에 지급을 받을 수 없게 된 금액 또는 화환어음에 대한 소구를 받아 지급한 금액을 보상하는 보험	외국환은행
중장기 수출보험	수출대금의 결제기간이 2년을 초과하는 중장기수출계약을 체결한 후 수출이 불가능하게 되거나 수출대금을 받을 수 없게 된 경우 또는 수출대금금융계약을 체결한 후 대출원리금을 받을 수 없게 됨으로써 입게 되는 손실을 보상하는 보험	수출자 외국환은행

해외공사보험	해외공사계약 체결 후 그 공사에 필요한 물품의 수출이 불가능하게 되거나 그 공사의 대가를 받을 수 없게 된 경우 또는 해외공사에 사용할 목적으로 공여된 장비에 대한 권리가 박탈됨으로써 입게 되는 손실을 보상하는 보험	외국환은행
수출보증보험	금융기관이 해외공사계약 또는 수출계약 등과 관련하여 수출보증을 한 경우에 보증상대방으로부터 이행청구를 받아 이를 이행함으로써 입게 되는 금융기관의 손실을 보상하는 보험	외국환은행
해외투자보험	해외투자를 한 후 투자대상국에서의 수용, 전쟁, 송금위험으로 인하여 그 해외투자의 원리금, 배당금 등을 회수할 수 없게 되거나 보증채무이행으로 입게 되는 손실을 보상하는 보험	해외투자자
농수산물수출보험	농수산물 수출계약 체결 후 수출이 불가능하게 되거나 수출대금을 받지 못하게 된 경우 또는 당해 농수산물의 국내가격 변동으로 당해 수출계약의 이행에 따라 입게 되는 손실을 보상하는 보험	수출자
시장개척보험	해외시장개척을 위하여 필요한 비용을 지출한 경우에 시장개척계획대로 수출이 이행되지 못함으로써 입게 되는 손실을 보상하는 보험	해당업체
중소기업수출신용보증	수출계약과 관련하여 중소기업이 금융기관으로부터 어음할인을 포함한 대출을 받은 후 수출이 불가능하게 되거나 수출대금을 받지 못하게 됨으로써 중소기업이 금융기관에 대하여 부담하는 금전채무에 대한 연대보증	중소기업자

제 2 절 수출지원 조세제도

수출지원을 위한 조세제도란 일반적으로 조세감면규제법상의 수출손실준비금, 해외시장개척준비금, 해외사업손실준비금, 해외사업에 대한 소득공제, 해외투자손실준비금 및 해외자원개발사업에 대한 법인세감면, 부가가치세법상의 영세율제도 및 특별소비세법상의 특별소비세 면제, 미납세반출 등을 말한다.

1. 수출손실준비금 손금산입(損金算入)

(1) 개 요

수출·관광사업 등 외화획득사업에서 발생하는 손실의 보전에 충당하기 위하여 설정한다(조세감면규제법 제16조).

(2) 설정대상자

내국인으로서 수출, 군납, 또는 용역사업, 보세가공 및 보세임가공업, 수출품 생산업 및 임가공업, 국제입찰납품 또는 국제입찰 하도급납품업, 관광사업 등 외화획득사업을 영위하는 자

(3) 손금산입한도

1) 일반적인 경우

- 외화수입금액의 1%
- 외화획득사업 소득금액의 50% 중 적은 금액

↠ **외화수입금액의범위** : 직수출에 의한 외화수입금액 + 내국신용장등에 의한 외화수입금액

2) 특정 수출사업의 경우

- 외화수입금액의 1%와
- 외화획득사업 소득금액의 50% 중 적은 금액 + 특정수출사업에서 발생한 외화수입금액의 1% (자기상표에 의할 경우에는 2%)

3) 특정 수출사업

- 별표 5의 기계, 기구, 신발 및 섬유제품 수출사업
- 특정지역(국가별 또는 지역별 수출실적이 우리나라 총 수출실적의 10%에 미달되는 국가 또는 지역, 무역역조국)에 대한 수출・용역업
- 중소기업의 수출사업
- 연불수출사업

→ 동시 해당되는 경우는 하나만 선택

2. 해외시장개척준비금의 손금산입(損金算入)

무역업이나 기술용역 등을 외국에 제공하는 자가 해외시장의 개척에 소요되는 비용에 충당하기 위하여 설정한다(조세감면규제법 제17조).

(1) 설정대상자

- 무역업의 등록을 한 내국인
- 엔지니어링사업을 영위하는 내국인
- 관광진흥법에 따라 일반여행업의 등록을 한 내국인
- 해외항만사업의 등록을 한 내국인

(2) 손급산입한도

1) 일반적인 경우 : 외화수입금액의 1%

[외화수입금액의 범위]

- 직수출에 의한 외화수입금액(내국신용장에 의한 외화수입과 offer수입 금액은 제외)
- 신용장을 개설 받아 다른 무역업자를 통하여 대행수출한 경우의 외화수입금액(대행수수료는 제외)
- 구상무역에 의해 수입한 외화표시가액

2) 특정 수출사업의 경우

- 외화수입금액의 1% + 특정수출사업의 외화수입금액의 1% + 자기상표에 의한 수출사업의 외화수입금액의 1%

↔ 특정 수출사업은 연불수출사업을 제외하고는 수출손실준비금의 특정수출사업과 동일하다.

3. 해외사업손실준비금의 손금산입(損金算入)

해외사업을 영위하는 내국인이 해외사업에서 발생하는 손실의 보전에 충당하기 위하여 설정한다(조세감면규제법 제19조).

설정대상자는 해외건설촉진법에 의하여 등록한 해외건설업을 운영하는 내국인과 일괄수주방식에 의하여 산업설비를 수출하는 사업을 영위하는 내국인이 해당되며, 손금산입한도는 해외사업에서 발생한 외화수입금액의 2%이다.

4. 해외사업에 대한 소득공제

해외사업을 영위하는 내국인에게 해외사업에서 발생하는 소득의 일부에 대하여 과세소득에서 제외하여 주는 제도로서 해외사업을 영위하는 모든 내국인이 설정대상자가 된다.

해외사업에 대한 소득공제 한도는 외화수입금액의 2/100와 외화획득사업소득금액의 50% 중 적은 금액이 공제한도이다.

5. 해외투자손실준비금의 손금산입

투자로 인하여 발생하는 손실의 보전에 충당하기 위하여 설정한다(조세감면규제법 제23조).

설정대상자는 외국환 관리법에 의하여 다음의 해외투자를 한 내국인으로 외국법인의 주식 또는 출자지분에 대한 투자나 외국에서 사업을 영위하기 위한 자본의 송금이 있어야 하며 손금산입한도는 과세년도 종료일 현재의 해외투자액 × 사업년도 월수/12 × 20%가 된다.

6. 해외자원개발사업소득에 대한 법인세감면

해외자원개발사업에 투자하여 배당 받은 소득에 대하여 법인세를 면제하여 주는 제도이다(조세감면규제법 제24호).

해외자원개발사업에 투자한 모든 내국인이 설정대상자가 되며 자원보유국에서 면제받은 법인세를 국내에서 면제한다. 또한 농, 축, 수산물 및 임산물, 광물 등이 해외자원 개발사업의 범위에 있다.

7. 부가가치세 영세율(零稅率)제도

(1) 영세율제도(부가가치세법 제11조)

우리나라의 부가가치세 과세방법은 「매출세액(매출액×세율) − 매입세액(매입액×세율 − 납부세액」이라는 전단계 매입세액 공제제도를 채택하고 있으며, 현행 부가가치세 세율은 일반과세자에 대하여는 10%, 과세특례자에 대하여는 2%를 적용함을 원칙으로 하고 있다.

그러나 예외적으로 매출세액계산서 세율을 "0"으로 적용하는 경우가 있는데, 이를 "0(영)세율"이라고 한다.

영세율이 적용되는 경우에는「매출액×0% − 매입액×10% − 매입세액」이 되어 재화 및 용역의 매입시 부담한 부가가치세를 정부로부터 환급 받게 된다.

이와 같은 영세율제도를 두고 있는 이유로는 부가가치세가 수출 등 외화획득사업으로 공급하는 재화 및 용역의 원가구성요소가 되지 않도록 하여 줌으로써 대외경쟁력을 제고시키고 수출활동을 지원함에 있다.

(2) 영세율 적용대상

1) 수출하는 재화

수출이란 내국물품을 외국으로 반출하는 것을 말하며 유상으로 반출하든 무상으로 반출하든 모두 영세율 적용대상이 되는 것이며 다음의 경우를 포함한다.

- 국외에서 우리나라 선박에 의하여 채포된 수산물을 외국에 인도하는 것
- 내국신용장이나 구매승인서에 의하여 공급하는 재화(재화공급후 과세기간(6월)내에 내국신용장이 개설되는 경우도 포함)

2) 국외에서 제공하는 용역

3) 선박, 항공기의 외국항행 용역

4) 기타 외화획득 재화 · 용역

- 국내에 사업장이 없는 비거주자 등에게 공급하는 재화 · 용역
- 수출재화 임가공용역
- 외국항행 선박 등에 공급하는 재화 · 용역
- 외국기관 등에 공급하는 재화 · 용역
- 외국인 관광객 등에 공급하는 재화 · 용역
- 미국군 주둔지역내 지정사업자가 공급하는 재화 · 용역
- 차관자금으로 국제입찰에 의하여 직접 공급하는 재화 · 용역
- 외신기자 클럽에서 외국기자에게 공급하는 재화 · 용역

(3) 영세율첨부서류

영세율 첨부서류는 시행령 64조에 규정하고 있으나, 시행령상 서류를 첨부할 수 없는 경우에는 국세청장 지정서류에 의하여 영세율을 적용할 수 있게 하고 있다.

제10장 국제거래분쟁의 해결

제1절 클레임의 개념

무역거래를 하다 보면 예기치 못한 클레임이 발생하는 경우가 있다. 클레임이란 당사자간의 거래계약에 따라 이행하면서 그 계약의 일부 또는 전부의 불이행으로 말미암아 발생되는 손해를 상대방에게 청구할 수 있는 권리를 말한다.

클레임(claim)이라는 용어는 당연한 권리로써의 요구, 주장 및 청구를 포함하고 있으며 또한 그러한 청구를 할 수 있는 권리와 자격을 말한다. 무역클레임을 광의로 해석할 경우는 단순한 불평(complaint)이나 경고(warning)도 포함할 수 있지만 협의로 해석하여 구체적으로 물품이나 금전 등을 요구하는 적극적인 경우가 일반적이다.

제2절 무역클레임의 발생원인과 종류

1. 간접적 원인

무역통신의 특유한 용어들은 오랜 실무상의 경험과 숙달이 필요하므로 당사자 간에 의견의 차이가 발생할 수 있으며, 계약당사자가 각기 사용하는 언어의 상이, 각국의 법과 상관습의 상이, 신용조사의 불비, 운송중의 위험, 가격덤핑, 나라에 따라 서로 다르게 사용되고 있는 도량형, 상대국의 식품위생법이나 독과점법, 공업소유권 등 많은 요인들이 구역클레임의 간접적 요인으로 작용하고 있다.

2. 직접적 원인

무역계약의 체결과정에서 과실, 오해, 착오, 부주의 등에 의하여 무역클레임이 발생할 수 있으므로 계약체결시는 전문가(변호사 등)의 자문을 얻어서 체결함이 분쟁을 예방하는데 좋다. 특히 계약은 거래당사자를 직접 구속하므로 반드시 계약서에는 당사자명과 품명, 품목, 품종, 규격, 수량, 단가, 금액, 포장조건, 선적시기, 결제조건, 신용장조건(개설일자), 보험조건, 면책조항, 클레임통지기한 등을 명확히 약정하여야 하며, 장래에 발생될지 모르는 분쟁의 해결을 위하여 중재조항 등을 삽입하고, 당사자가 기명 날인하여 거래하여야 한다. 그러나 그 이행과정에서 품질불량, 수량의 부족, 고장불량, 선적불이행, 불완전보험계약체결, 대금의 지불지연이나 지불거절, 신용장의 불개설 혹은 지연, 거래알선에 따른 수수료 미지급 등 많은 요인이 클레임의 직접적 요인으로 작용하고 있다.

3. 무역클레임의 내용

(1) 금전의 청구를 내용으로 하는 클레임

1) 손해배상청구

저질품 인도시, 선적불이행시, 부당한 계약해제시, 신용장개설 지연이나 불개설시, 선박지정지연 또는 지정치 않을 시, 선B/L 발급시, 대금결제지연, 화물의 부당한 인수거절, 계약물품의 상이 등과 같은 사유로 발생한 손해를 금전으로 계산하여 청구하는 것을 손해배상 청구라 한다.

2) 대금지급거절

D/A거래 등에서 추심기간이 긴 경우 물품이 서류보다 먼저 도착하므로 도착물품이 계약물품과 상이할 때, 혹은 신용장조건과 서류가 불일치할 때 대금지급을 거절할 수 있다.

3) 대금감액요청

도착된 물품의 품질이나 포장불량, 화인이나 상표불량 등 계약내용과 일치되지 않는 상품이 도착했을 때, 상품가액을 감액하여 인수코자 할 때, 대금감액 요청을 할 수 있다.

(2) 금전 이외의 청구를 내용으로 하는 무역클레임

1) 화물의 인수거절

화물이 도착한 후 매수인이 그 상품의 품질상의 흠, 손상 등을 발견하였을 때 그 화물의 일부 또는 전부를 인수거절 할 수 있다. 이 경우 매매계약에 인수거절에 대한 특별약정이 있는 경우와 없는 경우로 나눌 수 있다. 전자의 경우 그 약정에 위배될 때에는 매수인은 물품인수를 거절할 수 있다. 그러나 후자의 경우에는 계약에 현저하게 위반한 때 예를 들면 1등급이라 약정하고 2등급을 공급할 때, 면책비율 이상의 잡물이 혼합된 때, 치수나 상표가 상이할 때, 포장상태가 상이할 때, 상품이 많이 파손된 때, 매수인은 물건의 인수를 거절할 수가 있다.

2) 계약이행청구

매도인이 매수인에게 하는 계약이행 청구는 신용장 개설요청, 매매약정 물량의 이행요청 등이 있고 매수인이 매도인에게는 화물의 선적이행 등을 요청하나 만약 상호간에 원만히 해결되지 않으면 그 계약의 불이행에 따라 손해배상을 청구할 수밖에 없다.

3) 잔여계약분의 해제요청

1차 도착한 상품의 품질이 불량하다든가 규격이 상위하여 판매가 곤란할 때 나머지 계약분의 계약을 해제요청하는 클레임 등이다.

4. 무역클레임의 제기

(1) 물품의 검사와 통지의무

수입물품을 인도 받은 매수인은 이를 수령함에 있어 최우선적으로 그 물품이 계약목적에 합치되는지를 외견상으로 검사하여 만약 하자를 발견하였거나 수량이 부족하면 지체 없이 매도인에게 통지하여야 한다.

이러한 검사와 통지는 매수인의 필수적인 권리이며 의무이다. 이를 해태하면 법률적 청구권을 상실한다.

[물품검사통지의무에 관한 각국의 입법 예]

- 한국 상법 제69조 : 매수인이 목적물을 수령한 때에는 지체 없이 이를 검사하여야 하며, 하자 또는 수량부족을 발견한 경우에 즉시 매도인에게 그 통지를 발송하지 않으면 이로 인한 계약해제, 대금감액 또는 손해배상을 청구하지 못한다. 다만, 매매의 목적물에 즉시 발견할 수 없는 하자가 있는 경우에 매수인이 6월 이내에 이를 발견한 때도 같다.
- 일본 상법 제526조 : 즉시 검사 곧 통지
- 영국 물품매매법 제34조, 제35조 : 합리적 검사기회와 합리적 기간의 경과이전에 검사할 권리와 통지할 의무규정
- 미국 통일상법전 제2606조, 제2513조 : 합리적 기간내 검사 및 통지의무
- 국제물품매매통일법 제38조, 제39조, 제49조 : 즉시 검사, 하자 발견시 즉시 통지

(2) 무역클레임의 제기기간

클레임의 제기기간에 관한 약정은 클레임의 포기조항을 수반하고 있으므로 일종의 면책조항이라고 할 수 있다. 클레임 제기기간의 설정은 그 물품의 성질상 합리적으로 요구되는 하자발견 및 통지기간보다 너무 짧게 규정되어 있으면 그 효력을 부인당하는 경우도 있으므로 그 기간을 설정하는데도 주의하여야 한다. (당사자 간의 특별한 약정이 없으면 앞에 설명한 물품의 검사와 통지의무에 관한 입법 참조)

무역클레임을 제기하고자 하는 자는 반드시 다음의 구비서류를 작성하여 상대방에게 제출하여야 한다.

1) 클레임 사실진술서

법적 문서로서 간단하고 명료하게 구체적으로 기술하여야 하며 '언제, 어디서, 누가, 무엇을, 왜, 어떻게'의 6하 원칙으로 기재

2) 청구액에 대한 손해명세서

손해액과 제비용(운송료, 관세, 창고료, 은행이자, 검사료 등)

3) 검사보고서(Survey Report)

품질불량, 색상상이, 성능미달, 수량부족 등일 때 반드시 첨부 : 국제공인검정기관의 보고서

4) 기 타

거래사실을 입증할 수 있는 계약서, B/L, L/C 등

(3) 무역클레임을 받은 경우 유의사항

- 계약조건의 미비에 의한 것이 아닌가.
- 납품 후 합리적 기간 내 청구된 것인가.

- 하자를 입증하는 증빙서류가 있는가.
- 물품검사는 공인검사기관에서 합리적인 기간 내에 되었는가.
- 하자의 정도가 계약상, 거래관례상 허용비율을 초과하였는가.
- 손해청구액은 합리적 산출에 의해 타당성이 있는가.
- 당해 계약에서의 특성이 충분히 감안되었는가.

제3절 무역클레임의 해결방법

무역클레임 해결방법으로는 당사자 간의 해결방법과 제3자가 개입하여 분쟁을 해결하는 방법이 있다.

1. 당사자 간의 해결

당사자 간의 해결방법은 당사자 간에 직접 교섭하여 우의적으로 해결하는 방법을 말한다. 무역클레임은 당사자 간에 해결함이 가장 바람직하다. 왜냐하면 무역클레임 내용을 잘 알고 발생원인과 상황을 누구보다 잘 알며 또한 당사자 간의 해결에 있어서는 상대방과의 장래의 거래관계를 충분히 고려하기 때문에 비록 양당사자가 각각 자기의 입장에서 충분한 이유가 있다고 생각하더라도 서로 타협하거나 또한 장래 거래를 위하여 양보로써 해결할 수가 있다.

당사자 간의 해결방법으로는 ① 청구권을 포기하고 상대방에 대하여는 다른 조건으로 만족시켜 준다든가, 클레임의 청구액이 근소하여 클레임을 제기하지 않고 거래를 영속시킴으로 자사에 이익을 가져오는 해결방법, ② 당사자 간 자주적인 교섭과 양보로 분쟁을 해결하는 방법, 즉 화해(amicable settlement, composition)가 있다.

2. 제3자의 개입에 의한 해결

당사자 간에 원만하게 해결할 수 없을 때 즉, 쌍방의 주장이 대립될 때, 쌍방 혹은 일방의 감정이 악화되어 제3자의 냉정한 판단이 필요할 때, 상대방의 무성의로 타협이나 양보가 힘들 때, 학식이나 경험이 많은 제3자를 개입하여 분쟁을 해결하는 방법인데 이러한 방법의 해결로서는 알선, 조정, 중재, 소송 등이 있다.

(1) 타협 or 화해

클레임이 제기되면 우선적으로 그 원인을 조사한 후 책임의 소재를 밝혀야 하고 당사자 사이의 직접교섭에 의해 원만한 해결점을 찾아야 한다. 즉, 당사자 사이의 화해(compromise : amicable settlement)가 가장 바람직한 해결방법이며 클레임의 대부분은 실제로 타협 혹은 화해의 방법으로 해결하고 있다.

타협에 의한 방법은 클레임과 관련된 금액이 소액인 경우 혹은 당사자 사이에 사전에 클레임에 관한 협약이 있거나 상호신용관계가 일정한 경우에 사용된다.

(2) 알선(intercession, recommendation)

알선이란 공정한 제3자(예 : 상사중재원)가 당사자의 일방 또는 쌍방의 요청에 의하여 사건에 개입, 해결이 될 수 있도록 조언하는 것을 말한다. 이는 쌍방의 협력이 없으면 실패로 돌아가며 강제력이 없으나, 제3자가 당사자에게 강한 영향력을 미침으로써 분쟁을 해결할 수가 있다.

(3) 조정(conciliation, mediation)

조정은 양당사자가 공정한 제3자를 조정인으로 선임하고 조정인이 제시하는 해결안(조정안)에 양당사자가 합의함으로써 분쟁을 해결하는 방법이다.

조정은 우리나라 중재규칙상 중재신청 후 당사자 쌍방의 요청이 있을 때 중재원 사무국이 조정인을 선정, 조정을 시도할 수 있고, 조정이 성립되면 화해에 의한 판정방식으로 처리, 중재판정과 동일한 효력이 있으나, 이에 실패하면 30일

내에 조정절차는 폐기되며 중재규칙에 의한 중재인을 선정, 중재절차가 진행된다. 그러나 위 30일 기간은 당사자의 약정에 의하여 기간을 연장할 수 있다(상사중재규칙 제18조 1항-4항).

(4) 중재(arbitration)

중재란 당사자 간의 합의로 사법상의 법률관계를 법원의 소송절차에 의하지 아니하고 제3자인 중재인을 선임하여 그 분쟁을 중재인에게 맡겨 중재인의 판단에 양당사자가 절대 복종함으로써 최종적으로 해결하는 방법이다(중재법 제1조, 제2조).

중재는 당사자 간 중재합의에 의하여야 하고 중재인의 판정에 절대 복종하여야 하며 그 결과는 강제성을 가질 뿐만 아니라 그 효력도 당사자 간에는 법원의 확정판결과 동일하다(중재법 제12조). 또한 중재에 관한 뉴욕협약에 가입한 외국(1997년 3월 17일 현재 112개국 가입)에서도 집행을 보장해 주고 승인해 주므로 소송보다도 더 큰 효력이 있다(우리나라는 1973년도 42번째 회원국으로 New York협약에 가입).

(5) 소송(litigation)

소송은 국가공권력(사법재판)에 의한 분쟁해결 방법이며 외국과의 사법협정이 체결되어 있지 않기 때문에 그 판결은 외국에서 승인 및 집행이 보장되지 않는다. 따라서 소송에 의하여 클레임을 해결하려는 경우에는 피제기자가 거주하는 국가에서 현지 변호사를 법정대리인으로 선임하여 소송절차를 진행하여야 한다.

3. 무역클레임액의 대외송금

무역클레임이 제기되어 그 해결결과 위약금, 손해배상금, 보상금, 해약금 및 대리점 수수료, 대행지급금, 기타 중개수수료 등을 거래선에 지급하고자 할 경우에는 외국환 관리법령에 따라 외국환은행장 에게 신고 또는 한국은행 총재의 허가를 받아 지급하면 된다.

1) 위약금, 손해배상금, 보상금, 해약금 지급(외국환은행장 신고)

[구비서류]

- 거래 경위서 또는 합의서
- 클레임사실 입증서류(공인기관의 검사보고서 등)
- 신용장 또는 계약서

2) 물품의 수출·수입에 직접 수반하는 중개 또는 대리 수수료 등을 지급(외국환 은행장 신고)

[구비서류]

- 대리점 계약서 또는 중개료 계약서 등
- 신용장 또는 계약서

3) 물품의 수출·수입과 직접적으로 관계되지 않는 중개·대리 수수료 등의 지급

- 대상거래 금액의 100분의 10 또는 미화 5만 불 이하(외국환은행장 신고)
- 대상거래 금액의 100분의 10 또는 미화 5만 불 초과(한국은행 총재 허가)

[구비서류]

- 대리점 계약서 또는 중개료 계약서 등
- 신용장 또는 계약서

제4절 중재제도

1. 중재제도의 의의

중재란 계약당사자간에 자발적 중재합의에 의하여 당사자 간에 현존하는 분쟁 또는 장차 발생가능한 분쟁을 법원의 소송절차에 의하지 않고 민간인인 제3자를 중재인으로 하여 그에게 분쟁의 공정한 해결을 부탁하기로 하는 합의가 있는 경우에만 중재인에게 제한적인 관할권을 줌으로써 그 위임된 분쟁에 한하여 중재인은 당사자들의 주장과 증거에 입각하여 최종적인 결정을 내리면서 당사자는 이에 구속을 받는 자주적 분쟁 해결방안이다.

중재합의는 특정의 분쟁에 대하여 법원의 관할권을 배제하는 약속이므로 중재합의가 있는 경우에는 일반적으로 그 분쟁에 대하여 직소가 금지된다. 당사자간의 계약서상에 아래와 같은 중재조항을 삽입하면 사후 분쟁 예방과 해결에 신속을 기할 수 있다.

[표준중재조항](국문예)

「이 계약으로부터 또는 이 계약과 관련하여 또는 이 계약의 불이행으로 말미암아 당사자 간에 발생하는 모든 분쟁, 논쟁 또는 의견차이는 대한민국 서울특별시에서 대한상사중재원의 상사중재규칙 및 대한민국법에 따라 중재인에 의하여 최종적으로 해결한다. 중재인(들)에 의하여 내려지는 판정은 최종적인 것으로 당사자 쌍방에 대하여 구속력을 가진다.」

[Standard Arbitration Clause](영문예)

"All disputes, controversies, or differences which may arise between the parties, out of or in relation to or in connection with this contract, or for the breach thereof, shall be finally settled by arbitration in Seoul, Korea in accordance with the Commercial Arbitration Rules of the Korean Commercial Arbitration Board and under the Laws of Korea. The award rendered by the arbitrator(s) shall be final and binding upon both parties concerned."

[중재신청구비서류]

- 중재합의서(계약서 원본 또는 사본)
- 대리인이 신청시 그 위임장
- 중재신청서
- 청구의 근거를 입증하는 서류
- 중재비용예납

2. 소송과 중재의 비교

소송은 당사 간에 합의가 없더라도 당사자가 능력만 있으면 절차의 진행이 가능하나 중재는 반드시 성문화된 합의(계약)가 있는 경우에만 절차가 유효하게 법적 보호를 받을 수 있다, 따라서 기본적인 분쟁의 해결방식은 소송이며, 중재는 이를 대체한 새로운 해결수단이라 할 수 있다. 그러나 중재는 소송에 비하여 다음과 같은 유리한 장점을 지니고 있다.

(1) 분쟁의 신속해결

소송은 인간의 모든 사항에 대한 분쟁을 결정하므로 때로는 신체의 생사여부에 관한 형사적 문제도 심리판단하게 된다. 때문에 소송에 매우 신중한 절차를 요하게 되어 3심제를 운영하고 있다. 그러나 중재는 몇 나라의 예외를 제외하고는 단심제로 운영되고 있어서 법원에 비하여 매우 짧은 단계를 거쳐 최종판정에 도달하게 된다. 우리나라의 중재는 단심제이다. 당사자들은 그들 자신의 합의로써 판정기간을 정할 수 있기 때문에 당사자들의 긴급성에 따라서 그 기간을 명시하여 단축시킬 수 있다.

우리나라의 경우에는 이러한 기간은 당사자들이 정하기 않은 때에는 중재가 개시된 날로부터 3개월 이내에 중재판정을 하도록 되어 있다(중재법 제11조 5항). 이 법의 취지를 받들어 대한상사중재원 상사중재규칙은 당사자 간의 중재시 고의로 지연작전을 쓰지 못하게 하는 예방조치로서 여러 가지 규정을 두고 있다.

(2) 비용의 경감

신속한 분쟁의 해결은 그만큼 비용을 절약할 수 있다. 법원의 소송에 의할 경우 변호사의 보수를 비롯하여 매 심급마다 인지대가 배가되기 때문에 중재 보다 비용이 많이 들게 된다. 또한 상사에 관한 전문적인 지식과 경험을 지닌 중재인에 의한 심문은 새로운 설명이나 지식의 보완이 필요치 않음으로써 분쟁해결을 위한 증인심문들의 진술서 작성 등 시간이나 경비가 저렴하게 된다.

(3) 적합한 중재인의 선정

국제무역에서 발생되는 분쟁의 경우에는 매매조건, 상품의 시장성, 가격의 변동, 무역관습 등 거래상의 전문화, 기술화, 분업화, 세분화, 산업화의 전문지식을 요하기 때문에 중재인을 선정하는데는 그 분야에 맞는 중재인을 선정하여야 한다.

이러한 목적을 위하여 대한상사중재원은 중재인단 명부를 매년 1회 정비유지하고 있는데 이는 법조계, 실업계, 각종 업종별 단체의 대표자, 학계 공공단체 조사기관대표, 개업중인 공인회계사, 변리사, 주한외국인 등을 엄선하여 구성되어 있다.

(4) 절차의 비공개

법원의 소송절차는 공개주의에 입각하여 진행되므로 자체회사의 조업방식, 운영비용, 손익에 관한 것 등 거래비밀이 자연히 대외적으로 알려지게 마련이며, 이러한 것들이 대외적으로 알려질 경우에는 회사의 신용하락은 물론 국제경쟁력이 악화되어 예측할 수 없는 손실이 발생하게 된다. 특히 거래과정에서 클레임이 발생된 사실 자체가 알려지면 회사의 명예에 악영향을 끼칠 우려가 크기 때문에 더욱 비밀을 요하는 사항이 아닐 수 없다. 중재는 바로 이러한 점을 감안하여 절차를 공개하지 않기 때문에 모든 사업상의 비밀이나 회사의 명성을 그대로 유지할 수 있게 한다. 우리나라의 경우에도 상사중재규칙 제35조에 절차의 비공개주의를 택하고 있다.

(5) 판정의 효력

재판권은 국가주권의 일부이며 국가가 행한 재판은 다른 국가에 효력이 미치지 않는다. 그러나 중재는 당사자 간의 합의에 의한 것이므로 사법상의 유효한 계약으로 보기 때문에 외국에서도 그 이행에 주권침해와 같은 문제가 발생치 않는다. 중재판정의 국내적 효력은 당사자 간에는 법원 확정판결의 효력과 동일하며(중재법 제12조) 국제적 효력으로 뉴욕에서 채택된 외국중재판정의 승인 및 집행에 관한 국제연합협약에 우리나라가 1973년도 가입함으로써 외국에서도 그 집행을 보장받을 수 있어 소송보다도 더 큰 효력이 있다.

3. 상사중재제도

(1) 상사중재제도의 의의

무역클레임을 해결하기 위한 수단의 일종인 중재(arbitration)는 당사자 간의 사전적인 중재합의에 기초를 둔 일종의 쌍무계약적 절차라고 할 수 있다. 중재판정의 기준은 형평과 선(善)으로서 인격에 의한 판단이기 때문에 법의 지배하에서 법에 의한 판단인 재판과는 근본적으로 차이가 있다. 재판의 판결은 법과 판례에 따라 법관이 양심적으로 판단을 내리지만, 중재판정은 형평과 善에 의해서 중재인이 합리적이고 공평한 인격에 의한 판단을 내린다.

무역클레임의 해결에 적용되는 중재는 상사중재(commercial arbitration)이며 상사중재제도는 당사자가 처분할 수 있는 사법(私法)상의 법률관계 관련분쟁을 당사자 간의 합의(중재계약 또는 중재합의)에 의하여 해결하는 제도이다.

즉, 법원의 판결에 의하지 않고 제3자인 중재인에게 부탁하여 그의 중재판정에 복종함으로써 최종적인 해결을 시도하는 자치법적인 분쟁해결수단이라고 할 수 있는데 이러한 중재가 가지고 있는 법적인 요건과 성격을 살펴보면 당사자간의 합의에 따라 법원의 판결을 배제하고 중재를 선택하는 명시적 표시인 중재계약이 있어야 하며, 분쟁의 객체로서의 분쟁대상은 당사자간에 처리할 수 있는 사법상의 법률관계이어야 하고, 당사자들은 자신들이 선택한 중재인의 판정에 이의를 제기할 수 없으며, 중재에서 패한 당사자는 원칙상 상소할 수 없다.

(2) 상사중재제도의 장 · 단점

1) 상사중재제도의 장점

① 자유합의에 의한 분쟁해결

중재는 본질상 특별한 제한이 없는 한 원칙적으로 중재계약에서부터 판정에 이르는 모든 절차와 과정을 당사자들 간의 자유합의에 의해 결정한다.

② 중재심리의 비공개

일반적으로 소송절차는 공개되기 때문에 사업의 내막이나, 영업비밀이 외부에 누설될 염려가 있다. 그러나 중재는 거래의 비밀보장을 원칙으로 하기 때문에 비공개로 진행된다.

③ 분쟁의 신속한 해결

중재는 분쟁을 신속하게 해결함으로서 비용의 절약뿐만 아니라 약정 또는 법정기간 내에 단심으로 종결된다. 중재판정은 중재계약에서 약정된 기간 내 혹은 중재가 개시된 날로부터 3개월 이내에 하도록 되어 있다.

④ 중재인의 전문성

상사관계(商事關係)는 상인사회의 관습에 지배되는 경우가 많기 때문에 획일적인 법률에 묶인 판사보다도 상거래의 실정에 정통한 중재인의 판정이 보다 합리적이며 실제적인 해결을 기대할 수 있다.

⑤ 국제적 효력

재판은 국가공권력의 발동이므로 국경 내에서만 그 효력을 가지나 중재판정은 민간인의 자주적인 분쟁해결방법으로서 국가주권의 문제와는 관계없이 국제협약 또는 2국간 협정에 의해 국제적인 효력을 미친다.

⑥ 평화적 분위기

중재는 시종일관 평화적인 분위기 속에서 비공식적인 절차로 진행되며 증인에 대한 선서도 금지되고 있다.

2) 상사중재제도의 단점

① 법적 안정성의 결여

소송의 경우 판사는 법률과 판례에 구속됨으로써 판정에 대한 법적 안정성이 확보되나 , 중재는 중재인의 지식과 경험에 의해 판정하므로 판정기준에 있어 객관성이 결여될 수 있다.

② 상소제도의 부재

중재는 단심제로 상소의 수단이 없다. 따라서 당사자 사이의 이해관계가 충분히 반영될 수 없는 단점이 있다.

③ 중재인의 대리인(代理人)적 경향

중재에서는 당사자가 각각 1명씩 중재인을 선임하는 것이 관례이기 때문에 이런 방식에 의해 선임된 중재인은 자기를 선임해준 당사자에 대한 의리로서 그의 이익을 위하려는 경향으로 흐르기 쉽다.

④ **절차상의 문제**

중재의 경우 신속한 처리를 위해 출두에 관한 통지가 정당하게 이루어진 이상 당사자가 결석해도 심리를 진행시킬 수 있기 때문에 결석한 당사자의 입장이 완전히 무시될 우려가 있다.

연습문제

설명형

01. 무역관리수단을 구분하여 설명하시오.

02. offer(청약)의 개념과 종류를 설명하시오.

03. 환어음의 종류를 설명하시오.

04. 환포지션을 설명하시오.

05. 신용장거래의 특성을 설명하시오.

06. 신용장의 당사자를 설명하시오.

07. 해상보험의 기본원칙을 설명하시오.

08. 수출보험의 의의와 기능을 설명하시오.

09. 무역클레임의 원인과 종류를 설명하시오.

10. 상사중재제도를 설명하시오.

■ 용어해설

01. 선화증권 11. claim(클레임)

02. D/A, D/P 12. 중재

03. exchange position

04. 자금조정거래

05. swap거래

06. L/C(letter of credit)

07. B/L(bill of lading)

08. factoring

09. 관세환급

10. 소요량증명제도

제 2 편

국제경영

제1장 국제경영의 개념

제1절 국제경영의 성격

1. 국제경영의 정의와 영역

국제경영학은 그 역사가 짧고 연구대상과 방법에 따라 그 개념이 달라지기 때문에 일률적으로 규정할 수 없는 분야이다. 그러나 보편적으로 정의되는 국제경영(international business)이란 경영교육 및 학문적 연구의 한 분야로서 국경을 넘어서 전개되는 일련의 기업활동을 의미한다. 여기서 국경을 넘는 기업활동의 대상은 상품, 서비스, 자본, 인력, 기술 등을 포함한다. 기업의 사업활동이 국경을 넘어서 전개되면 기업의 규모나 활동이 커지고 복잡해진다. 이에 따라 국제경영은 새로운 경영정책과 정부정책을 요구하게 됨으로써 기업의 일반경영관리와는 분리된 새로운 영역으로 출현하게 되었다. 이러한 국제경영의 태동에 결정적인 역할을 한 것이 다국적기업의 등장이다. 종래의 무역이 특정국에 속해 있는 독립된 민족기업간의 거래인 반면, 다국적 기업에 의한 국제거래는 한 기업의 영역이 여러 국가에 동시에 걸쳐 전개되는 거래이다. 그러나 국제경영의 대상이 다국적기업의 활동에 국한되는 것은 아니다. 전통적인 무역은 물론 know-how의 거래, 해외직접투자, 증권투자 등이 모두 국제경영학의 연구대상이 된다. 국제경영이 독립된 연구대상이 되기 위해서는 기존의 경영분야 이외에 독립된 새로운 영역이 있어야 한다. 국제경영이 그 나름대로의 독립된 연구대상이 되는 중요한 이유를 기업환경의 차이에서 찾아볼 수 있다. 각국은 서로 다른 문화적 · 정치적 · 경제적인 전통과 제도를 갖고 있으며 기업이 국경을 넘어 사업을 전개할 때에는 현지국 정부와의 관계가 매우 중요한 문제로 등장하며, 특히 화폐단위가 상이한 나라에 투자하게 될 때는 환율의 변동에서 오는 여러 가지 문제에 봉착하게 된다.

그러나 단순히 환경이 다르다고 해서 다른 새로운 학문의 분야가 필요한 것은 아니다. 왜냐하면, 비교경제제도론, 비교경영학, 인류학 등 다른 나라의 제도와 전통을 그 연구대상으로 하는 분야가 있기 때문이다. 그런데 이들 기존 학문에서는 기업의 국제경영활동에 따른 제 현상과 문제점들을 해결하는데 만족스럽지 못하기 때문에 국제경영학이라는 독자적인 학문의 분야가 필요하게 된 것이다. 국제경영학이라는 학문적 분야가 성립할 수 있는 기반은 환경 차이로 발생하는 독특한 문제를 해결하는 이론이 있어야 하고, 또한 그러한 문제의 해결에 도움을 주는 연구와 이러한 연구결과를 실무계에 교육시켜 응용하는 것까지 포함하는 분야가 바로 국제경영학이다.

국제경영은 다시 해외사업분야와 국제기업관리분야로 나누어 볼 수 있는데, 이 두 가지 개념의 구별은 다소 모호한 데가 있고 또한 중복되는 부분도 있다.

해외상업이란 기업이 해외의 특정국에 진출해서 기업활동을 전개하는데 야기되는 여러 가지 문제와 전략대안들을 주요 연구대상으로 한다. 예컨대, K기업이 EC지역에 전자제품기업을 진출시키는 경우 이에 대한 가장 효과적인 전략방안과 이에 수반되는 제반 문제를 연구하는 것이다. 여기서는 특히 환경의 차이가 큰 중요성을 띠게 된다.

한편, 국제기업관리는 여러 나라에 설립된 해외사업체들을 본사에서 어떻게 계획 · 조직 · 통제하느냐가 주요 연구대상이 된다. 따라서 이 분야는 전통적인 경영관리분야의 연장적인 성격을 갖는다. 국제경영에 있어 이 두 가지 영역은 후술되는 장에서 보다 구체적으로 논의될 것이다.

2. 국제경영의 특성

국제경영활동은 단순한 상품의 수출입활동이나 그 밖의 다른 경영활동에 비하여 여러 가지 특성을 가지고 있다. 이러한 특성은 환경적인 면과 의사결정의 복잡성에서 비롯되는 것 등 다양하다. 경영활동전개와 의사결정상의 관점에서 보면 국제경영의 특성은 세계성・계획성・통일성・조직성・기동성・적응성・계속성 등으로 지적된다.

(1) 국제경영의 세계화

국내경영이 1국의 시장을 대상으로 하는 것에 반하여, 국제경영은 세계의 시장을 대상으로 하고 있다. 시장지향적인 경영활동을 전개한다면 당연히 시장이 존재하는 한 어디라도 고객을 찾아서 활동하게 될 것이다. 그러므로 국제기업은 1국의 시장에만 집착하지 않고 세계시장 전체를 대상으로 활동하게 되면, 여기서 국제경영활동의 특성이 나타나게 된다. 국제경영환경은 복잡하고 예상하기 어려운 문제들이 많지만 교통・통신의 발달은 세계전체를 시간적・공간적으로 좁혀 놓고 있다. 따라서 국제경영활동의 범위는 현저히 넓어졌으며 해외시장에서의 국제경쟁은 더욱 심화되고 있다. 그러므로 국제경영활동을 원활히 전개하기 위해서는 국내경영활동과는 달리 각 시장조건이나 환경을 충분히 연구해야 한다.

(2) 국제경영의 계획성

국제경영활동을 전개하는 데에는 불확실한 요소가 많기 때문에 보다 계획적인 경영활동을 실시할 필요가 있다. 계획이란, 기업의 목표를 달성하기 위한 합리적이고도 과학적인 분석 및 예측에 기초를 두고 현재 시점에서 의사결정에 필요한 과학적인 판단척도를 제공하여 주는 것을 말한다. 그러나 계획은 합목적성・종합조정・경제성・일반성・실시기간의 한정 등의 특성을 지니고 있기 때문에 해외사업을 계획적으로 전개함으로써 최소의 노력, 시간, 경비로 최대한의 효과를 올릴 수 있는 가장 적절한 방법을 선택해야 한다.

이러한 국제경영활동의 계획성은 두 가지로 나누어 볼 수 있다. 하나는 기업경영계획의 일환인 국제사업계획이고, 다른 하나는 국제사업활동을 실시하기 위한 계획이다. 국제경영활동은 이와 같은 두 가지 계획을 충분히 조화시켜 실시되어야 한다.

(3) 국제경영의 통일성

국제경영활동은 본국에서 떨어진 세계의 각 지역을 대상으로 하는 만큼 시간적·공간적인 간격과 거리가 개재된다. 그러므로 국제경영활동은 기업 전체로서 유기적·종합적인 경영활동의 전개 없이는 소기의 목적을 달성할 수 없게 된다. 따라서 해외사업단위에 최대한의 활동상의 자유를 부여하면서도 기업집단 전체로서의 균형을 파괴하지 않도록 통일성이 전제되어야 한다.

(4) 국제경영의 조직성

국제경영활동은 그 자체의 규모가 방대하고 사업활동상 예측하기 어려운 불확실성하에서 이루어지므로 무엇보다도 조직성이 전제되어야 한다. 조직구성원의 노력을 유기적으로 통합하여 기업집단 전체를 하나의 단위로서 활동할 수 있게 하는 조직구조의 편성과 운영이 없이는 국제경영은 소기의 목적을 달성할 수 없게 된다.

(5) 국제경영의 기동성

세계시장에서 기업이 국제경영환경의 급속한 변화에 적절히 대처하기 위해서는 현지의 사정에 대한 끊임없는 연구 및 분석과 함께, 경영활동에 대한 사고방식의 유연성과 행동의 기동성이 요구된다.

(6) 국제경영의 적응성

국제경영활동을 전개함에 있어서는 해외시장환경의 이질성 및 급격한 변화에 의하여 야기되는 위험성에 적응할 수 있는 대책을 수립하는 것이 중요하다. 경영활동에는 본질적으로 위험이 수반되는 것이며 이러한 위험을 완전히 제거시키는 것은 불가능한 일이다. 그러나 변화에 대한 창조적 적응과 도전은 모든 경영활동에서 당연히 해결되어야 할 하나의 과제이며, 국제경영에 있어서의 이러한 필요성은 더욱 절실하다.

(7) 국제경영의 계속성

국제경영활동을 효율적으로 전개하기 위해서는 경영의 계속성이 확보되어야 한다. 복잡한 환경에서 활동하는 국제경영에 있어서는 모든 면에서 더욱 계속성을 필요로 하게 된다. 왜냐하면, 국제경영활동은 국내와는 비교할 수도 없는 거대한 자본 및 시설을 필요로 하므로 국제경영자는 그것에 대하여 총체적인 관점에서의 계속성을 가지고 기업활동을 행하지 않으면 안되기 때문이다.

3. 국제경영의 이행단계

기업이 국제화로 이행되어 가는 과정에서 궁극적으로 당해 기업은 국제기업 내지 다국적기업의 형태로 발전되어 가기 마련이다. 이 같은 발전과정은 국내 제조업자가 국제경영활동에 참여 내지 전개하는 과정이라고도 볼 수 있다.

레이튼(S. R. Leighton)은 기업이 국제화되어 가는 발전과정을 기업활동의 초점에 맞추어 제1단계로 상품수출활동(merchandise export activities), 제2단계로 기술수출활동(technique export activities), 제3단계로 해외사업활동(overseas business activities), 제4단계로 국제기업활동(international enterprise activities)을 들고 있다.

그러나 오늘날의 국제경영은 각 단계의 기업활동이 포괄적으로 전개되는 것이 일반적이다. 다시 말해서 국제경영은 기업 자체에 적합한 경영활동을 수행하는 것이며 어느 한 분야에 전문화하는 것은 아니다. 국제경영활동은 국제기업화의 제 과정에서 전개되는 모든 기업활동을 포괄적으로 인식되어야 한다.

파머(R.N. Farmer)와 리치맨(B.M. Richman)은 국제경영활동을 직접적으로 해외사업활동에 참가하지 않는 경우와 참가하는 경우로 구분하고 있다.

첫째로, 국제경영활동이 해외사업활동에 직접적으로 참가하지 않는 경우는 ① 상품수출입, ② 증권투자(portfolio investment), ③ 국제기술제휴(foreign licensing), ④ 콘트랙팅(contracting), ⑤ 턴키프로젝트(turnkey project) 등이다.

둘째로, 국제경영활동이 직접적으로 해외경영에 참가하는 경우는 ① 해외직접투자(foreign direct investment), ② 합작투자(joint venture), ③ 국제서비스활동(international services) 등이다. 이상의 국제경영활동의 전개는 그 내용이 다소 중복되고 있으므로 그 성격에 따라 상품의 수출입활동, 국제기술제휴, 국제합작투자, 해외자회사의 완전소유 등 네 가지의 범주로 구분하는 것이 이상적이다. 따라서 기업의 국제화단계에 맞추어 국제경영의 이행단계를 요약하면 다음과 같다.

즉, 국내경영에서 국제경영으로의 이행과정은 ① 원료와 제품의 수출입 활동, ② 기술과 노하우의 수출입 활동, ③ 자본의 해외유출 또는 외자도입, ④ 플랜트의 수출입 활동, ⑤ 해외에 대리점 · 사무소 · 자회사 현지법인의 설립, ⑥ 외국기업과 공동으로 합작기업 등을 추진 · 전개하는 경영활동, ⑦ 해외 각지에 분산된 경영거점을 결합하여 본사지향적 체제를 갖추는 경영활동으로 발전 · 전개되는 것이 보통이다.

제 2 절 국제경영의 연구방법

국제경영의 연구방법은 그것을 수행하는 주체의 입장에 따라 주체적 연구와 객체적 연구, 그리고 연구대상에 따라 기능별 연구 · 상품별 연구 · 지역별 연구 · 역사적 연구 등으로 나누어 볼 수 있다. 그러나 이러한 방법론의 분류는 어디까지 실천적 · 편의적인 것이고 확고한 기준에 따른 것은 아니다.

1. 주체적 연구

객체적 연구는 주체적 연구와는 반대의 입장에서 국제경영활동을 연구하는 방법이다. 예컨대, 미국기업이 한국을 대상으로 하여 국제경영활동을 전개하는 경우, 우리나라의 입장 또는 우리나라 기업의 입장에서 국제경영활동을 연구·분석하는 접근방법으로 국제경영론에서 가장 널리 이용되고 있는 방법이다.

오늘날 세계경제에서 국제경영의 주체가 거의 대부분 선진국의 기업인 점을 생각해 보면, 주체적 연구는 선진국형 접근방법이라고 볼 수 있다. 그러나 현재 개발도상국 가운데 국제경영활동을 부분적으로 전개하고 있는 나라도 있다. 개발도상국의 기업이 장래 국제경영활동을 활발하게 전개하는 경우를 예상하면, 주체적 연구는 개발도상국의 입장에서도 유용한 접근방법이라고 할 수 있다.

2. 객체적 연구

객체적 연구는 주체적 연구와는 반대의 입장에서 국제경영활동을 연구하는 방법이다. 예컨대 미국기업이 한국을 대상으로 국제경영활동을 전개하는 경우, 우리나라의 입장 또는 우리나라 기업의 입장에서 국제경영활동을 파악하려는 방법이다. 즉, 국제적인 합작사업을 한다거나 국제적인 기술제휴에 의하여 경영활동을 수행하거나, 또는 외국의 현지자회사가 진출해 있는 경우에는 파트너의 입장, 라이센시의 입장, 현지수용국의 입장에서 국제경영활동을 연구하는 것을 말한다.

오늘날 대다수의 개발도상국들은 선진제국과 합작사업 혹은 기술제휴를 하는 경우가 많다. 따라서 그와 같은 국가나 기업들은 그들의 독자적인 입장에서 국제경영활동에 대한 연구와 분석을 하지 않으면 안되게 되었다. 이러한 연구 및 분석을 통하여 그들 자신의 경제적 이익을 확보할 수 있을 뿐만 아니라 기업발전의 계기로 삼을 수 있으므로, 이러한 객체적 연구도 주체적 연구와 더불어 중요시되고 있다.

3. 기능별 연구

기능별 연구는 국제기업을 효율적으로 관리·운영하는 측면에서 각 기능별로 분류하여 연구하는 방법이다. 기업의 관리영역은 일반적으로 마케팅·생산·재무·조직·인사 등으로 나누어지며, 이것은 국내경영에서나 국제경영에서나 거의 같다. 따라서 기능별 연구는 국제경영활동을 성공적으로 수행하기 위해서 국제마케팅을 어떻게 전개해 갈 것인가, 또는 생산활동을 어디서 어떻게 수행할 것인가, 그리고 국제경영활동에 소요되는 자금을 어디서 어떻게 조달하고 운용할 것인가 하는 점들을 각 기능별로 분류하여 연구한다.

특히 국제경영학에 있어서 기능별 연구가 필요한 이유는 국내경영의 관리기능과 국제경영의 관리기능간에 상이한 영역이 있기 때문이다. 즉, 재무관리분야에 있어서 국내기업활동만을 전개하는 기업이라면 일반적인 회계기준에 의하여 재무활동을 처리할 수 있다. 그러나 국제적 경영활동을 전개하는 국제기업은 국내의 회계기준으로서는 충족시킬 수 없는 국제적인 재무분석을 필요로 하고, 특히 상이한 화폐 단위의 적용에서 발생하는 환위험의 관리는 국제기업에 있어서 중요한 영역을 차지하고 있다. 요컨대, 기능별 연구는 국제경영활동을 전개하는 국제기업의 제 관리영역, 즉 국제마케팅, 국제재무, 국제조직, 국제인사, 국제생산 등을 대상으로 하여 분야별로 연구·분석하는 것이다.

4. 지역별 연구

지역별 연구는 국제기업이 그 활동을 수행하는 지역의 지형, 정치, 경제, 군사, 법제, 역사, 문화, 언어, 풍습, 습관, 소비패턴 등을 국제경영활동의 측면에서 분석하여 해외사업을 성공적으로 이끌어 나가기 위한 여건을 파악하는 연구방법이다. 다시 말해, 기업이 국제경영활동을 수행하는데 있어서 당면하게 되는 제 환경적 변수를 고찰하여 어떻게 효과적으로 대처해 갈 것인가를 분석하는 방법이다. 따라서 지역별 연구를 환경과학적 연구라고도 하는데, 그 중에서도 정치적 환경은 해외사업을 전개하는데 있어 대단히 큰 변수로 작용한다.

5. 역사적 연구

역사적 연구는 국제경영의 형성에서부터 시작하여 역사적 관점에서 국제경영의 발전과정을 연구하는 것을 말한다. 즉, 발전사적인 시각에서 국제경영의 제 기능과 제도의 발생과 쇠퇴의 원인을 규명함으로써 국제경영의 역사적 발전법칙을 이해하는 것을 목표로 한다.

이와 같은 연구방법은 아직 기업실무자나 이론가들에게 깊은 관심을 끌고 있지 않지만, 국제경영이 보다 체계화되었을 경우에는 이 방법도 매우 유용하게 될 것이다. 왜냐하면 국제경영의 발생과 발전 그리고 쇠퇴 등의 인과 관계를 각 시대 또는 각 단계의 사회적·경제적·문화적 배경을 포함한 역사적 관점에서 규명함으로써 국제경영활동을 보다 명확히 이해할 수 있기 때문이다.

이상에서 국제경영활동을 해명하는데 일반적으로 이용되고 있는 방법에 대해서 개괄적으로 설명하였다. 그러나 국제경영활동을 분석·연구하는 방법은 위와 같은 방법에만 한정되어 있는 것은 아니다. 관점에 따라 혹은 필요에 따라 여러 가지 방법론을 생각해 볼 수 있다. 예컨대, 국제경영활동과 관련되는 법률적 문제를 다루는 법제적 연구방법 및 국제경영활동으로 인해 관련 당사국의 경제에 미치는 영향 등을 거시경제학적 관점에서 연구하는 경제학적 연구방법 등도 국제경영을 이해하는데 유용한 접근방법이다. 따라서 복잡 다양한 국제기업 내지 국제경영활동을 해명함에 있어 어느 한 가지 방법에 의해 한 면만을 분석한다는 것은 장님 코끼리 만지기식이 되기 쉽다. 그러므로 여러 방법을 절충한다면 국제기업의 실체를 보다 효율적으로 파악할 수 있다.

제2장 국제경영이론

국제경영이론이 새로운 학문으로 발전하게 된 것은 다국적기업과 같은 기업경영형태의 변화에 기인한다. 전통적으로 개인이나 개별기업간에 이루어지는 무역거래는 반드시 국경을 통과하게 되고 교역상대 기업이나 개인의 국적이 다르다는 것을 전제하였다. 그러나 제2차 세계대전 후 다국적기업의 출현으로 이러한 전제조건은 충족되지 않았으며, 나아가 이는 전통적인 무역이론에 새로운 문제를 제기시키고 해외직접투자와 같은 새로운 무역거래에 대한 설명도 요구하게 되었다.

제1절 해외직접투자

1. 해외직접투자의 개념

해외직접투자(foreign direct investment : FDI)란 기술·투자·자본·경영 등이 복합적으로 포함되는 해외사업이다. 따라서 그 동안 해외직접투자를 설명하려는 연구와 노력이 많이 이루어졌다. 처음으로 하이머(S.Hymer)가 1960년에 해외직접투자에 대한 연구를 시작하였고, 그 이후에 상당히 많은 학자들이 이론과 실증적 연구를 진행하여 왔다. 이러한 연구들은 특정한 사업형태를 연구검토한다는 점에서 의의가 있지만 그 자체가 국제경영이론은 아니다. 해외직접투자, 기술이전 또는 무역거래가 모두 국제기업이 수행하는 사업형태들이므로, 개개의 사업형태를 모두 종합하여 설명한다 하더라도 완전한 국제경영이론은 되지는 못한다. 세계시장을 상대로 본사와 해외지사간의 거래(내부거래화)를 통하여 이루어지기 때문이다.

2. 해외직접투자의 동기

해외직접투자의 동기는 여러 가지 원인과 목적에 따라 다양하게 나타난다. 투자의 목적은 투자국에 있어서 자원의 유무, 외환보유고, 역사적・지리적 환경, 산업구조, 기술수준 등의 차이로 인하여 나타나며 투자기업에 있어서도 국내시장의 성숙도, 원재료의 조달, 기술・자본 및 인재의 축적도, 인력과 임금수준, 경영이념, 국내산업의 비중 등에 따라 달라진다. 이처럼 기업에 있어서 해외직접투자의 목적이나 동기는 국내・외의 환경변화에 따라 변화하며 그 동기는 한 가지 요인에 의해서가 아니라 둘 이상을 겸하는 경우가 대부분이다. 하지만 무엇보다도 무역장벽의 회피나 기업의 이윤획득과 성장을 위한 투자를 가장 현실적인 해외직접투자의 동기로 볼 수 있다.

이러한 해외직접투자의 동기는 크게 전략적 동기와 행동적 동기, 그리고 경제적 동기로 분류하여 설명할 수 있다.

(1) 전략적 동기(strategic motives)

1) 시장지향형 투자

기존의 시장점유율과 판매망을 유지하면서 제3국의 새로운 수출시장을 개척하기 위하여 현지에 진출, 현지 생산을 하는 것으로 피투자국시장의 수요에 부응하여 현지에서의 제품공급을 목적으로 한 직접투자로서 자동차 회사들이 유럽에 진출하여 현지 생산하는 것을 예로 들 수 있다.

2) 생산효율지향형 투자

생산에 필요한 자원이 풍부하며 현지의 생산요소 가격이 상대적으로 저렴한 지역을 찾아 직접투자를 행하고, 이윤을 극대화하기 위해 진출하는 것으로 그 생산물을 현지의 수요에 충당할 뿐만 아니라 자국 또는 제3국으로 재수출하는 형태로 노동집약적 산업에서 이러한 유형의 투자가 많이 나타나고 있다. 예를 들어 우리나라를 비롯한 세계의 전자기업들이 임금이 저렴하고 풍부한 양질의 노동력을 보유한 동남아, 중남미 등의 현지로 전자제품 조립을 위한 공장을 건설하는 것이 좋은 예라 할 수 있다.

3) 자원지향형 투자

천연자원의 부존도가 높은 지역을 찾아 자본이나 기술을 투자하여 채취한 원료는 현지 수요에 충당되거나 투자국 또는 제3국에 재수출되는 방식으로 최근에는 원유, 광업, 농업, 임업 등의 개발수입이라 불리며 자원개발투자와 연관이 있다. 미국의 중동지역 석유투자 및 부존자원이 부족한 일본의 해외직접투자가 좋은 예이다.

4) 지식지향형 투자

지식지향형 투자는 외국의 선진 기술이나 경영관리 기법 등을 습득하기 위한 동기에서 투자를 하는 것으로, 예를 들어 유럽의 기업들이 기술수준이 높은 미국계 기업들을 합병, 인수하여 우수한 기술지식을 획득하기 위한 경우가 이에 속한다.

5) 위험회피형 투자

투자지역에서의 정치・경제적 위험이 없는 국가나 지역으로 진출하려는 것으로 위험이 높은 지역에 진출하여 투자를 할 경우, 수용 및 몰수의 위험이 높아 기업의 목표를 달성할 수 없기 때문에 현지의 위험도가 낮고 수익성이 높은 지역으로 진출하려는 것이다.

(2) 행동적 동기(non-economical motives)

행동적 동기로 인한 해외직접투자는 1차 요인으로 외국 정부나 자사 제품의 해외 대리점 및 고객 등의 요청, 자사 제품의 판매시장 상실 우려, 자사의 선도적 역할 수행효과의 기대, 국내시장에서의 외국 기업과 경쟁회피를 위해 투자가 이루어지는 것이며, 2차적 요인으로 생산요소 및 관련 제품의 시장개발, 노후화된 기계 등의 생산설비 재이용, 노하우의 자본화·연구개발 및 기타 고정비의 분산, 현지국과 무역관계협정을 맺고 있는 제3국 시장으로의 우회진출을 위해 투자가 이루어지는 것을 말한다.

(3) 경제적 동기(economical motives)

경제적 동기로 인한 해외직접투자는 현지의 실물자산, 생산요소, 금융 등 현지 시장이 불완전 상태에 있기 때문에 투자가 이루어진다고 보는 것이다. 일반적으로 실물자산시장이 불완전한 것은 현지 정부의 국내시장 보호정책이나 독점기업들의 경쟁 때문에 형성된다. 현지가 불완전한 시장일지라도 충분한 잠재적 수요가 있다고 판단되면 경영활동 범위에 제한이 없는 국제기업들은 예외 없이 진출하여 해외직접투자를 감행한다.

3. 해외직접투자가 투자국과 피투자국에 미치는 영향

기업의 해외직접투자가 증대하고 투자국과 피투자국의 경제에서 점유하는 비중이 높아지면서 세계 여러 나라들의 경제정책에도 영향을 미치게 되는 것은 당연한 일이다.

다국적기업 내지는 해외직접투자의 문제는 민족주의 또는 국수주의 요소와 관련하여 논의됨으로 어느 정도의 편향을 가지고 있었던 것은 사실이다. 2차 대전 전에는 영국이, 전후에는 미국이 해외투자에 있어 압도적인 비중을 점유하고 있기 때문이다.

해외직접투자는 자본, 기술, 경영관리능력 등의 생산요소를 해외로 이전시켜

활동함으로써 투자국과 피투자국의 정치·경제·사회 등의 제반 분야에 다양한 영향을 미친다. 이러한 해외직접투자로 인해 투자국과 피투자국에서는 각기 얻는 것과 잃는 것이 생겨나기 마련이므로 어떤 국가에 있어서나 크든 작든 간에 이에 대한 저항이 있다. 이러한 상황의 이해를 위해 해외직접투자가 투자국과 피투자국에 미치는 긍정적 영향과 부정적 영향들에 대해 살펴보도록 하겠다.

(1) 투자국에 미치는 영향

1) 긍정적 영향

① 기업의 수익증가와 성장 촉진

수출보완적인 성격이 강한 국가의 해외직접투자는 현지생산에 필요한 기계, 설비, 원재료, 부품 등의 공급으로 수출과 해외직접투자의 상관도가 높게 되고, 해외직접투자의 증가에 따라 수출도 증가하는 결과를 초래한다. 이 수출의 증가는 곧 본사의 수익성을 증가시키며 기업을 성장시킨다. 기업의 성장은 해외직접투자를 발생시키고 이러한 해외직접투자는 기업의 성장을 도모하며 새로운 해외직접투자를 발생시키는 것이다.

② 특정 생산요소의 확보

투자국에서 확보하기 어려운 천연자원이나 저렴한 노동력 등과 같은 다양한 생산요소를 확보할 수 있는 기회를 증대시킨다. 따라서 이러한 특정 생산요소의 확보를 목적으로 하는 자원확보형 해외직접투자나 생산효율확보형의 해외직접투자가 활발히 이루어지고 있다.

③ 특정 시장의 확보

해외직접투자는 해외현지에 생산공장을 설치하여 제품을 생산하고 판매함으로써 특정 현지 시장을 확보할 수 있는 긍정적인 효과를 가지고 있다. 이러한 시장의 확보에는 완제품, 원료, 중간재 및 시설재 등의 측면에서 수출증대효과를 가져오는 제품시장의 확보, 로열티의 취득효과를 가져오는 기술시장의 확보, 외자의 활용(특히 현지금융을 이용하는 경우)은 자본시장의 확보를 가져온다.

④ **국제수지의 개선**

해외직접투자가 투자국의 국제수지에 미치는 영향은 단기적인 측면과 장기적인 측면이 다르게 나타나는데 단기적인 측면에서 보면 자본의 해외유출과 현지투자기업으로부터의 경쟁제품 수입으로 인해 일시적으로 부정적인 영향이 나타나지만 장기적인 측면에서 보면 시장확보에 따른 수출증대와 과실송금 등을 통해 투자국의 국제수지에 긍정적인 영향을 미치게 된다.

2) 부정적인 영향

① **고용기회의 상실**

투자가 외국에서 행해지게 되면 고용될 수 있는 고용의 기회가 외국노동자에게 부여되어 국내노동자의 고용기회가 상실된다는 것은 시장지향형이나 노동력확보형 투자의 일부에 있어서 그 사실이 이해되지만 전부가 그렇지는 않다. 무역장벽 배제형 투자에 있어서는 수출시장 상실의 위험성이 있고 투자에 의해 수출이 구제되는 것이다. 시장확보형 투자는 신시장의 개척에 따라 고용기회가 증대되며 해외입지형이나 자원확보형 투자는 처음부터 해외 이외에는 대안이 없다.

이처럼 해외직접투자가 고용에 미치는 영향은 해외직접투자의 유형, 그리고 수출입 및 국내산업에 대한 해외직접투자의 영향과 밀접한 관계를 맺고 있기 때문에 고용효과만을 대상으로 긍정적 또는 부정적 영향을 미친다고 독립적으로 단정할 수는 없다.

② **국제경쟁력 하락의 가능성**

기존에 보유하고 있던 기술이나 자본을 해외직접투자에 의해 해외현지로 이전함으로써 이에 대한 국제경쟁력을 상실할 가능성이 있다. 피투자국에 이전한 기술이 투자국보다 일부 분야에서 뛰어나게 향상되어 피투자국이 앞선 기술을 보유함으로써 투자국이 갖고 있던 종전의 세계시장에서의 국제경쟁력을 상실하게 되는 것이다.

③ **현지 생산품의 역수입에 따른 국내산업과의 마찰**

해외직접투자에 의한 현지생산품이 투자국으로 대량 역수입될 때는 동종의 국내산업과의 사이에 산업마찰을 야기시킨다. 특히 국내에 강력한 판매망을 가진 제조업체가 국내제품과 동종의 제품을 염가로 현지생산하여 역수입할 때는 직접 경쟁관계를 발생시킨다. 이미 섬유산업에서는 국내와 동종의 염가인 현지생산품의 역수입에 따라 국내생산업자에게 큰 영향을 미치고 있다.

④ **조세수입의 감소**

국제기업들이 해외직접투자와 같은 국제경영활동을 수행하면서 현지를 조세피난처로 활용하여 기업의 내부거래를 통한 이전가격을 조작하는 경우, 투자국인 본사국의 조세수입이 오히려 감소하는 결과를 초래할 수 있다.

(2) 피투자국에 미치는 영향

해외직접투자는 일국의 경제단위를 초월하는 기업활동이, 피투자국의 경제·사회에 막대한 영향을 미치기 때문에 자주 피투자국의 국가이념을 자극하여 때로는 마찰과 분쟁을 야기시키기도 한다. 이러한 마찰과 분쟁은 선진국과 개발도상국간에만 발생하는 것이 아니라 선진국간에도 발생한다는 사실이다.

이처럼 해외직접투자가 피투자국에 미치는 영향을 살펴보도록 하자.

1) 긍정적인 영향

① **경제성장 촉진에 기여**

외국기업에 의한 해외직접투자에 따라 외국자본이 유입되면서 국내투자가 확대되고 생산요소로서의 자본이 증대되며, 또한 외국기업의 우수한 경영관리기법과 마케팅노하우, 생산기술의 도입으로 생산성 향상에 기여하게 되어 궁극적으로는 피투자국의 경제성장을 촉진시키게 되는 것이다.

② **고용증대와 소득향상**

외국기업에 의한 해외직접투자는 피투자국, 특히 개발도상국 경제에 있어서 가장 중요한 과제인 자본, 기술, 고용기회의 절대적 부족을 보충하는 면에서 효과적이다. 즉, 해외직접투자는 고용기회를 증대시키는 효과가 있고 고용기회의 창출은 소득에 의한 개인생활의 향상과 함께 국가 전체의 임금수준을 향상 시키며, 국민소득의 공평한 분배와 국내시장의 확대를 가져온다.

③ 특정 경영자원의 확보

외국기업에 의한 해외직접투자는 기술 자본 그리고 인력 등의 풍부한 경영자원을 가지고 있는 다국적기업들에 의해 수행되므로, 이들의 투자대상국인 피투자국은 이러한 기업들의 해외직접투자에 의해 획득하기 어려운 부족한 특정 자원을 확보할 수 있게 되는 것이다.

④ 국제수지의 개선

해외직접투자는 단기적인 자본유입과 함께 장기적으로 수입대체 효과와 수출촉진 효과를 가지고 있는 매우 효과적인 협력형태이다. 때문에 개발도상국 중에는 외국기업이 가진 해외판매망에 착안하여 수출의무를 부과하는 국가도 증가하고 있으며, 이는 수출촉진 효과를 한층 더 효과적으로 정착시키므로 국제수지의 개선을 가져온다.

⑤ 기술습득과 국내기업에 대한 자극

해외직접투자는 생산재나 완제품 및 부품의 제공과 함께 기술·판매·경영 및 노하우도 제공하므로 자본, 기술, 경영을 하나로 하는 경제협력형태이다. 근대적인 기술과 경영상의 노하우 부족이 개발도상국의 경제개발에 큰 장해가 되고 있는 시점에서 기술 및 경영상의 노하우 제공과 개발되는 신기술의 해외직접투자를 통한 유입은 중요한 위치를 차지한다. 피투자국은 외국기업의 해외직접투자를 통해 이러한 신기술을 이전 받고 동시에 국내기업에 자극을 주어 신기술의 개발과 경쟁을 야기한다.

2) 부정적인 영향

① 국가주권의 침해

다국적기업은 거대한 활동력과 영향력을 가지고 있기 때문에 업무의 수행 과정에서 의식적으로나 무의식적으로 투자국과 피투자국 모두에게 정치적 영향을 미치고 있다.

각국 정부는 국민복지를 위해서 여러 가지 경제적 또는 비경제적 목표를 추구하지만 다국적기업은 기업의 성장과 이윤의 확보라는 경제적 목표의 달성에 노력하고 있다. 이와 같은 국가와 기업의 목표의 차이는 각각의 의사결정이 완전히 일치하지 않음을 시사한다. 따라서 일국의 자원배분에 대한 외국기업의 직접지배는 각국 정부에 의한 공공의 이익추구와 이익의 조화를 복잡하게 한다. 특히 다국적기업은 개개의 자회사 이익이나 성장의 추구 보다는 기업전체로서의 이익향상을 요구하는 전략을 추구하기 때문에 각국간의 각종 정책의 조화여부에 따라 다국적기업은 그 초국가성을 이용하여 국내정책에 선행하거나 무력하게 만든다. 이러한 경우에 국가주권이 침해되었다고 본다.

② 경제적 종속

외국기업의 해외직접투자는 자본집약적인 첨단기술산업에 집중하는 경향이 있다. 이와 같은 산업은 피투자국 산업구조의 근대화에 기여한다. 일국의 경제발전을 유지하는 산업분야에만 기여하는 영향도 클뿐더러 외국기업이 피투자국의 주요 산업부문을 소유하여 지배하는 것은 아닌가 하는 우려를 낳게 한다. 이러한 우려는 선진국에 있어서도 발생하지만 개발도상국에서 보다 강하게 나타난다. 그 원인은 개발도상국의 국내자본이 빈약하고 외국자본은 그 자체가 작더라도 국내산업에서 점유하는 외국자본의 비율이 크게 되기 때문이다. 피투자국의 주요 산업분야를 지배하는 경향은 국내기업보다 외국기업의 국내경쟁력이 강하고 외국기업이 압도적인 우위성이 강하기 때문에 이러한 경우 피투자국은 외국자본의 압박에 투자를 제한하거나, 현지화 압력을 가하며, 법률에 의해 출자비율을 제한함으로써 이에 대처할 수 있다.

③ 외국기업의 고이윤과 이익의 과다 송금

외국기업이 국내기업과 동등 하거나 그 이상의 임금을 지불하고도 제품을 시장에서 경쟁하며 고이윤을 올리고 있다면, 이는 우수한 기술이나 경영의 대가로 봐야 할 것이다. 그러나 외국기업이 투자수익을 본국으로 송금함에 있어서 피투자국 정부 중에는 국제수지의 부담과 과다한 착취를 염려하여 이익송금을 법률로 제한하기도 하지만, 최근에 들어 수익의 현지 재투자를 요청하는 국가가 증가하고 있다.

④ 외국기업의 진출에 따른 산업구조의 조정

피투자국 중에는 외국기업의 진출에 따라 시장을 상실하고 도산하는 경우도 있다. 이러한 기업이 국익옹호 차원에서 외자진입 반대운동을 행하는 경우가 있는데 국익을 고려한다면 비능률적인 민족기업을 보존하는 것보다는 효율적인 외국기업이 대신하는 것이 유리하지만 국민설득이 필요하다. 때문에 외국기업의 국내진출에 따른 국내기업의 타격을 완화하고 새로운 길을 제시하기 위한 시간적 여유를 부여하기 위해 일시적으로 외국기업의 진출을 억제하거나 산업구조의 개선대책을 마련하는 것이 필요하다.

제 2 절 다국적기업

기업의 국제화와 더불어 다국적기업의 출현은 근년에 와서 일반화되고 있다. 이러한 현상은 우리는 국민경제(national economy)의 시대에서 국제경제(international economy)시대를 거쳐 세계경제(world economy)시대로 변천하는 시대에 살고 있음을 의미한다.

다국적기업은 과거 20여 년간 급진적으로 성장하여 왔다. 이제 다국적기업은 사회의 기본적이고 특징적인 지도적 기구로 등장하게 되었고, 우리의 경제생활에서 인류역사의 중요한 전환점을 가져다주었다.

아마도 국제적 성격을 띤 지도적 기구로서 20세기 후반에 있어서 다국적기업의 출현은 오늘날 세계에서 가장 강력한 힘(the most powerful forces operating in the world)으로 간주되며, 미국은 물론이거니와 온 세계에서 다같이 학문연구의 초점이 되고 있다. 또한 다국적기업의 경영상 복잡성과 그것이 가지는 동태적 요인은 학자와 경영자에게 계속적인 도전의 대상이 되고 있다.

이러한 관점에서 다국적기업은 새로운 국제기구로서 많은 반발과 혼란을 가져왔으며, 또한 논쟁의 초점이 되고 있는 것이 분명하다. 이로 인하여 정부는 다국적기업의 출현에 대하여 깊은 관심을 가지게 되었으며, 정치가들 중에는 다국적기업을 국가정부에 대한 위협적인 존재(a threat to the nation-state)로 보는 이도 있다.

이미 금세기 말에는 약 300여 개의 다국적기업이 세계무역량의 90%를 장악하게 될 것이라고 하는 한편 적어도 90년대에는 몇몇의 초대형 다국적기업이 그의 경영태도(management attitude)에 있어서 특정 국가정부의 간섭에서 벗어나, 온 세계의 장기적인 복지를 극대화하기 위하여 범세계적인 규모와 관점에서 합리성을 추구하게 될 것이라 한다. 한편 다국적기업을 식민주의(colonialism) 또는 제국주의(imperialism)의 대체적 수단으로 보는 이도 있다.

다국적기업은 강력한 산업적 힘을 가지고 있으므로 세계의 초강대 조직을 미국·러시아를 1·2위로 친다면, 3위는 유럽의 미국계 다국적기업이라고 하는 엄청난 사실을 증언한 자도 있다. 그러므로 다국적기업이 보이지 않는 제국(invisible empire), 현대산업의 괴수라고 불리는 이유도 여기에 있다 하겠다.

1. 다국적기업 정의

다국적기업(多國籍企業 : multinational corporation)이라고 하는 말을 일반적으로 사용하게 된 것은 1970년대에 들어서면서 시작되었다. 또한 다국적이란 말 이외에도 국제(international), 세계(world), 지구(global), 세계적 규모(world wide), 초국적(supernational), 초국가적(supranational) 등의 용어가 사용되기도 한다. 물론 이러한 용어는 전부 동의어로 사용되는 경우와 기업의 국제화에 단계적 차이를 반영하는 용어로서 사용되고 있는 경우의 두 가지가 있다.

먼저, 다국적기업을 일반적 용어(generic term)로서 국제기업(international firm)의 하위개념으로 보는 경우이다. 즉 "국제기업은 세계지향적 기업활동을 수행하는 기업을 의미하는 포괄적 개념이며, 이에 반해서 다국적기업은 국제기업의 한 형태를 의미한다"고 하는 것이다. 그러므로 국제기업은 상품수출입으로부터 기술제휴 및 다수국에 걸쳐 완전한 규모(full-scale)의 종합적 제조활동까지를 포괄하는 기업활동을 수행하는 것으로 개념 지워진다. 그런데 "기업활동의 국제성이 심화되어 감에 따라서 최고경영자(top management)가 판매와 이익중심을 국외에 두기 시작하면서 생산・투기・마케팅 및 기타 의사결정에서 전세계지향적 사고(global thinking)를 가지고 세계 속에서 그 선택적 기회를 고려하게 되면, 그 회사는 곧 다국적기업이 되는 것이다."

기업활동의 국제화과정에 따라 발생한 다국적기업은 전문 학자들 간에 논의가 분분하며, 현재까지에도 확정된 엄밀한 의미에서의 확정된 정의가 없다. 1973년도 국제연합의 다국적기업에 관한 보고서에서 다국적기업에 대한 정의에 관하여 대표적인 것만도 20여 개 이상이 되며, 극단적으로 말하면 다국기업의 정의는 천문학자의 수만큼 많은 것으로 보여진다.

여기에서 우선 Aharoni의 다국적기업 정의 규정의 기준(criterion), 즉 구조적 기준(structural criterion), 성과척도(performance yard-sticks), 행동적 특성(behavioral characteristics)의 세 가지 기준에 의하여 논의하여 보기로 한다.

(1) 구조적 기준

여기에서는 기업구조상의 변화를 바탕으로 하는 특징을 들 수 있으며 ① 외국에서의 기업활동국 수(number of foreign operations), ② 최고경영자의 국적(nationality of top management), ③ 조직구조(organizational structure)에 중점을 두고 있다.

1) 기업활동범위의 다국화

다국적기업은 기업활동을 다국 간에 걸쳐 행하고 있어야 한다. 다국적기업이란 용어의 창시자라고 할 수 있는 Lilienthal은 그의 논문에서 "다국적기업이란 일국에 본거지를 두고 동시에 타국의 법률과 관습을 준수하여 기업활동을 하며 또한 생존하는 기업이라고" 하였다. 그러므로 다국적기업은 단순히 두 개 이상의 국가에서 기업활동을 하는 기업으로 규정하고 있는 듯하나, Lilienthal은 기업활동의 성격에서 단순히 증권투자와 같은 금전적 투기를 하거나 판매대리점이나 공급자를 두는 등의 활동은 제외하였으며, 직접적 경영상의 책임(managerial responsibitity)을 수반하는 국외에서의 생산 또는 상업활동(industrial or commercial operations)이라고 못박았다.

2) 기업소유의 다국적성

기업의 소유권(ownership)을 강조하여 다국적기업은 다국인에 의해서 소유되어 있어야 한다고 하는 것이다. 여기에서 다국적기업의 "Multi"라는 말은 다수라는 뜻이므로 Multinational이란 다수국으로 구성되어 있음을 뜻하는 것이다. Giscard d' Estain은 미국계 다국적기업에 대하여 주식을 개방함으로써 명실공히 다국적기업이 될 것을 촉구하였다. 그의 제의에 따르면 당시에 Unilever, Royal Dutch Shell과 Agfa-Gevaert의 35개사를 제외하고는 소유권이 다국 간에 걸쳐 분산되어 있는 진정한 의미의 다국적기업은 존재하지 않는다는 것이다.

사실 미・영계 다국적기업의 행동(behavior)에 관한 조사보고서에서 보더라도, 이들 기업들은 다국 간에 걸쳐 기업활동을 하고 있으나 경영 및 소유권의 분산을 초래하는 합작투자(joint venture)는 가능한 한 피하고, 미・영의 모회사의 100% 지배하에 자회사를 운영하려고 하는 경향을 나타내고 있다.

이러한 사실은 Behrman의 "Foreign Associate and Their Financing"이라 하는 제목의 조사보고서에서도 드러났다. 동 보고서에 의하면 72개의 미국계 회사들 가운데 3분의 2에 해당하는 47개 사가 외국에서의 투자회사에 대하여 100%의 소유권을 원하였으며, 14개 사가 50% 이상을 원하였고, 1개 사만이 50대 50비율의 소유권을 원하였으며, 그리고 3개 사가 소수의 이권(minority interest)을, 7개 사만이 소유권에 대하여 아무런 관심을 가지지 않았음을 나타내고 있다. 또한 Behrman 교수의 근래의 조사연구에서도 같은 결과를 보이고 있어서 미·영국계회사들 중 대부분이 현지의 투자여건상 제약요소가 없는 한, 100%의 소유권을 원하고 있음이 드러났다.

그런데 여기에서 주의할 사항은 대기업에서의 소유권은 경영권(control)을 의미하지 않는다는 사실이다. 이러한 사실은 이미 1932년에 Berle와 Means가 그들의 저서 『현대기업과 사유재산』(The Modern Corporation and Private Property)에서도 재입증하였다. 그러므로 소유권과 경영권을 동일시할 수는 없으며, 다국적기업의 경우 외국기업이 소유권을 가지게 되더라도 어느 정도의 경영권을 가지느냐 하는 것이 문제의 초점이 될 것이다. 더욱이 다국적기업이라 할지라도 국가주의적 세계(mationalistic world)에서 기업활동을 하고 있다는 점에서 문제는 더욱 심각하다. 소유권의 관점에서 기업은 법률적으로 적어도 어느 일국의 부분(part of nation)이기 때문이다. 현재 국경을 초월하여 기업이 UN기구와 같은 국제기구(under UN Charter)에 의해서 면허될 수 없을 뿐만 아니라, 일단 일정국의 법률에 의하여 설립되면 그 나라의 법률에 제약을 받게 된다. 아무리 외국에서 기업활동을 한다 하더라도 특정국의 시민으로서 그 국가의 이익을 옹호하는 방향으로 운영될 것임에는 틀림없다. 이러한 경우 외국인의 눈에는 다국적기업이라기보다는 외국기업(foreign firm)이라는 관점에서 그들이 아무리 현지국(現地國 : host country)의 이익을 위하여 선량한 산업시민(good industrial citizen)으로서 제아무리 노력을 한다 할지라도 항상 감시의 눈초리가 끊이지 않을 것임은 뻔한 사실이다. 또한 국가위기에 직면하면 기업은 자국의 이익을 위하여 최선을 다할 것이다. 이러한 사실은 중동의 Oil Company의 예에서도 찾아볼 수 있다.

Kinchen, Bloch가 제시한 바와 같이 현재 미국의 초대형기업인 Du Pont de Nemours, Eastman Kodak, Ford, General Electric, General Motors, Good-year Tire and Rubber 와 Standard Oil of Mew Jersey 등이 미국 이외 유럽의 2개 이상의 국가에서 주식을 상장하고 있지만, 주주(株主)의 국적에 따라 기업의 소유주를 논하기에는 많은 어려움이 있으며, 그뿐만 아니라 주주의

국적을 통계적으로 분석한다는 것 자체도 불가능하다. 설사 기업의 주식이 세계 각국의 국민들에 의해서 분산 소유되어 있다 하더라도 그 소유의 범위가 은폐되어 있으므로 기업의 경영방식에 아무런 영향력을 미치지 못한다. 그러므로 경영권을 가지지 못하는 주식소유의 분산정도에 의해서 다국적기업을 정의한다는 것은 많은 모순을 내포하고 있다고 할 것이다.

3) 최고경영자층의 다국적성

최고경영자층의 다국적성에 입각한 다국적기업의 구조적 정의를 들 수 있다. 여기에서의 주장은 최고의사결정자(最高意思決定者 : top decision maker)들이 여러 국가의 국적소유자들로서 구성되어 있으면, 아마도 어느 특정국의 이익을 옹호하려는 경향에서 탈피하여 순수한 세계적인 관점(pure world wide outlook)에서 기업이 경영될 것이라고 한다. 그러므로 진정한 의미의 다국적기업이란 생산·판매 및 R&D 활동을 다수국에서 행할 뿐만 아니라 기업의 중역들을 국적에 관계없이 채용하여야 한다고 규정하는 것이다. 이러한 정의는 언뜻 보기에 소구할 만한 것같이 보인다. 그러나 투자국은 현지국에서의 기업단위가 자국인에 의해서 경영되기를 원할 뿐만 아니라 현지국도 역시 자국 외에 외국인의 채용을 꺼리고 있어서 이의 실현에는 실제로 많은 어려움이 있다.

그러나 진정한 의미의 다국적기업은 현지국경영자에 의해서 경영되어야 한다는데 합리적 근거를 두고 있다. 다시 말하면 기업의 경영활동이 세계성을 띠고 있을 경우 중역진을 다수국에서 채용하여 이들로 하여금 그 기업에 일차적인 충성심을 발휘하도록 하고, 세계 도처의 새로운 경영직에 배치하여야 한다는 것이다. 이러한 주장은 장기적인 관점에서 그 타당성을 엿볼 수 있으며, 또한 세계기업의 경영에 있어서 다국적 구성은 충분히 그 중요성을 인정할 만하다.

그러나 최고경영자의 다국적 구성에 따라 다국적기업의 성격을 정의함에는 다음의 두 가지 점에서 문제점이 제기되고 있다.

첫째로, 최고경영자의 정의가 곤란하다. 아직까지 최고경영자 또는 최고의사결정자가 무엇을 뜻하는지의 완벽한 실무적 정의가 결여되어 있다. 그러므로 어디까지를 최고경영자의 테두리에 놓고, 이들의 국적을 갈음하여야 할 것인가라는 문제에 빠지게 된다. 일반적으로 미국계 기업은 외국기업의 자회사 중역의 구성을 설명할 때에 최하위의 노무자까지 포함하여 그 구성비를 발표한다. 미국의 다국적기업이 노무자까지 데려갈 이유가 없기 때문에 자연 외국인의 구성비율은 높게 나타난다. 그러나 여기에서는 최고경영자의 국적별 구성비율이 문제의 초점이 된다. 한편 미국인의 중역 구성비가 낮다 하더라도 이들이 경영계약상(management contract) 최고결정권을 가진다면, 기업의 의사결정은 이들의 손에 달려 있다고 할 것이다. 그러므로 경영권이라는 관점에서 그 기업은 미국측이 일방적으로 독점하는 순수 미국 단일국적기업과 별로 다를 것이 없다.

둘째로, 현재 세계는 여러 주권국(主權國 : sovereign state)으로 구성되어 있다는 엄연한 사실을 아무도 부정할 수 없다. 이들 주권국들의 정책은 노동법 또는 이민법으로 경영자의 자유로운 이동을 불허하고 있으며, 경영층의 국제통합(國際統合 : international integration)을 억제하고 있다. 그러므로 경영자의 이동은 국가별 정책적 배려에 좌우되는데 프랑스의 경우 네덜란드인은 몰라도 독일인이 최고경영자를 채용할 경우가 없고, 이집트가 이스라엘인에게 최고경영자직을 맡길 이유도 없다. 미국의 경우도 유럽에서 유능한 경영자를 기용하려고 할 때에 그들이 자국의 국적을 포기하고 미국시민권을 획득하지 아니하는 한 불가능하게 된다.

이와 같이 경영자의 국제적 기동성(國際的 機動性 : international mobility)은 많은 제약을 받으며, 이러한 제약요소를 감안하여 볼 때 다국적기업을 최고경영층의 국적별 구성에 따라 정의한다는 것은 불합리하다고 할 것이다.

4) 경영조직구조의 범세계적 사고에의 적합성

다국적기업은 범세계적 사고(汎世界的 思考 : global thinking)에 입각하여 그 전략적 전개를 효과적이고 능률적으로 수행하는 데 합당한 합리적인 조직구조(organizational structure)를 갖추어야 한다는 것이다. 이러한 관점은 다국적기업을 최고경영자의 국별 구성비에 의하여 정의하는 경우와 어느 면에서 유사성을 내포하고 있다. 사실 몇몇 다국적기업은 국외에서 기업의 자원을 더욱 더 할애할 것을 예견하여 대규모의 조직재편성을 시도하고 있다. 또한 기업 내에서도 기업활동의 세계적인 관점(world wide concept of operations)에서 국제사업부(international division)나 국제그룹을 신설하거나, 때로는 별도의 독립된 자회사를 설립하는 등의 국제사업전담부서를 두어 기업조직상 지역별 또는 제품별 분권화에 의한 범세계적 기업활동을 수행하기에 합당하도록 조직을 재구성하려는 노력이 엿보이고 있다.

그러나 이러한 조직구조의 개편은 기업이 오랜 세월 동안 국외기업활동에서 얻어진 경험에 의한 경영합리성 추구의 결과이지 다국적기업의 세계관 및 경영이념을 완수하기 위한 것은 아니다. 현재에도 다국적기업으로 구분되는 IBM, Olin Mathieson, Johns-Manville, Owen-Illinois 등의 10여개 회사에서도 범세계적 경영관에 의한 조직을 갖추지 못하고 있다. 국제기업활동은 본사의 해외전담부서에서 전문경영자에 의해서 더욱 효과적으로 수행된다고 믿고 있다.

이와 같이 기업의 조직은 기업활동의 효과적인 수행이라는 관점에서 이루어지므로 기업별로 대내·외적 여건에 따라 다르게 마련이다. 그러므로 다국적기업을 기업의 조직구조에만 국한하여 구분한다는 것은 잘못된 것이다.

(2) 성과측정척도

다국적기업은 성과학파(成果學派 : performance school)에 의하면 이익·판매량·자산 및 종업원수와 같은 성과적 특성(成果的 特性 : performance characteristics)에 의거하여 정의된다. 그런데 이들 특성에는 절대적(absolute) 및 상대적(relative) 측정기준의 두 가지가 있다.

1) 절대적 및 상대적 측정기준

절대적 측정 방법론자는 기업이 국외기업활동에 일정량(액)의 자원을 투입하게 되면, 그 기업은 다국적기업이라고 하는 것이다. 상대적 측정론자는 기업의 자본·기술 및 인적 자원의 상당량(액)(significant portion)을 국외기업활동에 투입하였을 때에 비로소 다국적기업이 된다고 한다. 바꾸어 말하면, 다국적기업은 2개국 이상의 국가에서 2개국 이상의 국가 복지(well-being)와 성장(growth)에 공헌할 수 있는 정도의 규모로 기업활동을 하여야 한다는 것이다.

절대적 측정기준과 상대적 측정기준에는 물론 차이가 있다. 거대한 기업에서는 극소의 부분을 국외에 투입한다 하더라도 그 적은 부분만으로도 거대한 절대량(액)이 된다. 반대로 소규모의 기업에서는 그 자원의 대부분을 국외에 투입하였다 하더라도 극히 소량(액)에 지나지 않는 경우가 있기 때문이다. 일견하여 상대적 측정기준은 다국적기업을 정의함에 있어서 다국적기업은 전조직이 세계기업활동에 참여하는 기업이라고 하는 견해에서 훨씬 합리적인 것으로 판단된다. 기업의 국외에 미치는 영향력보다는 기업의 행동적 특성(behavior or corporation)에 중점을 두는 것이 더욱 바람직하다. 사실 대기업이라 할지라도 국외에의 기업활동에 참여하는 부분의 비중이 전기업활동에 비해 극소하여 경영자의 시간을 국외기업활동에 거의 할애하지 않는다고 하면, 그 기업은 다국적기업으로서 자격이 없다고 할 것이다.

그런데 우리가 상대적 측정기준을 합리적이고 논리적인 것으로 받아들인다 하여도 여기에는 다음의 두 가지 문제점이 있다.

① 어떠한 형태의 측정기준(測定基準 : types of measure)을 사용할 것인가?
② 상당액(相當額 : significant amount)이란 몇 %를 의미하는 것인가?

2) 측정기준의 대상(형태)

일반적으로 국외기업활동에 기업의 참여도를 어느 정도 가늠할 수 있는 측정기준은 자산·종업원수·판매량·이익액 등을 들 수 있다. 이러한 요소는 다국적기업의 측정기준의 형태가 되는 것인데, 각기 그 장단점을 찾아볼 수 있다.

자산비율(資産比率 : asset ratio)과 종업원수는 설립초기에 있는 기업을 평가함에는 합리성이 있다. 설립초기의 기업은 신투자에 대한 이익은 물론 시장개척이 제대로 되지 않아 정상적인 판매가 이루어지지 못한 상태에 있게 되므로 자산비율과 종업원수가 유효한 측정기준이 될 수밖에 없기 때문이다. 그러나 이것도 그 기업의 국내와 국외의 생산시설에 대한 자본집약도(資本集約渡 : capital intensity)가 동일하다는 것이 전제조건이 되며, 만일 국내에서 자본집약적으로 운영되는 기업이 국외에서 노동집약적(勞動集約的 : labor intensive)으로 운영된다면, 자산비율과 종업원수는 측정의 동질성 결여로 인하여 아무런 의미가 없게 된다.

판매량기준은 개념상의 난점이 있다. 즉 판매량계상에 수출도 포함시킬 것인가? 또는 현지에서 생산하여 판매한 상품만을 계상 할 것인가? 또한 현지에서 생산·판매한 상품만을 고려하는 경우에도 기업활동이라고 하는 실무적 개념상의 문제점이 있다. 만일 모회사가 외국의 자회사에 제품을 수송하여 그곳에서 다만 포장만을 했을 경우와 모회사가 보내 온 부품을 조립만 하는 경우, 이들 제품의 판매량을 현지 자회사의 판매로 계상할 것인가 하는 문제가 발생된다. 이것은 국외기업활동(foreign operations)에 대한 개념의 규정에 따라 달라질 것이다.

이익은 측정기준으로서 유효성에 가장 의문점이 많다. 이익을 측정하는 방법뿐만 아니라 다음의 세 가지 문제점이 뒤따르므로 더욱 많은 문제가 야기된다.

첫째, 이익계상에는 측정시기에 따라 포함되거나 제외되는 기업이 있게 되므로 유동적이며 장기적 관찰을 요구하게 된다.

둘째, 이전가격(移轉價格 : transfer price)의 문제를 들 수 있다. 모회사의 최고경영자에 의하여 경영관리가 되는 기업종합체(cluster of corporation)에서는 제품 및 용역에 대한 가격을 조정하므로써 이익은 손쉽게 조작이 가능하다. 그러므로 세율이 높은 국가에서는 조세부담을 극소로 하기 위해 표면상의 이익을 줄이고 세율이 가장 낮은 곳에 이익을 많이 계상하게 됨은 당연한 사실이다.

셋째, 측정단위에 관한 문제이다. 국가에 따라서 회계제도가 상이할 경우도 있으며, 또한 경제단위를 상이한 화폐단위로 측정하였을 때에는 이를 통합 환산하여야 하는 과정에서 많은 문제가 발생하다. 더욱이 국제통화위기가 오게 되면 모·자회사간에 자금조작 등으로 정상적 기업활동 이외에서 더 많은 이익을 보는 회사가 있는가 하면 반대로 막대한 손해를 보는 경우도 있다.

3) 측정기준치의 평가

상당한 비율(significant percentage)이라는 어의에는 위에서의 구조적 기준에 의한 다국적기업의 정의에서와 같은 문제점을 안고 있다. 즉, 어떠한 형태의 기업활동을 포함시킬 것인가 하는 것이다. 일반적으로 전문가들은 어느 기업이 국외의 시장에 이해관계를 가지고 있는 것만으로는 다국적기업이 될 수 없다는 데 의견을 같이하고 있다. 국외에서의 기업활동이라 함은 그 회사의 최고경영자가 상당한 시간을 할애하여야 하며, 그러한 성격의 기업활동을 수행하는 기업이라야 다국적기업으로서의 자격을 가지게 된다는 것이다.

그러나 최고경영자가 국외기업활동에 어느 정도의 관심을 가지고 시간을 사용하였는가를 측정하는 것은 매우 어려우며, 다만 추정할 수 있을 뿐이다. 따라서 단순히 위에서 설명한 종업원수 · 자산 및 판매량에 의하여 다국적기업의 정의를 규정할 수밖에 없다.

Bruck와 Less 교수가 미국의 500개 대기업을 조사한 결과 이익 · 판매 · 자산 및 종업원수에 있어서 국외기업활동에 50%가 참여하는 기업은 1964년에 7개사, 1965년에 11개사밖에 안되어 50%를 기준으로 하여 본다면 극히 소수의 기업만이 다국적기업에 해당되는 셈이다. 25%의 기준으로 볼 때 1964년에 77개사, 1965년에 82개사가 이에 해당되었으며 10%를 기준으로 볼 때 1964년에 122개사, 1965년에는 129개사가 다국적기업의 범주에 속하는 것이었다. Behrman 교수는 다국적기업의 규정에 50%의 기준을 설정하는 것은 너무 엄격한 것이라고 하였다.

현재 세계 최대기업으로 꼽히는 General Mortors가 세계 24개국에 생산시설을 두고 있지만, 국외기업활동에 투입된 자산은 15%에 불과하며, 이익은 7%, 판매는 14%였다. 그러면 GM은 다국적기업이라 할 수 있을 것인가? 성과기준학파에 의하면 GM도 역시 이 기준에 미달된다. 그러므로 다국적기업의 정의에 관한 기준은 최고경영자의 행동(behavior of top management)의 특성에서 찾아보는 것이 타당할 것이라는 이론이 분분하다.

(3) 행동적 특성(behavioral characteristics)

1) 기업활동의 범세계성

Aharoni 교수가 「사고의 행동학파」(behavioral school of thought)라고 명명한 논자들의 주장에 의하면, 다국적기업의 최고경영자는 국제적 사고(international thinking)를 가지고 기업활동을 하여야 한다는 것이다. Crucker 교수는 "다국적기업이란 본사를 어느 특정국에 두고 있더라도 기업조직·기업활동 및 그 범위에 있어서 세계성을 띠고 있어서 그 기업의 최고경영자는 어느 특정지역에만 관심을 가지지 아니하고, 국가적 우정(passion)그대로 존재하는 세계에서도 국제적 요구에 따라 세계 속의 국제기업인으로서 사고하고 행동하는 기업체"라고 하였다.

그러므로 다국적기업의 최고경영자는 국제기업인으로서 사고하여야 하며, 투자기회의 평가에 있어서 항상 범세계적인 사고에 입각하여 최종의사결정을 하며, 단순히 국내에서의 투자가 아니라는 이유에서 투자기회를 백지화하여서는 안 된다고 하는 것이다.

현재 대기업의 최고경영자들 중에는 최고경영자의 행동적 특성을 기준으로 다국적기업의 정의를 규정하려는 데에 동조하는 자가 상당수 있는 것 같다.

Ansul Chemical Co. 사장인 Hood씨는 다국적기업의 경영자라면 「세계를 하나의 시장」(world as one market)이라고 하는 관점에서 경영활동을 할 것이지, 자국의 시장과 구분하는 해외(abroad, oversea) 또는 외국(foreign, alien) 등의 용어를 사용하여 시장을 지역적으로 차별할 필요는 없지 않는가 하는 모순성을 지적한 바 있다.

2) 세계적 사고의 모순성

「세계를 단일시장」으로 보는 눈은 국외기업활동에 장기간 성공을 거두어 온 기업인들 간에 보편화되어 왔다. 그러나 이러한 기업가들의 국제기업활동에 대한 행동적 특성을 기준으로 다국적기업의 여부를 결정하는 데에는 많은 문제와 취약점이 있다.

첫째로, 우리는 기업은 최고경영자가 다국적기업의 관점에서 사고할 때 비로소 다국적기업이 된다(a firm is multinational when its top management thinks in terms of multinational firms)라고 하는 말을 사용하고 있는데, 정의는 반복적인(tautological) 표현인 것 같다. 물론 최고경영자의 행동적 특성이 기업의 다국적성 여부를 결정하는 중요한 요소가 되어 국내기업과 다국적기업과의 사이에 최고경영자의 행동특성의 차이를 연구할 필요성이 극히 요구되고 있는 것은 사실이다. 그러나 이러한 행동을 설명하는 기준요소로서는 충족하나 연역적인 평가수단(priori screening measure)이 될 수 없다. 그 이유는 최고 경영자 사고의 세계성 그 자체보다는 그 행동의 결과가 더욱 중요한 비판요소가 되기 때문이다.

둘째로, 행동의 정의는 다국적기업의 조사연구에 있어서 실제적으로 유효한 기준이 될 수 없다. 즉 현재까지 다국적기업의 테두리에 속하는 기업을 선정하여 최고경영자의 행동적 성격을 완전히 열거한 내용(a certain set of behavior)을 갖추고 있지 못하다. 그러므로 다국적기업의 최고경영자의 행동적 성격을 규정하기 위하여 어떠한 기업을 조사대상에 포함시킬 것이며, 또한 그들 기업의 최고경영자의 행동적 특성을 어떠한 기준에 의거하여 측정할 것인가의 문제가 남게 된다.

셋째로, 위에서 논한 최고경영자에 대한 행동적 특성의 측정기준과 최고경영자의 정의에 관한 문제점 이외에도, 「국제적 사고」 또는 세계를 자기시장으로 보는 것(looking at the world as your market)은 어떠한 것인가에 대하여 명확한 답변이 불가능하다. 사실 우리는 대기업에서 경영의사결정이 어떻게 이루어지며, 여기에서 고려되는 제요소는 무엇인가에 대하여 별로 아는 바 없다. 그러므로 이러한 상황에서는 국제적 행동에 관한 통일된 정의가 불가능하다.

혹자는 기업이 세계 도처에 많은 시장을 가지고 있는 경우, 이 기업을 다국적기업으로 분류하고 그 최고경영자는 「국제적 사고」에 의하여 경영활동을 하고 있는 것으로 볼는지 모른다. 그러나 이러한 주장은 두 가지 점에서 명백한 취약점을 가지고 있다.

① 단순히 다국 간에 걸쳐 기업활동을 하고 있다는 사실을 가지고 최고경영자가 「국제적 사고」에 의하여 기업활동을 전개하고 있는 것으로, 추정하는 것은 수레를 말 앞에 매놓은 것과 같이 논리가 전도된 감이 있다.

② 기업이 국제적 사고에 의하여 경영의사결정을 내리는 것은 국외기업활동의 전략적 목적을 달성하기 위한 것이지 기업의 국제적 책임을 다하기 위한 것이 아니라는 점이다. 이렇게 본다면 이러한 기업을 국제적 기업이라고 정의할 수 있을 것인가가 의문시 된다.

한편 상품이 지역적 속성을 가지고 있을 경우 타지역에 생산공장을 세워 생산활동을 한다는 것은 소비자에 대한 제품의 소구력(appeal)을 잃게 되는 결과를 가져오므로 곤란한 문제이다. 프랑스의 샴페인이나 영국의 Rolls Roys(고급 자동차)와 Swiss의 시계 등을 타국에서 만들었다면, 이들 상품이 각기 자국에서 생산된 것만큼 인기가 있을 이유가 없다. 이러한 경우 대부분 아무리 「국제적 사고」를 가진 최고경영자라 할지라도 외국에 생산공장을 가지거나 「라이센싱」 계약을 체결하여 현지생산을 가능하게 하는 등의 일을 하지 않을 것이며, 생산은 오직 자국에만 국한하고 세계적 기업활동은 수출에 그치고 말 것이다. 사실 위의 기준에 입각하여 본다면, 이러한 기업을 다국적기업이라고 할 수 없으며, 제품의 성격상 영영 다국적 기업이 될 수도 없다고 할 것이다.

2. 다국적기업의 국제화단계에 따른 특성

다국적기업은 국제화단계에 따라 다음과 같은 특징적 성격을 띠고 있다.

(1) 초기단계

전기업활동에서 국제활동이 차지하는 비중이 경미함으로써 기업활동 수행상 종래의 기업실체에 아무런 질적 변화를 가져오지 않는 극히 초기적 단계를 들 수 있다.

Richard D. Robbinson 교수는 기업을 A형과 B형으로 분류하고 전자를 국내 지향적, 후자를 국외 지향적 기업으로 규정하고 국내사업부가 국외사업에 눈을 뜨기 시작하면서 국제사업을 전담하는 국제사업부를 별도로 설립하기 이전의 단계까지를 여기에 포함시키고 있다. 또한 Kindleberger 교수는 이 단계에 속하는 기업은 국외에서 기업활동을 하는 국내기업이라고 하는 관점에서 우선 그 기업은 어느 특정국의 시민(citizen)어야 하며, 국외에서의 기업활동이 전체 기업활동에 비해 대단히 적은 부분을 차지하고 있는 단계의 기업이라고 하였다.

(2) 개발단계

기업의 해외활동이 전체활동 중에서 차지하는 비중이 상대적으로 증대하여 기업 행동양식에 질적인 변화를 가져다 준 개발단계를 들 수 있다.

Robbinson 교수는 이러한 단계에 있는 기업을 C형으로 분류하고 사업활동 내용이 수출중심에서 현지생산형으로 탈바꿈하게 된다고 하였다. 통상 이러한 기업은 해외사업을 국내사업에서 분리하며, 기업조직상 변화가 야기되어 별도의 국제사업전담기구를 설립하게 되고, 이 단계에서 비로소 국제기업이 탄생하게 되는 것이다.

Gerald R. Richter와 Booz Allen & Hamilton사의 경우에도 같은 견해를 표명하였다. 그러나 Kindleberger 교수는 이 단계의 기업을 다국적기업이라고 하였으나 아직도 미숙한 상태이며, 그는 이 단계의 기업의 특질을 기업의 환위험(exchange risk)과 이윤균등화에 대한 태도에 있다고 그 특징적 설명을 하고 있다.

(3) 발전단계

국외 사업활동이 전체 기업활동에서 차지하는 비중이 커지게 되는 발전단계를 들 수 있다. 즉 국내시장은 세계시장 속의 일부로서 존재하며, 기업활동상 국내·국외의 시장을 구분하지 않게 되는 단계를 말한다.

Robbinson 교수는 이러한 단계의 기업을 D형기업으로 구분하였고 「다국적기업」이라 하였다. 이 단계에서의 기업의 특징은 "경영자는 이익의 극대화를 추구함에 있어서 기업의 경영자원을 국경에 의식하지 않고 배분하며 기업활동에 국내 또는 국외에서의 활동을 동질화하게 된다"라고 하였다.

Kindleberger 교수는 "이 단계에서의 기업은 세계 어느 특정국에 대해서만 충성을 다하거나 자국의 느낌(at home)을 가져서도 안되며, 또한 광범위한 시야를 가지고 기업활동상의 위험을 조정하여 세계 각국에의 투하자본에 대한 수익을 균등화하여야 한다"고 하였다.

이러한 기업은 통상적으로 국제기업이라고 불리우는데 학자에 따라서는 세계기업(world enterprise)이라고 부르고 있는 사람도 있다. Clee와 Scipio는

1959년 「세계기업의 창출」이라는 그들의 논문에서 세계기업은 경영지침으로서 「세계적 사고」를 가져야 하며, 기업의 경영자원을 세계 어느 곳에서든지 주어진 이익기회의 선택적 이용(alternative opportunities available to the company)이라고 하는 관점에서 관리・운영되어야 한다고 하였다.

한편 Kolde 교수도 같은 의견을 가지고 있으며, "세계기업은 국내・국외의 구분을 없애고 이를 통합하는 한편 국내사업부문을 다국적사업부문에 귀속시키며 경영활동을 세계적 사고에 편성함으로써 최고경영자들은 경영의 책임과 기대에 있어서 다국적성을 가지도록 하여야 한다"고 하였다.

(4) 성숙단계

기업의 국제화에 있어서 성숙단계를 들 수 있다. 이때의 기업을 초국적 기업(超國的企業 : transnational enterprise)이라고 부르는데 종래의 단순한 경영활동의 국제화에 그치지 아니하고 소유 및 최고경영자의 다국적화에 의하여 명실공히 경영의 국제화를 꾀하는 기업의 특징을 가지게 된다. 일반적으로 Unilever와 Royal Dutch-Shell은 이러한 범주에 속하는 기업의 예가 된다.

이러한 개념은 Kircher(Singer사의 사장)가 "초국적기업의 시대가 도래하다"라는 그의 논문에서 처음으로 제창한 것이다. 그는 초국적기업은 소유와 경영에서 국제성을 띠고 있어야 하며, 이러한 경영목적을 달성하기 위하여 초국적기업의 이상적인 형태는 ① 다수국의 주주에 의해서 소유되어야 하고, ②다수국의 국민에 의해서 경영관리 되어야 하며, ③ 정치적으로 개방되어 있는 세계의 모든 지역에서 기업활동을 하여야 하며, ④ 세계를 하나의 경제기구로 볼 수 있도록 훈련된 경영자에 의해 운영되어야 한다고 하였다.

또한 Robbinson 교수는 이러한 기업을 E형으로 규정하고, 경영의사결정은 집중화되어 있으나 법적으로 제한을 받는 경우를 제외하고는 어느 특정국의 의향에 구속되지 아니하는 기업임을 강조하고 있다.

Kolde 교수는 1968년 이래 다음과 같은 주장을 하고 있다.

"초국적기업은 세계기업과는 다르다. 여기에서는 기업의 소유와 통제(control)가 공히 국제성을 띄게 되며, 다중심적(多中心的 : polycentric) 경영으로서 경영권의 중심적 원천(中心的 源泉 : central source of power), 국내시장 또는 국내회사가 다같이 존재하지 않는다. 자본은 특정사업에 적합한 좋은 조건을 제시하는 곳이면 어디서든지 조달되며, 최고경영자는 다국적의 본사에 분할되어 지휘계층(command hierarchy)이라기보다는 국제적 연합체(國際的 聯合體 : international coalition)로서의 기능을 가진다. 초국적기업은 현업회사망(現業會社網 : network of operating comparies)을 공동으로 관리하는 일군의 경영센터라고 볼 수 있다.

(5) 완숙단계

끝으로 초국가기업(supranational enterprise)의 완숙단계이다. 이 단계에서의 기업은 소유가 어느 특정국의 주권에 속하지 않고 일정 경영지역의 연합기구가 설립되어 그 경제범위 내에서 최적의 경영활동을 행한다.

Robbinson 교수는 이러한 기업을 F형으로 규정하고, 만약 다국적인 성격을 띤 국제기관에서 초국가기업을 면허하여 단일국의 관할구역 내에 본사를 설립하여야 할 필요성을 제거할 수 있는 권력이 주어진다면, 존재가 가능한 것으로 풀이할 수 있다.

그러므로 이러한 초국가기업은 현실적으로 존재 불가능하며 현재에 있어서 이념적인 존재에 불과하다. "특정국에 소속되지 않고 세계적 기구의 감독을 받고 과세되는 초국가기업은 앞으로 수십 년 내에는 출현이 불가능하다고 보는 것이 합리적인 것 같다."

위에서 기업의 국제화과정에 따라 다국적기업의 개념을 음미하여 보았다. 그러나 여기에서 주의할 것은 "현재 세계경제는 경제활동과 경제이념에서 순수한 국가적 성격을 띠지 아니한 생산 및 분배기구(producing and distribution)를 필요로 하고 있으며, 구성원의 부분적이고 특정이익에만 국한하지 않고 세계경제의 복지(the welfare of the world economy)의 순수한 이익을 대표하는 기구가 필요로 하는 시대에 있음에도 불구하고" 국제회의 성숙 및 완숙단계에 있는 기업은 현재 없다. 그러므로 일반적으로 다국적기업이라고 하면 개발 및 발전단계에 있는 기업을 의미하게 된다. 그러나 기업의 기본목적이 사회의 경제발전에 공헌하는데 있다면, 다국적기업은 또한 세계경제의 복지향상의 공헌에 있다고 할 것이다.

진정한 의미의 다국적기업이란 기업의 국제화단계의 성숙 및 완숙단계의 기업을 지칭하는 것으로 보아야 할 것이다.

3. 다국적기업의 평가

(1) 다국적기업의 정의에 대한 재평가

현재 다국적기업에 관한 개념의 평가기준은 많은 혼란과 모순을 내포하고 있음을 알 수 있다. 위에서 논한 구조적 기준, 성과측정기준 및 행동적 요인을 다 만족시킬 수 있는 다국적기업은 있을 수 없기 때문이다. 그러므로 Steiner 교수는 다국적기업의 요건으로서 ① 기업활동을 최소한 2개국 이상의 국가에서 영위하고, 그 규모가 2개국 이상의 국가복지와 성장에 공헌할 수 있을 정도라야 하며, ② 경영자의 경영결심은 국내외의 구분 없이 다수국에 있어서의 기회를 선택하는 방향으로 이루어진다고 하는 두 가지의 기준을 만족할 경우라고 주장하는 이유가 여기에 있다.

이 정의는 보다 간략하고 정비되어 있는 것 같지만 용어정의상 문제가 그대로 존재한다. 기업활동이란 어떤 형태를 의미하는 것인가에 대하여 정의상 가장 많은 용인이 고려되어야 한다. 또한 기업의 특성에서 주어지는 여건이 각기 다르다. 성과측정기준 및 구조적 특성 역시 너무도 많은 요인을 내포하고 있으므로 같은 딜레마에 빠지게 된다.

한편 구조(structure), 성과(performance)및 행동(behavior)의 2요소는 상호 연관성이 없을 뿐만 아니라 여기에서의 모든 현상은 복잡하므로 한마디로 설명할 수 없는 것이다. 그러므로 다국적기업의 인식에서 중요한 것은 세계시장에서의 기회를 포착하기 위하여 기업활동의 영역을 확대하고 기업발전에 중요한 기업내적 요인을 발견하는 일이다.

위에서 다국적기업의 대표적인 정의를 분석하여 보았다. 이들 정의 중 어느 것은 구조적 특성이나 성과측정기준을 강조하고 있는가 하면 행동적 특성을 강조하기도 한다. 위의 세 가지 기준은 상호 연관성이 결여되어 있으며, 이들 각각의 정의에 의하면 다국적기업으로 현재 국제적으로 활발히 기업활동을 전개하고 있는 기업들도 다국적기업의 범주에서 제외되는 경우도 있다.

이러한 사실은 용어의 의미상 차이에서뿐만 아니라 다국적기업에도 여러 형태가 있다는 데서부터 연유한 것이다. 다국적기업의 정의의 규정에서 가장 중요한 것은 각 기업의 활동 분야에 있어서 이질성 (heterogeneity)이 존재하고 있다는 사실을 인식하는 일이다. 결과적으로 현재의 입장에서 다국적기업은 그 정의 자체가 중요한 것이 아니라, 그 정의에 내포되어 있는 불확실성을 극소화하고 전문가들 사이에 의견불일치의 폭을 줄이는 데 있는 것이다.

(2) 다국적기업의 제정의

다국적기업에 대한 기타 정의를 살펴보면 다음과 같다.

① 다국적기업은 2개국 이상의 국가에서 사업을 소유・경영하는 기업이며, 이것은 간접투자와는 달리 자산에 대한 증권투자보다는 기초적 유형자산을 보유하고 경영하는 국외의 직접투자행위자이다(Neil H. Jacoby, “The Multinational Corporation”: The Centre Magazine, May, 1972, p.38).

② 다국적기업은 대부분 다양한 국적의 거대한 기업집단을 지배하고 있는 모회사라고 할 수 있다. 이러한 각 집단을 형성하는 기업은 인적 및 물적 자원 등의 경영자원의 공동 pool을 이용할 뿐만 아니라 그 집단의 공통적인 경영전략에 대해서는 전조직집단의 일부분으로 순응하게 된다(Raymond Vernon, Soverignty at Bay, Basic Books, New York/London, 1971, pp/ 14~15).

③ 국내기업과 다국적기업의 기본적인 차이는 경영정책 그 속에 있는 것이 아니라, 다국적기업은 국경으로 구분되는 시장에서 각국 정부의 관할 하에 활동하는 경우에도 긴밀히 관리되는 단일기업체로 행동하는 것이다. 그러므로 다국적기업의 경영관리상 특징은 「다양한 속의 통일」이며 기업활동을 통합하여 정책관리의 집권화를 기하는 점에서 찾아 볼 수 있다(Jack M.

Behrman, Some Patterns in the Rise the Multinational Enterprise, Graduate School of Business Administration, Univ. of N. Carolina, Chapel Hill, 1969, p.62).

④ 다국적기업이란 용어는 2개국 이상의 국가에서 생산공장・광산・판매 및 기타의 사업소를 통제(control)하는 기업에 광범위하게 사용된다(U.N., Multinational Corporations in World Development, UN, New York, 1973, p.5).

⑤ 다국적기업은 많은 국가에서 활동하는 자회사를 가지고 있으며, 주어진 환경(거시적 또는 미시적) 속에서 경영함에 있어서 전체적 기업철학(overall corporate philosophy)에 의거 단일중심회사(monocentric), 다수중심회사(polycentric), 세계회사(cosmopolitan)의 세 가지로 분류된다(Hams B. Thorelli, "The Multinational Corporation as a Change Agent," in (ed) by Farmer, International Management, Dickenson Publishing Co., Belmont Calif., 1968, p.69).

⑥ 다국적기업은 첫째, 국외에 생산설비를 확대하여야 하며, 적어도 미국 이외에 6개국에서 생산활동을 하는 기업을 말한다(Sidney E. Rolfe, The International Corporation, ICC Doc. XXII-VI/3, New York, 1969, p.18). 둘째, 국외 기업활동이 전기업의 기업활동에서 차지하는 비율을 들 수 있는데 국외에서의 판매・투자・고용의 비율이 25% 이상이어야 한다(S. E. Rolf & W. Damn, The Multinational Corporation in the World Economy, Praeger, 1970, p.17).

⑦ 다국적기업은 자국의 개별단위로서가 아니라 그 기업의 전집단 이익을 극대화하기 위하여 다수국의 국가에서 기업활동을 하는 기업을 의미한다(Paul M. Sweezy & Harry Magdoff, "Notes on the Multinational Corporation", Monthly Review, Oct. 1969, p.3).

⑧ 경영자행동에 의한 다국적기업의 기준으로서 제품・경영기능・기업활동지역 등에 대한 주요 의사결정의 기본방향, 즉 태도 및 심적 상태는 본국중심형(ethnocentric), 현지중심형(polycentric), 세계중심형(geocentric)으로 구분되며, 세계중심형의 최고경영자는 국적에 관계없이 유능한 인재를

구하고 모회사와 자회사의 쌍방이 세계적 규모의 기업활동을 하여 세계적 목표를 달성하는 것이다(Howard, Pulmutter, "The Tortuous Evolution of the Multinational Corporation," Columbia Journal of World Business, Jan.~Feb., 1969, p.11).

⑨ 다국적기업이란 광의로 해석하여 2개국 이상의 국가에서 직접적으로 기업활동을 하는 모든 기업이라고 하였으며 수출, 「라이센싱」 및 현지에서의 생산공장 운영을 하는 기업이다. 여기에서 기업활동의 질적인 면보다 기업활동의 국제성을 강조하였다(John Fayer Weather, International Business Management : A Conceptual Approach, McGraw-Hill, 1959, p.13).

바틀렛과 고셀에 의하면 시대에 따른 다국적기업의 정의에 대한 변화는 경영전략과 경영조직융합에 초점을 맞추고 있다. 즉 다국적기업이란 개방시장에서의 거래에 중점을 두기보다는 국경을 넘어선 직무와 거래를 내부적으로 수행하는 내부조직을 만드는 것으로, 해외직접투자와 활발한 해외경영활동과 전략적으로 조직적으로도 이런 운영체제를 기업의 필수부분으로 간주하는 기업들을 의미한다.

위에서 논한 바와 같이 다국적기업은 그 성격에 있어서 다양하고 복잡한 면을 가지고 있으며, 현재에 있어서도 학자들 간에 통일된 의견이 없는 것으로 사료된다. 그러나 다국적기업은 그 어의에서 다국적성은 물론이거니와 그 행동양식에 있어서 세계적 사고에 입각하여 운영 관리되어야 함이 기본적인 요건일 것이다.

한편 다국적기업은 오랜 역사를 가지고 있으나 현대적 감각에 상응하는 형태는 1950년대에 들어서면서부터 시작하였다고 할 수 있다. 특히 국제화시대(international era)는 1970년대서부터 시작되고 있다고 하는 Robbinson 교수의 분석은 과거에 수많은 다국적기업이 출현하여 현존하고 있다는 사실에 비추어 앞으로도 기업의 다국화현상은 더욱 노골화되어 갈 것임에 틀림이 없다.

그러나 여기에서 주의할 것은 기업의 다국적화와 더불어 투자국과 현지국에는 말할 것도 없이 전세계의 정치 · 경제 · 사회적인 측면에서 많은 문제를 가져다 주고 있으며, 세계 각국의 정치인들이나 기업인들은 다국적기업에 대한 커다란 관심을 가지고 있으며, 이에 예리한 주의를 집중시키고 있다.

우리는 과거 다국적기업의 경영에 있어서 부정적인 면과 긍정적인 면이 공존하고 있다는 사실도 인식하고 있다. 이러한 사실은 대부분의 다국적기업이 그 경영방침 및 목표는 다분히 도덕적이며 사회적인 측면에서 설정되고 있으나, 최고경영집단은 이의 실제적 적용에 있어서 기업이윤 극대화의 원천을 더욱 중시하고 전세계의 경제기구로서의 책임을 망각하고 있는 데에서 연유하는 것이라 하겠다.

이제 기업의 사회성에 입각한 논리와 도덕이 더욱 강조되는 때에 있으며 다국적성을 띤 기업의 경영목표와 이념은 세계의 경제적 발전에 공헌하고 세계인의 복지향상에 이바지할 범세계적 책임을 다 하는데 있다 할 것이다. 기업의 신조와 사회의 신조가 일치하지 않는 산업사회는 존재할 수 없다는 기업의 경영이념은 다국적기업의 경영에 있어서도 예외는 아닐 것이다.

우리는 다국적기업 경영에 있어서 다국적기업의 신조와 세계 속의 사회의 신조가 일치하지 않는 세계적 산업사회는 존재할 수 없다는 세계적 기업경영이념을 완성할 때가 다가오고 있다는 사실을 실감하여야 할 것이다.

제3장 국제마케팅

제1절 국제마케팅의 정의

1. 국제마케팅의 개념

이 예에서는 세계의 소비자를 어떻게 이해해야 하며, 마케팅전략을 어떤 방법으로 세울 것인가를 생각하게 한다. 세계의 소비자들은 가격을 비용으로 생각할 수도 있다. 우선적으로 국제 마케팅에서는 국내 마케팅에서와는 달리 주어진 환경을 이해할 수 있어야 한다. 그러면서 각국에 진입할 수 있는 방법을 모색해 봐야 한다. 또한 차별화 하여 경쟁적인 힘을 가져야 한다. 국제 마케팅에서 마케팅 믹스의 착안점이 무엇인가를 이해할 수 있어야 한다.

마케팅의 개념은 시대에 따라 많은 변천을 거듭하였다. 판매를 수단으로 하는 재화와 용역에 초점을 두었다가 통합마케팅을 수단으로 하는 고객만족에 초점을 두어왔다. 1980년 이후에는 전략적 개념을 바탕으로 마케팅 목적이 이윤에서 이해관계자의 이익으로 변모하여 환경에 초점을 맞추게 되었다. 이러한 환경속에서 마케팅 활동의 전개도 국내마케팅 활동으로부터 국외마케팅 활동, 즉 수출마케팅 활동으로 또는 국제마케팅 활동으로 발전하였다.

국제마케팅이란 무엇인가? 여기에 대해서는 연구목적에 따라 여러 가지로 정의를 내리곤 한다. 미국마케팅협회(AMA)의 정의에 따르며 “국제마케팅이란 개인 및 조직의 필요와 욕구를 충족시키는 교환을 위하여 기업이 해외시장에 개입하고 아이디어, 재화, 용역의 개념, 가격, 판매촉진 및 유통을 다국적으로 계획하고 수행하는 과정" 이다. 이 정의에는 다음과 같은 특징을 함축하고 있다.

첫째, 기업의 해외시장 개입이 직·간접적으로 관련된 마케팅 과정을 뜻한다. 국내시장의 한계성을 벗어난 무역, 해외투자, 라이센싱, 프랜차이즈 등의 국제제휴에 대한 마케팅 과정을 다룬다.

둘째, 생산자 중심의 마케팅이 아닌 고객중심의 마케팅으로 고객의 필요와 욕구를 충족시키기 위한 해외시장 조사 등의 노력을 중요시한다.

셋째, 이 정의 속에 함축된 교환의 대상은 유형과 무형의 제품이다. 즉, 유형의 제품, 아이디어, 기술지도와 회계자문과 같은 용역 등이 포함된다.

넷째, 효과적인 마케팅 믹스를 위하여 제품, 가격, 유통 그리고 프로모션 등이 통합되고 조정되어야 한다.

다섯째, 마케팅 과정이 여러 국가에서 수행되고 조정된다.

국제마케팅은 명칭이 유사하게 여러 가지로 사용되고 있다. 수출기업, 해외기업, 다국적 마케팅(multinational marketing), 범세계적 마케팅(global marketing) 등이 대표적으로 사용되고 있다.

(1) 수출마케팅

이는 무역마케팅이라고도 하며, 재화 및 용역의 국제간 이동과 관련된 마케팅 활동이다. 수출마케팅이 다른 마케팅과의 차이점은 한 나라에서 생산된 제품을 다른 나라에 공급한다는 것이다. 마케팅절차와 제품은 해외고객에 의해서 조정된다. 수출마케팅은 표적시장의 이해와 모든 마케팅 도구의 적용 마케팅조사의 사용과 시장잠재력의 확인, 마케팅믹스의 요소에 관한 결정 조직, 계획수립 및 통제에 관한 것을 필요로 한다.

(2) 해외마케팅

이는 기술제휴나 합작투자 등을 통하여 주로 해외에서의 현지생산 또는 현지판매에 관련된 해외사업 활동 등에 관한 마케팅을 말한다. 현지의 마케팅 환경을 면밀히 분석하여 적합한 마케팅전략을 수립하고 집행하는 것이다.

(3) 다국적 마케팅

다국적기업이 복수의 해외시장을 대상으로 수행하는 마케팅활동에 초점을 맞춘다. 마케팅관리자는 모든 국가의 마케팅 프로그램들을 하나의 효과적이고 통합적인 다국적 마케팅활동으로 조정하는 활동이다. 이는 결국 국제마케팅 활동의 통합과 조정을 통한 규모의 경제효과를 추구하게 된다. 키간(Keegan, W. J.)은 다국적 마케팅을 "세계적 시장기회에 대한 기업조직의 제자 원과 목표를 집중하는 과정"이라고 했다.

(4) 범세계적 마케팅

범세계적 기업은 본국시장과 외국시장의 구별이 없이 전세계 시장을 하나의 동질적인 시장으로 간주하고 표준화된 제품을 세계고객들에게 제시한다. 다국적 기업과 범세계적 기업이 구별되어야 하는데, 다국적 기업은 특정국가의 현지시장 조건에 대한 적응과 그에 따른 비교적 높은 비용을 인정하는 반면에, 범세계적 기업은 전세계를 하나의 단일된 또는 몇 개의 표준화된 시장으로 인정하여 완전한 일관성으로 그리고 저비용으로 운영하며, 전세계적으로 동일 제품을 동일한 방법으로 제조·판매한다. 그러한 제품으로는 고급기술(high-tech) 및 고감도(high-touch)의 제품들이라고 할 수 있다.

국제마케팅 이론은 국제무역경영론(business administration of international trade), 국제기업론(international corporation)그리고 마케팅이론에 기초하고 있다. 무역경영론에서는 시장개척 및 시장개입의 이론이 받아들여졌고, 마케팅이론에서는 커뮤니케이션 이론이, 국제기업론에서는 전략적 차별화의 이론이 응용되었다.

2. 국제마케팅의 특징

국제마케팅이 국내마케팅과 다른 점이 무엇인가? 국내마케팅과 구별할 수 있는 성격적 특징으로는 외국환경, 국제이전 그리고 다수 국가시장 등에서 살펴볼 수 있다.

(1) 외국환경

마케팅이란 기업의 자원을 환경에 맞추어 집중시키고, 표적시장을 포착하여 주어진 기회에 집중시키는 과정을 취급한다고 할 수 있다. 기업은 이 과정에서 내적·외적 환경을 고려하는데, 특히 고객, 경쟁, 정부 등에 초점을 맞추고 제품, 가격, 유통, 촉진 및 마케팅조사 등의 마케팅활동을 통하여 기업이 설정한 목표를 달성한다. 외국환경은 국내환경과는 달리 여러 가지 정보가 부족하며 그에 따르는 불확실성이 증대된다. 이에 따라서 외국환경은 기업에게 기회와 위협을 주므로 이를 잘 분석·평가하고 적절히 대응하여야 한다. 물론 이때 분석할 수 있는 정보가 필요하다. 국제적인 환경에 대한 정보를 평가하는 기준으로서는 ① 정보의 질(적시성, 정확성, 비교가능성), ② 의사결정자의 욕구에의 적합성, ③ 정보의 비용 등을 들 수 있다.

크래머(Kramer, R.L)는 환경적 특색으로서 주권(sovereignty), 국가통화제도(national monetary system), 정부통제(government regulation), 국가경제정책(national economic policies), 상이한 언어와 관습(different languages and customs)을 제시했고, 페이어웨더(Fayerweather, J.)는 경제적·정치적·사회적·문화적 차원으로 특성을 규정했다.

(2) 국제이전

국제마케팅은 재화, 용역, 자본, 기술, 인력 등의 생산요소, 마케팅전략 및 프로그램, 그리고 마케팅기법과 시스템이 국제이전 과정을 수행한다.

국제기업이 국제이전에 있어서 우선적으로 넘어야 할 것은 해당국의 규제의 개입 및 다음과 같은 제약조건들이다.

① 관세 및 비관세 장벽

② 직접세 및 간접세

③ 여러 형태의 공정거래법과 독점규제법

④ 정부의 여러 가지 허가제도

⑤ 정부의 독점사업과 입찰 등에 있어서의 자격제한

이것은 국제이전 과정에서 국가는 자국의 이익을 위하여 여러 가지 제한과 간섭・통제를 가하게 된다. 국제마케팅 관리자는 상대국의 규제에 잘 대처할 수 있어야 한다.

(3) 다수국가 시장

국제마케팅이란 다수 국가에서 마케팅을 행하는 것을 말한다. 각 나라는 언어가 다르고 구성원들의 생활습관, 가치관, 종교의식, 예술, 사회규범 등이 매우 다르다. 또한 화폐가 다르며, 경제발전단계, 공업화의 수준, 국민소득, 소비수준과 기대하는 상품의 질 등이 다양하다. 따라서 마케팅관리자는 각 국가시장의 기회와 위협을 비교・분석하여 범세계적인 관점에서 효율적으로 자원을 배분하고 전략을 수립해야 한다. 또한 해외에 있는 자사간에 이해가 상충되지 않도록 조정하고 간섭해야 한다.

국제마케팅은 국내마케팅과는 달리 그 활동영역이 '국내공간'을 초월한 '해외공간'으로 이어지며, 그러한 해외공간으로서의 환경공간이 국내공간과는 매우 이질적이다. 기업이 국제시장에서 이질적인 기업환경을 극복하고 적응하기 위해서는 글로벌 전략에 초점을 맞추어야 한다. 환경공간의 차이를 중심으로 구별해 본 국내마케팅과 국제마케팅의 특성은 국경을 초월한 마케팅활동, 해외시장에서의 이질적인 기업환경, 글로벌 전략의 구축 등이라 할 수 있다.

제4장 국제경영전략

제1절 해외시장진출전략

기업이 해외시장에 진출하는 방법에는 점진적으로 국내시장에서 성장하여 해외시장에 눈을 돌리는 단계의 형태와 창업 초기에서부터 외국 바이어와 연결되어 수출시장에 뛰어드는 소위 하청에 의한 해외시장 진출형태가 있다. 일반적으로 많은 국가들이 제품주기이론에 의하여 성장기와 성숙기 단계에서 해외로 진입하는 패턴을 쓰고 있다. 기업이 특정 해외시장에 진출하는 데는 시장개입의 정도에 따라 수출, 라이센싱(licensing), 직접투자 등의 방법이 있다.

1. 수출에 의한 해외시장 진출

한 나라의 물품이 해외로의 방향에 따라 수출 혹은 수입이라고 말한다. 물건의 방향이 자국으로 향하였다면 수입이고, 해외로 향하였다면 수출이다. 기업이 국제화의 동기에서 수·출입의 활동을 무역활동이란 이름으로 행하고 있다. 그렇다면, 기업이 왜 무역을 하는가? 그 이유는 국내판매에서보다 해외판매에서 보다 큰 이익이 증대되기 때문이다(이익증대) 기업은 산출량을 증가시킴으로써 규모의 경제효과, 원가를 절감할 수 있다.(원가 절감), 자동차, 조선산업 등과 같은 제품특유의 시설(product-specific capacity)의 유휴(遊休)를 수출을 통해서 해결할 수 있다(유휴시설 활용). 제품수명주기에 따라 특정국가에서 고객들을 잃을 때 나타나는 기업손익의 위험을 수출을 통해서 분산하며, 각국의 다양한 고객을 창출할 수 있다(위험분산).

이와 같은 동기에서의 수출은 간접수출, 직접수출 그리고 현지마케팅의 형태로 나눌 수 있다. 간접수출이란 수출기업이 수출국 내의 종합상사, 외국 무역회사 등의 무역상을 통해서 수출하는 형태이다. 간접수출은 마케팅에는 거의 관여하지 않고 생산에만 전념하게 된다(예 : 초창기 (주) 대우의 형태). 직접수출은 적극적인 판매형태를 외국에 있는 수입상이나 바이어를 상대로 판매활동을 벌여서 수출하는 방법이다. 직접수출을 하게 되면 수출기업이 마케팅믹스 변수를 직접 관리해야 한다. 현지마케팅이란 수출시장에 마케팅을 위한 현지법인을 세워서 현지 유통경로에 깊이 개입하는 형태를 뜻한다. 본사의 입장에서 현지법인에 의한 수출이지만, 현지법인의 입장에서는 현지의 수입상이나 도매상의 위치에서 마케팅을 하기 때문에 수출이라고 볼 수가 없다.

2. 라이센싱에 의한 해외시장 진출

라이센싱(licensing)이란 기업이 보유하고 있는 지식을 독립되어 있는 다른 기업에 제공하고 이에 대한 일정한 대가를 받기로 하는 계약이다. 라이센싱은 유형의 상품거래가 아니며, 자본투자를 수반하지 않는다. 라이센싱을 하는 근본적인 이유는 해외시장 진입대안으로서 다른 진입방법에 비해 유리하기 때문이다. 라이센싱의 동기는 여러 가지가 있겠으나, 대체적으로 경제적 · 전략적 · 법적 동기로 나눌 수가 있다.

첫째, 경제적 동기 : 경쟁자가 곧 기술개발을 할 가능성이 크거나, 해외시장의 수요가 따로 해외생산을 할만큼 크지 않거나 또는 해외의 모든 곳에 생산공장을 갖출 수가 없을 때 라이센싱을 택하게 된다. 그것은 직접투자에 따른 자본비용, 설비운영, 재고에 대한 위험을 피하고 현지시장에의 적용에 필요한 비용을 현지기업에 넘기는 것이 효과적이기 때문이다.

둘째, 전략적 동기 : 다각화된 기업은 지속적으로 제품을 재평가하고 변화시켜야 하는데, 이때 전략적 가치가 떨어져 개발에 큰 의미를 부여치 않아야 된다고 판단된 제품이나 기술은 다른 기업으로 이전하게 된다.

셋째, 정치적・법적 동기 : 관세, 쿼터 등의 수입장벽을 피하여 라이센싱을 택할 수도 있다. 현지 정부는 기술을 획득하는 수단으로 직접투자보다 라이센싱을 선호하기도 한다. 또한 재산수용과 같은 위험도 회피할 수가 있다.

라이센싱은 거래대상이 되는 지식의 형태에 따라서 다음과 같이 구별할 수가 있다.

(1) 기술계약(technology licensing)

생산이나 제품에 관련된 노하우를 제공하고, 거기에 대한 대가를 지급 받는 계약이다. 기술계약은 기간만 유효하므로 그 이후에 기술도입을 하는 기업은 경쟁사가 된다.

(2) 상표계약(brand licensing)

상표를 사용하는 권리를 팔고 그 대가를 지급 받는 계약형태이다. 상표란 기술계약과 달라서, 도입해서 소화하고 나면 종결할 수 있는 것이 아니다. 상표계약은 상표 소유자에게는 지속적인 수입원이 되며 시장도 잠식당하지 않는 계약이다.

(3) 프랜차이징 계약(franchising)

프랜차이징은 프랜차이저(franchisor : 영업본부)가 프랜차이지(franchisee : 가맹회사)에게 상표의 사용권을 허가해 주고 사업체의 조직과 경영방법의 이전을 통해 계속적으로 운영을 지원해 주는 방식이다. 이는 유통계열화로서 제조회사가 중심이 되어 도매상이나 소매상을 단일 마케팅믹스 아래 통합하는 강력한 계약방식이다. 가맹자의 소유권은 독립되어 있으나. 본부는 프랜차이징에 따른 수수료를 받고 대개 가맹자의 운영에 필요한 물품을 공급하기도 한다. 계약이 종료되었을 때는 브랜드나 마케팅믹스의 사용이 동시에 종료되므로 프랜차이즈 본부의 입장에서는 시장지배력이 매우 강한 방식이다. 예컨대 국내에 진출해 있는 코카콜라, 패스트 푸드(fast food) 등이다.

프랜차이징에 있어 진입방법의 장점은 적은 자본으로 해외시장에서의 신속한 확산, 독특한 이미지로 표준화된 마케팅, 고도로 동기 부여된 가맹점, 낮은 정치적 위험 등이다. 반면에 불리한 점은 본부의 이익의 한계, 가맹점 운영에 대한 완벽한 통제불가, 경쟁자의 양성 가능성, 계약에 대한 정부의 규제 등이다.

(4) 하청계약

하청계약은 라이센싱과 직접투자의 절충형이라고 할 수 있다. 해외의 독립된 제조업체로부터 제품을 조달하면서 그 제품을 현지시장이나 제3국에 판매하게 된다. 하청계약의 장점은 자본과 경영이 적게 소요되며, 신속한 해외시장 진입에 있으며, 단점은 적합한 현지 제조업자를 찾기가 힘들고, 그 제조업자로부터 원하는 제품의 질을 받기 위해서는 기술지원이 필요하다는 것이다.

(5) 턴키 프로젝트(turn-key-project)

이것은 생산설비를 건설하여 설비가 가동되고 생산이 개시될 수 있는 시점에서 소유권자에게 이를 넘겨주는 계약형태이다. 턴키계약을 위한 협상은 매우 복잡하고 기간과 비용이 많이 들며 법적인 문제도 생각해야 한다. 계획상에 주의할 점은 프로젝트상의 공장과 설비에 관한 양측의 의무와 책임조항, 불가항력과 계약위반의 의미, 그에 따른 법적 결과와 분쟁의 해결절차 등이다.

(6) 경영계약

국제경영계약이란 해외기업의 운영을 관리할 수 있는 권리를 계약하는 경우이다. 예컨대 독일에 있는 외국은행의 경우에 사장은 두명(현지인인 독일 사람과 파견인)인데, 현지사장과는 여러 가지 면에서 경영계약을 맺게 된다. 특히 이 권리에는 새로운 자본투자, 장기부채의 이체, 배당정책, 기본적인 경영정책, 소유권 등에 대한 결정권한 이 포함되지 않는 것이 대체적이다.

경영계약은 리스크가 낮은 진입방법이며, 수입은 계약기간 동안으로 제한하고 해외시장에 영구적인 교두보를 확실하게 구축하지 못하며 미래의 경쟁자를 양성한다는 단점이 있다.

3. 해외 직접투자에 의한 해외시장 진출

해외 직접투자란 경영에의 참여나 경영권의 지배를 목적으로 외국에 법인을 세우거나 기존법인의 주식을 취득하는 형태의 해외사업으로 합작투자와 단독투자가 있다. 직접투자 중에서 경영권을 100%장악하는 경우를 단독투자라고 하며, 경영권을 공유하면 이는 합작투자(joint venture)가 된다. 직접투자가 현지생산을 목적으로 하는 사업활동이라고 할 때, 생산을 위한 직접투자는 마케팅측면보다는 상품 조달(sourcing)의 측면에 비중이 있다. 이러한 투자는 생산성에 비해 생산요소가격이 상대적으로 저렴한 지역으로 해외 직접투자를 하는 것으로서 선진국 기업들이 후진국의 저임금노동력을 이용하기 위해 직접 투자하는 경우이다. 현지시장을 지향하는 직접투자는 기존시장 유지 및 신시장 개척을 위해 현지시장에 깊이 개입하며, 투자기업이 전력투구하며, 투자액이 많고 리스크가 큼을 의미한다.

자원추구투자는 각종 생산원자재가 풍부하고 저렴한 지역의 자원을 개발하여 이용하기 위해서 투자하는 것으로 석유산업, 광업, 임업, 어업 등에 많은 투자유형이다.

기업을 경영하는데 있어서 경영관리자는 기업의 목표를 위하여 각 해외시장의 기회와 위협을 분석하고 시장잠재력을 파악한 후에 마케팅믹스 전략(marketing mix strategy)을 수립하게 된다. 마케팅믹스란 통제 불가능한 모든 국내・외 환경에 창조적으로 적응하여 마케팅목표를 가장 효과적으로 달성하기 위하여 기업의 통제 가능한 여러 마케팅요소를 유기적으로 조정・통합하는 활동을 뜻한다. 통제 가능한 마케팅 요소로는 소위 4P라고 하는 제품계획, 가격결정, 유통경로, 판매촉진 등이며, 그 외는 상표전략, 마케팅서비스, 물적 유통 등이다.

기업이 국제마케팅 전략을 개발함에 있어서 다음 몇 가지에 중점을 두어야 한다.

① 기업은 기업의 이익과 마케팅 목표를 달성할 수 있는 믹스를 얻기 위해 노력하여야 한다. 여기서 마케팅믹스 구성요소간의 상호 의존성, 경쟁기업체들의 반응, 해외시장 환경변수의 계속적인 변화 등을 고려하여야 한다.

② 마케팅믹스 전략은 각국의 정치・경제・법률・사회・문화적 배경과 마케팅제도, 마케팅 발전상태, 소비자의 특성 등을 고려하여야 한다.

③ 국제마케팅 전략수립에는 관련된 변수가 많고 기업 및 제품계열간의 차이가 있다는 것을 알아야 한다.

제 2 절 마케팅믹스

위에 언급된 사항들을 고려하여 개별적인 시장에 적응함으로써 판매고를 높일 수 있는 차별화로 이익을 증가시키고 비용을 절감함으로써 효율을 높이는 방법으로 국제마케팅믹스가 이루어져야 한다.

1. 제품계획

제품계획이란 적정한 제품을 적정한 목표시장에 적정한 시기에 적정한 가격으로 판매하기 위한 정책과 기획 및 그 실천을 뜻한다. 제품기획은 마케팅믹스 요소 중에서 가장 기본이 되는데, 이는 고객지향적인 관점에서 수립되어야 한다. 해외시장에 대한 제품정책은 국내에서 공급되는 제품의 변경여부에 따라서 다음 세 가지로 나눌 수 있다.

(1) 표준제품 정책

거의 동일한 제품으로 세계시장에 공급하는 정책이다. 예컨대 코카콜라, 청바지 등이다.

(2) 제품변경 정책

현지사정에 맞게 제품을 수정하는 정책으로 커피를 각 나라 소비자의 입맛에 맞게 가공하거나, 공해방지규정에 알맞게 자동차의 엔진을 다르게 하거나, 심지어는 중국의 요리의 경우 각 나라 사람의 입맛에 맞게 요리하여 손님에게 제공하고 있다.

(3) 제품개발 정책

국제기업에 의해서 가장 많이 활용되는 정책으로, 현지시장에 맞게 신제품을 개발하는 정책이다. 그러나 우리나라의 경우는 해외시장만을 위해서 제품을 개발하고 있다.

2. 가격정책

국제마케팅에서 가격정책이란 차별가격정책을 뜻한다. 차별가격정책은 두 시장에서의 수요의 가격에 대한 탄력성이 다를 경우 매출액이나 이윤을 극대화하는 가격이 다른 것은 자명하다. 원가 면에서 A시장에서의 변동비와 고정비를 포함하는 총원가를 기준으로 가격을 책정하고, B 시장에는 변동비를 약간 상회하는 저가격정책을 택할 수가 있다.

우리나라의 경우, 수출가격은 시장개척을 위하여 저가정책으로 일관하였고, 수출에 의해 채산을 맞추지 못하면 각종 수출혜택과 수출 금융을 통하여 적자를 면하곤 했다. 이와 같은 차별가격정책은 수입국에서 덤핑(dumping)으로 판정됨으로써 반덤핑관세가 부과되었다. 제품을 차별화하고 광고에 의해서 브랜드 인지도를 높이며, 또한 고급 소매상에 상품을 진열할 경우에 고가정책이 가능해지는데, 이러한 믹스전략으로 우리나라 상품의 경우에 '제값받기'를 해야 한다.

3. 경로정책

국제마케팅 관리자가 해외시장기회를 이익화하기 위해서는 생산된 제품을 해외의 최종고객에게 효율적으로 분배하기 위한 유통전략(distribution channel strategy)을 다른 마케팅믹스 전략과 함께 수립해야 한다. 유통전략이란 재화와 용역이 올바른 상태로 알맞은 시간에 원하는 장소로 요구되는 양만큼 소비자에게 전달하는 데 필요한 기업의 의사결정 및 행동을 말한다. 국제마케팅에서의 경로는 수출국의 제조회사로부터 수입국의 최종고객(end user)에 이르기까지 중간에 개입되어 있는 모든 사람과 기관을 가리키며, 이 경로기관은 무역회사와 국내유통회사로 구별할 수 있다.

적절한 해외시장 진출방법이 결정되면 국제마케팅 관리자는 다음과 같이 해외시장국 내에서의 현지 유통전략을 설정하여야 한다. 첫째, 마케팅 및 유통에 대한 전반적 전략의 개발과 개입의 정도에 대한 기본적 의사결정을 행한 다음 판매하려는 해외시장국의 유통패턴을 조사하여야 한다. 둘째, 현실적인 유통경로 계획을 수립하고 활용한다. 셋째, 이러한 유통경로로 기구를 계속 관리하고 통제하여야 한다.

4. 촉진정책

촉진정책(promotion strategy)이란 기업이 해외시장기회를 보다 이익적으로 활용하기 위하여 해외고객의 수요를 환기하고 자극함으로써 판매촉진을 하도록 하는 의사결정과 활동을 뜻한다. 촉진전략은 기업의 마케팅방침, 제품계열, 각국의 마케팅제도 및 기타 다른 요소에 의하여 결정된다.

해외 현지사장에서 광고의 중요성이 점점 커지고 있는데, 특히 현지고객에게 브랜드를 인지시키고 나아가서 차별화시키기 위해서는 광고가 필수적인 수단이 되고 있다.

국제광고 정책에서 시장이 어느 정도 동질적인 경우에는 표준광고 메시지를 여러 시장에서 활용할 수 있으나, 표적고객이 다르고 제품의 포지셔닝이 다른 경우에는 광고 메시지나 매체 등의 광고정책이 달라지게 된다.

세계는 점점 소득수준이 비슷해지고, 입맛이 동질화되어 가는 경향이 있다. 지구화(globalization)란 다름 아닌 세계경제에서 국경이 낮아져 가는 경향이라고 할 수 있으며, 이에 따라 민족국가의 힘은 약화되고 국가간의 상호의존성은 증가한다. 그 원인은 급속한 기술진보와 자본・금융시장의 통합, 직접투자의 급속한 증가, WTO에 의한 관세장벽의 철폐와 그로 인한 교역량의 증가, 세계적인 소비자 기호의 동질화 등이라고 할 수 있으며, 이러한 현상은 모든 분야에서 나타나고 있다.

오늘날 많은 기업에서는 복사기, 컴퓨터, 전화교환기, 시계, 음료, 텔레비전, 자동차 등 소비제품에 있어서도 점차 지구적 표준화를 추구하고 있다. 많은 기업들은 세계적 표준화에 의한 규모의 경제를 달성하고자 하는 기업의 경제적 요구와 아울러, 한편으로는 이들 기업들을 상이한 방향으로 이끄는 각국의 독특한 문화적・정치적 요구들이 공존하고 있다 라는 사실이다. 바로 세계적 요구(global requirements)특정지역의 특수성(local strategy) 사이에 적절한 균형점을 찾는 것이 지구적 전략(global strategy)라 할 수 있다. 프라하라드와 도즈(Prahalad, C.K. & Doz, Y.L.)는 현지의 수요와 지구적 비전 사이에 균형을 유지하는 것이 지구적 기업(global corporation)의 사명(mission)이라고 한다.

포터(Porter, M.E.)는 기업의 경쟁우위를 확보하기 위하여, 지구적 마케팅 기능을 세 가지로 구분했다. 즉 ① 마케팅 구성은 어떻게 해야 하는가. 즉, 신제품 개발, 광고, 판촉, 유통경로 선택, 마케팅 조사 등과 같은 다양한 마케팅 활동들은 세계 어느 곳에서 수행되어야 하는가를 결정해야 한다. ② 여러 국가에서 수행되는 마케팅 활동을 조정해야 한다. ③ 기술개발이나 생산부문과 관련해서 지구적 기업의 활동들은 연계되어야 한다.

제5장 세계무역질서와 경제통합

제1절 세계무역질서

세계대전의 불행한 사태를 재연시키지 않고 국제경제의 번영을 위해 수립된 GATT와 IMF를 중심으로 한 국제경제질서는 60년대 초에 접어들면서 많은 문제점을 드러내기 시작하였다. 이는 현실적인 운영을 통해 두 기구의 원칙이 제대로 준수되지 못하였고, 그 기능이 원활하게 수행될 수 없었던 것에 근본적인 원인이 있기도 했지만, 전후 국제경제를 주도해 온 미국 경제의 위치가 상대적으로 크게 약화되었던 것도 중요한 이유가 된다. 특히 1970년대에 석유파동과 세계적인 불황을 겪으면서 국제경제질서의 동요가 심화됨에 따라 새로운 국제경제질서의 움직임이 대두되었다. 신국제경제질서(new international economic order : NIEO)란 개념은 최근 상당히 폭넓게 사용되고 있는데, 이는 구질서에 대응하는 개념으로 구체제의 개선 내지 개혁을 뜻한다.

NIEO가 공식적으로 국가차원에서 논의된 것은 1974년 4~5월 제6차 UN특별총회였는데, 이러한 움직임은 사실상 1973년의 석유파동 이후 제3세계가 자원을 무기로 하여 선진국에 압력을 줄 수 있었던 당시의 상황에서 파생된 것이라 할 수 있다.

1. IMF와 국제통화질서

제2차 세계대전이 끝날 무렵 세계 각국은 전후의 세계경제질서를 논의하기 위해 미국의 브레튼우즈(Bretton Woods)에 모여 국제협상을 진행하였다. 그 결과 탄생한 국제경제체제가 브레튼우즈 체제 또는 IMF(International Monetary Fund)이다. 브레튼우즈 체제의 목적은 환율을 안정시키고 국제유동성을 적절하게 공급하여 무역을 확대하는 것이었다. 이러한 취지에서 브레튼우즈 회의에서는 첫째, 국제통화기금(IMF)과 세계은행(International Bank for Reconstruction and Develop-ment : IBRD)을 신설하고, 둘째, 금본위제도를 기반으로 미국의 달러화를 국제기축통화로 하며, 셋째 국제환율체제로 고정환율제도를 채택하기로 하였던 것이다.

IMF는 가맹국들의 단기적인 국제수지 불균형을 해결해 주기 위해 자금을 지원하는 통화기금으로써 IMF의 가맹국들은 국가별로 배정된 쿼터대로 출자하여 기금을 조성하고, 단기적으로 국제수지 역조해결에 자금이 필요한 경우 기금으로부터 일정금액을 지원 받을 수 있게 되었다. 또한 IMF는 각국의 국제수지 상태를 점검하여 필요한 경우 각국의 국제수지조정정책을 감독·개입할 수 있는 권한을 가지게 되었다.

IBRD는 전쟁으로 파괴된 각국의 경제를 부흥시키고 저개발국의 경제개발을 지원하기 위해 설립된 개발금융기구로 각국의 장기적인 경제개발을 위해 자금을 지원하는데 초점을 맞추고 있다.

1960년대 말에 들어서서 브레튼우즈 체제가 문제점을 드러내게 되는데 이러한 문제점은 국제기축통화로 지정되었던 미 달러화에 있었다. 각국의 경제가 회복되고 국제교역량이 증대되면서 국제유동성의 부족과 미 달러화의 신임도 문제가 대두되었던 것이다. 1971년 8월 15일 당시의 닉슨대통령은 일방적으로 미 달러화의 금태환을 정지시키는 국제수지방어정책 및 달러방어정책을 실시하게 된 것이다. 이후 대부분의 주요국 통화는 변동환율제로 이행하게 된다. IMF를 중심으로 국제통화제도의 개혁에 대한 논의가 거듭되어 오던 중 1876년 자메이카의 킹스턴에서 열린 IMF 잠정위원회에서는 세계각국이 독자적으로 환율제도를 선택할 수 있다고 정식 결의하였다. 이로써 브레튼우즈 체제의 고정환율제도는 완전히 붕괴되고 새로운 국제통화체제를 맞이하게 되는데, 이를 신 IMF체제 또는 킹스턴체제라고 한다.

신 IMF체제는 고정환율제에서 변동환율제로의 전환, 세계 주요국의 통화가 국제결제통화로 사용되게 되었다는 점, 오일쇼크, 개도국의 외채문제, 남북무역문제, 제3세계 국가들의 대두 등 제반 국제무역환경의 변화로 IMF와 IBRD의 기능과 역할이 확대되었다는 것을 특징으로 볼 수 있다.

2. WTO와 무역자유화

1980년대 들어 심화되어 가는 세계무역의 전반적인 침체와 신보호무역주의에 대처하기 위해 우루과이라운드가 개최되었다. 1986년 9월 시작된 우루과이라운드의 가장 중요한 쟁점은 서비스교역의 자유화와 농산물교역의 자유화였다. 서비스교역 분야가 새로운 협상 의제로 선정된 것은 제조업 중심에서 서비스산업 중심으로 산업구조가 변동한 미국과 EU가 서비스분야의 무역자유화를 통해 국제수지를 개선하고자 하는 의도에서 였다고 분석된다. 개발도상국의 서비스산업은 일반적으로 취약한 반면 선진국들은 월등한 국제경쟁력을 갖고 있었기 때문에 이 분야의 입장 차이가 대립한 것은 자명한 사실이었다.

우루과이라운드에서의 또 하나의 쟁점인 농산물 교역의 자유화는 미국을 비롯한 일부 농산물 수출국들이 농산물의 전면적인 교역자유화를 주장하였고, 이러한 주장은 우리나라와 같은 농산물 수입국들에 의해 많은 반대에 부딪쳤으나 미국과 EU가 전격 합의하여 그들의 입장이 대부분 반영된 채로 협상이 마무리된 것은 이미 잘 알고 있는 사실이다. 결국 우루과이라운드의 협상내용도 선진국들에 비교우위가 있는 서비스・농산물 등의 개도국에 대한 시장개방 압력이었다고 말할 수 있다. 그럼에도 불구하고 우루과이라운드 타결의 성과는 개도국에게도 많은 이점을 주고 있다. 우선 세계시장에 보다 쉽게 접근할 수 있는 기회를 제공해 주었고, 그 동안 의존해 오던 쌍무협상체제에서 다자간 협상체제로 전환하여 대등한 입장에서 협상을 벌일 수 있게 되었다는 것이다. 그밖에도 세계적인 무역분쟁 해결기구가 생김으로 인해 약소국에게도 매우 강력하고 효과적인 분쟁해결수단이 생겼다는 점이다.

WTO체제의 목적이 되는 기본원칙은 특정국가에 대하여 다른 국가보다 불리한 교역조건을 부여해서는 안 된다는 원칙이다. 즉 세계무역기구 체제의 모든 분야에서 요구되는 핵심원칙이라 할 수 있는 최혜국대우의 원칙, 외국인과 내국인을 똑같이 대우해야 한다는 원칙으로 지적재산권협정에서는 이 원칙의 무조건 적용이 요구되나 서비스협정에서는 내국민대우원칙의 적용에 대한 구체적인 약속을 국별 양허표에 기재하도록 하는 내국민대우원칙, 관세나 조세를 제외한 재화·용역의 공급에 대한 일체의 제한을 철폐해야 한다는 원칙으로서 내국민대우원칙과 함께 시장개방의 양대 요소를 이루고 있다.

GATS (서비스협정) 등에서는 국별 양허표에 분야별로 구체적으로 정하고 있는 시장접근보장의 원칙, 각 국의 행정·사법기관의 의사결정이나 법령 적용, 제도운용이 합리적이며 예측 가능하여야 하고 결정에 관한 이유가 고지되어야 한다. 그러한 결정의 기초가 되는 모든 법령 및 자료들이 공개되어야 한다는 원칙으로서 이는 개방의 실질적인 요소라 할 수 있는 투명성의 원칙이 있다. GATT체제와 WTO체제를 비교해 보면, WTO협정의 발효로 WTO는 WTO협정과 부속서상의 협약들을 포함하여 각종의 다자간 협정과 이와 관련된 법적인 문제에 있어서 회원국을 규율할 수 있게 되었다.

WTO의 발족은 양국 간 쌍무협상을 줄이고 모든 무역현안을 다자간 협상체제로 옮기기 위한 진전이다. 물론 종전의 GATT 1974도 다자간 무역질서를 구축하기 위해서 맺어진 다자간 무역협정이기는 하지만, 당초의 목적인 다자체제의 확립이라는 기능을 지속하기에는 무역환경이 크게 바뀌었다. 그간 각 국의 다자간 협상을 강조하면서도 실제적으로는 쌍무협상을 선호했고 그에 따라 무수한 분쟁과 무역 전쟁의 위기를 경험해야 했다.

GATT 1947은 '최혜국 대우(MFN)'라는 원칙의 확산을 통하여 지난 50여 년간 자유무역 확대에 크게 기여하였다. 즉 어떤 나라에 약속한 개방 약속은 제3국에도 똑같이 제공된다는 '최혜국 대우' 원칙은 선진국간의 협상에서 개발도상국에게 어부지리를 주었으며, 이는 개발도상국의 발전에 기여하였으나 세계가 냉전이 종식되고 정치적인 문제보다는 경제적인 문제가 큰 이슈가 됨에 따라, GATT의 자유무역정신은 퇴색의 길을 걷게 되었다.

WTO시대의 특징을 살펴보면 다음과 같다. 첫째, 세계화(Globalization)의 진전으로 세계시장에서의 기업 간 경쟁이 더욱 치열해지고 있다는 점이고, 둘째 지방화 또는 현지화(Localization)를 들 수 있다. 이는 교통과 통신의 발달, 정보산업의 발달로 국경이라는 것이 별 의미가 없어지고 경쟁의 단위가 국가에서 지방자치단체로 바뀌게 되어, 자연히 지방자치단체가 세계를 상대로 한 경쟁의 주체가 됨을 의미한다. 따라서 세계화와 지방화는 다른 개념이 아니라 하나의 뿌리에서 나온 일맥상통하는 개념으로 보는 것이 타당할 것이다. 마지막으로 경제블럭화의 심화를 들 수 있다. WTO시대의 개막 그리고 UR타결로 인해 공산품만이 아니라 농산물・서비스・지적재산권 등 사실상 모든 분야가 무한 경쟁 상태에 돌입하였다. WTO시대에서는 어느 국가도 특정산업을 보호하기 위하여 보조금을 주거나 보호무역장벽을 설치할 수 없게 되었다. 따라서 WTO시대 하에서는 오로지 경쟁력 있는 국가와 기업만이 살아남는다고 할 수 있다. 한마디로 세계적 경쟁력이 있는 기업만이 생존 가능할 것이다.

3. UNCTAD와 남북문제

남북문제(north-south problems)란 지구의 북쪽에 미국・유럽 등의 공업선진국이 위치하여 있고, 남쪽에 아시아・아프리카 및 라틴아메리카 등의 농업후진국이 위치하고 있다는 점에 착안하여 만들어진 용어로서 선진국과 후진국간의 경제적인 제반문제를 의미한다. 남북문제의 발생배경을 살펴보면 제2차 세계대전 이후 GATT를 중심으로 한 세계무역질서는 무역자유화를 추진하고 무역규모를 확대시키는데 크게 이바지하였다. 이러한 진전은 선진국 위주로 전개되었다고 볼 수 있다. 따라서 선진국과 개도국과의 격차는 날로 심해져 남북문제가 심각한 세계문제로 등장하게 되었다.

남북 간의 경제적 격차가 확대됨에 따라 저개도국에서는 그 시정을 요구하는 소리가 높아졌으며, 이에 대해 선진국도 격차시정을 위하여 원조의 증대는 물론 무역면에서도 어떠한 조치를 취할 필요가 있다는 것을 인정하기에 이르렀다. 따라서 양측은 GATT를 통해 이의 해결방안을 모색하기도 했으나 선진국측의 소극적인 자세로 인하여 오히려 남북 간의 대립이 격화되었다. 그리하여 저개도국은 'GATT 無用論'을 제기하고 남북문제를 UN에서 문제삼기에 이르렀다. 이에 따라 UN총회에서는 1961년 저개도국의 무역과 개발문제에 관한 국제회의를 개최하기로 결의하였고, 저개도국 대표들은 1962년 카이로선언을 통해 국제무역회의의 개최를 호소하기에 이르렀다. 이에 UN 경제사회이사회는 저개도국의 취지를 받아들여 선진국의 동의를 얻어 준비위원회를 구성하게 되었다. 그리하여 1963년 1월과 5월 두 차례에 걸쳐 준비위원회를 열고, 1964년 2월에 있었던 제3차 준비위원회에서는 이른바 프레비쉬(R. Prebish)보고서가 발표되었다.

이러한 준비과정을 거쳐 1964년 3월에 전 세계 120여 개국의 대표 1,500명이 참가한 가운데 제네바에서 제1차 국제연합무역개발회의(United Nations Conference for Trade and Development : UNCTAD)가 개최되었다. 그리고 같은 해 제19차 UN총회의 결의 제1995 XIX호에 의거 항구적인 기구의 하나가 되었다. 그 후 UNCTAD총회는 매 4년마다 개최되었으며, 회의가 없는 동안에는 UNCTAD의 상설기구인 무역개발위원회(Trade and Development Board : TDB)에 의해 운영되고 있다. TDB에는 하부조직으로서 상품위원회, 무형무역금융위원회 및 기술이전위원회 등과 보조기구로 특혜특별위원회 등을 두고 있다.

4. OECD와 경제협력

OECD(Organization for Economics Cooperation and Development : 경제협력개발기구)는 회원국 간의 경제협력 및 경제정책의 조정을 취지로 하는 국제협력기구라 할 수 있다. 이러한 OECD의 역사는 그 전신인 OEEC로부터 시작된다. 제 2차 세계대전 이후 미국은 동구 공산권으로부터 서구 자본주의를 수호하기 위해 서유럽 경제부흥정책인 마샬계획(Marshall plan)을 세워 대규모 원조자금을 지원하게 되었다. 1948년 4월 탄생한 OEEC(Organization for European Economic Cooperation : 유럽경제협력기구)는 마샬계획을 바탕으로 경제부흥정책을 실행하는 서유럽 국가들 간의 협력체였다. 그러나 이후 서유럽의 경제 회복이 이뤄지고, 또 미국이 자본주의 국가들에 대한 원조를 단독으로 감당하는 것이 어려워짐에 따라 서유럽도 개발도상국에 대한 원조를 해야 할 필요성이 생겼으며, 이에 따라 OEEC의 성격변화가 필요하게 되었다. 더구나 서유럽내의 새로운 경제 공동체인 EEC(European Economic Cooperation : 유럽경제 공동체)와 이를 견제하는 EFTA(European Free Trade Area : 유럽자유무역지역)가 양립하게 되었으며, 이로써 유럽과 북미 선진국들과의 보다 긴밀한 경제협력을 위해 복합적이고 개방적인 형태의 OEEC 개편이 필요하게 되었다.

이에 따라 1960년 12월에 EEC 회원국(프랑스 등 6개국) 및 EFTA 회원국(영국 등 8개국)과 그 외의 OEEC 기존 회원국(터키, 그리스, 스페인, 포르투갈), 그리고 미국과 캐나다를 포함한 20개국이 창설 회원국으로 설립협정에 서명하여, 1961년 9월에 OECD가 정식으로 출범하였다. 따라서 OECD는 OEEC와는 달리 서유럽뿐만 아니라 북미 선진국들을 포함하게 되었으며, 그 목적 또한 서유럽이라는 특정 지역의 경제발전이 아닌 서방 선진국 전체의 경제발전과 개발도상국에 대한 지원을 통한 세계경제 발전을 지향하게 되었다.

그 후 1964년에 아시아 지역에서 처음으로 일본이 가입하였고, 핀란드(1969), 오스트레일리아(1971), 뉴질랜드(1973)가 뒤이어 가입하였으며 1994년 멕시코가 OECD에 새로 가입하였다. 이처럼 근래에 들어 OECD는 유럽 중심적 성격에서 벗어나 그 범위를 확대하는 경향을 보이고 있다. 특히 80년대 말에 들어서 아시아 신흥공업국의 성장과 동구 제국의 시장경제로의 전환에 따라 OECD는 이들 국가들과의 관계에 주력하게 되었다. 1995년 체코의 가입, 1996년 헝가리 및 폴란드의 가입과 한국의 가입 확정이 그 예이다. 이러한 OECD의 역사에서 알 수 있는 OECD의 목적을 정리해 보면, 회원국의 경제성장 도모와 세계경제 발전에 대한 선도적, 주도적으로 기여하였고, 개발도상국에 대한 원조를 하였으며, 다자간 자유무역원칙에 의한 세계무역의 확대를 세 가지로 볼 수 있다. 이는 OECD 협정문 제1조에 명시되어 있다.

OECD는 기본적으로 협의기구이며 경제협력기구일 뿐이다. OECD는 GATT나 WTO와 같이 국제규범을 제정·관리하고, 이를 바탕으로 교섭·조정하는 기구가 아니므로 그 규범에 있어서 특별한 강제력을 지니지 않는다. OECD의 각종 회의는 협상이 아닌 협의방식으로 진행되며, 회의를 통해 결정된 사항은 원칙적으로 회원국의 공동이익을 지향하는 것이므로 회원국 간의 공감대 형성에 근거하여 시행한다. 따라서 주요 토의안건과 관련하여 표결이 없으며, 찬성국은 규범을 시행하고 반대국은 규범에 불참하거나 유보하면 된다. 법적 구속력을 지니는 결정(decision)을 제외하고는 규범 불참에 대한 공식적이거나 직접적인 처벌이 존재하지 않는다.

그러나 각 회원국으로서는 많은 다른 회원국들이 찬성하는 의사결정에 불참하기 힘든 정치적, 도덕적 부담이 있으며, 실제로 불참시에는 회원국들 간에 동료간 압력(peer pressure)이 작용하게 된다. OECD는 이러한 간접적인 방식을 통해 공동목표를 달성하기 위한 규범을 실행한다. 이렇게 볼 때 OECD는 일종의 클럽과 같은 성격을 갖고 있다고 할 수 있다. 따라서 OECD는 EU(European Union)와 같이 개별 회원국의 경제주권이 사라지고 공동정책이 수행되는 지역경제통합체나 NAFTA(North American Free Trade Area)와 같이 구속력 있는 자유무역지역과도 다른 성질의 기구이다.

또한 OECD는 세계경제의 흐름을 주도하는 선진국 클럽이다. OECD는 회원국 전체인구가 전세계인구의 18%에 불과하지만 GNP는 전세계의 85%, 수출입액은 70% 이상을 차지한다. 이러한 지위를 바탕으로 OECD는 앞에서 알아본 것과 같이 세계경제질서를 선도하는 활동을 전개한다. 이러한 선진국 클럽적인 성격을 고려할 때 OECD 회원국은 어느 정도의 자격과 경제·사회적 동질성을 갖추어야 하는 만큼, 신규회원국이 가입 조건으로서 지켜야 할 의무사항들이 존재한다.

먼저 정치적으로는 민주주의, 경제적으로는 시장경제체제의 조건을 만족해야 하며, OECD 협정문에도 나타난 OECD의 기본 이념과 목적에 직결되는 의무사항들인 개발도상국에 대한 원조 의무, 경상무역외거래 자유화와 자본이동 자유화의 양대 자유화 의무 등은 구속성이 있는 의무사항이다. OECD는 경제정책의 넓은 범위를 포괄하는 종합적인 경제협의기구이며, 각 회원국의 주요 경제정책과 그 상호관계를 연구하여 이를 조정하고 협력방안을 모색하는 활동은 OECD 고유의 활동인 것이다. 이는 경제협력기구로서 OECD의 성격을 잘 말해주는 것이다. 이를 위해 OECD는 정보교류와 공동연구를 수행하는 독특한 역할을 한다.

제 2 절 경제통합

1. 경제통합의 의의

경제통합(economic integration)에 관한 정의를 내리기는 쉽지 않다. 이에 대한 통일된 견해가 확립되지 않은 상태에 있기 때문이다. B. Balassa는 경제통합을 '각 국민경제에 소속되어 있는 경제단위간의 차별을 제거하기 위한 제반 조치이며, 각 국이 상호간에 여러 가지 경제적 차별이 존재하지 않는 상태'라고 정의하였고, J. Tinbergen은 '경제의 최적활동을 저해하는 인위적 장애를 제거하여 조정과 통일이 필요한 모든 요소를 의식적으로 도입함으로써, 가장 바람직한 경제기구를 만들어 내는 것'이라고 정의하였다. 또한 G. Myrdal는 '기회균등의 서구적 이상을 실현하기 위한 하나의 과정', J. Weiler는 '국가주권 개념이 희박하게 되고 정부간 기구 또는 초국가적 기구가 각국의 경제발전 및 교역을 주도하는 과정'이라고 정의하였다. 즉 경제통합을 상호 의존적인 국가 간의 모든 요소의 자유로운 이동을 저해하는 독자적인 경제 영역을 형성함으로써, 이익공동체 전체의 최적목표를 달성하고자 하는 동태적 과정 또는 상태라고 볼 수 있다.

2. 경제통합의 결성동기

지역경제통합은 제2차 세계대전 이후 경제회복단계에서 각 지역에 결성되었는데, 그 결성이유를 보면 다음과 같다.

첫째, 2차 대전 이후 각국 간의 경제관계가 밀접하게 되고 일국만으로는 존속·발전하기가 힘들게 되었다.

둘째, 수출시장을 확대할 필요성이 대두되었다는 점이다. 제2차 세계대전 이후 세계가 동서 양진영으로 나누어진 후 세계대전 전까지 식민지이었던 국가들이 계속해서 독립하게 됨에 따라, 좁아진 수출시장을 넓히기 위해 각국은 근접 지역의 비슷한 경제수준의 국가와 상호간 무역장벽을 제거하고 자국시장을 개방하게 되었다.

셋째, 제2차 세계대전 이후에 나타난 급속한 기술혁신 때문이었다. 기술혁신이란 대규모생산을 전제로 하여 생긴 것인데, 종래 단일형태의 시장만으로는 기술혁신에 따르는 제품을 소화시킬 수 없기 때문에 대시장이 필요하게 되었다. 또한 기술혁신으로 인하여 원료소비가 증가하지 않음으로써 선진국과 개도국 사이의 수직적 무역은 약화되고 선진국과 선진국간의 수평적 무역이 관심사가 되고 있는데, 개도국은 자국의 경제발전을 위한 시장이 필요하게 되었다.

넷째, 세계경제를 자유무역체제로 이끌만한 국제기구 내지 국제협정이 존재하지 않았다는 점이다. 무역자유화의 추진은 제2차 세계대전 후의 세계경제에 있어서 중요한 과제였다. 그리하여 화폐・금융면에서는 IMF 및 IBRD, 무역면에서는 GATT를 중심으로 하여 무역과 화폐금융면의 자유화를 촉진시키고 세계적인 경제협력이 추진되었다. 그러나 IMF 및 IBRD와 GATT는 이해관계를 달리하는 각국의 일시적인 타협에 의해서 창설되었다고 할 수 있으므로 그의 기본이념인 무차별호혜원칙을 실현시키기는 어려웠다. 그리하여 일부 국가들은 세계의 무역자유화 뜻을 같이하는 국가들끼리 지역적으로 협정을 체결함으로써 지역 내 무역자유화 방향을 취하는 경향이 나타나게 되었다.

3. 경제통합의 형태

1958년에 유럽경제공동체(EEC)가 발족하여 서유럽경제가 괄목할 만한 발전을 하게 됨에 따라 주목을 끌게 된 경제통합은 1930년대에 있었던 블록경제(bloc economy)와 다른 점을 가지고 있다. 경제블록은 경제발전단계가 다른 국가 간의 통합으로서 지역 내의 자급자족을 목표로 한다. 그것은 주로 선진국의 세력권내의 자연자원을 확보하고자 하는 종주국과 식민지간의 주종관계 결합인 수직적 통합(vertical integration)이다. 이에 대해 현대의 경제통합은 경제발전단계가 비슷한 국가 간에 대등한 입장에서 결합하는 수평적 통합(horizontal integration)이라는 점이 다르다. 이러한 수평적 경제통합의 형태에 관해서도 확실하게 구분을 하기는 어렵고 다만 여기에서 B. Balassa의 분류에 의하여 살펴보고자 한다. 그는 경제통합을 다음과 같이 5가지 형태로 분류하고 있다.

① 자유무역지대(free trade area) : 가맹국 상호간 상품이동에 관한 일체의 무역제한조치를 철폐하여 역내에서는 자유무역을 보장하는 한편, 비가맹국에 대해서는 관세정책 및 무역제한 조치를 취하는 형태의 통합단계로서 구주자유무역연합(EFTA) 및 라틴아메리카자유무역연합(LAFTA)이 이에 속한다.

② 관세동맹(customs union) : 자유무역지역에서 한 걸음 더 나아가 역외 공동 관세를 부과하는 형태의 경제 통합의 단계이다. 즉, 가맹국 상호간에는 상품의 자유로운 이동이 보장될 뿐 아니라 역외 비가맹국에 대해서는 공통의 수입관세를 부과하는 형태의 통합을 의미한다. 1834년 독일 관세동맹과 유럽의 EEC체제가 이에 속한다.

③ 공동시장(common market) : 관세동맹이 더욱 발전하여 역내국가 상호간 생산요소의 자유 이동이 보장되고 있는 형태의 경제통합의 단계이다. 즉, 가맹국 상호간에 상품 서비스뿐만 아니라, 자본 노동 등 생산요소의 이동도 자유화하며 대외적으로는 공통 통상정책을 적용하는 단계를 의미한다. CACM(중앙아메리카 공동시장)과 CCM(카리브 공동시장)이 이에 속한다.

④ 경제동맹(economic union) : 가맹국간의 생산물 및 생산요소의 자유이동은 물론 경제정책의 조정과 협력까지 구체적으로 실현시키는 경제통합의 형태이다. 벨기에, 룩셈부르크 경제동맹(UEBL), EEC 등이 이에 속한다.

⑤ 완전경제통합(complete economic union) : 가맹국 상호간의 초국가적 기구를 설치하여 그 기구로 하여금 모든 사회, 경제정책을 조정, 통합, 관리하는 형태의 통합의 단계로 사실상 각국이 하나의 단일경제로 통합되는 것을 의미한다. 완전한 통합은 각국의 국가주권이 포기되고 하나의 단일국가로 통합이 될 때 가능하며 그러한 의미에서 완전한 경제통합은 정치적 통합이 동시에 요구된다.

실현단계에 있는 EU(european union)는 이러한 전면적 통합을 그 최종목표로 하고 있다고 할 수 있다.

이 밖에도 경제통합범위로 구분되기도 하고 경제통합방법으로 분류하기도 한다. 경제통합범위에 따른 분류는 다시 경제통합 대상산업에 따라 전반적 통합과 부분적 통합으로 나누어지는데, 전자는 통합가맹국들 사이에서 전산업이 통합되는 것을 말하고, 후자는 일부산업만 통합되는 부분통합을 말한다. 또한 경제통합방법에 따라서는 다시 기능적 통합과 제도적 통합으로 나누어지는데, 전자는 통합가맹국이 통합을 하되 가맹국의 주권은 각각 유지하고 있는 경우를 말하며, 후자는 가맹국이 주권을 포기하고 상호 결속하여 초국가적인 기구를 결성하는 것을 의미한다.

4. 경제통합의 효과

경제통합은 자유무역의 이익을 최대한으로 이용함과 아울러 자유무역의 불이익을 가능한 한 적게 할 수 있는 어떤 조건을 모색하는 가운데 발생한 것이라고 말할 수 있다. 이러한 경제통합이 어떤 효과를 낳는가에 관한 이론적인 접근은 관세동맹의 이론과 대시장의 이론에서 찾아볼 수 있다. 그러나 이 두 이론으로는 경제통합의 효과를 만족스럽게 설명하기가 어렵고 이상의 해명은 새로운 이론에 의존할 수밖에 없다.

(1) 관세동맹이론

관세동맹이론은 동맹국간의 무역자유화와 비동맹국간에 대한 무역차별화의 양면성에서 나오는 차별적인 자유화를 분석하는 것이다. 다시 말하면 가맹국간의 무역자유화에서 생기는 이익과 비동맹국에 대한 무역차별화에서 생기는 불이익을 전체적으로 검토하여, 세계적인 입장에서 그 후생효과를 따져보는 것이다.

이 관세동맹이론의 대표적인 것으로는 바이너(J. Viner)의 이론을 들 수 있는데, 그 내용은 다음과 같다. 그에 의하면 관세동맹의 효과는 무역창출효과(trade creating effect)와 무역전환효과(trade diverting effect)가 있다.

무역창출효과란 관세동맹이 형성되면 역내의 관세가 철폐되어 가맹국 상호간의 수입가격이 저하되고, 이에 따라 지금까지 무역이 이루어지지 않았거나 조금밖에 거래되지 않았던 상품에 새로이 무역이 증대되는 효과를 말한다. 이것은 지역 내에 어떤 나라의 높은 비용 상품이 퇴장하고, 역내의 다른 나라의 낮은 비용 상품이 거래됨으로써 생기는 것이다. 따라서 이 효과는 동맹을 맺기 전보다는 유효한 자원배분이 이루어지는 것이라 할 수 있다.

이에 비하여 무역전환효과란 가맹국으로부터 수입하는 것이 비가맹국으로부터 수입하는 것보다 더 가격이 싸므로 종래에 비가맹국과 하던 무역이 가맹국과의 무역으로, 환언하면 역외무역에서 역내무역으로 전환하는 것을 말한다. 이것은 비용이 낮은 비가맹국으로부터 비용이 높은 가맹국으로 전환하는 것이므로 비효율적인 자원배분이 이루어지는 것이라 할 수 있다. 이렇게 볼 때 무역창출효과에서 생기는 이익과 무역전환효과에서 생기는 불이익을 비교함으로써 전체의 효과를 알 수 있다.

그러나 구체적으로 이익과 불이익을 측정하기는 어렵고, 다만 무역창출효과를 극대화하고 무역전환효과를 극소화하는 조건을 찾아내는 것이 문제가 된다. 그리고 불이익 내지 손실은 다수의 비가맹국에 분산되는 것이지만 이익은 역내의 몇 개 가맹국에만 한정되는 것이기 때문에, 그것이 비록 세계적인 관점에서 불이익을 초래한다 하더라도 역내의 가맹국은 이익이 되니까 관세동맹을 결성하려는 의욕을 가질 수도 있다는 것이다.

(2) 대시장이론

앞에서 살펴본 관세동맹이론은 가격효과분석을 중심으로 한 정태적 이론이고 경제통합의 동태적 효과분석을 한 것이 대시장이론이다. 대시장이론은 경제통합에 따른 시장의 확대가 가맹국의 경제성장에 어떤 효과를 실현하는가에 관해 분석하려는 것이다.

시토프스키(T. Scitovsky)와 드니오(J.F. Deuiau)에 의해 주장된 대시장이론은 경제통합의 의의를 대시장의 실현에 따른 이익의 획득에서 찾으려는 것이다.

다시 말하면 시장이 확대됨에 따라 경쟁이 격화되고 이에 따라 대규모 생산방식이 채택된다. 대규모생산은 결국 가격을 인하시켜 또 다시 시장이 확대되고 경쟁을 더욱 격화시켜 누적적으로 대시장의 바람직한 효과를 확대해 간다.

대시장이론은 자유무역이론의 동태적인 전개라고 볼 수 있다. 즉, 자유무역이 가지는 장기적·동태적인 효과를 밝힘으로써 자유무역과 자유경쟁의 경제추진력을 강조한 것이라 할 수 있다. 또한 지역 이외 요인에 대한 취약성의 감소, 지역 외에 대한 교섭과 경쟁력의 증대, 교역조건의 개선 및 지역 외 자본의 유입증대 등의 효과를 생각할 수 있다. 뿐만 아니라 통합권내의 시장이 안정화됨에 따라 불확실성과 위험이 감소되어 그 만큼 유리하게 된다는 것이다.

제3절 주요 경제통합체의 최근 현황

1. 유럽연합(EU)

(1) 개 요

1) EC 발족배경

2차 대전이후 당시 주요 전략물자인 석탄과 철강의 생산과 판매를 공동 관리함으로써 알사스 로렌을 둘러싼 독·불간의 분쟁재발방지 및 나아가 구주에서 항구적인 평화기반을 조성하기 위해 1952년 구주석탄·철강 공동체(ECSC)가 창설되었으며, 이것이 EC의 모태가 되었다.

1958년 로마조약에 따라 EURATOM(구주원자력공동체), EEC(구주경제공동체)가 각각 창설되었으며, 1967년 상기 3개 공동체의 기관을 단일화하여 공동체(ECs : European Communities)가 발족하게 된다. 여기서 ECs, EC와 EU의 명칭을 대략 살펴보면 다음과 같다. ECs는 1967년 EEC, ECSC, EURATOM의 집행기관이 단일화된 이후, 이들 3 공동체를 통칭하는 말이며, 이중 EEC는 마스트리히트조약에서 EC(European Community)로 개칭된다. EU는 마스트리히트조약에 따라 ECs, 공동외교안보정책, 내무사법협력을 망라하는 새 통합체로서 93.11.부로 발족한 것을 말한다. EU는 원칙적으로 자신의 명칭으로 EU를 사용하되, EC관할분야에서 법적 주체를 명확히 해야할 경우는 EC를 사용한다.

2) 유럽연합의 발전과정을 살펴보면

- 1950. 05. 슈망(Robert Schuman) 불란서 외상, 슈망선언 발표
- 1951. 04. 파리조약체결(불, 독, 이태리, 베네룩스)
  구주석탄철강공동체(ECSC) 결성(1952.7. 정식 발족)
- 1957. 03. 로마조약체결 (불, 독, 이태리, 베네룩스)
  구주경제공동체(EEC) 및 구주원자력공동체(EUROTOM) 결성
- 1967. 07. 구주공동체(EC)기관 단일화
  EEC, ECSC 및 EURATOM을 총괄하는 개념
- 1968. 07. 관세동맹 완성
- 1987. 07. 구주단일의정서(Single European Act) 발효
- 1992. 02. 마스트리히트조약 체결
- 1993. 01. 단일시장 출범
- 1993. 11. 마스트리히트조약 발효 및 구주연합 출범
- 1997. 06. 암스텔담 조약 채택
  EU 확대를 위하여 마스트리히트 조약의 일부를 개정
- 1999. 01. 유럽통화동맹(EMU) 출범
- 1999. 05 암스텔담 조약 발효

마스트리히트조약

- 구소련 붕괴, CIS 국가들의 분리독립 등 세계 정치·경제질서 재편과정에서 위기의식을 갖게된 유럽은 위상 제고 및 국제무대에서 주도적인 역할을 수행하기 위해 경제통상뿐만 아니라 정치통합 필요성을 인식하고 92.2. 마스트리히트조약을 체결하였다(93.11. 발효).
- 마스트리히트조약은 기존 EC 체제(1st Pillar)에 공동외교안보정책(2nd Pillar) 및 내무사법협력(3rd Pillar) 분야를 추가한 3주 체제(Three Pillar Structure)로 구성되어 있으며, 정치·경제통합을 통한 구주연합(European Union)을 지향하고 있다.

암스텔담조약

- 97.6. 암스텔담 정상회의에서 중·동구 국가들과의 EU 확대협상을 위하여 92년 체결된 마스트리히트 조약을 대체하는 암스텔담 조약을 채택하고, 97.10. 암스텔담에서 동 조약에 서명였다.
- 암스텔담 조약 체결에 따라 98년초 EU 회원국 확대교섭 개시를 위한 기본적인 발판이 마련되고, 이를 바탕으로 기존 마스트리히트 조약보다 외교·안보 및 내무사법분야 협력이 보다 적극적으로 모색될 것으로 전망된다.
- 프랑스가 EU 15개국 중 마지막으로 3.30 암스텔담 조약 비준서를 이태리 정부에 기탁(로마조약 247조)함에 따라, 암스텔담 조약 발효규정(14조)에 의거 동 조약은 99.5.1부로 발효되었다.

3) EU 회원국 확대과정

- 원회원국 : 독일, 프랑스, 벨기에, 네덜란드, 룩셈부르크, 이태리
- 1973. 01. 1차 확대(영국, 덴마크, 아일랜드 가입)
- 1981. 01. 2차 확대(그리스 가입)

- 1986. 01. 3차 확대(스페인, 포르투갈 가입)
- 1995. 01. 4차 확대(스웨덴, 핀란드, 오스트리아 가입)
- 1997. 12. 룩셈부르크 정상회의 합의에 따라 우선 협상대상 핀란드, 헝가리, 체크, 슬로베니아, 에스토니아, 사이프러스의 6개국과의 실무협상 개시
- 1999. 12. 헬싱키 정상회의 합의에 따라 제2차 가입 대상국 몰 타, 루마니아, 슬로바키아, 라트비아, 리투아니아, 불가리아와
- 2000. 02. 실무협상 개시

4) EU 확대에 관한 동향

- 현재 EU 내부에서는 향후 EU의 장래를 결정할, IGC(Inter-governmental Conference)에서의 제도개혁(institutional reform) 논의와 현 15개국인 회원국을 확대(enlargement)하는 문제에 대해 논의 중이다.
- EU 확대문제 관련, 52년 6개국 유럽석탄철강공동체(ECSC)로 발족한 이래 현재까지 4차례의 확대과정을 거쳐 현재 15개국으로 구성된 EU는 현재 우선 가입대상국 6개국(헝가리, 폴란드, 체크, 슬로베니아, 에스토니아, 사이프러스)과 2차 가입대상국 6개국(불가리아, 루마니아, 슬로바키아, 라트비아, 리투아니아, 몰타)과 가입협상을, 터키와는 가입준비를 협의하고 있으며, 빠르면 2004년부터 신규회원국 가입이 시작되어 수년 내에 27~28개의 회원국으로 확대될 전망이다.
- 99.12 헬싱키 EU 정상회의는 Copenhagen criteria 중 정치부문 요건(민주주의, 법규정, 인권 및 소수민족 보호)을 충족시키고 경제부문 요건(시장경제체제, EU 경제와의 조화능력)을 충족시킬 준비가 된 2차 가입대상 국과 2000.2 가입협상을 개시키로 결정한 바 있으며, 이에 따라 EU 확대를 위한 2차 가입 대상 6개국(몰타, 루마니아, 슬로바키아, 라트비아 리투아니아, 불가리아)과의 가입조건 협상이 2.15 브렛셀에서 공식 개시됨으로써, 동·남 유럽으로의 EU 확대과정이 본격화되고 있다.

(2) EU 경제현황과 전망

1) EMU 체제 본격 출범

99.1.1부터 EU 15개국 중 11국이 참여하여 단일통화(유로) 도입, 유럽중앙은행(ECB) 설립 및 공동금융통화정책 시행으로 90.7 이래 시작된 EMU는 마지막 3단계에 진입하고 있다.

유로권 11개국은 인구 2억 9천만 명(미국 2억 6천만), 전세계 GDP의 19.4%(미국 19.6%), 전세계 교역량의 18.6%(역내교역제외, 미국 16.6%)를 차지하는 단일 통화권이 형성되었다.

2) 주요 추진경과 및 향후 일정

- 99.1.1부터 유로화와 11개국 통화간 환율이 고정되었으며, 정부회계와 금융거래가 유로화로 표기되고, 상품가격도 회원국 통화와 유로화로 병행 표기하는 방향으로 추진되었다.
- 2001.1부터 그리스를 EMU에 가입시키기로 결정함으로써 EMU 참가국은 12개국으로 확대되었다.
- 9.28 실시된 국민투표에서 덴마크의 EMU 가입 부결
- 유로화 지폐와 동전이 2002.1.1부터 시중에 유통될 예정
  - 2002. 1 ~ 6. 30일간 유로화와 12개 참가국 통화가 병용되나, 2002.7.1부터는 12개 참가국 통화의 법적 효력이 정지되고 유로화만 통용할 계획이다.
- 2005년까지 단일 금융시장 창설을 위한 법령정비 등 5개년 계획을 추진 중이다.

3) EMU 실적 평가

ECB와 유로권 11국 중앙은행에 의한 공동통화 정책이 효율적으로 수립되어 2% 물가안정 목표달성, 안정성장협약에 의한 재정적자 축소, 최근 경기상승에의 기여 등에 힘입어 집행됨으로써 Euro system에 대한 신뢰구축에는 성공한 것으로 평가된다. 그러나 유로화 사용 실적은 아직 저조하나, 대규모 은행 간 도

매금융시장 개설, 유로의 국경 간 거래 촉진, 유로표시 채권 발행 증가 및 이를 통한 기업의 합병・인수 급증, 주식시장 통합 등 금융・자본 및 실물 시장의 통합에 진전을 이루었다.

유럽 기업들은 과거 자금조달을 주로 은행에 의존하였으나, 유로화 도입 이후 유로명의 회사채 발행에 의한 자본조달에 주력하고 있다. 그러나 유로화의 지속적인 약세로 환율정책에 있어서 ECB의 한계가 봉착하였으므로 향후 보다 효율적인 환율정책을 추진하고, 기본적으로 회원국이 독자적으로 수행하는 재정정책 및 거시경제정책에 있어서의 조화를 추진하는 것이 EMU체제의 주요 과제이다.

물가안정을 위해 금융통화정책을 효율화하고, 유로화 환율안정을 위한 미국, 일본 등의 G7 국가와의 협조를 강화하는 한편, 노동시장의 유연성 확대, 세제조화, 회원국 간 경쟁 촉진 및 가격격차 수렴 등을 통해 경제구조개혁을 적극 추진하는 것이 EMU의 핵심 과제이다.

2. 북미자유무역협정(North American Free Trade Agreement : NAFTA)

(1) 연 혁

- 1994년 1월 1일, 미국, 캐나다, 멕시코를 회원국으로 하여 발효.
- 89. 1. 캐나다 - 미국 자유무역협정 발효\
- 90. 6. 부시・살리나스, 미국 - 멕시코 양국 간 포괄적인 자유무역협정 체결 추진 약속에 관한 공동성명 발표
- 91. 2. 3국 정상, 자유무역협정 추진계획 발표
- 92. 8. NAFTA 협상타결 공식 발표
- 92. 12. 3국 통상장관, NAFTA 협정 정식 서명
- 93. 6. 캐나다 의회에서 NAFTA 협정 통과
- 93. 11. 미국하원에서 NAFTA시행법안 통과(11.20 상원 통과)
- 93. 11. 멕시코 의회에서 NAFTA 협정 통과
- 94. 1. NAFTA 발효

(2) 추진 배경

1) 대외적 배경

냉전의 종결에 따른 자국 및 지역 이익위주의 국제정세 변화로 인해 미국을 중심으로 한 북미지역의 교역자유화를 통해 역내 교역확대 및 역내 국가경쟁력 강화를 도모하고자 형성되었다. 또한 유럽통합의 급진전에 따른 미국의 경제적 위상이 약화되었고 우루과이라운드 타결의 불투명성에 따른 차후 대비책 확보 차원에서 추진되었다.

2) 대내적 배경

미국은 80년대 이후의 만성적인 대외수지 적자 탈피의 필요성이 증대되는 상황에서 멕시코의 저임금, 캐나다 자원, 자국의 첨단기술 및 자본의 결합을 통해 일본과 EC 제품에 밀리고 있는 자국 산업의 경쟁력을 확보하기 위해 NAFTA를 추진하게 되었다. 살리나스 멕시코 대통령의 강력한 경제개혁 추진의지와 총수출의 76% 이상을 차지하고 있는 미국, 캐나다 시장에 관세·비관세장벽 없이 진출할 수 있는 여건을 조성하고 미국과 캐나다의 기술 및 자본유치를 통해 고도의 경제성장을 추진하려는 목적 하에 가입하게 되었다.

한편 캐나다는 기존의 미국·캐나다 자유무역협정(CUFTA)으로 인한 미국시장에서의 기득권이 미국·멕시코간의 쌍무무역협정으로 침해되는 것을 방지하고, 캐나다의 상품 서비스 자본의 대(對)멕시코 시장접근기회를 확대하고자 하는 자국의 이익을 목적으로 동참하게 되었다.

3. EFTA(유럽자유무역연합)

서유럽제국 중에서 1958년 당시 EEC에 가입하지 않았던 영국, 스웨덴, 덴마크, 노르웨이, 스위스, 포르투갈, 오스트리아 등 7개국은 영국을 주축으로 EEC에 대항하기 위하여 1960년 5월에 유럽자유무역연합(European Free Trade Association)을 설립하였다.

전후 영국을 비롯한 비EC 유럽국가들은 EC와는 달리 개별 국가들의 주도권을 유지하면서 전체 유럽을 자유무역지대화한다는 "범유럽 자유무역지대(Pan-European Free Trade Area)"의 창설을 주장하면서 1958년 EC의 창설로 관세동맹의 추진계획이 확정되자, 이들이 대EC 무역협상에서 보다 유리한 조건을 갖추기 위해서 일시적인 동맹이 필요하다는 인식을 같이하여 영국, 아일랜드, 스웨덴, 노르웨이, 덴마크, 오스트리아, 스위스, 포르투갈 등 8개국이 1960년 1월 스톡홀름에서 EFTA를 창설, 1966년 12월까지 회원국들 간의 무역을 자유화시키는데 합의하였다. 이후 1991년 10월 22일 EFTA는 EU에 편입하는 성격으로 1993년 1월 1일부터 EEA(European Economic Area : 유럽경제지역)을 창설하기로 하였다.

EFTA는 회원국들 간 경제활동의 확대, 완전고용 및 생산성의 증진, 자원의 합리적 이용, 재정안정, 생활수준의 지속적인 개선 등을 주요 목표로 하고 있으며 EC와 구별되는 다음과 같은 특징을 보인다.

첫째, 모든 상품을 대상으로 하는 EC와는 달리, EFTA는 원칙적으로 공산품만을 그 대상으로 한다. 이는 EFTA의 주도국인 영국이 프랑스산 농산물이 자국에 자유롭게 유입되는 것을 막는 한편, 자국의 공산품은 자유무역을 통해 대륙계 국가에 무관세로 판매하려고 했기 때문이다.

둘째, 역내교역에 대해서는 무관세를, 역외교역시에는 공동관세를 적용하는 EC와는 달리, EFTA는 역내교역시에만 무관세를 적용할 뿐 회원국은 독자적으로 대외관세체계를 유지한다. EFTA회원국들은 이러한 체제를 유지하기 위해 복잡한 원산지 규정을 운영하고 있다. 왜냐하면 역내에서 관세율이 가장 낮은 회원국을 통해 수입된 역외국의 수출품이 역내에서는 무관세로 거래되어 결국 고관세를 통해 자국산업을 보호하려는 특정 회원국의 목표가 좌절될 수 있기 때문이다. 따라서 역내 원재료만을 사용한 순수 역내 생산, 역외로부터 원재료를 수입하여 조립, 생산한 가득률 기준, 역외로부터 수입된 재료의 형질변경 여부로 판단하는 가공도 기준에 따라 관세율을 차등 적용한다.

셋째, 상품의 자유로운 이동뿐 아니라 자본, 노동, 서비스 등 생산요소의 자유로운 이동을 포함하고, 공동정책을 추진하여 단일시장을 이룩하는 것을 목표로 하는 EC와는 달리, EFTA는 상품의 자유로운 이동만을 대상으로 하며 회원국은 독자적인 농업 및 통상정책을 운용한다.

4. ASEAN(동남아국가연합)

ASEAN(Association of South East Asian Nations : 동남아시아 국가연합)은 1967년 8월에 설립을 결정하고 같은 해 9월에 정식 발족한 동남아시아 국가들의 지역협력기구이다. 경제발전·사회진보 및 문화발전, 기술·과학·행정 등 각 분야에서의 상호원조, 역내 자연자원의 이용강화, 무역 및 통신분야의 공동문제연구 등에 그 목적이 있다.

아세안자유무역지대(ASEAN Free Trade Area : AFTA)는 1992년 1월 28일 제4차 ASEAN정상회의에서 브루나이, 인도네시아, 말레이시아, 필리핀, 싱가포르 및 태국 6개국에 의해 AFTA창설의 기본골격이 되는 싱가포르선언이 채택되고, '아세안경제협력증진에 대한 골격협정'(Framework Agreement on Enhancing ASEAN Economic Cooperation)이 서명됨으로써 합의되었다.

AFTA는 역내 무역을 활성화하고 지역경제의 발전을 도모하려는 ASEAN국가들의 여러 가지 시도가 회원국 간의 경제와 산업구조가 상호보완적이기보다는 경합적인 성격을 가진 이유로 큰 결실을 보지 못하였다. 1990년대 새로운 국제경제환경에 직면함에 따라 강력한 경제협력프로그램이 절실히 요구되면서 그 필요성이 제기되었다.

특히, 단일유럽시장 형성과 NAFTA의 추진 등 세계 경제가 보호주의 무역블럭으로 나뉘어지는 경향을 보임으로써 이들 지역 수출에 크게 의존하고 있던 아세안국가들은 불안감을 갖게 되었다. 기존 국제경제환경의 변화에 따른 아세안의 협상력 강화 필요성이 대두되고 아세안 경제성장의 큰 힘이 되었던 외국인직접투자가 다른 개도국들로 빠져나가는 심각한 상황을 맞게 됨에 따라, AFTA는 이상과 같이 아세안 제품의 경쟁력을 유지하여 중국 등 후발국에 대한 비교우위를 지키고 주요시장인 미국, 일본 및 유럽으로의 지속적인 시장접근을 확보함으로써 고도경제성장을 유지하기 위한 필요성에서 추진되었다.

AFTA는 아세안 회원국 상호간 관세를 인하하고 비관세장벽을 철폐함으로써 역내에서 자유무역을 보장하고 역외 국가에 대해서는 독자적인 관세정책과 무역제한조치를 취하는 일종의 경제통합으로서, 개방적 지역주의 이념에 기초하여 역내 경제협력확대와 기술적・인적 자원의 자유이동을 촉진하는 데 그 목적을 두고 있다.

또한 1993년 1월 1일 출범한 공동특혜관세제도(Common Effective Preferential Tariff Scheme : CEPT)는 단일의 ASEAN시장을 창설하기 위한 기초를 다지기 위한 핵심적 제도이다. 이는 농산품 및 서비스, 일부 제조상품을 제외한 역내국으로부터 수입되는 모든 공산품 및 농산가공품에 공통으로 적용되는 특혜관세이다. 각 회원국은 2003년 1월 1일부터 자율적 계획을 통하여 상품단위별로 역내관세율을 지속적으로 인하시켜, 1993년 공동특혜관세제도의 출범 15년 후 2008년까지 역내거래에 대한 관세율을 0%~5%수준으로 일치시키며, 비관세장벽은 전면 철폐한다는 것이다. 이의 원활한 수행을 위해서 제4차 ASEAN 정상회담에서는 우선 15개 품목을 조기 인하대상품목으로 설정하였으며, 대상에서 제외되는 품목은 ASEAN 특혜무역협정(ASEAN Preference Trading Arrangements: APTA)의 적용을 받도록 합의하였다. 그러나 AFTA 회원국이 비회원국과의 교역시 적용하는 관세율은 각국의 독자적인 결정에 따르도록 하였다.

그러나 CEPT협정은 역내 무역자유화에 대한 회원국별 일정 등 세부적 실천계획을 규정하지 않고 단지 무역자유화의 기본 원칙만을 명시함으로써, 회원국 간 관세인하 개시시기에 대한 의견차이가 발생하여 회원국 간의 갈등을 유발하게 되었다. 관세인하대상 제외품목의 수가 너무 많아 각국의 국내산업으로부터 반발이 생김으로써 역내국들이 관세인하 계획에 적극적으로 동참하지 않는 등의 역내 문제가 발생하였다. 또한 외환보유고의 부족과 특정 산업의 피해 발생시 관세인하 대상에서 제외시키거나 중지시킬 수 있는 예외조항을 너무 많이 인정함으로써 산업간 분쟁을 유발하게 되었다. 국제경제환경이 WTO 체제하에서 회원국들이 10년 이내에 관세인하를 완료하고 관세 및 비관세장벽을 철폐하기로 함으로써, 15년이라는 장기간에 걸친 AFTA의 관세인하 계획은 상대적으로 투자유인책으로서는 미흡하게 되었다. 이와 같은 이유로 인해 1994년에는 인도네시아를 비롯한 몇몇 회원국들은 해외투자에 대한 규제를 자체적으로 완화하였다. 1994년 9월 태국에서 열린 제26차 경제각료회의에서는 당초 목표보다 5년을 앞당긴 2003년 1월 1일까지 역내무역자유화를 완료하는 것과 일부 극소수 비가공농산물을 제외한 모든 품목을 인하대상에 포함시킨다는 점진적 CEPT 대상품목화 계획을 골자로 하는 수정 관세인하 계획을 발표하였다.

AFTA는 현재 추진 중에 있기 때문에 그 구체적인 성과를 평가한다는 것은 아직 시기상조이다. 그러나 지금까지 경제협력의 내용이 비강제적이어서 협정사항의 이행에 비협조적인 자세를 취하던 회원국들이 포괄적인 협정준수규정으로 아세안 경제협력의 차원을 한층 더 강화시키는 효과가 있을 것으로 기대된다. 그리고 아세안에서 활동하고 있는 다국적기업이나 진출을 고려 중인 외국투자기업의 투자결정에 상당히 긍정적 영향을 미칠 것으로 기대되고 있다.

5. APEC(아시아태평양경제협력체)

유럽이나 북미지역에 비해 아시아・태평양 지역은 지역경제블럭의 형성이 상대적으로 부진하다. 이러한 부진의 원인에는 이 지역에 아직 남북한 문제 및 중국과 대만 문제 등의 냉전의 잔재가 남아 있고, 지역 국가들의 경제규모와 발전정도의 격차가 크며 문화적 동질성도 적다는 것을 들 수 있다. 또한 이 지역 국가들의 상당수가 수출주도형 경제발전 모델을 채택해서 해외시장의존도가 크기 때문에, 배타적 지역경제블럭의 형성이 블럭 바깥의 타국에서 보호무역주의로 나타날 우려가 있다는 것도 한 원인이 되었다.

그러나 북미와 유럽의 경제블럭이 강화되면서 아시아・태평양에서의 다양한 경제협력의 구상이 제기되어 왔다. 물론 북미나 유럽에서와 같은 배타적이고 제도화된 경제블럭의 형성 가능성은 단기적으로는 희박하지만, 아시아・태평양 지역의 경제블럭이 형성되면 경제적 역동성과 확장하는 시장 규모로 볼 때, 국제무역 구조에 상당한 영향을 미치게 될 것이다. 실제로 아시아・태평양 지역에서는 강력한 경제블록보다는 보다 포괄적이고 개방적인 형태의 지역경제협력과 통합의 노력들이 나타나고 있는데, 아시아・태평양경제협력체(Asia-Pacific Economic Cooperation : APEC)이 가장 대표적인 경제협력의 구상이다.

APEC은 1989년 한국・호주 정상회담에서 호주의 호크총리에 의해 제안되어 1989년 11월 캔버러 각료회의에서 12개국이 참여한 가운데 정식 출범하였다. 현재 오스트레일리아, 브루나이, 캐나다, 칠레, 중국, 홍콩, 인도네시아, 일본, 한국, 말레이지아, 멕시코, 뉴질랜드, 파푸아뉴기니아, 필리핀, 싱가폴, 대만, 태국, 미국, 러시아, 베트남 및 페루의 총 21개 회원국으로 구성되어 있다.

APEC의 기구 및 운영은 ① APEC 정상회의 - 공식의제 없이 자유롭게 의견을 교환하는 형태로 진행되며, 회의결과는 공동선언문 형식으로 발표하고 공식회의 명칭은 'APEC 경제지도자 회의(APEC economic leader's meeting)'로 명명되고 있다. ② APEC 각료회의 - APEC의 전반적인 운영방향을 협의하고 주요정책을 결정하며, 중요사안에 대한 고위간부회의의 건의를 승인하고 지침을 제공한다. ③ 사무국 ④ 기타 - APEC 재무장관회의, 환경장관회의, 통상장관회의, 통신정보산업장관회의가 비정기적으로 개최되고 있으며, 각료회의 준비를 위해 해당 각료회의 주최국에서 연 3~5회 개최하는 고위간부회의(Senior Officials Meeting : SOM)와 필요에 따라 SOM의 결정과 각료회의의 승인으로 설치되는 위원회 등이 있다.

APEC은 초창기 다섯 차례의 각료회담과 두 차례의 정상회담을 거치면서 발전해 오다가 1993년 11월 20일 개최된 Seattle회의에서 각료급 회담에서 정상회담으로 격상되었다. 이 회의에서는 교육과 직업훈련 및 노동 그리고 자본의 유동성 향상을 통한 경제성장의 달성이 강조되었으며, 1994년 11월 15일 인도네시아 Bogor에서의 제2차 정상회담 주요 결과는 '보고르선언'을 통해 나타났다. 동 선언은 APEC 회원국 간 경제발전의 상이한 수준을 고려하여 선진국은 2010년, 개도국은 2020년까지 무역 및 투자 자유화를 실현시키기로 결정하였다. 또한 1995년 11월 19일 일본 오사카 제3차 정상회담에서는 '보고르선언'에서 천명된 무역투자자유화의 원칙을 구체화한 행동의제(Action Agenda)에 합의하였다. 동 의제는 두 부분으로 이루어져 있다. Part I은 무역 및 투자의 자유화와 촉진을 다루고 있고 Part II는 에너지, 운송, 인프라, 중소기업 및 농업기술 부문에서의 경제 및 기술협력을 다루고 있다. 이후 1996년 11월 25일 필리핀에서 개최된 제4차 APEC회의에서는 마닐라 행동계획(Manila Action Plan)이 채택되었다. 이 계획은 회원국의 개별 및 집단 행동계획과 이 지역 내에서 2010년 또는 2020년까지 무역과 투자자유화 및 개방을 약속한 보고르선언의 목표를 달성하기 위한 모든 회원국들의 공동행동에 관한 경과보고서 및 오사카 행동의제 Part II하의 회원국들의 공동행동에 관한 경과보고서를 포함하고 있다. 동 계획의 주제는 상품에 있어서의 시장접근 확대, 서비스에 있어서의 시장접근 강화, 개방된 투자체제, 영업비용 감소, 인프라 부문의 개방과 효율, 경제 및 기술 협력의 강화였다. 1997년 11월 24~25일 캐나다 벤쿠버에서 개최된 제5차 APEC회의에서는 개별적 행동계획에 대한 회원국들의 노력을 인정하고, 매년 이를 개선할 것을 재확인했다. 1998년 11월 17~18일 말레이시아 쿠알라룸푸르에서 개최된 제6차 APEC회의에서는 기술향상을 통해 경제불균형을 완화하고 인민의 사회복지를 향상하는 동시에, 지속적 성장과 균등한 발전에 기여할 목적으로 '기능개발 행동프로그램'(Action Program on Skills Development)을 채택하였다. 1999년 9월 12~13일 뉴질랜드 오클랜드에서 개최된 제7차 APEC회의에서는 무역과 투자의 흐름을 규율하는 국제적 제도 개선의지를 표명하고, 보고르선언 목표달성 원칙을 재확인하며 경쟁 및 규제개혁 촉진을 위한 원칙을 승인하였고 오늘에 이르고 있다.

APEC은 역내 무역과 투자자유화의 실현을 목표로 하고 있다. 중기적으로는 무역활성화 조치를 취함과 동시에, 기술·관광·통신·인력자원 등 경제 각 분야별로 실질 협력증진을 통하여 동아시아와 북미를 잇는 경제공동체를 점진적으로 추구하기 위한 것이다. 그러나 APEC은 NAFTA나 EC가 가지고 있는 배타적인 결속력은 없는 매우 개방적인 느슨한 협의체이다. NAFTA나 EC는 역외국들에게는 폐쇄성을 갖는 데 비해, APEC은 역외국들에 대해 무차별주의를 채택하는 개방적 지역주의를 표방하고 있으며 EU와 같은 제도적 통합이 아니라 시장주도적 통합을 추구하고 있다. 이것은 APEC의 참여국들이 지역적으로 너무 분산되어 있고 이질성이 크고 서로의 이해관계가 복잡하게 얽혀 있기 때문이다. 즉, APEC은 회원국 간 경제규모나 수준, 지리적 거리, 역사나 문화 등에서 큰 격차와 다양성을 가지고 있다. 따라서 협력의 추구도 역내국가들 사이의 다양성을 인정하는 가운데 이루어지고 있다.

6. 중남미 및 아프리카 협력체

(1) CACM(중미공동시장)

중미공동시장(Central American Common Market : CACM)은 중남미 국가들이 19세기부터 추진하였던 지역통합 노력이 구체적으로 실천된 형태 중 하나로서 라틴아메리카자유무역연합(LAFTA)과 함께 1960년 설립되었다. 당시 유엔중남미경제위원회(ECLA)는 유럽국가들이 경제통합을 진행시키고 있는데 자극을 받아 역내 개발전략으로서 중남미국가들에게 지역경제통합을 권장하였다. 1960년 엘살바도르, 과테말라, 온두라스 및 니카라과의 4개국이 CACM에 가입하였고 1963년 코스타리카가 합세하였다.

CACM을 창설하게 된 주요 배경은 중미 국가들의 작은 경제규모가 지역경제 발전의 주된 장애물이 되면서 이를 극복하기 위해서는 각국이 역내시장 통합 후 특정 제조업을 전문화하기로 합의하는데 있었다. CACM은 설립 시 비록 명칭은 공동시장이었으나 노동과 자본의 자유로운 이동이 포함되지 못하였기 때문에 관세동맹 수준이었다.

CACM은 1960년대에는 나름대로 성과를 거두었으나 온두라스와 엘살바도르 간 분쟁, 회원국간 무역불균형 심화로 1970년대에 사실상 기능을 상실하였다. 1980년대 세계불황과 이에 따른 1차 상품의 수출가격 하락으로 중미 국가들이 마이너스 성장을 하게 되자 더욱 심각한 도전을 받게 되었다. 그러나 1980년대 말 경제상황의 호전은 CACM의 재건에 대한 새로운 관심을 불러일으키게 되었으며 결국 1990년 6월 중미 5개국은 중미공동시장을 다시 활성화시키기로 합의하였다. 이후 1991년 10월에 중미의회 (Central American Parliament)를 출범시키고 1991년 10월 중미통합기구(Sistema de la Integracion Centroamericana : SICA)를 창설하는 등 제도적 정비를 추진하였다. 그러나 CACM이 최초 설립된 1960년대와 달리 시장개방을 전제로 한 통합이 진행되고 있으며, 1960년대에는 역내로의 제조품 수출이 중심이었다면 현재는 역외로의 수출에 초점이 맞추어져 있다.

(2) MERCOSUR(남미공동시장)

남미공동시장(Mercado Comun del Sur : MERCOSUR)은 남아메리카지역에서의 자유무역과 관세동맹을 목표로 결성된 경제블록이다. 1980년대 브라질과 아르헨티나의 양국 경제협력프로그램을 시발로 하여 1991년 인접국인 우루과이와 파라과이를 포함한 아순시온 조약(Treaty of Asuncion)이 체결됨으로써, 제도적 골격을 마련한 남미공동시장은 4년 동안의 준비기간을 거쳐 1995년 1월 1일 정식 발효되었다.

남미공동시장의 정식 회원국은 아르헨티나, 브라질, 파라과이, 우루과이 4 개국이다. 칠레와 볼리비아가 자유무역지대 수준에서 준회원국으로 참가하고 있으며, 페루, 에콰도르, 콜롬비아, 베네주엘라와 남미자유무역지대 결성을 위한 협상이 진행되고 있다. 역외적으로는 1995년 유럽연합(EU)과 경제블록간의 협력합의가 서명되었다.

아순시온 조약은 회원국 상호주의와 이행 의무 준수를 원칙으로 하고 있으며, 이행 기간동안 각 회원국의 권리와 의무는 각국에서 채택하고 있는 무역 자유화 정책의 상이한 일정에 따라 반드시 동일하지는 않으나 평등의 원칙에 입각하고 있다.

대외공동관세는 최고 20%까지 11단계로 나누어 적용되며 회원국의 경제사정에 따라 일부 예외품목 규정을 두고 있다. 이들 예외품목은 2001년까지 동일한 대외 공동관세를 목표로 하고 있다. 역내 국가들 간의 교역에서 회원국 총생산품의 약 90%는 경제블록 내에서 무관세로 거래되며 각 회원국의 경제적 특수성을 고려하여 일부 품목에 대해서는 차별된 관세부과를 허용하였다. 이들 예외품목에 대한 차별관세는 협상일정에 따라 점진적으로 인하하여 2000년까지 모든 생산품들의 역내 무관세 거래를 목표로 하고 있다.

통합의 단계로는 초기 자유무역지대에서 관세동맹을 거쳐 궁극적으로는 회원국들 간의 자본과 인력의 자유로운 이동과 동등한 권리를 보장하는 공동시장 형성을 목표로 하였다. 아순시온 협약에서부터 MERCOSUR가 결성되기 전인 1994년 말까지의 과도기는 자유무역지대의 형성 단계였으며 현재 MERCOSUR는 대외공동관세제도를 채택함으로써, 관세동맹의 형태를 띄고 있으나 일정기간 예외

품목 규정을 두고 있기 때문에 엄밀하게 구분한다면 자유무역지대와 관세동맹의 중간 단계로 볼 수 있다.

MERCOSUR의 결성은 중남미의 경제통합에 새로운 모델을 제공하였다. 과거 경제통합의 시도가 수입대체산업화와 역내 국가로의 교역의 단순한 전환을 통한 소극적인 방식이었다면, MERCOSUR는 개방화와 상호 경제보완에 근거한 새로운 교역의 창출 시도로 국제경쟁력을 강화하는 개방적인 모델이다. 경제공동체로서 MERCOSUR의 성공적인 출발은 선진국들의 모임이라고 할 수 있는 EU나 미국이 실질적인 역할을 하고 있는 NAFTA와 달리, 개도국들 간의 협력으로 이루어졌다는 점에서 남미에서 뿐만 아니라 다른 지역 경제권에 대해서도 훌륭한 통합 사례가 될 수 있음을 보여준다.

(3) ANCOM(안데스공동시장)

안데스공동시장(Andean Common Market : ANCOM)은 원래 1969년 5월 25일 콜롬비아의 Cartagena에서 볼리비아, 콜롬비아, 베네수엘라, 에콰도르, 칠레 및 페루에 의해 승인, 서명된 안데스협정(Andean Pact)에서 1980년까지 안데스 자유무역지대(Andean FTA)의 창설 및 대외공동관세제도의 도입과 함께 규정되어 있었다. 그러나 참가국들이 내부지향적 경제정책을 추진함에 따라 당초의 목표달성이 무산되고 1980년대 말부터 안데스협정의 회원국들이 자유화정책을 재개하면서, 1992년 1월 비로소 안데스 자유무역지대가 창설되었으며 대외공동관세는 1995년 1월 1일부터 발효되었다.

회원국 중 칠레는 1976년 정책이견을 이유로 탈퇴하였으며, 페루는 1992년 적극적인 참여를 유보하였다가 1994년 4월 정회원국 자격을 회복하여 현재 회원국은 볼리비아, 콜롬비아, 에콰도르, 페루 및 베네수엘라 5개국이다.

안데스협정은 1980년대 초까지는 참가국들이 내부지향적인 성장정책을 추진함에 따라 역내국간에 이익배분의 불균형이 발생하고, 역내교역의 부족 및 해외의 국내투자에 대한 부정적 시각 등으로 인하여 경제통합 측면에서 큰 성과를 거두지 못하였다. 그러나 안데스협정 회원국들이 1980년대 말부터 외부지향적인 개방정책과 정부개입을 완화하는 자유화정책을 추진하게 되면서 1992년 이후 역내무역에서 대폭적인 관세인하를 단행하고 기타 무역장벽을 제거하기 시작하였다. 역외국가에 대해서는 1995년부터 5%, 10%, 15%, 20%의 네 단계로 구분된 대외공동관세제도를 도입하기로 합의하였다. 이러한 무역자유화에 힘입어 안데스협정 국가들의 역내교역은 1992년과 1994년 사이에 두 배 이상 증가하여 1994년 37억 달러를 기록하였고, 역내 교역 비중도 1990년 4.1%에서 1994년 10.0%로 확대되었다.

안데스협정 당사국들은 더 나아가 Trujillo의정서와 Sucre의정서를 통해 조직과 정치를 개혁하고, 1996년 3월 개정된 안데스협정에 따라 순수한 무역적·경제적 범위를 초월하여 정치적 통합을 목표로 1997년 8월 1일 안데스공동체(Andean Community)를 설립하여 운영에 들어갔다.

안데스공동시장은 당사국들 사이에서 자유무역지대를 형성하고 대외관세제도를 통일하여 관세동맹을 형성하고, 이러한 경제통합의 성공을 기초로 정치적 통합을 목표로 하는 안데스공동체로 발전하고 있는 점에서 국가 간 통합발전의 전형적 모델이 될 수 있다.

(4) CARICOM(카리브공동체 및 공동시장)

카리브공동체 및 공동시장(Caribbean Community and Common Market : CARICOM)은 1965년 발족되었던 카리브자유무역연합 (CARIFTA)의 후신으로 카리브 지역국가들의 단일경제통합노력의 일환으로 1973년 8월 가이아나, 자메이카, 바베이도스 및 트리니다드 토바고 4개국이 체결한 '차과라마스 조약'에 의해 설립되었다. 이 후 11개국이 회원국으로 가입하였고 3개국이 옵서버 국가로 참여하게 되어 현재 15개 회원국 및 3개 옵서버 국가로 구성되어 있다.

CARICOM의 주요협의기구로는 일 년에 한번 정상들이 만나 정책을 결정하고 조약을 체결하는 정부수반회의, 각국에서 지명한 장관들이 모여 공동시장의 발전과 기능강화를 논의하는 공동시장 장관협의회 및 사무국이 있다.

CARICOM은 역내 무역자유화와 공동경제정책 실시를 통한 역내경제통합을 궁극적인 목적으로 삼고 있다. 이를 위하여 회원국 간의 관세 및 수입제한조치의 철폐, 역외공통관세 및 공동무역정책 실시, 산업투자계획의 조정, 특정부문에 대한 공동개발계획의 추진, 외국인투자에 대한 공동정책, 이중과세의 방지, 생산요소의 자유이동, 통화, 금융, 재정정책의 단계적 조정, 역내후진국에 대한 특별우대조치의 부여 등을 결의한 바 있다.

(5) ECOWAS(서아프리카경제공동체)

서아프리카경제공동체(Economic Community of West African States : ECOWAS)는 서부아프리카 지역주민의 생활수준 향상, 경제적 안정 유지 및 증진, 회원국들 간 관계 촉진, 아프리카대륙의 발전에 기여하기 위하여 1975년 5월 28일 창설되었다. ECOWAS는 서부아프리카에 위치하고 있는 16개 회원국으로 구성되어 있으며, 나이지리아의 Abuja에 본부를 두고 있다.

ECOWAS는 서부아프리카의 경제적 통합 및 협력을 촉진시키기 위하여 회원국들의 국내정책 조정, 통합프로그램의 실시, 경제, 재정 및 사회문화 분야에서의 공동정책의 채택을 통한 경제연합의 창설, 공동시장의 건설 등을 추진하고 있다.

서부아프리카의 대표적인 경제협력기구인 ECOWAS는 당초 협정 발효일로부터 15년 이내에 관세동맹을 완성한다는 목표를 가지고 출범하였지만, 이러한 당초 계획은 제대로 추진되고 있지 못하다. 그 이유는 회원국 간의 경제력 격차에 따른 이해대립이 심하고, 대부분의 국가가 1차산업에 의존하는 산업구조와 수출구조의 유사성으로 인해 역내교역이 활발하지 못하기 때문이다. 그러나 1990년대 이후 ECOWAS는 활동을 강화하여 1991년 ECOWAS협약의 재검토를 통해 회원국 간 협의사항의 실행을 촉진시키기 위한 특별위원회를 설치하였다. 1992년에는 역내 비관세장벽의 폐지와 통관 및 수송절차의 간소화 등 역내교역을 활성화시키기 위한 계획을 수립하였다. 또한 1993년 7월 정상회담에서 공동시장의 창설과 단일통화의 제정, ECOWAS법원의 설치 등을 주요 내용으로 하는 신협약에 서명하는 등 ECOWAS의 기능 활성화를 적극적으로 도모하고 있다.

(6) UDEAC(중아프리카경제관세동맹)

중부아프리카 경제관세동맹(L'Union Douaniere et Economique de l'Afrique Centrale : UDEAC)은 카메룬, 가봉, 중앙아프리카공화국, 콩고, 차드가 체결한 Brazzaville조약에 따라 1964년 12월 창설되었으며, 1966년 1월 1일 공식 출범하였다. 1983년 적도기니의 추가 가입으로 회원국은 모두 6개국이다.

UDEAC은 회원국들 간의 상이한 경제개발프로그램을 조정하고 통합시장을 창설하는 것을 목표로 활동하고 있다. 회원국들 간에는 CFA Franc (Franc of the financial cooperation in Central Africa)이라는 단일통화가 통용되어 자유로운 자본이동을 통한 경제통합이 촉진되고 있다. 또한 UDEAC은 경제동맹으로서 회원국들의 개발계획과 관광 및 운송정책을 조정하고 산업 및 농업분야와 우편 및 통신 서비스에서의 협력을 촉진시키고 있으며, 관세동맹으로서 역외에서 수입된 물품에 대하여 공동관세율을 적용하고, 단일조세제도를 수립하여 역내 산업체에 대한 관세를 면제시켜 주고 있다.

UDEAC의 단일조세제도 도입은 비교적 큰 성과를 거둔 것으로 평가되고 있다. 그러나 중앙아프리카공화국과 차드가 신규투자의 타회원국 집중에 대한 불만으로 UDEAC 탈퇴의사를 표명하는 등 경제통합의 성과로부터 파생되는 이익의 균등한 배분이 해결해야 할 문제로 대두되고 있다.

(7) PTA(동남아프리카특혜무역지대)

동남아프리카특혜무역지대(Preferential Trade Area for Eastern and Southern Africa States : PTA)는 동남아프리카의 지역기구로서 무역, 산업, 통화, 운송, 통신, 농업 등 경제활동 제분야에서의 협력 및 개발촉진을 목표로 1981년 12월 21일 체결된 PTA 설립조약이 1982년 9월 발효됨으로써 창설되었다.

PTA에는 동남아프리카 지역의 18개국이 회원국으로 가입해 있으며, 보츠와나 등 3개국은 아직 PTA 설립조약을 비준하지 않고 있다.

PTA 회원국들은 역내에서의 무역장벽을 감소, 철폐시키고 관세협력을 도모하며 회원국들 사이에서 거래되는 상품의 원산지 규정을 준수하여야 할 의무가 있다. PTA는 공동시장설립을 위한 첫 번째 단계 목표로 동남아프리카 국가들 간의 경제공동체설립을 위하여 활동하고 있다.

(8) SADC(남아프리카개발공동체)

남아프리카개발공동체(Southern African Development Community : SADC)는 1992년 8월 17일 Namibia의 Windhoek에서 개최된 정상회담에서 SADC설립조약이 체결됨으로써 설립되었다. SADC는 1980년 4월 1일 남아프리카의 경제자유화를 위한 Lusaka선언의 채택으로 설립된 남부아프리카 개발조정회의(Southern African Development Coordination Conference: SADCC)를 확대, 개편하여 발전시킨 것이다.

SADC는 현재 총 14개 회원국으로 구성되어 있으며, Botswana의 Gaborone에 본부를 두고 있다.

SADC는 남아프리카공화국에 대한 경제의존도를 낮추기 위해 회원국의 개발사업에 대한 공동지원사업과 역내 경제통합작업을 수행하고 있으며, SADC는 그 동안 외국원조자금의 조정을 통해 1993년 7월말까지 총 480여 개의 프로젝트에 대하여 43억 달러를 투자하여 공동개발사업을 추진하였다.

SADC는 여러 개발사업을 성공적으로 추진하여 남아프리카공화국에 대한 경제의존도를 상당히 낮춘 것으로 평가되고 있다. 그러나 SADC회원국의 남아프리카공화국에 대한 대외무역의존도는 여전히 높은 것으로 나타나고 있으며, EU 등 선진국에 대한 의존도가 상대적으로 높아지는 부작용도 발생하였다. 그리고 무엇보다 남아프리카공화국의 인종차별문제가 해소되면서, 남아프리카공화국이 SADC에 중요한 역할을 담당하게 될 것으로 기대된다. 따라서 SADC는 종래의 목표를 수정해야 할 것이다.

연습문제

설명형

01. 무역관리수단을 구분하여 설명하시오.

02. 다국적 기업의 국제화 단계에 따른 특성을 설명하시오.

03. 해외직접투자가 투자국과 피투자국에 미치는 영향을 설명하시오.

04. 마케팅 믹스를 설명하시오.

용어해설

01. 국제경영

02. turn-key project

03. 해외직접투자 (FDI)

04. 국제마케팅

05. licensing

06. brand licensing

07. franchising

08. 다국적기업

09. 종합무역상사

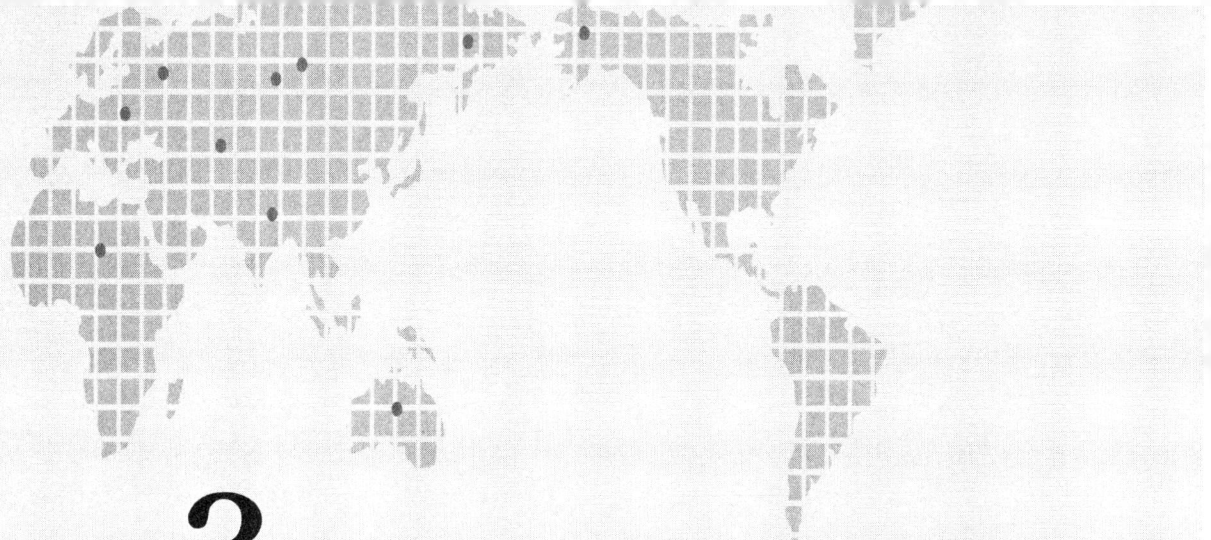

제 3 편

전자상거래와 무역

제 1 장 무역자동화의 의의와 현황

제 1 절 무역자동화의 의의

1. EDI의 출현배경

EDI가 소개된 것은 최근의 일이지만 EDI의 개념이나 EDI를 실행시키는데 필요한 기술은 새로운 것이 아니다. EDI의 개념은 1960년대 말 운송업계에 처음 도입되었다.

1968년 미국의 운송업계에 속한 일단의 회사들이 결속하여 전자적인 통신방법의 가능성을 타진하기 위한 위원회, 즉 운송데이터조정위원회(Transportation Data Coordination Committee : TDCC)를 구성하였다.

이러한 TDCC의 활동으로 EDI의 기틀이 마련되었다. 이 위원회의 목적은 운송관련 서류를 전송하는데 사용할 공통언어 또는 표준을 개발하는 것이었으며, 1975년에 최초의 표준을 발표하였다. 그 아래로 항공 · 육운 · 철도 · 해운 등의 표준들을 계속 개발하였다.

다른 업계들에서도 자체적으로 EDI에 사용될 표준을 개발했는데, 식품업계의 표준은 UCS, 창고업계의 표준은 WINS로 명명되었으며, 모두 UCC(Uniform Code Council)에서 관리하고 있다. 이 표준들은 모두 TDCC에서 정한 일반규정과 양식 및 규칙에 대한 요건 등을 따르고 있다.

1968년에는 캘리포니아주의 은행들이 합작하여 금융정보를 전자적으로 교환할 수 있는 방법의 타당성이 검토되었으며, 이러한 노력으로 오늘날 사용되고 있는 전자자금이체(Electronic Fund Transfer : EFT)의 기틀이 마련되게 되었다.

1970년대 말에는 국가 차원의 EDI 표준을 마련하려는 노력이 진전되어 위원회가 창립되었는데, 1978년에 창립된 이 위원회는 X.12 위원회로 불렸으며, 미국표준기구(American National Standard Institute: ANSI)는 1979년 이 위원회를 ASC(Accredited Standard Committee)로 정식 승인하였다. 이 위원회는 1981년 최초의 표준을 발표했으며, 전자문서표준은 물론 통신표준까지도 제정하여 관리하고 있다.

그와는 별도로 UN에서는 1960년부터 UN/ECE 산하에 UN/ECE 대외 무역서류 간소화/표준화 작업팀이 구성되어 무역서류의 간소화와 표준화를 추진하게 되었다. 이 팀은 1963년에 무역서류상 반복적으로 나타나는 기재항목(매도인 · 매수인 · 상품명세 등)의 배열에 대한 표준서식 설계도를 제정하였다.

이 팀은 1972년에 국제무역절차간소화회의(WP.4 : UN/ECE Working Party on Facilitation of International Trade Procedure)로 개칭되어 현재까지 표준화 작업을 추진하고 있다. 그 작업의 결과로 1987년 3월 EDI 국제표준인 UN/DEIFA (Electronic Data Interchange for Administration, Commerce and Transport : 행정 · 무역 및 운송에 관한 EDI 국제표준)가 제정되었다.

한편 통신부문에서는 GEIS, US SPRINT 등의 사설 EDI망이 독자적으로 운영되어 오던 중 전자우편(E-Mail)의 표준으로 제정된 X.400 MHS('84 버전)에다가 EDI에서 요구되는 법적 · 물리적 보안기능을 추가하여 만들어진 '88버전이 MOTIS란 이름으로 CCITT에 의해 공인되었다.

1990년 5월에는 본격적인 EDI 통신표준으로 인식되고 있는 X.435(PEDI : Protocol for EDI) 권고안이 제정되어 각국에서 EDI 시스템 구축을 위한 연구가 활발히 진행되고 있다.

2. EDI의 개념

과학기술 및 정보통신기술의 발달과 이에 따른 컴퓨터의 폭넓은 보급으로 이

제까지 사람의 힘과 손으로 행해지던 경영활동을 기계나 컴퓨터에 의해 자동적으로 수행하거나 처리하는 공장자동화(Factory Automation : FA) 및 사무자동화(Office Automation : OA)에 이어 이를 무역업무에까지 적용하고자 하는 무역자동화(Trade Automation : TA)에 대한 관심이 고조되고 있다.

무역자동화란 수출입에 관련된 각종 행정 및 상거래 서식을 당사자의 합의에 따라 컴퓨터가 읽을 수 있는 전자문서의 형태로 바꾸어 통신망을 통해 컴퓨터로 주고받음으로써 이른바 종이서류 없는 무역절차(paperless trade)를 실현하는 것을 의미한다.

무역자동화가 정착되면 전통적인 종이서류 중심의 무역업무에 일대 혁신이 예상된다. 이는 종전처럼 사람이 서류를 직접 들고 은행, 수출입단체, 세관 등을 일일이 쫓아다니거나 우편, 전신, FAX 등을 통해 무역업무를 처리하는 대신 컴퓨터를 이용한 전자문서교환(Electronic Data Interchange : EDI)을 통해 사무실에서 빠르고 간편하게 무역업무를 처리할 수 있기 때문이다.

현재 무역자동화는 국제교역량의 증가 및 관련분야의 전산화와 더불어 국제교역의 필수적 요구사항이 되었으며, EDI방식을 이용하지 않고서는 무역업무의 처리가 사실상 불가능해질 정도로 국제무역환경은 급격하게 변화되고 있다. 이와 같은 무역자동화는 미국, 일본, EC 등 선진국에서는 이미 보편화되어 있으며, 우리나라와 유사한 무역환경을 가진 호주, 뉴질랜드, 싱가포르, 대만 등에서도 상당한 진척을 보이고 있다.

전자문서교환(Electronic Data Interchange)은 주문서나 계산서와 같이 기계가 직접 읽고 처리할 수 있는 정형화된 문서를 하드웨어나 소프트웨어의 종류에 관계없이 표준양식에 맞추어 전자적인 통신매체를 통해 교환하는 정보전달 방식이다.

만일 10개회사와 비표준 서식을 이용하여 거래를 하고 있다면, 각각 서로 다른 문서양식을 사용해야 된다. 그러나 표준문서 양식을 도입한다면 수많은 거래처라도 별도의 문서를 작성할 필요 없이 변환소프트웨어를 통해 쉽게 문서를 주고받을 수 있다. 즉, 문서의존도를 낮춤으로써 신속하게 거래정보를 전달할 수 있고, 반복되는 자료입력과정의 단축과 정보교환에 따른 실수를 줄일 수 있게 되었다. 이와 같은 전자자료교환은 상거래 방식에 혁신을 일으키게 되었고, 효율적인 거래시스템을 구축하는 계기를 제공하였다. 따라서 종이 없는 (paperless) 거래가 실현됨으로써 이에 따른 비용절감과 정보공유로 인한 파생효과를 기대할 수 있다.

EDI의 개념은 여러 가지로 정의할 수 있으나, 정리하면 다음과 같다.

① 일정한 형태로 정형화된 명료한 내용의 거래, 행정관련 문서를 당사자 전체가 합의한 규약(protocol)에 맞추어 컴퓨터 통신회선을 통해 상호 전송하는 시스템이다.

② 기업 간에 컴퓨터와 컴퓨터를 통해 표준양식의 기업문서를 교환하는 시스템이다.

③ 기업과 기업 간에 구조적인 양식의 정보를 전자적으로 교환하는 시스템이다.

④ 사용자간에 각종 행정 및 상거래 문서를 서로 합의된 표준을 사용하여 컴퓨터간의 직접 통신에 의해 교환하는 시스템이다.

전자적인 자료교환방식의 도입으로 효율이 크게 개선되어 생산성 향상과 경쟁력을 강화하는 데 큰 역할을 하였다. 그 이점을 설명하면 다음과 같다.

첫째, 종이문서를 사용하는 전통적인 교환방식은 많은 노력이 필요하다. 그러나 EDI방식은 문서들이 상대방의 컴퓨터시스템에 전자적으로 직접 전송되기 때문에 적은 노력으로도 정보의 전송이 가능하다.

둘째, EDI를 이용한 거래는 신속하게 이루어지기 때문에 시간과 투입비용의 절감이 가능하다.

셋째, 전통적인 전달방식은 분실, 훼손, 배달오류 등이 발생할 수 있으나, EDI는 컴퓨터 시스템에 직접 전송되므로 이와 같은 오류를 제거할 수 있을 뿐만 아니라 재입력으로 인한 오류도 줄일 수 있다.

넷째, 종이문서를 처리할 때 발생하는 자료입력, 복사 파일링, 우송 등의 비용을 절감할 수 있다.

다섯째, 신속한 정보전달이 가능하기 때문에 고객서비스 향상과 적정재고 수준유지에 따른 기업경쟁력을 확보할 수 있다.

여섯째, EDI는 다양한 외부 네트워크와의 연결로 활동영역을 확장시키고, 거래기회를 확보하는 데 유리하다.

EDI는 기존의 온라인이나 전자우편(E-mail)과 유사한 개념으로 이해될 수 있으나, 몇 가지 점에서 구분이 된다. EDI와 온라인은 이해될 수 있으나, 몇 가지 점에서 구분이 된다. EDI와 온라인은 통신회선을 사용하여 컴퓨터 간에 자료를 교환한다는 점에서는 비슷하지만, 온라인이 동일 컴퓨터 내부의 자료교환인데 비하여 EDI는 서로 다른 컴퓨터간의 자료교환이라는 점에서 다르다. 따라서 온라인은 중앙 컴퓨터에만 어플리케이션과 데이터베이스를 보유하고, 단말기는 중앙컴퓨터에 종속되는 것이다. 그러나 EDI는 각각의 컴퓨터가 독립적인 어플리케이션과 데이터베이스를 보유하며, 자주성·독립성·확장성이 보장된다.

EDI와 전자우편(E-mail)은 자료의 축적과 전송이라는 점에서는 유사하다. 그러나 EDI가 표준화된 형태의 응용시스템 간의 자료교환인 반면에, 전자우편은 비정형화된 형태의 개인 간 자료교환이다. 그리고 EDI는 자료의 재입력이 필요 없지만, 전자우편은 자료를 재입력해야 한다.

3. 무역자동화의 필요성과 기대효과

(1) 무역자동화의 필요성

1) 수작업에 의한 무역업무처리의 한계

무역규모 확대에 따라 기존의 수작업에 의한 무역업무처리는 소요인원 증가, 처리시간 지연, 관련비용 급증 등 많은 한계를 노정시키고 있다. 현재 전세계적으로 무역관련서류의 작성비용만도 연간 1,400억달러 정도가 소요되고 있으며, 이러한 정도의 서류작성비용이면 5년 내에 전세계적인 EDI 네트워크를 구축할 수 있을 것으로 추정되고 있다.

2) 국제경쟁력의 유지 및 강화

1980년대 중반 이후 급격한 원화절상과 높은 임금상승으로 인하여 기업의 수지 채산성은 악화되고 수출상품의 대외경쟁력이 크게 저하되었다. 따라서 이러한 국제경쟁력의 열세를 만회하기 위해서는 공장자동화를 통한 생산성의 향상과 함께 무역자동화에 의한 무역업무 처리시간의 단축과 부대경비의 절감을 기할 필요가 있다.

3) 세계적인 무역업무자동화 추세에 부응

무역자동화는 1970년대 스웨덴에서 처음 논의된 이래 미국, 일본, EC 등 주요 선진국은 물론 싱가포르, 대만 등 우리나라의 주된 교역 상대국에서도 폭넓게 진행되고 있으며, 가까운 장래에 모든 무역업무가 EDI방식에 의해 자동화될 것으로 예상되고 있다. 특히 미국은 이미 1991년 6월부터 세관신고를 EDI로 제출할 것을 요구하고 있으며, 서류제출의 경우 통관에 평균 3~5일이 소요되고 있으나, EDI방식은 사전통관신고제도로 당일통관이 가능하다. 따라서 이러한 세계적인 무역업무자동화 추세에 부응하는 것이 매우 시급한 과제이다.

제 2 절 주요국의 무역자동화 추진현황

1. 외국의 무역자동화 추진현황

EDI를 이용한 무역자동화는 개별기업은 물론 국가 전체의 경쟁력 확보를 위한 전략적 차원에서 1970년대 스웨덴에서 처음 논의된 이래 1980년대 들어 새로운 정보전달 수단인 EDI기술의 이용과 UN/EDIFACT 등의 국제표준화 활동을 통해 세계 각국이 적극적으로 추진하고 있다. 특히 우리의 경쟁상대국인 싱가포르, 대만, 홍콩 등은 무역자동화시스템을 이미 구축하였거나 완성 단계에 있으며, 미국, 일본, EC 등 주요 선진국들도 각 산업별 EDI활용은 물론 한걸음 더 나아가 국제경쟁력의 제고 차원에서 무역자동화에 큰 관심을 보이고 있다.

더욱이 UN에서도 국제무역절차간소화의 일환으로 EDI 국제표준인 UN/EDIFACT를 개발하여 종이서류 없는 무역절차의 실현을 위해 각국에 이를 적극 권고함에 따라 무역자동화는 범세계적으로 보편화될 것으로 보인다. 참고로 주요국의 무역자동화 추진현황을 살펴보면 [표 1]과 같다.

[표 1] 주요국의 무역자동화 추진현황

국 가	추 진 조 직	무역자동화시스템
미 국	관세청, 무역위원회(NCITD)	통관(ACS), 화물(CARDIS)
일 본	일본통신공사(NTT), SHIPNET센타	항공(NACCS), 선적(SHIPNET)
영 국	무역절차간소화위원회(SITPRO), 기업	무역(TRADANET), 항공(LACES)
독 일	관세청, 항만청	통관(ALFA)
프랑스	항만청, 연구기관	통관(SOPI)
싱가포르	국가전산원(NCB)	무역전반(TRADENET)
홍 콩	공공기관 및 기업	무역전반(SPEDI, TRADELINK)
대 만	경제부(BFT)	무역전반(TACNET)
스웨덴	무역절차위원회(SWEPRO)	해운&육운(SWECOM-SEA&LAND)
호 주	전담법인(TRADEGATE)	무역전반(EXIT, EDIFICE)
E C	EC본부	무역전반(TEDIS)

2. 우리 나라의 무역자동화 추진현황

(1) 무역자동화의 기본목표

무역자동화사업이란 무역관련 각종 절차와 서식을 표준화하고 새로운 정보 전달 수단인 전자문서교환, 즉 EDI기술을 이용하여 모든 무역업체와 무역유관기관을 컴퓨터 통신망으로 연결하는 무역자동화시스템을 구축하는 것을 말한다. 이를 토대로 무역업무 처리시간의 단축과 관련비용절감 등을 통해 보다 효율적이고 자동화된 무역환경을 조성하고, 우리나라 산업의 국제경쟁력을 강화시켜 선진무역입국을 조기에 실현하고자 하는 것이 무역자동화의 기본목표이다.

(2) 무역자동화의 추진경위

무역자동화사업은 1987년 7월 "국가전산화 확대회의"에서 무역업무의 전산화 방침이 수립된 이후 통상산업부의 종합무역자동화 기본계획에 의거 1990년 4월 한국무역협회 내에 종합무역자동화사업추진단이 발족됨으로써 구체화되기 시작하였다. 동 추진단은 1992년 3월 한국무역협회의 100% 출자로 별도의 민간 전담회사인 (주)한국무역정보통신(Korea Trade Network : KT-NET)으로 발전되었다.

무역자동화 전담회사인 KTNET의 설립으로 H/W, S/W, 네트워크 등 제반 기술적 환경의 구축이 급속히 진전되어 마침내 1992년 11월 역사적인 무역자동화시스템의 개통과 함께 41개 무역업체 및 유관기관을 대상으로 시범사업이 실시되었다. 6개월간의 시범사업 기간 동안 드러난 제반 기술적 문제점을 보완해 나가면서 1993년 6월부터는 본격적인 무역자동화 서비스가 제공되기 시작하였으며, 현재 대우, 삼성물산을 비롯한 대기업은 물론 많은 중소기업들이 은행, 섬유수출조합, 선사들과 KTNET를 통해 신용장 내도통지, 수출승인, 선복요청 등의 무역업무를 처리하고 있다.

(3) 무역자동화의 추진내용

1) 무역자동화는 기본적으로 상역, 외환, 통관, 운송, 보험 등 수출입절차 전반에 걸쳐 모든 무역업체와 무역유관기관이 컴퓨터로 업무를 처리할 수 있도록 신뢰성이 있고 보안 및 안전성이 보장된 사용자 중심의 시스템 구축에 역점을 두고 있다.

   이를 위해 무역자동화는 [그림 1]에서 보듯 3단계로 나뉘어 추진되고 있으며, 현재 2단계인 확산단계를 지나 3단계인 정착단계로 들어서고 있다.

1단계('90~'92)		2단계('93~'94)		3단계('95~'97)
기반조성	→	확 산	→	정 착
• 특별법 제정 • KTNET설립 • 전자문서개발 • 시스템구축 • 표준제정 대행업무 실시 • EDI인식제고		• L/C, E/L, I/L업무 • 수출통관(절차) • 조합추천, Offer, 보험 • KL-NET (물류망) • 국제무역망 연결		• 수입통관(절차) • 수출입화물통관 • 관세환급 • 인증D/B, 사후관리D/B

[그림 1] **무역자동화의 3단계 추진계획**

2) 표준전자문서 개발

EDI방식에 의한 무역자동화를 위해서는 표준화된 전자문서의 개발이 선행요건이다. 이는 거래당사자간에 교환되는 종이서류의 양식은 각각 다르기 때문에 상이한 종이서류를 컴퓨터를 이용하여 전자적인 방법으로 주고받기 위해서는 종이서류의 표준화와 함께 이를 컴퓨터가 읽을 수 있는 전자문서의 형태로 바꾸기 위한 양식 및 그 구성요소에 대한 합의가 필요하기 때문이다.

1994년 말 현재 한국EDIFACT위원회(KEC)에서는 상역, 외환, 운송, 보험 등 무역관련 각 부문에 걸쳐 UN/EDIFACT를 수용하는 총 33개의 EDI 표준전자문서의 개발을 완료하고 이를 한국표준전자문서(KRSM)로 고시하였다. 또한 무역자동화와 관련된 각 부문의 단계별 전자문서 개발범위와 개발일정 등을 확정, 공고함으로써 무역자동화의 추진을 촉진하고 있다.

(4) 부문별 무역자동화 추진현황

우리나라의 부문별 무역자동화는 크게 상역, 외환 및 금융, 통관, 물류 등으로 구분할 수 있다.

1) 상역부문

상역부문에서는 수출입 기본업무로서 파급효과가 큰 부문부터 추진하되 1994년까지는 가급적 모든 무역유관기관까지 확대하기로 하고 수출검사제도, 수출추천제도, 소액수출입승인제도 등은 제도개선과 병행하여 추진하고 있다.

현재 시행되고 있는 상역부문의 무역자동화 업무로는 수출・입승인 및 변경, 유효기간연장, 수출입추천, 물품매도확약서 발행 업무 등이 있고, 이 밖에도 많은 업무가 관련기관과 업체의 참여하에 시범사업을 마무리짓고 본격적인 시행을 앞두고 있다.

2) 외환 및 금융부문

무역관련 기본업무인 신용장, 대금결제 등 외환 및 금융부문의 자동화를 위해서는 무역업체와 은행 간의 자동화망의 연결이 요구된다. 현재 일부 은행의 경우 세계은행간 금융통신망인 SWIFT(Society for Worldwide Interbank Financial Telecommunication)시스템에 무역업무용 EDI 소프트웨어를 연결하여 KTNET의 무역자동화시스템을 통해 무역업체들에게 신용장 내도통지 서비스를 제공하고 있다.

한국은행, 금융결제원 및 국내 33개 외국환업무 취급 은행들은 이와 같은 주전산기 차원의 시스템 접속을 통한 EDI서비스를 전 은행으로 확대하기로 하고 1993년 6월 17일 금융결제원과 KTNET가 '금융망과 무역자동화망간 접속에 관한 기본협정'을 체결하였으며, 1994년 1월부터 수출입승인업무에 이어 신용장관련업무에 이르기까지 본격적인 외환관련 EDI서비스 제공을 목표로 구체적인 실무작업을 진행중에 있다.

3) 통관부문

수출입 화물의 신속한 통관을 위한 EDI방식의 통관자동화사업이 관세청 주도 하에 무역자동화사업과는 별도로 추진됨에 따라 관세청과 무역자동화 전담회사인 KTNET는 1992년 11월 KTNET가 자금과 기술지원을 하고 향후 10년간 독점접속권을 보장받는 것을 주요 골자로 한 'EDI형 통관자동화시스템 구축 · 운영에 관한 기본협정' 을 체결하고 공동작업을 진행중에 있다.

1993년 상반기까지 기본설계 및 상세설계에 이어 하반기부터는 해상수출업무 관련 소프트웨어의 개발, 통신망 설계 등 통관자동화시스템의 구축이 본격적으로 추진되어 1994년 10월 드디어 해상수출 통관수속업무가 개통되었다. 나아가 항공화물을 비롯하여 수입업무까지 포함한 전체 통관자동화시스템이 1997년까지 구축되면 서류없는 통관업무의 One-Stop 서비스 체제가 완성되게 된다.

4) 물류부문

물류부문의 무역자동화는 해운항만청의 주관 하에 이루어지고 있다. 항만청에서는 내부경영정보시스템인 PORTMIS를 토대로 민간운송분야를 포함한 물류운송망 추진을 위해 해운산업연구원에 의뢰하여 "물류 EDI Network 기본설계" 최종보고서가 1993년 4월에 완료되었다.

이에 따라 물류부문의 EDI 사업을 전담할 한국물류정보통신(Korea Logistics Network : KL-Net)이 1994년 4월에 설립되었으며, 1994년 10월부터 18개의 물류관련 전자문서의 시범서비스가 물류 EDI 중계시스템 운영 위탁업체인 KTNET을 통해 시작되었다. 이로써 무역망, 통관망, 물류망이 상호 보완적으로 운영되게 되었으며, EDI방식의 종합무역자동화의 실형이 앞당겨지게 되었다.

5) 무역업체 및 국내외 VAN과의 접속

우리나라 중대형 무역업체들의 대부분은 이미 개인용 컴퓨터(PC)가 아닌 워크스테이션급 또는 메인프레임급의 주전산기를 이용하여 무역업무의 전산화를 추진해 왔다. 이들이 KTNET나 데이콤 등 무역자동화지정사업자를 통해 은행 등 무역유관기관으로부터 무역자동화서비스를 제공받기 위해서는 내부시스템을 EDI방식으로 전환하고 KTNET의 무역자동화시스템과 주전산기간의 접속을 시행하면 된다.

규모가 영세한 중소형 무역업체의 경우 개인용 컴퓨터(PC)에 무역업무용 EDI 소프트웨어를 탑재하기만 하면 KTNET의 무역자동화서비스를 받을 수 있다. 이를 위해 국내 유수의 소프트웨어 전문업체들이 KTNET의 협력업체로 지정되어 값싸고 사용하기 편리한 사용자용 EDI 소프트웨어의 개발을 지원하고 있다.

또한 KTNET는 국내외 VAN(Value Added Networks)과의 접속을 통해 무역자동화사업을 조기에 정착시키기로 하고 이를 위해 1차적으로 국내 주요 민간 VAN 업체인 SDS, STM, 현대전자, 포스데이터, 쌍용컴퓨터 등과 망대망(Van-to-Van) 접속을 위한 공동 프로젝트를 추진중에 있다. 그리고 싱가포르의 TRADENET, 호주의 TRADEGATE 등 외국의 무역망과도 접속하기 위한 실무협의를 벌이고 있다.

제3절 EDI의 효과

1. EDI의 기대효과

EDI효과란 인간이 수작업에 의존하던 외부기업과의 통신이 비효율적이고 많은 오류를 발생시켜 사무자동화를 통해 전산화된 업무 및 거래문서를 능률적이고 생산적인 처리방식으로 바꾸어 자료의 정확성을 증대하고 자료비용을 감소시키며, 문서처리 및 우편내용의 감소를 실현시키는 것을 말한다. 즉, EDI의 궁극적인 효과는 기업의 생산성을 증대시키고, 재고수준을 감소시키며, 고객서비스의 개선, 자금관리개선, 주문시간 단축 그리고 의사결정을 도와 기업이 바라는 목표를 이루는 것이다. 그러면 EDI 효과를 공급자측과 구매자측으로 나누어 설명해 보도록 하자.

(1) 공급자(매도인)측의 효과

1) 주문내용 입력시에 에러발생과 그에 따른 지연을 제거

EDI를 이용하면 구매자 주문은 기계가 판독 할 수 있는 코드형태로 공급자측의 컴퓨터에 곧바로 전송되어 내용이 자동적으로 검증되고 수정 될 수 있으며 공급자측의 판매용 문서서식(sales order format)과 상품번호로 자동변환되므로 주문데이터를 기존서식에 재입력할 필요가 없다.

2) 인력 및 재고감축

주문서상의 데이터를 수작업으로 재입력하기 위해 고용한 데이터 입력요원을 EDI를 이용함으로서 다른 업무에 이용할 수 있다. 또한 공급자가 구매자측의 주문에 신속히 대처함으로써 재고를 감축할 수 있다.

3) 청구 · 지불 주기의 단축

EDI에 의해 청구를 하면 청구서를 우송하지 않아도 되므로 청구-지불 주기가 단축되고 결국 현금유입을 단축시키게 된다.

4) 고객서비스의 향상

EDI에 의한 주문확인정보, 선적통지정보, 가격변동정보, 기용재고정보, 상품선전정보 등이 즉시 컴퓨터로 전송되어 생산자와 구매자사이의 정보 흐름을 개선시켜 준다.

5) 영업 및 상품흐름의 추적

현재의 판매량을 재주문 시스템의 입력데이터로 사용할 수 있으므로 주문-판매-재주문을 한 단계 생략할 수 있다.

(2) 구매자(매수인)측의 효과

1) 재고수준의 감축

판매를 위해 주문한 상품의 적기도착으로 재고결정기관과 재고보충기간이 단축되어 안전재고를 최소화 할 수 있다.

2) 빠른 주문확인

공급자로부터의 주문확인정보에 의해 신속히 역주문(back order) 또는 최소 주문을 할 수 있다.

3) 효율적인 청구처리

청구데이터가 코드형태로 접수되어 컴퓨터로 처리되므로 주문장과 송장을 쉽게 매치시킬 수 있고 수정 및 보완이 용이하다.

4) 고객서비스의 향상

현재 가격정보, 가용재고정보, 홍보데이터 등을 전송함으로써 고객에 대한 서비스를 향상시킬 수 있으며 거래당사자들간의 상호의존도를 높여준다.

2. EDI의 도입효과

전통적인 상거래시스템 하에서는 서면에 의하여 정해진 절차에 따라 통신을 하고 기록을 유지하였다. 그러나 통신기술의 발달과 함게 컴퓨터의 보급으로 인해 컴퓨터를 통한 정보의 직접교환으로 종이의 사용을 절감할 수 있게 되었다. EDI의 도입은 기업 간 거래에 문서의존도를 낮추어 기존의 상거래 방식에 큰 영향을 미쳤으며, 거래정보의 신속한 전달과 재입력으로 인한 시간의 단축, 재고조사와 마케팅 소요시간 단축, 그리고 정보교환에 다른 실수를 줄이는 효과를 얻게 되었다.

이와 같이 EDI의 도입으로 얻게 되는 효과를 보다 자세하게 살펴보도록 하자.

(1) 거래비용의 절감

기업이 원재료나 서비스를 구입하는 과정은 매우 복잡하고 여러 단계를 거쳐 이루어진다. 첫째, 구매담당자는 적합한 공급업체를 찾아 구매량·납기일·품질 등의 조건을 충족시키는 곳인지를 확인해야 한다. 둘째, 공급업체가 선택되면 원하는 형태로 생산할 수 있는 세부적인 도면이나 정보를 공급업체에게 제공한다. 셋째, 생산준비가 완료되면 주문서를 발송하고 생산을 의뢰한다. 넷째, 공급업체가 생산품을 납품하면 주문서와 일치하는지를 확인한 후에 대금을 지불하는 과정을 거친다.

그러나 이러한 업무를 전자적으로 처리하면 번거로운 과정을 생략할 수 있을 뿐만 아니라 온라인으로 전세계의 공급업체와 접촉함으로써 유리한 가격으로 구입할 수 있고 신속하게 업무를 처리할 수 있기 때문에 거래비용이 절감된다.

(2) 문서처리비용의 절감

EDI는 종이 없는 거래(paperless trade)를 실현하기 위해 출발하였다. 문서 작성과 보관, 그리고 교환에 따른 비용의 증가는 기업의 경쟁력을 약화시키는 요인이 된다. 그러나 전자문서가 개발됨으로써 전통적인 문서처리에 수반되는 비용과 시간을 줄일 수 있게 되었다.

컴퓨터가 도입된 이후에도 대부분의 기업들은 문서의 작성과 처리는 컴퓨터로 하면서 교환은 우편이나 인편에 의존하고 있었기 때문에 신속한 정보의 전달이 어렵고 재처리 기간이 필요한 단점이 있었다. 그러나 EDI의 도입으로 표준화된 양식을 이용하기 때문에 데이터처리에 따른 비용과 시간을 절약할 수 있었다. 그리고 재입력 비용이 전혀 발생하지 않으므로 인건비를 비롯한 문서처리비용이 절감될 수 있다.

(3) 업무개선효과

EDI를 도입하기 위해서는 해당 기업의 현재 상태를 파악하기 위한 재평가 과정이 필요하다. 이러한 재평가 과정을 통해 업무개선이 이루어지고, 다른 시스템들과의 통합이 이루어짐으로써 궁극적으로 경영능률을 향상시켜 주는 효과를 얻을 수 있다.

EDI는 단순히 문서를 신속히 전송하는 시스템이 아니라 기업 내 또는 기업 간의 시스템을 통합하여 보다 효율적인 체계를 구축하는 것이 궁극적인 목적이다.

(4) 고객에 대한 서비스개선 효과

기업이EDI를 도입하면 고객들은 제품에 대한 설명, 기술적인 지원, 주문 제품에 대한 진행상황을 온라인을 이용하여 즉시 확인할 수 있기 때문에 고객만족을 느낄 수 있다. 경영자 입장에서도 고객정보를 실시간으로 얻을 수 있기 때문에 고객의 요구를 신속히 파악하여 대처 할 수 있다.

실제로 소매업체에서는 바코드를 이용한 판매시점 정보관리(point of sales) 시스템을 활용하여 매장별로 고객의 특성을 파악할 수 있을 뿐만 아니라 적정 재고수준을 유지함으로서 고객들에 대한 서비스의 수준을 높이고 있다. 또한 제품수명주기의 단축으로 설계와 동시에 제품생산이 이루어 질 수 있다면 소비자들의 요구를 즉시 반영시키는 효과도 기대된다.

(5) 국제경쟁력 강화

경영환경도 EDI를 이용할 수밖에 없게 변화하고 있다. 정부는 물론 거래기업에서 EDI 시스템을 이용하도록 요구하고 있기 때문에 전자적으로 메시지를 주고받을 수 있는 능력은 필수적이다. 미국의 경우에는 EDI를 이용한 통관에 우선권을 주고 있으며, 세관신고에서도 이용하도록 요구하고 있다. 특히 2000년부터는 수출입서류를 모두 EDI방식으로 제출할 것을 의무화하고 있다.

EDI를 도입하면 국제무역에 가장 큰 장애가 되고 있는 지연통관과 서류작성의 오류를 줄일 수 있다. 즉, 통관을 신속히 할 수 있고 선적서류 작성에 따른 오류를 줄여 궁극적으로 국제경쟁력을 크게 향상시킬 수 있다.

3. EDI 활용사례

우리나라에서 EDI의 활용은 1980년대 후반에 당시 상공부가 중심이 되어 추진한 무역부분을 시작으로 정부기관의 물류, 국방조달, 정부조달 등의 분야에 도입되면서 시작되었다. 현재 많은 분야에서 EDI 사업이 추진되고 있으나 여기서는 무역, 유통, 물류, 정부조달부문의 활용사례를 살펴보도록 하겠다.

(1) 무역부문의 EDI

우리나라에서 무역부문의 EDI는 1989년 상공부와 한국전산원이 공동으로 종합무역자동화 기본계획을 수립하면서 시작되었다. 이후 무역자동화 전담사업자로 지정된 KT-Net에 의해 1997년 12월에 시스템 개발이 완료되었다. KT-Net이 제공하는 무역 및 관세 관련 서비스는 1997년 5,686RODML 기관이 가입하여 이용하고 있으며, 현재에도 하루 10만 건 이상의 문서가 교환되고 있다.

(2) 유통부문의 EDI

민간에 의해 EDI가 도입된 대표적인 분야가 유통이다. 도·소매업체, 제조업체, 운송업체를 중심으로 거래기업간의 개별적인 통신망과 자료형식의 사설 서비스를 중심으로 발전하여 왔다.

1994년 9월부터 데이콤이 상용서비스를 제공하면서 유통부문의 EDI표준이 보급되기 시작하여 현재에는 KT-Net, LG-EDS, 현대기술정보를 비롯한 5개의 부가가차통신망(VAN)서비스 제공업체가 관련된 서비스를 제공하고 있다. 이들이 제공하는 주요 서비스는 거래업체들 간의 수주·발주업무를 중심으로 대금청구, 결제정보, 유통정보에 관한 것이다. 현재 EDI를 활용하고 있는 유통 및 제조업체는 약 3,400여 개지만 표준문서를 사용하는 기업은 전체의 약 25% 정도에 불과하다.

(3) 물류부문의 EDI

우리나라에서 물류부문의 EDI활용은 민간의 해운부문을 중심으로 시작되었으나 1996년 건설교통부가 종합물류사업을 추진하면서 물류정보망이 국가기간전산망의 하나로 발전하게 되었다.

정부가 추진하고 있는 종합물류정보망은 육상, 해상, 항공을 통한 수출입화물 및 국내화물의 유통과 관련된 물류활동을 효율적으로 지원하기 위한 것이다. 이 사업은 1996년 4월에 한국통신과 KT-Net이 전담사업자로 지정되어 1998년 3월부터 상용서비스를 제공하고 있다.

해운부문에서는 민간 운송분야를 포함한 물류운송망의 구축을 위해 해양수산부의 PORT-MIS를 KT-Net과 연계하여 항만사무처리절차를 의무적으로 작성하도록 하였다. 철도부문에서는 철도청의 철도운영정보시스템(KROIS)이 1995년 초고속공공응용서비스로 선정되어 개발되었고, 1996년 1월부터 화물운송신청, 화차배분, 화물운송통지 등의 서비스를 제공하고 있다.

(4) 정부조달부문의 EDI

조달부문의 EDI도입은 1996년 10월 정보통신부의 정보화지원사업으로 시작되었으며, 1997년 9월 시범시스템이 구축된 이후 시험운영을 거쳐 현재에는 수요기관, 조달업체, 조달청간에 사용하고 있다.

조달부문의 EDI 시범사업은 전체 조달업무 중 내자구매(비저장품 단가계약), 시설공사, 경리(보증금 수납)의 3개 분야 가운데 핵심 단위업무를 대상으로 18개의 EDI표준을 개발하여 사용하고 있다. 또한 거래의 투명성을 보장하기 위한 전자입찰시스템을 구축하여 시설공사에 시범적으로 적용할 계획이다.

그리고 국내의 가장 큰 문제점으로 지적되던 전담사업자 제도를 탈피하여 다수의 부가가차통신망(VAN)서비스 제공업체가 동등하게 참여하는 방식으로 추진되고 있다. 또한 인터넷을 기반으로 하는 전자양식을 이용하여 웹형태의 서비스를 수요기관에 제공한다. 이러한 웹형태의 EDI는 조달에 참여하는 기술, 자금, 인력이 부족한 중소기업에게 EDI를 활용할 수 있는 좋은 기회를 제공하는 역할을 담당한다.

연습문제

▌설명형

01. EDI의 기대효과를 설명하시오.

02. EDI의 도입효과를 설명하시오.

제2장 인터넷무역

제1절 인터넷무역의 개념

1. 인터넷무역의 의의

컴퓨터 통신의 발달로 인터넷의 사용이 일반화 되어가고 있으며 이를 무역거래에 활용하는 사례가 점차 증가하고 있다. 인터넷을 이용하면 수출은 물론 원자재 수입에 관한 업무를 굳이 해외출장을 가지 않고도 사무실 안에서 해결할 수 있기 때문이다. 이 때문에 대기업은 물론 중소기업에서도 사이버무역 시스템을 도입하는데 투자를 아끼지 않고 있다. 이미 상당수 기업은 무역 관련 업무를 인터넷으로 처리하고 있다.

인터넷무역이란 용어의 의미는 무역거래를 인터넷을 이용하여 실현한다는 의미로 사용되고 있다. 이는 전자무역(electronic trade)의 의미와 유사하다 할 수 있으나 후자가 전자문서교환을 의미하는 EDI 등을 포함한 보다 포괄적인 의미를 갖는다. 전자상거래(electronic commerce) 와 비교하여 설명하면 후자가 국내, 국외의 포괄적인 전자방식의 거래를 의미한다 할 수 있다. 사이버무역과 인터넷무역은 가상공간인 사이버방식을 의미하므로 유사한 동일 개념으로 볼 수 있을 것이다.

전세계 어느 곳이나 인터넷을 통하여 무역거래를 할 경우 네티즌이 모두 고객이 될 수 있기 때문에 공간을 초월하여 짧은 시간에 무한정 많은 매매당사자를 상대로 거래 할 수 있으며 물리적 공간으로서의 매장이 필요 없기 때문에 전통적인 상거래와는 많은 차이가 있다. 그러나 아직 보안의 유지나 네트워크 인증, 결제의 안전성 등 해결해야 할 문제가 많이 있다.

2. 인터넷 무역의 특징

(1) 시장범위의 확대

인터넷 방식이 등장하기 전에는 공간적 이동의 한계 등으로 인하여 지역별 또는 국가별로 한정된 공간에서 무역거래를 하여왔으나 이제는 인터넷이라는 매체를 통하여 세계 어느 곳이든 무역거래 대상의 시장이 될 수 있게 되었다. 이는 상품의 경쟁력이 있는 한 무한정 시장확보가 가능하다는 것을 의미하며 반대로 소비자의 입장에서는 전세계를 대상으로 자신의 기호에 맞는 상품의 구입이 가능하게 되었다.

(2) 무한 경쟁의 시대

전통적 상거래에서의 경쟁 상대는 매도인과 매수인간의 정보전달 기능의 한계로 인하여 사실상 완전 경쟁의 체재를 확립할 수 없었다. 그러나 이제는 매도인이나 매수인 모두 컴퓨터 통신망을 통하여 상대방의 정보를 자유롭고 신속하게 접할 수 있게 되었다. 따라서 가격 및 품질의 경쟁력에서 뒤떨어지는 제품이나 생산기업은 살아남기가 어려운 시대가 되었으며 이제는 생산자와 소비자 사이에 중간상인이 줄어들거나 아예 없어지는 경우도 많이 발생하고 있다. 또한 그동안 존재해왔던 상품간의 가격의 차이나 품질의 차이가 줄어들거나 단일화해가는 방향으로 접근 할 것이다.

(3) 중소기업의 경쟁력 상승

인터넷무역은 중소기업이나 소규모상에게 무한한 성장기회를 제공한다. 인터넷을 통한 거래는 어느 기업이 소비자의 욕구를 잘 반영하고 있느냐에 따라 성장 여부가 결정되기 때문에 제품의 품질이 우수하여 소비자를 만족시키고 신뢰를 줄만한 서비스 능력과 더불어 진취적이며 창의적인 자세를 가졌다면 기업의 규모에 관계없이 진출 가능한 개방형 시장이다. 인터넷의 시간적 장소적 제한을 받지 않는 다는 점을 감안할 때, 그 잠재시장은 국경이 존재하지 않는 세계시장이 된다.

(4) 생산비용의 절감

인터넷 방식의 거래는 생산비용을 훨씬 줄일 수 있다. 제품의 홍보 및 광고비가 기존의 DM발송 등의 방식에 비하여 훨씬 저렴하며 경쟁력 있는 가격으로 시장을 공략할 수있기 때문이다. Mailing List와 같은 인터넷 기능을 잘 활용한다면 제품의 홍보에서 마케팅까지 다양한 방면의 비용절감을 가져올 수 있다. 또한 인력절감과 원가절감의 한 요소로도 인터넷 무역을 적극 활용할 수 있다.

제2절 인터넷 무역과 기존무역방식의 비교[1)]

1. 무역절차의 단계별 차이

일반적으로 국제무역이 이루어지는 일반적인 과정은 첫째 시장이나 제품, 그리고 바이어에 대한 '정보수집 활동'과 기업과 제품을 알리려는 '광고마케팅 활동' 둘째, 발굴된 바이어와의 거래조건 협의와 각종 절차를 밟기 위한 '의사교환 활동' 셋째, 격지 간에 있어서 상품공급에 대한 댓가를 교환하는 '대금결제과정' 넷째 상품을 수입업자에게 보내는 '물류운송 과정'으로 구분할 수 있다.

인터넷을 이용한 무역의 경우 기존의 국제무역 구조와 비교해 볼 때 진행순서에는 별다른 차이가 없다고 할지라도 방법이나 수단에는 큰 차이가 있게 된다.

1) 심상렬, "인터넷 무역촉진을 위한 산학관협력구축방안", 한국국제통상정보학회발표논문, 1999.7 참조

먼저 거래처를 발굴하거나 광고마케팅하는 방법이 크게 달라지게 되며, 상담 및 계약체결을 위한 의사교환 방식도 기존과는 전혀 다르게 된다. 또한 대금결제도 무역카드 등 전혀 다른 수단이 이용되며, 상품의 운송이나 물류도 항공운송, 국제특송 등이 활발하게 이용되고 화물운송 과정도 인터넷상에서 화주가 직접 추적, 확인해 볼 수 있게 된다([그림 1] 참조).

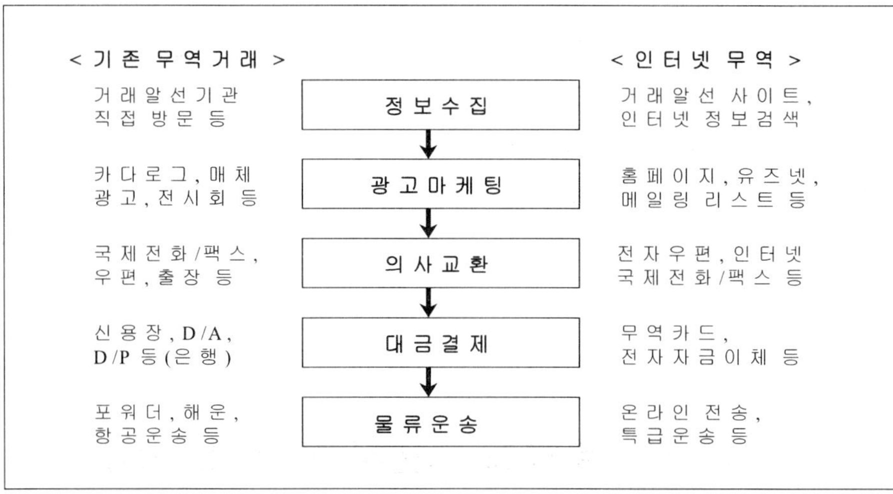

자료 : 심상렬, “국제무역에서의 전자상거래 구현사례 : KTNET”, 「CALS/EC Korea ’98 발표논문집」, 한국CALS/EC학회, 1998. 10.

[그림 1] **기존 무역거래와 인터넷 무역**

그러므로 향후에는 상품이나 서비스의 개발단계에서부터 인터넷을 활용한 전 세계를 대상으로 한 광고 및 마케팅을 염두에 두어야 한다. 이와 함께 인터넷 전자상거래에 적합한 신제품의 개발과 함께 효과적인 주문처리, 고객관리 및 대금결제 등을 위한 내부 체제를 갖추는 것이 필요하다.2)

2) 권순범 외 4명, 「인터넷이 기업경영을 바꾼다」, 영진출판사, 1998, p.58.

2. 해외 홍보와 거래선 발굴방식의 차이

수출업체 경우 인터넷상의 자사 홈페이지나 거래알선 사이트, 유즈넷, 메일링 리스트 등을 통해 자사 제품과 서비스에 대한 홍보를 할 수 있으며, 정보검색을 통해 국내 및 해외의 신제품이나 거래선에 대한 정보를 신속하게 입수할 수 있다. 회사와 상품에 대한 정보는 물론 오퍼 등록, 조회 등을 통한 거래처 발굴 등은 무료 또는 유료로 운영되는 국내 및 해외의 각종 무역거래알선 사이트를 이용하여 효과적으로 수행할 수 있다([표 1] 참조).

[표 1] 국내외 주요 거래알선 사이트

구 분	운영기관명	인터넷 주소
국 내	한국무역정보통신(KTNET) 한국무역협회(KITA) 대한무역투자진흥공사(KOTRA) 중소기업진흥공단(SMIPS) 무역일보(Trade News)	www.eckorea.net www.ec21.net www.kotra.or.kr/KOBO www.smipc.or.kr www.tradenews.net
해 외	국제연합(UN/GTPNet ETO) 세계무역클럽협회(WTC) 아시안 소시스(Asian Sources) 커머스넷(CommerceNet)	www.untpdc.org www.wtca.org www.asiansources.com www.commerce2000.net

따라서 향후에는 인터넷을 통해 무역에 필요한 각종 정보를 검색하고 적극적으로 거래알선 사이트를 활용할 수 있는 능력과 함께 자신의 사업목적에 적합하게 정보를 가공하여 전략정보를 창출하는 능력이 보다 중요하게 되었다.

또한 전자우편, 인터넷팩스 및 인터넷폰 등을 이용하여 훨씬 저렴하고 효율적으로 거래상담과 계약체결을 할 수 있다. 인터넷폰과 인터넷팩스를 이용할 경우 국가에 따라 다소 차이가 나기는 하나 평균해서 볼 때 국제통신비용을 절반 이하로 줄일 수 있다. 또한 접속속도가 충분히 빠르다면 직접 만날 필요 없이 화상회의를 통해 거래협상을 마무리 지을 수 있다([그림 2] 참조).

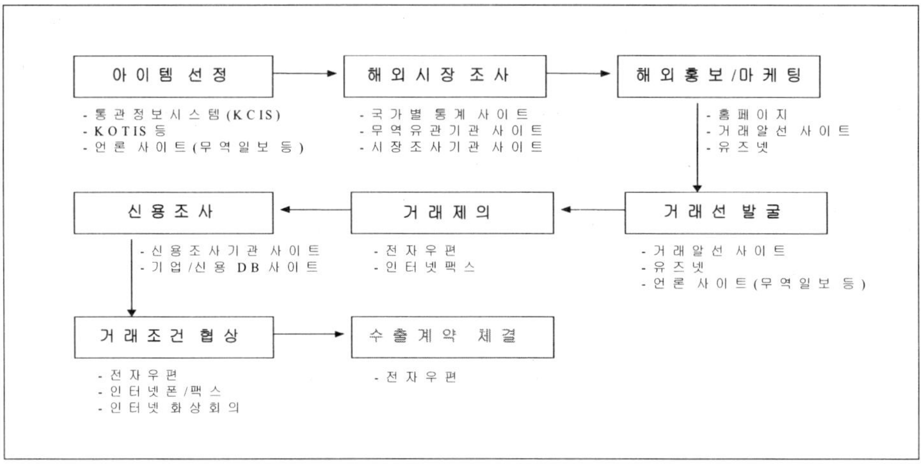

[그림 2] **인터넷을 이용한 수출계약 체결 과정**

3. 대금결제와 물류운송에서의 차이

신용장(L/C)이라는 무역에 있어서의 특수한 제도도 무역카드(Trade Card) 등 전자결제 시스템의 개발 및 도입으로 그 존립기반이 점차 위축되어 갈 것으로 예상되고 있다.

세계무역센터협회(WTCA)와 E.M. Warburg, Pincus & Co., GEIS, Marsh 등을 중심으로 추진되고 있는 무역카드 서비스[3]는 운송 중에 전매를 하지 않는 소규모 제품의 거래를 주된 대상으로 무역대금의 결제과정에서 신용장을 배제하고 EDI 국제표준을 이용한 계약의 체결, 계약이행을 증명하는 서류의 제공, 그러한 서류의 일치 여부 점검, 대금지급의 수권지시 등을 수행한다.

물류운송의 경우에도 주문과 동시에 상품을 공급받고자 하는 소비자들의 욕

3) 1998년 미국의 수입업자 Avalon Products와 대만의 수출업자 Most-Brite간에 US$ 21,600 규모의 유모차 거래가 이루어졌으며, 우리나라의 경우 1999년 11월 8일 LG상사가 미국의 정보통신기기 제조업체인 퀀텀 및 아이오메가사와 정식 거래에 들어갔다고 보도되었다(한국경제신문, 1999. 11. 23).

구에 발맞춰 현지생산, 현지보관, 현지배달이라는 상품배송 시스템과 함께 지능형 운송시스템(ITS : Intelligent Transport System)이 구축되어 나갈 것이며, 이를 위한 인터넷의 활용도 활성화될 것으로 전망되고 있다.

이제 무역업체들은 인터넷상에서 자신이 보낸 긴급한 서류나 상품견본이 상대방에게 전달되기까지의 전 과정을 인터넷상에서 추적해 볼 수 있다. 즉 Federal Express, UPS, DHL 등 국제특송 서비스업체의 인터넷 홈페이지에 들어가서 접수번호를 입력하면 현재 어떠한 배달상태에 있는지를 즉시 알 수가 있다.

이러한 화물추적 시스템은 국제특송에만 가능한 것이 아니다. 우리 나라의 경우 1997년 10월 이후 세관에 대한 모든 수출입신고와 보세화물 반출입신고를 전자문서교환(EDI) 방식으로 처리하고 있다. 이에 따라 관세청의 통관정보시스템(KCIS)을 통해 무역업체들은 인터넷상에서 품목별, 국가별, 업체별 무역통계는 물론 수출입신고 수리여부 확인, 수입화물 추적 등을 할 수가 있다.

또한 한진해운을 비롯한 콘테이너 운송업체에 화물을 맡긴 화주들도 인터넷상의 홈페이지에서 콘테이너 접수번호 입력 등을 통해 손쉽게 화물의 운송 상태를 파악할 수 있다. 따라서 이제 무역업체들은 통관이나 화물운송과 관련한 업무의 불확실성을 줄이고 보다 신속하게 업무를 처리할 수 있게 되었다.

한편 Bolero Operations Ltd.(BOL)[4)]에 의해 1994년 6월부터 추진되어 1999년 상반기에 시범 서비스를 개시한 볼레로 프로젝트(Bolero Project)는 선화증권(B/L)을 포함하여 무역서류 전반에 걸친 전자화를 추구하고 있어 향후 국제거래에 커다란 변화를 초래할 것으로 보인다.

4) 국제은행간 대금결제기구(SWIFT)와 TT Club(Through Transport Club) 등이 출자하여 설립된 중립적 조직으로서, 1995년에 설립된 사용자 그룹인 Bolero 협회와 더불어 범세계적으로 무역서류의 전자화를 통한 상업적 서비스를 추진하고 있다. 보다 자세한 내용은 안병수(1999)를 참조.

제3절 인터넷무역의 전망

전 세계를 하나로 연결하는 개방형 컴퓨터 통신망인 인터넷을 이용하여 주로 해외 거래처와의 거래계약 체결 이전까지의 정보수집, 해외홍보와 마케팅, 거래선 발굴, 신용조사, 거래협상 등을 저렴하고 신속하게 처리할 수 있는 인터넷 무역은 세계화, 정보화 시대의 새로운 국제 비즈니스 방식으로 자리를 잡고 있다. 인터넷무역은 일반적인 상거래와 마찬가지로 싸고 좋은 제품을 보다 빠르고 정확하게 고객에게 전달하고 상품을 구매할 국내 및 해외의 바이어를 남보다 먼저 발굴할 수 있어 미래의 무역거래의 형태로 자리매김할 것이다.

이와 같은 인터넷방식의 거래가 발전하기 위해서는 주체인 무역업체뿐만 아니라 산업자원부를 비롯한 중앙 정부부처와 지방자치단체 등 정부기관도 협력하여 발전을 위한 노력을 하여야 한다. 즉 법과 제도의 정비, 정책적 지원 등 인터넷 무역의 활성화를 위한 기반 조성하여야 한다. 또한 한국무역협회, 대한무역투자진흥공사, 한국무역정보통신 등 무역유관기관은 무역업계의 애로사항 수렴, 정책 건의, 무역거래알선 서비스, 무역정보 제공 등을 통해 실질적인 도움을 주어야 하며 은행, 선사, 보험사 등의 무역관련 업체도 화물추적 시스템 등을 발전시켜야 한다.

이제 인터넷의 보급, 확산과 더불어 사업자등록증만 있으면 누구나 무역업을 할 수 있는 무역업 신고제에 따라 내수 제조업, 무역업(수출업체, 수입업체), 무역대행업(오퍼상, 바잉오피스) 등의 구분이 점차 무의미해지면서 인터넷 무역 창업이 늘고 있다. 따라서 현실적인 국가 간의 제도적 장치 등이 마련되고 네트워크 보안문제의 표준화 작업이 필요하다.

제 3 장 전자상거래

제 1 절 전자상거래의 개념

1. 전자상거래의 의의

컴퓨터의 발달과 통신망의 설치의 증가되고 개인이나 기업이 보다 많은 컴퓨터를 사용하는 생활환경의 변화에 따라 정보통신기술을 바탕으로 하는 새로운 유형의 상거래방식이 이루어지고 있는데 이러한 상거래를 전자상거래라 한다.[1)] 전자상거래는 "전자적 방식을 이용하여 가상공간(Cyber Space)상에서 이루어지는 거래행위"라고 정의한다. 즉, 전자상거래는 전자문서교환, 이미지 처리, 바코드, 전자우편, PC통신, 전자자금이체, 전자화폐, 통신망을 이용한 가상기업 등을 통한 일반적인 거래활동을 의미한다는 것이다.

또한 "기업, 정부기관과 같은 독립된 조직간 혹은 조직과 개인 간에 다양한 전자적 매체를 이용하여 상품이나 서비스를 교환하는 방식"이라고 정의되기도

1) 원래 전자상거래(Electronic Commerce)라는 개념은 1989년 미국방성이 프로젝트를 수행하는 과정에서 처음으로 사용되었으며, 1993년 미연방정부의 구매/조달 프로그램에서 이 용어를 채택하면서 일반화되기 시작하였다. 당초에는 인터넷과는 관계없이 정보기술을 이용하여 종이문서가 없는 환경을 달성하기 위해 제안되었으며, 주로 EDI (Electronic Data Interchange)와 같은 기업 간의 거래(business to business interactions)에 한정되어 사용되었다. 그러나 1994년 월드 와이드 웹(World Wide Web)의 출현으로 인터넷의 대중화 및 확산에 힘입어 전자상거래는 기업간 거래 뿐만 아니라 기업과 소비자간의 거래(business to consumer interactios)로까지 그 적용범위가 넓어지고 있다.

한다. 즉, 컴퓨터 네트워크를 통한 상품・용역・정보의 판매와 구매, 상품과 서비스의 교환・분배・조사・광고 및 대금의 지급에 있어 전자적 의사소통(Electronic Communication)을 이용하는 활동뿐만 아니라 정보의 조사 및 정정 등 기업과 소비자의 의사결정을 지원함으로써 비용의 감소 및 효율성을 제고하는 활동까지 포함한다.

최근에는 정보통신기술을 활용하여 기업의 생산, 판매, 조달 등 모든 경영활동을 효율화하는 경영혁신의 전략적 수단 또는 전자적 기술과 수단을 활용하여 가상공간에서 이루어지는 모든 거래를 총칭하는 개념으로 이해되고 있다.

OECD에서는 "문자, 소리, 시각 이미지를 포함하여 디지털화한 정보의 전송, 처리에 기초하여 이루어지는 모든 형태의 상업적 거래"라고 전자상거래를 정의하기도 한다.

또한 일본의 통산성에서 전자상거래란, "각 경제단체(행정, 개인도 포함)간의 모든 경제활동(설계・개발, 광고, 상거래, 결제 등)을 여러 컴퓨터 네트워크를 이용하여 실행하는 시스템으로서, EDI와 CALS도 포함하는 광범위한 정보시스템 또는 그것을 통해 실현되는 사회"라고 정의하고 있다.

영 역	내 용
계 약	잠재고객과 잠재기업간의 최초계약체결
정보 교환	사전 및 사후 판매지원(제품 및 서비스 내역서, 제품사용에 관한 기술지원, 고객 문의 지원)
전자 지불	전자자금이체(EFT), 신용카드, 전자수표, 전자캐쉬 등을 활용
유 통	유통관리, 제품출하, 추적시스템 등
가상 기업	독립된 기업들이 정보기술을 이용하여 기술, 비용, 정보를 공유
기업프로세스의 공유	ERP, 기업과 협력회사가 기업 프로세스를 공동으로 소유하고 운영
정보기술	전자우편, 팩스, EDI, EFT, CALS

이와 같이 조직(기업, 공공, 국가기관)과 소비자간 또는 조직과 조직 간에 상품유통관련 정보의 배포, 수집, 협상, 주문, 납품, 대금지불 및 자금이체 등 모든 상거래절차를 전자화된 정보로 전달하는 온라인 상거래를 의미하는 것으로서, 개방화된 통신망상에 가상 쇼핑몰을 설치하여 이곳에서 비행기 티켓이나 영화표의 예매, 각종 정보열람, 상품 및 서비스의 구매 등을 할 수 있으며, 대금지불은 전자화폐를 이용하거나 신용카드번호 등을 암호화하여 통신망을 통하여 보냄으로써 결제가 이루어지는 것이다.

이상의 내용을 정리하면, 전자상거래(Electronic Commerce)는 인터넷 전자상거래를 포함한 정형화된 데이터뿐만 아니라 이미지, 비디오, 음성 등과 같은 비정형적인 데이터를 비롯하여 CAD/CAM과 같은 생산 및 기술데이터 등이 모두 포함된다. 이러한 각종 데이터를 전자적으로 처리하기 위한 전자문서교환(Electronic Data Interchange), 인터넷(Internet), 전자우편(E-Mail), 팩스(FAX), 바코드(Bar-code), 데이터 베이스(Database), 전자게시판(Bulletin Board System), 전자양식(E-Form), 전자지불(Electronic payment) 등 다양한 정보기술이 통합적으로 활용된다. 따라서 전자상거래란 전자적인 매체를 이용한 상거래방식으로서 광고를 포함하여 거래에 필요한 정보의 교환, 전송가능한 상품자체의 전송 및 대금결제 등 정보의 수집, 배포에서부터 협상, 계약, 주문, 배달 및 대금청구, 지불 등에 적용될 수 있다. 또한 거래대상에는 음악, 인쇄물 등 온라인 상에서 직접 제공이 가능한 디지털 상품과 서비스뿐만 아니라 가구, 의복 등의 물리적인 상품도 포함된다고 할 수 있다.

반면 협의의 전자상거래는 인터넷과 같은 개방형 네트워크를 통해 기업과 소비자 간에서 이루어지는 상품의 주문 및 지불을 의미한다. 따라서 전자상거래라고 할 때 기업 간 거래를 중심으로 한 전통적인 의미의 광의의 전자상거래와 기업과 개인 간 인터넷을 이용한 협의의 전자상거래, 즉 인터넷 전자상거래(Internet Commerce)를 구별할 필요가 있다.

2. 전자상거래의 범위

인터넷 전자상거래는 특정기술이나 툴(tool)을 의미하는 것이 아니라 기술과 어플리케이션, 업무처리절차, 경영전략이 결합된 것으로, 정보기술을 이용한 업무처리절차의 변화를 통해 기업의 재고비용감소, 리드타임의 단축, 인건비감소 등 운용의 효율을 꾀할 수 있는 새로운 시도이며, 종이문서를 이용한 업무처리 방식에서 전자적인 매체를 이용한 형태로 상거래방식이 변화되는 것이라고 할 수 있다. 따라서 새롭게 대두되고 있는 인터넷 전자상거래가 전통적인 전자상거래를 대체하는 것이라기 보다는 오히려 시간적, 공간적으로 제한되고 한정된 거래상대방과 표준화된 데이터를 비싼 통신비용을 지불해 가며 교환해 왔던 전통적 전자상거래의 문제점을 보완하는 것이라고 할 수 있다.

제 2 절 전자상거래의 유형

전자상거래는 거래당사자와 거래가 이루어지는 네트워크의 특징에 따라 다음과 같이 분류할 수 있다.

1. 전자상거래의 특성에 따른 분류

(1) 구조화된 전자상거래

구조화된 전자상거래란 표준화된 거래형식과 데이터 교환방식에 따라 조직적이고 체계적으로 이루어지는 전자상거래를 말하며, 협의의 전자상거래라고 할 수 있다.

구조화된 전자상거래에는 세 가지 형태의 거래유형으로 구분할 수 있다.

첫째 유형은 불특정다수의 일반소비자들을 대상으로 하는 온라인 쇼핑이 이에 해당한다.

둘째 유형은 비교적 계속성이 있는 기업 간의 거래, 즉 제조업자와 유통업자 등 계속적 거래관계가 있는 기업 간에 거래에 관한 데이터를 교환함으로써 이루어지는 거래로 전자문서교환(EDI) 등의 형태로 실현되는 거래이다.

셋째 유형은 정부조달의 전자화로부터 시작되었지만, 민간부문의 기업들이 설계도면이나 부품의 데이터를 비롯하여 제품의 개발, 제조에서 유통 및 유지보수에 이르기까지 필요한 모든 데이터를 공유하는 것을 목표로하여 도입하려고 하는 광속상거래(CALS)가 있다.

전자상거래는 위와 같은 세 가지 유형으로 분류할 수 있으나, 세 가지 전자상거래 유형이 서로 완전히 분리되어 전혀 다른 성질을 갖는 것이라기보다 각 유형들은 유기적인 관련을 갖는다. 예컨대, 전자상거래(EC)와 광속상거래(CALS)는 전자문서교환(EDI)의 각종 표준들을 이용하고 있다.

(2) 비구조화된 전자상거래

항 목	구조화된 전자상거래	비구조화된 전자상거래
거래당사자	개인 : 기업, 기업 : 기업, 기업 : 정부	대부분 개인 : 개인
거래의 특성	대규모, 조직적, 표준형식	비형식적, 소규모
데이터의 전송	VAN이나 전용네트워크를 경유하여 전송되었으나, 점차 인터넷과 같은 개방형 네트워크가 이용됨	인터넷과 같은 개방형 네크워크를 통한 당사자 간 즉시 전송
데이터의 판독	특별한 소프트웨어를 통해야만 인식	특별한 소프트웨어없이 인식 가능
데이터의 형태	구조화된 표준형식의 데이터	모든 형태의 데이터
데이터의 입력	응용 소프트웨어간 자동데이터 입력	수신자의 데이터 재입력
데이터의 처리	응용 소프트웨어가 자동처리	사람이 직접 처리

비구조화된 전자상거래란 거래당사자간에 특정한 표준없이 자유로운 내용과 형식으로 이루어지는 전자상거래를 의미한다. 비구조화된 전자상거래는 전자우편이나 전자게시판(Bulletin Board System : BBS) 등을 통하여 주로 개인 간에 1대 1로 이루어진다.

2. 전자상거래 당사자에 따른 분류

거래당사자에 따라 전자상거래를 분류하면 ① 기업 간의 전자상거래, ② 개인과 기업 간의 전자상거래, ③ 기업과 행정기관의 전자상거래, ④ 개인과 행정기관간의 전자상거래로 나눌 수 있다.

첫째, 기업 간 거래는 사설 데이터 시스템(Proprietary Data System)이나 부가가치통신망(Value Added Network) 등의 네트워크 상에서 주로 EDI를 사용하여 기업 간에 주문을 하거나 송장을 받고 대금을 지불하는 것으로, 무역, 제조 등의 분야에서 활용되고 있으며 점차 타업종으로 확산되고 있다.

둘째, 기업과 개인 간 거래는 최근 인터넷 사용의 급격한 증가로 점차 확산되고 있는 가상 쇼핑몰에서의 소규모 구매를 말한다. 이러한 소규모 거래로는 인터넷 상의 웹을 이용한 광고나 전자카탈로그(Electronic Catalog)를 보고 주문을 하는 다양한 형태의 상품이나 서비스, 즉 케익이나 와인, 컴퓨터, 꽃배달, 카드배달 서비스 등이 있다.

셋째, 기업과 행정기관간의 거래는 기업과 정부조직 간의 모든 거래를 포함하는 것으로 아직까지는 이용 초기단계이나, 정부활동에서 경쟁력강화 등을 위해 전자상거래를 이용한다면 급속히 성장할 수 있는 부문이다.

마지막으로 아직까지 행해지고 있지는 않지만 향후 거래가 활성화될 것으로 예상되는 개인과 행정기관의 거래가 있다. 이는 개인과 개인 간, 기업과 행정기관과 거래가 보편화된 후 정부가 생활보호지원금(Welfare payment)이나 자진신고 세금환불(Self-assessed tax returns)등을 전자적으로 수행하고자 할 때 활용될 수 있는 유형이다.

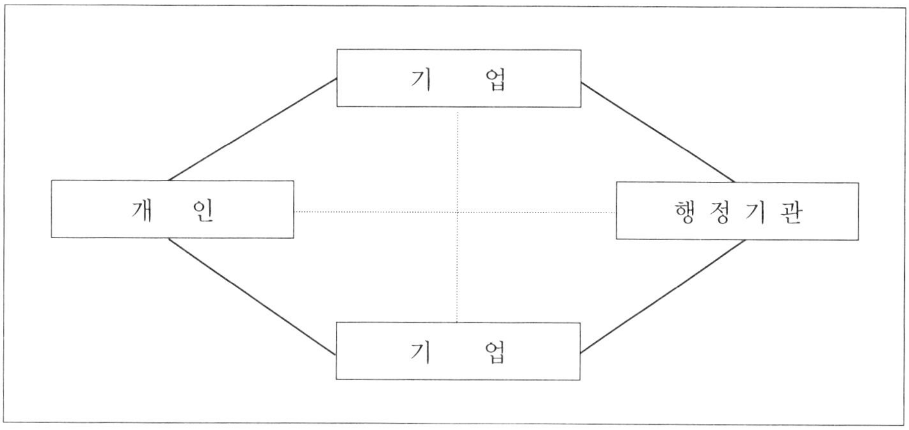

전자상거래의 네 가지 유형

거래당사자에 따라 분류된 각 전자상거래 유형을 앞에서 살펴본 전자상거래의 세 가지 유형과 관련하여 살펴보면 다음과 같다.

먼저 개인 간 전자상거래는 거의 비구조화된 전자상거래로 이루어지며, 개인과 기업 간의 전자상거래는 협의의 전자상거래(EC)로서 인터넷을 통하여 이루어진다. 그리고 기업 간의 전자상거래는 거래정보의 교환부분에서는 전자문서교환(EDI)과 설계・공학・제조・정비・물류지원・자재관리 등에 필요한 모든 정보들의 공유를 위한 부분에서는 광속거래(CALS)를 통하여 이루어진다.

정보통신기술이 앞으로 더 발달하게 되고 전자적인 방식의 거래가 종래 거래방식의 많은 부분을 변화시키게 되면, 개인・기업・정부 등의 모든 거래에서 제품개발・제조・유통・상품정보제공・주문・수주・발주・결제・보수유지 등 상품의 개발로부터 제품의 거래 및 최종적인 소비에 이르기까지 제품의 모든 라이프 사이클을 통합적으로 관리하는 거래방식으로서의 통합 전자상거래가 이루어질 것이다.

제3절 전자상거래의 성격

컴퓨터를 이용한 전자상거래활동은 과거부터 다양한 형태로 추진되어 왔다. 이러한 예는 컴퓨터통신(PC)을 이용한 온라인 쇼핑(On-line Shopping), 무인은행시스템(Automated Teller Machine : ATM), 전자자료교환(EDI)등을 들 수 있는데, 이러한 기존의 시스템들은 폐쇄적인 전용선 또는 공중망을 통한 문자·숫자정보 등의 통신으로 한정되어 있었다.

그러나 개방형 네트워크인 인터넷의 폭발적인 보급과 멀티미디어, 통신기술 등 정보기술이 급속히 발전하면서 인터넷을 통한 전자상거래는 거래에 필요한 각종 정보의 검색이나 의사결정과정에 있어서 정보기술의 지원을 받을 수 있기 때문에 보다 효율적이면서 신속한 거래를 가능하게 한다. 따라서 전자상거래는 경쟁력을 확보하고자 하는 판매자들에게 다양한 비즈니스 혜택을 부여할 것이다. 즉, 매출증가, 및 비용절감의 기회, 그리고 고객서비스의 향상을 가져올 것이 분명하다. 이러한 전자상거래는 기존의 전통적인 상거래방식과 비교할 때 다음과 같은 특징을 갖고 있다.

첫째, 유통과정상 도매상과 소매상을 거쳐 소비자에게 제품이 전달되는 기존의 상거래시스템에 비해 인터네 전자상거래는 도매상과 소매상을 거치지 않고 인터넷을 통해 직접 소비자에게 전달되기 때문에 유통채널이 단순하다. 이러한 특징은 소비자게 더 저렴한 가격으로 제품을 판매할 수 있는 장점을 가진다,

둘째, 인터넷은 24시간 접속아 가능하며, 전세계와 연결되어 있어 제한된 영업시간 내에만 거래를 하는 기존의 상거래와는 달리 언제 어느 때라도 전세계를 대상으로 거래할 수 있다.

셋째, 고객의 정보획득에 있어서도 시장조사나 영업사원이 없이 온라인으로 수시로 획득할 수 있다.

넷째, 판매방법에 있어서, 기존의 상거래는 시장이나 상점 등 물리적인 공간 내에서 전시하여 판매를 하는 것에 비해, 인터넷 전자상거래는 네트워크를 통해 무한한 정보를 제공하는 등 정보에 의한 판매를 한다는 것이다.

다섯째, 기존의 상거래방식은 소비자의 의사와 상관없이 기업의 일방적인 마케팅활동이라 할 수 있지만, 인터넷 전자상거래는 인터넷을 통해 소비자와 1대 1 의사소통이 가능하기 때문에 소비자와의 실시간 쌍방향 마케팅활동을 할 수 있게 해준다.

여섯째, 소요자본에 있어서 인터넷 전자상거래는 인터넷 서버 구입, 홈페이지 구축 등의 비용만 소요되기 때문에 토지나 거물 등 임대나 구입에 거액의 자금을 필요로 하는 기존의 상거래방식에 비해 상대적으로 경제적이라 하겠다.

따라서 이러한 요인들이 전자상거래가 21세기의 새로운 상거래 패러다임으로 정착되고 있는 결정적인 요인으로 작용하고 있다.

1. 전자상거래의 특징

(1) 전통적 상거래와 전자상거래의 비교

전통적인 상거래에서 이루어지는 유통경로는 생산자・도매상・소매상・소비자로 구성되어 있다. 그러나 전자상거래에서는 생산기업이 도매상이나 소매상을 거치지 않고 소비자와 직접 거래를 한다. 그 결과 중개경로가 감소하고 기업과 소비자 간의 직접거래가 이루어짐으로써 비용을 절약하여 보다 싼 가격으로 상품이나 서비스를 제공할 수 있다. 거래가 이루어지는 대상지역을 보면 전통적인 상거래에서는 한정된 지역을 중심으로 한정된 거래활동이 이루어지지만, 전자상거래에서는 네트워크상에서 거래활동이 이루어지기 때문에 시간과 공간을 초월하여 매우 포괄적인 지역을 대상으로 거래가 이루어진다. 거래가 이루어지는 시간에서도 전통적 상거래에서는 영업시간이 제한적인 반면, 전자상거래에서는 온라인으로 365일 24시간 거래를 할 수 있다.

마케팅활동 측면에서 보면, 전통적 상거래는 고객의 요구를 영업사원을 통해 획득하지만, 전자상거래에서는 온라인으로 수시 획득하므로 시간과 오류를 줄일 수 있다. 이 밖에도 전통적 상거래와 전자상거래의 차이점은 많이 있지만, 이를 정리하면 [표 2]와 같다.

[표 2] **전통적 상거래와 전자상거래의 비교**

구 분	전통적 상거래	전자상거래
유통경로	기업 → 도매상 → 소매상 → 소비자	기업 ↔ 소비자
영업시간	정해진 업무시간 (nine to five)	제한 없음 (365일 24시간)
공 간	정해진 장소	가상공간
판매방법	직접 방문 또는 상담	쌍방향통신으로 1대1 마케팅
상품정보	광고 등에 의존	직접 확인
가 격	유통비용, 임대료 등이 포함	유통비용, 임대료 등이 절감
광 고 비	많이 소요	절감
시장개척	제한적	포괄적

(2) 전자상거래의 장점

전자상거래가 보편화될 경우의 장점을 소비자와 판매기업으로 구분하여 살펴보면 다음과 같다.

1) 소비자 측면의 장점

① 상품이나 서비스를 시간과 공간의 제약을 받지 않고 자유롭게 구입 할 수 있다.

② 상품이나 서비스를 다양하게 비교하여 홈쇼핑으로 구입할 수 있다.

③ 상품이나 서비스의 주문과 대금결제를 전자적 네트워크에서 처리할 수 있다.

④ 디지털 상품인 경우에는 다운로드(download)로 구입할 수 있다.

2) 판매기업 측면의 장점

① 기업은 가상공간을 통해 소비자와 직접 거래하므로 유통비용을 절약할 수

있고, 상점이나 판매원이 없이도 사업이 가능하므로 관리비용을 절감할 수 있다.

② 영업시간에 제약이 없으므로 365일 24시간 무인영업이 가능하다.

③ 지역별 영업거점이 필요 없으며, 전세계 시장을 대상으로 판매영역을 확대할 수 있다.

④ 상품진열을 위한 판매장이나 점포재고를 필요로 하지 않으며, 입지조건에 의한 우위성도 존재하지 않는다.

⑤ 소비자로부터의 주문에서 대금회수까지 모든 과정이 네트워크상에서 처리되므로 관리가 일원화되고, 사무비용을 비롯한 간접비를 절감할 수 있다.

⑥ 24시간 실시간(real time)으로 거래가 이루어지므로 고객의 욕구(needs)를 쉽게 파악할 수 있으며, 불만과 고충에도 신속하게 대응할 수 있다.

⑦ 축적된 데이터베이스를 활용하여 목표고객에 대한 집중광고와 양방향 광고활동이 가능하다.

⑧ 소자본으로도 창업이 가능하므로 새로운 사업기회를 얻을 수 있다.

(3) 전자상거래의 단점

전자상거래는 기술적·사회적 문제들이 완전히 해결되지 않은 상태이기 때문에 다음과 같은 단점도 있다.

① 인터넷 자료의 방대성으로 인해 고객이 원하는 상품을 쉽게 찾을 수 없다.

② 일관된 서비스 체계가 없기 때문에 정보검색이 어렵다.

③ 대금지불시 대부분 신용카드 번호를 입력하는데, 이 때 신용카드 정보의 불법적 노출, 개인정보의 노출, 금액의 변조 등이 발생할 수 있다.

④ 컴퓨터시스템에 해커들이 침입함으로써 정보가 노출될 수 있다.

⑤ 효율적인 배달 물류체계를 갖추지 않으면 배달비용이 증가하여 소비자의 부담으로 돌아갈 수 있다.

⑥ 거래부인(non-repudiation)과 같은 분쟁이 발생하는 경우, 이를 중재하거나 해결할 수 있는 법과 제도가 미비하다.

⑦ 낮은 통신속도와 높은 통신비용으로 이용자가 소수에 편중되어 있다.

⑧ 국가 간의 거래에 대하여 관세를 비롯한 법령체계가 미비하다.

2. 전자상거래의 발전단계

전자상거래는 상거래과정에 전자적 매체를 활용하는 것이다. 상거래에 전자적 매체를 이용한 것은 1940년대부터 사용된 텔렉스(TELEX)를 시작으로 그 역사는 짧지 않다. 그러나 전자상거래의 출현을 가능하게 한 가장 큰 요인은 컴퓨터의 발명과 통신망의 탄생일 것이다. 컴퓨터의 발명은 급속한 정보처리 능력의 향상으로 비용과 시간을 절약하여 효율적인 생활 및 경영환경으로 발전시켰으며. 네트워크(Network)로 표현되는 통신망의 등장은 개별 컴퓨터들을 서로 연결하여 의사소통이 가능하게 함으로써, 결과적으로는 컴퓨터가 큰 힘을 발휘하는 계기를 마련하였다.

컴퓨터와 통신의 연결이라는 PC통신이 약 10년간의 짧은 기간 동안에 우리의 생활 깊숙이 자리잡고 있는 점에 비추어 보면 변화를 실감할 수 있다. 이처럼 컴퓨터 정보처리 능력의 증가에서 나아가 정보의 효율적인 전달이라는 각자의 영역을 점차 약화시키면서 서로 통합되는 추세로 발전되고 있다. 컴퓨터가 정보처리 능력의 증가에서 나아가 정보의 효율적인 전달이라는 통신기능을 수행함으로써 컴퓨터는 통신기능과 결합하게 되었다. 이와 같이 컴퓨터와 통신망은 전자상거래를 위해 반드시 필요한 기반시설(infrastructrre)을 이루고 있으며, 이를 기초로 하여 전자상거래의 출현이 가능하게 되었다.

전자상거래의 시초는 전자문서교환(Electronic Data Interchange)에서 출발하였다. EDI는 1960년대 말 미국 육상운송업계에서 각종 전표를 표준화하여 네트워크를 이용한 전자교환으로 바꾸고자 한 것에서 출발하였다. 1970년대 후반부터 전자문서교환 표준을 만들려는 노력이 있었으며, 1987년에는 UN에서 「행정 · 상업 및 운송에 관한 EDI 국제 표준」인 UN/EDIFACT(EDI for Administration Commerce Transport)를 제정하여 매년 표준을 심의하고 확정한다. 우리나라에서도 UN/EDIFACT를 준수하는 KEDIFACT를 국가표준으로 채택하여 사용하고 있으며, 한국전자거래표준원이 대표기관으로 되어 있다.

이처럼 EDI는 표준화된 전자양식에 경영 및 전자상거래에 관련된 정보를 전달하는 기능을 수행하는 것이며, 전자상거래로 이행되는 기틀을 제공하였다. 그리고 기업과 기업 간에 정보교환 목적에서 출발한 EDI가 보편적인 전자상거래로 발전하는 데 빼놓을 수 없는 것이 월드 와이드 웹(World Wide Web)이다. 1990년대 초반 웹의 등장으로 인해 문자뿐만 아니라 화상과 음성데이터의 전송이 가능해지면서 인터넷의 상업적 활용이 본격화되었고, 이를 바탕으로 전자상거래의 개념이 대두되기 시작하였다.

전자상거래의 발전단계를 도입기 · 성장기 · 성숙기 · 전환기로 구분하여 각각의 단계별 특성을 나타내면 [표 3]과 같다.

[표 3] **전자상거래의 발전단계별 특징**

분석측면		전자상거래 발전단계			
구분	분석변수	태동기	성장기	성숙기	전환기
사회적	사회적 신용도	낮음	보통	높음	매우 높음
	전자거래 인식도	낮음	중간	높음	매우 높음
	위험정도	높음	보통	낮음	매우 낮음
경제적	제품	전문품	종합판매	무형제품	–
	거래비용	높음	보통	낮음	매우 낮음
	매출액정도	낮음	보통	높음	매우 높음
정책적	제도 및 법규	준비	개별법형태	국내EC법령통합	국내EC법령통합
	정책 및 홍보	국가주도	기업으로 확산	일반소비자	보편화
기술적	기술기반구조	개발	표준화/확산	활용	새로운 기술패러더임
	표준화 정도	낮음	보통	높음	매우 높음
	보안수준	낮음	보통	높음	매우 높음

(1) 도입기

도입기는 기업들이 전자상거래를 통해 서비스를 제공하려고 시도하는 단계로서 전자상거래에 대한 소비자들의 인지도나 신용도는 낮고 관련된 제도와 법규가 체계적으로 정비되지 않은 상태이다. 도입기에는 사용자수가 많지 않기 때문에 매출액이나 단위당 거래비용은 높을 수밖에 없다. 그러나 전자상거래에 참여하는 기업의 수가 적기 때문에 유망분야를 선점 할 수 있는 장점이 있다. 현재 우리나라의 경우는 도입기 후반에 해당된다고 볼 수 있다.

(2) 성장기

성장기는 다수의 기업들이 전자상거래 시장에 진입하여 경쟁이 가열되며, 소비자들의 인지도나 신용도가 증가하여 전자상거래에 대한 위험이 완화되는 단계이다. 그러나 이 단계에서는 경쟁력이 없는 기업과 표준화되지 못한 기술들은 탈락하게 된다.

성장기에는 적극적인 판매활동이 전개되고, 경쟁기업과의 비교우위가 나타나기 때문에 매출액도 증가하고 단위당 거래비용은 점차 감소하므로 이익율은 증가한다. 전자상거래와 관련된 보안·인증·지불시스템을 비롯한 지원제도와 법령이 체계화되고 표준화되어 확산속도가 급속히 증가할 것이다.

(3) 성숙기

성장기를 지나 성숙기가 되면 소비자들의 인지도나 신용도는 성숙되고, 시장에 대한 위험도 낮아져 시장점유율이 안정되는 단계이다. 그러나 이익률은 정점에서 서서히 하강곡선을 그리게 된다. 소비자들이 전자상거래의 특성을 완전히 이해하는 단계이므로 차별화에 의한 경쟁우위의 전략이 요구된다. 그러나 시장이나 상품을 차별화할 수 있는 가능성도 줄어들고, 모방을 통한 경쟁자가 나타나 가격경쟁력을 상실할 수도 있다. 성숙기에는 관련 법률들도 통합될 것이고, 전자상거래의 기반기술들도 표준화되어 널리 확산될 것이다.

(4) 전환기

전자상거래와 관련된 거래와 기술이 재검토되어 새로운 전략에 의해 재평가되는 단계이다. 기존의 전자상거래는 쇠퇴하고 새로운 제품과 정보통신의 기술의 개발과 정립이 요구되는 단계이다. 이 단계에서 변화를 모색하지 않는 기업은 경쟁에서 패배하여 도태하게 될 것이다.

연습문제

▌설명형

01. 전자상거래의 개념을 설명하시오.

02. 전자상거래의 발전단계를 설명하시오.

03. 전자상거래의 특징을 설명하시오.

찾아보기

| 자 |

| 차 |

✤ 저자약력 ✤

양 의 동

인천대학교 무역학과(경영학사)
중앙대학교 대학원 무역학과(경영학석사)
중앙대학교 대학원 무역학과(경영학박사)
인천대학교, 중앙대학교 강사
한국무역학회, 한국항만경제학회, 한국해운학회 회원
국제상학회수석부회장, 무역학회 부회장
학생처장, 교무연구처장, 인문사회대학장
청운대학교인천캠퍼스이전추진본부장, 평생교육원장, 산업대학장
현재) 청운대학교 인천캠퍼스 부총장

➡저서 및 논문

외환론(공저), 동성사, 1996
전자무역시대의 무역실무(공저), 두남, 2004
신용장론(공저), 두남, 2014(개정8판)
보증신용장에 관한 연구
외환거래 관습에 관한 연구
신용장의 EDI화에 따른 문제점에 관한 연구
은행추심에 의한 무역대금결제방식의 문제점과 개선방안
인천항 부두회사운영제의 성과 및 문제점
인터넷방식의 무역거래 확대에 따른 문제점과 정책방향에 대한 고찰
용선계약과 입찰계약상 중재합의의 유효성에 관한 연구
외 국제상학분야 논문 다수

조 민 건

청운대학교 무역학과(경영학사)
중앙대학교 동물자원과학과(농학사)
중앙대학교 무역학전공(경영학사)
중앙대학교 대학원 무역학과(경영학 석사)
중앙대학교 대학원 무역학과(경영학 박사)
한화증권, SK증권 펀드메니저
중앙대학교, 청운대학교 강사
현재) 한국관세학회 회원
신우축산 대표
아일랜드항공 이사

➡저서 및 논문

FTA 환경하에서의 양돈산업 경쟁력 제고 방안에 관한 실증연구(한국관세학회)
우리나라 축산업 국제경쟁력 제고를 위한 정책 방안연구(한국국제상학회)

무역학개론

초 판 1쇄 인쇄 —— 2015년 2월 15일
초 판 1쇄 발행 —— 2015년 2월 20일
지은이 —— 양 의 동 · 조 민 건
펴낸이 —— 전 두 표
펴낸곳 —— 도서출판 **두남**
서울시 강동구 성내로6길 34-16 두남빌딩
신 고 : 제25100-1988-9호
TEL : 02) 478-2065, 2066, 2067, 2311
FAX : 02) 478-2068
E-mail : dunam1@unitel.co.kr
http://www.dunam.co.kr

정가 28,000원

ISBN 978-89-6414-579-1 93320